LES
GRANDS ÉCRIVAINS
DE LA FRANCE

NOUVELLES ÉDITIONS

PUBLIÉES SOUS LA DIRECTION

DE M. AD. REGNIER

membre de l'Institut

SUR LES MANUSCRITS, LES COPIES LES PLUS AUTHENTIQUES
ET LES PLUS ANCIENNES IMPRESSIONS
AVEC VARIANTES, NOTES, NOTICES, PORTRAITS, ETC.

MOLIÈRE

TOME II

PARIS
LIBRAIRIE HACHETTE ET Cie
BOULEVARD SAINT-GERMAIN

M DCCC LXXV

LES
GRANDS ÉCRIVAINS
DE LA FRANCE

NOUVELLES ÉDITIONS

PUBLIÉES SOUS LA DIRECTION

DE M. AD. REGNIER
Membre de l'Institut

OEUVRES

DE

MOLIÈRE

TOME II

PARIS. — TYPOGRAPHIE LAHURE
Rue de Fleurus, 9

OEUVRES
DE
MOLIÈRE

NOUVELLE ÉDITION

REVUE SUR LES PLUS ANCIENNES IMPRESSIONS

ET AUGMENTÉE

des variantes, de notices, de notes, d'un lexique des mots et locutions remarquables,
d'un portrait, de fac-simile, etc.

PAR M. EUGÈNE DESPOIS

TOME SECOND

PARIS
LIBRAIRIE HACHETTE ET Cie
BOULEVARD SAINT-GERMAIN, 79

1875

LES
PRÉCIEUSES RIDICULES

COMÉDIE

REPRÉSENTÉE POUR LA PREMIÈRE FOIS

SUR LE THÉÂTRE DU PETIT-BOURBON, LE 18ᵉ NOVEMBRE 1659

PAR LA

TROUPE DE MONSIEUR FRÈRE UNIQUE DU ROI[1]

---

1. A partir de cette pièce, nous reproduisons les titres tels qu'ils se lisent dans l'édition de 1682.

NOTICE.

Somaize, en 1660, a publié *le Procès des Précieuses*. Cette cause, qu'il ne croyait pas définitivement jugée, même après l'arrêt prononcé par Molière en 1659 et ratifié par les applaudissements du public, a été reprise de nos jours avec une science, une gravité, une abondance d'arguments et surtout de pièces à l'appui, qui auraient fort étonné sans doute les contemporains de Molière et de Boileau ; car c'était leur jugement à tous deux qu'il s'agissait de reviser ou plutôt de casser définitivement. On composerait une bibliothèque de tout ce qui a été écrit sur ce sujet depuis trente ans, et presque toujours dans le même esprit, c'est-à-dire en faveur des précieuses. Rœderer, en 1835, avait entrepris leur réhabilitation dans un ouvrage qui eut d'autant plus de succès, que peu de personnes pouvaient le lire [1] ; car il fut d'abord distribué sans être mis en vente, et c'était déjà une distinction que de l'avoir lu. C'en fut une aussi, et qui devint une mode, de s'éprendre d'une admiration plus ou moins sérieuse pour ces esprits délicats ou raffinés qui composaient l'entourage de la marquise de Rambouillet. Les plus hardis allèrent même jusqu'à entreprendre la lecture des romans de Mlle de Scudéry, et M. Cousin finit par se persuader que cette lecture lui avait causé un très-vif plaisir, mais sans réussir peut-être, malgré de longues et nombreuses citations, à le faire partager à tous ses lecteurs. Nous n'avons à discuter ni le mérite, réel après tout, de Mlle de Scudéry, ni l'influence, heureuse, dit-on, que

---

1. *Mémoires pour servir à l'histoire de la Société polie en France*. Réimprimé dans le tome II, p. 397 et suivantes, des *OEuvres du comte P.-L. Rœderer*, Paris, Firmin Didot, 1853.

l'hôtel de Rambouillet a pu avoir sur la littérature et sur la langue. Tout ce qui peut nous intéresser ici, c'est de savoir si, comme l'affirme M. Cousin, « il est aujourd'hui bien démontré, depuis l'ouvrage de M. Rœderer, que Molière.... n'a jamais songé à attaquer l'hôtel de Rambouillet[1]. »

Que Molière n'ait pas eu l'intention d'attaquer telle ou telle personne en particulier, parmi les précieuses, et qu'il se soit borné à tourner en ridicule les travers qui leur étaient communs, nous le croyons sans peine, bien que Tallemant des Réaux ait prétendu savoir que Mlle de Rambouillet fut l'original dont l'une des Précieuses de Molière était la copie[2]. Mais que la distinction qu'il prétend lui-même établir, dans sa Préface, entre *les véritables précieuses* et *les ridicules qui les imitent mal*, soit bien sincère, c'est ce dont nous nous permettrons de douter. D'abord, dans sa pièce même, Molière avait oublié de faire cette distinction, quand il disait : *L'air précieux n'a pas seulement infecté Paris ;* et Boileau ne la faisait pas davantage, quand, longtemps après la mort de son ami, il introduisait dans la satire sur les femmes

> Une précieuse,
> Reste de ces esprits *jadis si renommés*
> Que d'un coup de son art Molière a diffamés[3].

Ces « esprits si renommés » n'étaient évidemment pas les pré-

---

1. La *Société française au dix-septième siècle*, tome II, p. 265.
2. « Mlle de Rambouillet, un des originaux des *Précieuses*. » (*Historiettes*, tome VII, p. 227 : des Réaux, là même, parle de ses noces et de son mari.) On peut voir encore (tome II, p. 531, Note) ce qu'il raconte de sa préciosité avec les gentilshommes angoumois, de ses évanouissements « quand elle entendoit un méchant mot. » Cette demoiselle de Rambouillet était Angélique-Clarice d'Angennes, qui avait épousé, à la fin d'avril 1658, le comte de Grignan, celui qui fut depuis le gendre de Mme de Sévigné.
3. Satire x (1693), vers 438-440. Depuis l'intéressante publication faite en 1860 par M. Paulin Paris, à la suite des *Historiettes* de Tallemant des Réaux, des lettres de Mlle de Scudéry à l'abbé Boisot, nous savons au juste de quelle humeur l'une des plus illustres précieuses endura *les coups de griffe* de Boileau. « Il y a, écrit-elle ou plutôt répète-t-elle le 10 de mars 1694 (car ce passage n'est

ques provinciales que Molière avait mises en scène, et c'est ce dont personne ne paraît avoir douté parmi les contemporains. Si quelques-unes des précieuses les plus marquantes qui avaient fréquenté l'hôtel de Rambouillet parurent ne pas se sentir atteintes par les critiques de Molière, cette indiffé-

qu'une redite de la lettre du 6 au même abbé, et on peut croire que ce sujet n'était pas oublié avec ses autres correspondants), il y a une satire contre les femmes du satirique public.... Mais, quoiqu'il croie que cet ouvrage est son chef-d'œuvre, le public n'est pas de son avis et le trouve très-bourgeois et rempli de phrases très-barbares. Il donne un coup de griffe assez mal à propos à *Clélie*. Et j'imite ce fameux Romain qui, au lieu de se justifier, dit à l'assemblée : « Allons remercier les Dieux de la victoire que nous « avons gagnée. » Car au lieu de répondre à ce qu'il dit, je me souviens que *Clélie* a été traduite en quatre langues (*elles sont énumérées dans la lettre du 6* : en italien, en anglois, en allemand et en arabe), et qu'elle se peut passer de l'approbation d'un homme qui blâme tout le genre humain. » Et le 20 : « Au reste la satire est toujours plus décriée, et il y a un grand nombre de vers qui la blâment d'une manière sanglante ; » puis, après avoir transcrit ceux de Linière : « Il y en a de M. de Nevers, d'un autre caractère, mais je n'aime pas à envoyer de pareilles choses. » Elle ne put toutefois se tenir de les envoyer ; ce n'est pas la lettre suivante du 24 qui nous l'apprend ; on y lit seulement : « Vous ai-je envoyé ce que M. de Nevers a écrit contre la nouvelle satire ? Quand vous l'aurez lu, vous me ferez le plaisir de me dire si vous savez ce que c'est qu'un *lit effronté*[a], et si ce vers

.... ou Vénus ou Satan [b]

peut être fait par un chrétien. » C'est le 7 avril que finalement elle se décide : « Je vous envoie les vers qu'on donne à M. de Nevers. J'en viens de voir de si terribles, que je ne les ai pas voulu prendre. » Résista-t-elle jusqu'au bout ? Sur *Clélie* et son détracteur, on ne trouve plus en effet que ces deux impromptu : « Je

[a] .... Ces douces Ménades
Qui dans leurs vains chagrins sans mal toujours malades,
Se font des mois entiers, sur un lit effronté,
Traiter d'une visible et parfaite santé.
(Vers 393-396.)

[b] Et ne présume pas que Vénus ou Satan
Souffre qu'elle en demeure aux termes du roman.
(Vers 163 et 164.)

rence apparente prouve simplement ce que l'on savait d'ailleurs, c'est qu'après tout c'étaient des personnes d'esprit, qui laissaient aux précieuses et aux précieux de bas étage le ridicule et la maladresse de se reconnaître dans ce tableau. La marquise de Rambouillet notamment eut le bon esprit de ne laisser paraître aucune irritation, et nous la voyons, trois ans plus tard, faire venir Molière pour jouer devant elle *l'École des maris :* c'était une preuve de générosité et de bon goût, deux sentiments qui ne sauraient nous étonner de sa part. Un respect sincère, aussi bien que la prudence, auraient suffi pour dicter à Molière cette précaution de langage à laquelle on affecte d'attacher tant d'importance; et de plus il est bien sûr qu'il n'avait pas eu en vue, dans ses portraits, la marquise elle-même : elle s'était préservée sans doute jusqu'à un certain point des défauts de son entourage; toutefois il ne faut pas oublier qu'une lettre d'elle, citée par MM. Monmerqué et Paulin Paris[1], est assez alambiquée, et des Réaux, son admirateur, dit d'elle qu'elle était un *peu trop complimenteuse, un peu trop délicate :* « cela va dans l'excès, » ajoute-t-il[2]. Si ces

viens de recevoir quatre vers d'un de mes amis, où j'ai répondu sur-le-champ; voici ce que c'est :

> Malgré mes solides raisons,
> Souffrons que Despréaux vive dans sa folie :
> Il peut bien attaquer Clélie,
> Puisqu'il met Alexandre aux Petites-Maisons.
> RÉPONSE.
> On peut blâmer avec raison
> Votre injuste comparaison :
> Alexandre le Grand fit des tours de folie;
> Mais jamais la raison n'abandonna Clélie [a]. »

La colère est vive; ni l'âge ni cette foi de l'auteur en ses œuvres ne semblent l'avoir beaucoup amortie chez Sapho; c'est comme un ressentiment, bien douloureux encore, du coup qui avait étonné la *secte* entière en 1659.

1. Tome II de Tallemant des Réaux, p. 511 et 512.
2. *Ibidem*, p. 504 et 505. Il faut dire toutefois qu'un des deux mots que cite des Réaux pour prouver son excessive délicatesse est en effet de ceux qu'on éviterait de prononcer aujourd'hui;

[a] Supplément aux *Historiettes*, tome VIII, p. 237 et 238, 240, 242 et suivantes.

petits travers se rencontraient déjà chez cet « excellent original, » on peut aisément se figurer que, chez d'autres, ils se trouvaient grossis, selon l'usage. De plus, Molière ne pouvait ignorer quel genre de littérature était le mieux accueilli à l'hôtel de Rambouillet, et ses épigrammes, très-directes, contre les romans de Mlle de Scudéry, atteignaient inévitablement aussi leurs admiratrices. Il avait beau vouloir s'abstenir des personnalités : elles se faisaient toutes seules ; il ne pouvait douter que plus d'un trait, dirigé en apparence contre les *précieuses ridicules*, porterait plus haut[1], et que le public se chargerait des applications. Sa hardiesse était donc incontestable, et c'est ce que ses ennemis s'empressaient de démontrer : Somaize, par exemple, n'hésite pas à déclarer que, sous la *fausse* modestie de sa préface, Molière « cache.... tout ce que l'insolence a de plus effronté, et met sur le théâtre une satire qui, quoique sous des images crotesques, ne laisse pas de blesser tous ceux qu'il a voulu accuser[2]. » *Voulu* est de trop ; mais il ne paraît guère douteux que, dans cette occasion, il ait dû blesser des gens qui ont eu au moins le bon goût de ne pas le laisser voir.

Rœderer, pour justifier Molière à cet égard, mais surtout pour mettre hors de cause les véritables précieuses, a attaché une importance singulière à la question de savoir si la pièce n'avait pas été faite et jouée antérieurement en province ; du moment qu'il ne s'agirait que des précieuses de province, celles

---

mais on était alors beaucoup moins scrupuleux. Voyez par exemple une lettre de Mme de Sévigné à Mme de Grignan, datée du 26 août 1671 (tome II, p. 337) ; elle y emploie très-hardiment le mot en question, pour dire que la plupart de nos maladies viennent de rester toujours assis.

1. Ne fût-ce que les noms d'emprunt adoptés par Cathos et Madelon, aussi bien que par « l'incomparable Arthénice ».

2. *Les Véritables précieuses*, comédie, chez Jean Ribou, 1660, Préface : voyez tome II, p. 9, du recueil de M. Ch.-L. Livet intitulé « *le Dictionnaire des Précieuses*,... nouvelle édition augmentée de divers opuscules.... et d'une *Clef historique et anecdotique*. » Paris, Jannet, 1856. Le privilége des *Véritables précieuses* est du 12 janvier 1660 ; la première édition fut achevée d'imprimer le 7 janvier, et la seconde le 6 septembre suivant.

de Paris n'auraient plus eu de motif pour se formaliser. En admettant même que cette comédie eût été représentée à Béziers en 1654, devant le prince de Conty, comme Rœderer l'affirme sans la moindre hésitation, il resterait à prouver qu'il n'y avait pas entre les *pecques* de province et les précieuses de Paris assez de ressemblance, pour que ces dernières, plus tard, eussent à se plaindre de cette caricature ; et la cour du prince de Conty n'était pas tellement provinciale, qu'elle ne pût s'intéresser à la peinture de ridicules dont, à Paris même, elle avait été témoin tant de fois : ajoutons que les mœurs de cette cour devaient la rendre favorable à cette satire, et très-peu sensible à ce que les véritables précieuses même pouvaient avoir de recommandable.

Mais comment Rœderer a-t-il acquis la certitude que *les Précieuses* avaient été jouées en province? Voici ses preuves, et elles donneront une idée suffisante du degré de confiance que ses assertions peuvent inspirer : « La représentation de cet ouvrage à Béziers en 1654, durant la tenue des états de Provence (*il faut lire* de Languedoc), *est indubitable*. Grimarest, auteur d'une *Vie de Molière*, rédigée sur les témoignages de Baron, et publiée en 1705, l'affirme[1]. Il n'a été, alors, contredit par personne. Bret, le plus ancien commentateur de Molière, le confirme. Personne, entre ceux qui le nient aujourd'hui, ne donne la moindre preuve du contraire[2]. » D'abord, les états de Béziers sont de 1656 et non de 1654, et Bret, « le plus ancien commentateur de Molière, » publiait son commentaire seulement en 1773, c'est-à-dire juste un siècle après la mort du poëte : on voit que Rœderer n'est pas difficile en fait d'autorités ; mais il est assurément curieux qu'il ait cru en trouver une en faveur de sa thèse dans ce passage de l'*Avertissement* de Bret sur *les Précieuses :* « L'auteur de la *Vie de Molière* (M. Grimarest) est le seul qui croie que cette pièce a été jouée en province, comme les deux qui l'avoient précédée[3]. » L'autorité de Grimarest, quoique plus ancienne,

---

1. Il l'affirme en effet, p. 23.
2. *OEuvres du comte P.-L. Rœderer*, tome II, p. 439.
3. *OEuvres de Molière*, 1773, tome I, p. 385. Il est vrai que réimprimant en tête de ce volume la *Vie de Molière* par Voltaire,

n'est pas beaucoup plus sérieuse, et quand Rœderer ajoute que Grimarest *alors* n'a été contredit par personne, il oublie qu'en 1705 on ne se préoccupait guère de ces questions : certaines erreurs de Grimarest, plus faciles à constater, n'ont pas été non plus relevées *alors*. Et pourtant l'assertion dont il s'agit a été contredite par les frères Parfaict[1], qui opposent à Grimarest le témoignage des *Nouvelles nouvelles* (par de Visé ou de Villiers[2]), et celui de Somaize. Il faut convenir toutefois que ces deux témoignages, s'ils étaient les seuls, seraient d'assez peu de poids ; car l'auteur des *Nouvelles nouvelles*[3], et Somaize aussi, voulant démontrer que Molière a voulu attaquer les précieuses de Paris et leurs amis, sont bien obligés de laisser croire que la pièce a été faite pour Paris ; et, comme il leur faut de plus prouver que Molière en a pris le sujet à l'abbé de Pure, la pièce de celui-ci ayant été représentée en 1656, ils ne peuvent guère dire qu'à cette date la pièce de Molière avait été représentée à Béziers. Enfin, dans la Préface des *Véritables précieuses*, alléguée par les frères Parfaict à l'appui de leur opinion, Somaize ne dit pas nettement que la pièce ait été composée en 1659. A l'assertion de Grimarest, reproduite depuis par Joly dans l'édition de 1734[4], par le P. Niceron[5], et enfin par Voltaire[6], M. Tasche-

Bret n'a ajouté aucune observation au passage qui reproduit (p. 37) l'assertion de Grimarest.

1. *Histoire du Théâtre françois*, tome VIII, 1746, p. 313 et 314.
2. Voyez notre tome I, p. 388, note 1.
3. « Il apprit que les gens de qualité ne vouloient rire qu'à leurs dépens, qu'ils vouloient que l'on fît voir leurs défauts en public ; qu'ils étoient les plus dociles du monde, et qu'ils auroient été bons du temps où l'on faisoit pénitence à la porte des temples, puisque loin de se fâcher de ce que l'on publioit leurs sottises, ils s'en glorifioient ; et de fait, après que l'on eut joué *les Précieuses*, où ils étoient et bien représentés et bien raillés, etc. » (*Nouvelles nouvelles*, 3e partie, 1663, p. 224.)
4. Tome I, *Mémoires sur la vie et les ouvrages de Molière*, p. XXII.
5. *Mémoires*, tome XXIX, p. 174.
6. Dans sa *Vie de Molière* (1739), tome XXXVIII, p. 392 de l'édition Beuchot, et dans son sommaire des *Précieuses ridicules* (ci-après, p. 44). Bazin s'étonne que Voltaire ait pu adopter une pareille opinion : « Chose incroyable, dit-il, Voltaire, avec le sens

reau oppose avec raison[1] ce passage de la biographie placée par la Grange et Vinot en tête de l'édition de 1682 : « En 1659, M. de Molière *fit* la comédie des *Précieuses ridicules*[2]. » Cette raison nous semble décisive. Nous n'attachons pas la même valeur à une autre raison qu'ajoute M. Taschereau : il remarque qu'à la page 12 de son registre la Grange dit que *les Précieuses ridicules*, où il jouait, étaient une pièce *nouvelle*, tandis qu'à la page 3 il avait eu bien soin de dire que « *l'Étourdi* et le *Dépit amoureux* n'étaient *nouveaux que pour Paris*. » On peut objecter que la Grange n'écrivant son registre que pour lui, n'avait pas à se piquer ici d'une précision bien scrupuleuse dans les termes; que de plus, et ceci a son importance, la Grange met dans son registre, à propos de la représentation de notre comédie, *troisième pièce nouvelle de M. de Molière*, comptant ici comme *nouvelles* au même titre les deux autres qui l'avaient précédée; et qu'enfin, quand il s'agissait surtout d'une *farce* en prose, beaucoup plus facile d'ailleurs à modifier qu'une pièce en cinq actes et en vers comme *l'Étourdi* et le *Dépit*, et qui paraît même avoir subi des changements dans le cours des représentations, il pouvait bien regarder comme *nouvelle* une pièce simplement appropriée au goût de Paris, et même ne pas attacher la même

délicat que nous lui connaissons, l'homme le plus capable assurément de sentir et de démontrer pourquoi un tel ouvrage n'avait pu être inspiré ou goûté ailleurs qu'à Paris, Voltaire accepta sans examen la sottise de Grimarest. » (*Notes historiques sur la vie de Molière*, 2ᵉ édition in-12, 1851, p. 60.) C'est aussi tranchant dans un autre sens que les assertions de Rœderer; nous ne voyons pas pourquoi la cour du prince de Conty, très-parisienne en général, n'aurait pas pu *goûter les Précieuses*.

1. *Histoire de la vie et des ouvrages de Molière*, 3ᵉ édition, p. 222.
2. Page xv de notre tome I. L'importance de ce témoignage n'avait pas échappé à l'auteur de la Vie de Molière, placée en tête de l'édition d'Amsterdam, 1725 (tome I, p. xix), lequel, après avoir écrit que la pièce des *Précieuses* fut représentée pour la première fois à Paris, en 1659, ajoute : « Marcel dit précisément qu'il la fit cette année-là. » On sait qu'il attribue à Marcel la notice de 1682 : voyez notre tome I, p. xxiii, suite de la note 3 de la page précédente.

importance à une farce dont il ne prévoyait point peut-être l'éclatant succès.

Molière le prévoyait-il bien lui-même? On peut en douter. Le mardi 18 novembre 1659, son théâtre joue *Cinna*, et *les Précieuses* pour la première fois. C'était déjà, comme le remarque M. Taschereau [1], une innovation qu'un spectacle composé de plus d'une pièce, surtout quand l'annonce d'une pièce nouvelle aurait dû suffire pour attirer le public. Et il faut croire qu'on avait négligé d'employer les moyens ordinaires pour piquer la curiosité, soit dans les annonces verbales que l'*orateur* faisait sur le théâtre, soit dans les affiches, puisque la première représentation ne produisit que 533 ₶ de recette. La pièce était donnée dans une saison très-favorable; le titre était alléchant; et les moindres places, celles du parterre, étant à 15 sous, tandis que les plus élevées étaient au moins de 3 livres [2], un tel chiffre de recette ne suppose pas une affluence extraordinaire, surtout si l'on admet, avec le *Ménagiana*, que *tout l'hôtel de Rambouillet* y était [3] (évidemment aux places les plus chères). De plus, on avait joué au prix ordinaire (la Grange l'atteste), et négligé de doubler le prix des places, comme c'était déjà l'usage, croyons-nous, au moins pour les places les plus élevées, aux premières représentations, et tant que durait le succès d'une pièce nouvelle. Nous sommes obligé d'insister sur ce dernier point.

On a dit d'abord que ce fut le succès des *Précieuses* qui fit élever de 10 à 15 sous le prix du parterre : M. Taschereau [4] a déjà répondu à cette assertion, qui se trouve partout, en citant le passage du registre de la Grange, qui dit, précisément

---

1. *Histoire de Molière*, 5ᵉ édition, en tête du tome I de l'édition Furne des *OEuvres complètes de Molière*, 1863, p. 41. C'est cette édition que nous citons, et la 3ᵉ pour certaines notes justificatives non reproduites postérieurement.

2. Nous disons *au moins*, parce que, pour la seule époque de la vie de Molière où nous avons des renseignements précis, le prix uniforme des premières places, même aux représentations ordinaires, était de 5 livres 10 sous. Voyez plus loin la note 3 de la page 13.

3. Voyez ci-après, p. 14.

4. Préface de la 5ᵉ édition de l'*Histoire de Molière*, p. ix.

à l'occasion de la première représentation des *Précieuses*, que les places étaient à l'ordinaire, 15 sous au parterre, et il ajoute qu'à la seconde représentation le prix fut doublé : « à l'extraordinaire, 30 sous » (évidemment au parterre). Mais on a dit aussi que c'était de là que datait l'usage de doubler le prix des places en cas de succès : or nous croyons avoir la preuve que cet usage existait déjà, au moins à l'*Hôtel de Bourgogne*, et voici les textes qui justifient, selon nous, cette assertion.

Tallemant des Réaux, dans la partie de ses *Historiettes* qui a été écrite en 1657[1], deux ans avant *les Précieuses*, dit à propos de l'embarras que cause sur le théâtre l'usage d'y placer des spectateurs : « Pour un écu ou pour un demi-louis, on est sur le théâtre[2]. » Le demi-louis étant à peu près le double de l'écu, on peut conclure, ce nous semble, de ce passage, que des Réaux entend parler ici du prix des places sur le théâtre, soit au simple, soit au double, et que, par conséquent, l'usage de doubler le prix des places, de celles-là du moins, existait dès lors.

On tirerait la même conclusion, même pour le parterre,

[1]. Indépendamment de ce qu'affirment à ce sujet MM. Monmerqué et P. Paris, d'après le manuscrit de des Réaux[a], nous avons une autre preuve que ce passage n'a pas dû être écrit avant le retour de Molière en 1658 : à la page précédente, des Réaux parle de la *Béjart* comme étant encore dans une troupe de campagne, et c'est là que se trouve, dans une note rédigée postérieurement, le mot si souvent cité : « Un garçon, nommé Molière.... »

[2]. Tome VII, p. 178. — Le louis d'or, au dix-septième siècle, valut d'abord dix livres, puis onze, douze et même quatorze. En 1652, le Roi ordonna qu'ils auraient cours pour leur premier prix, savoir dix livres. — M. P. Paris a joint à ce passage la note suivante : « L'écu d'or valait un peu plus que le demi-louis, c'est-à-dire près de six francs, et six francs alors répondaient pour le moins à douze francs d'aujourd'hui. » On voit que le savant éditeur pense que Tallemant des Réaux parle ici de l'écu d'*or*, tandis que nous croyons qu'il parle de l'écu d'*argent*, valant seulement trois livres. Il nous semble qu'alors, toutes les fois que l'on trouve le mot *écu* sans aucune qualification, il s'agit toujours de l'écu de trois livres.

[a] Voyez l'*Avis* du tome I des *Historiettes*, p. x et suivantes, et le commentaire, tome VII, p. 192 et 193.

NOTICE. 13

d'un passage de l'abbé d'Aubignac, écrit à propos de l'*OEdipe* de Corneille, représenté pour la première fois à l'Hôtel de Bourgogne le 24 janvier 1659, près d'un an avant *les Précieuses :* « Ce seroit, en vérité, une chose bien injuste qu'un poëte vînt ici du fond de la Gascogne[1] ou de la Normandie, escroquer *le demi-louis d'or et la pièce de trente sols* de ceux qui cherchent à se divertir[2]. » Le demi-louis d'or et la pièce de trente sous[3] sont évidemment le prix des places, les plus élevées et les plus basses, portées au double aux représentations d'*OEdipe*.

Nous avons cru devoir entrer dans ces détails, pour prouver que Molière, en ne doublant pas le prix des places dès la première représentation des *Précieuses*, semblait ne pas s'attendre au succès extraordinaire que sa pièce obtint, surtout depuis la seconde représentation, et qui fait époque, soit dans la biographie du poëte, soit dans l'histoire du théâtre.

Il y a, au sujet du succès des *Précieuses* dès le premier jour, deux anecdotes que nous sommes obligé de rapporter, et dont Bazin conteste la vraisemblance ; nous le laissons parler : « L'une est celle du vieillard qui se serait écrié : « Courage ! « Molière, voilà la bonne comédie ! » mais elle nous a tout l'air d'avoir été faite après coup ; elle date de 1705, et, ce qui est pis, elle vient de Grimarest. Quant à celle où l'on fait figurer et même parler Ménage, d'après le *Ménagiana*, publié en

1. D'Aubignac veut sans doute désigner Boyer.
2. Voyez dans le *Recueil de Dissertations sur plusieurs tragédies de Corneille et de Racine*, 1739, tome II, p. 8. On pourrait objecter sans doute que la dissertation sur l'*OEdipe*, envoyée à la duchesse de R*** par l'abbé d'Aubignac, n'a été imprimée (d'après une note du *Recueil*) qu'en 1663 ; mais il est facile de voir qu'elle a été écrite au moment même du succès d'*OEdipe,* et que tout le passage (même page), assez aigre, où l'abbé reproche à Corneille (en ce moment) de ne pas lui avoir donné assez de plaisir « pour la peine et *l'argent* qu'il *lui* a coûté, » se rapporte bien à l'époque des premières représentations.
3. Nous devons dire toutefois que le registre du comédien Hubert semble prouver qu'à la fin de la vie de Molière le prix invariable des places *sur le théâtre* et aussi des premières loges est un demi-louis ou 5 ℔ 10 sous. C'est ce qu'a déjà constaté M. Taschereau, p. IX de la préface de son *Histoire de Molière*.

1693, cette révélation posthume, venant, après trente-quatre ans, attribuer l'honneur d'un bon sens vraiment prodigieux à un homme qui a fait peu de preuves en ce genre, nous paraît tout à fait suspecte [1]. » Voici le passage du *Ménagiana* : « J'étois à la première représentation des *Précieuses ridicules* de Molière, au Petit-Bourbon. Mlle de Rambouillet y étoit, Mme de Grignan [2], tout le cabinet de l'hôtel de Rambouillet [3], M. Chapelain et plusieurs autres de ma connoissance. La pièce fut jouée avec un applaudissement général, et j'en fus si satisfait en mon particulier, que je vis dès lors l'effet qu'elle alloit produire. Au sortir de la comédie, prenant M. Chapelain par la main : « Monsieur, lui dis-je, nous approuvions vous et moi « toutes les sottises qui viennent d'être critiquées si finement « et avec tant de bon sens; mais, croyez-moi, pour me servir « de ce que saint Remy dit à Clovis, il nous faudra brûler ce « que nous avons adoré, et adorer ce que nous avons brûlé. » Cela arriva comme je l'avois prédit, et l'on revint du galimatias et du style forcé dès cette première représentation [4]. » Nous croyons, avec Bazin, que Ménage, depuis cette date mémorable, n'a pas assez donné de preuves de cette illumination

1. *Notes historiques sur la vie de Molière*, p. 61.
2. Au temps des *Précieuses*, il n'y avait plus de *Mlle de Rambouillet*. Julie, Mme de Montausier, mariée en 1645, avait porté trente-huit ans ce nom, mais enfin elle l'avait quitté depuis quatorze ans; et celle de ses sœurs qui l'avait porté après elle, la seule qui ne fût pas entrée en religion, s'appelait, depuis dix-sept mois déjà, *Mme de Grignan* (voyez ci-dessus, p. 4, note 2). Nous ne serions pas très-éloigné de penser que l'éditeur de l'*ana* a laissé par erreur imprimer *Mademoiselle* au lieu de *Madame* de Rambouillet : il pouvait ne pas savoir, aussi bien que nous le savons aujourd'hui par des Réaux, que l'état de santé de l'illustre dame lui permettait parfaitement à cette date (six ans avant sa mort) d'aller entendre en famille l'acte unique des *Précieuses;* il n'y a rien dans les observations très-précises de des Réaux (tome II, p. 505) qui ne donne l'idée d'une personne que le grand âge n'a pas physiquement trop affaiblie; elle habitait bien près du Petit-Bourbon ; elle avait conservé toute sa fermeté, toute sa curiosité d'esprit, et dut être tentée.
3. On lit simplement : « tout l'hôtel de Rambouillet, » dans la seconde édition du *Ménagiana* (1694), tome I, p. 233.
4. *Ménagiana*, 1693, p. 278.

subite, de cette brusque conversion, pour que la prévoyance qu'il s'attribue ne nous semble pas un peu suspecte. En tout cas, il eut le malheur de laisser ignorer à Molière ses bonnes dispositions à son égard et l'effet merveilleux que ces *Précieuses* avaient produit sur lui, puisque Molière le mit en scène plus tard dans *les Femmes savantes*; le *Ménagiana* avoue, d'assez mauvaise grâce, il est vrai, que l'on y voulait reconnaître Ménage dans le personnage de Vadius[1]. Mais le passage du *Ménagiana* sur *les Précieuses* nous semble intéressant, en ce qu'il prouve que Ménage, ou tout au moins ses contemporains, ne croyaient pas l'hôtel de Rambouillet si parfaitement désintéressé dans la question que l'a dit Rœderer.

Une autre anecdote, attribuée à un habitué de l'Hôtel, Segrais, amènerait peut-être la même conclusion : « Ce furent *les Précieuses* qui mirent Molière en réputation. La pièce ayant eu l'approbation de tout Paris, on l'envoya à la cour, qui étoit alors au voyage des Pyrénées, où elle fut très-bien reçue; cela

---

[1] « L'on me veut faire accroire que je suis le savant qui parle d'un ton doux. Ce sont choses cependant que Molière désavouoit. » (*Ménagiana*, édition de 1694, tome II, p. 12.) On sait ce que valent de pareils désaveux ; Cotin en eût pu dire autant, et, pour lui au moins, le désaveu de Molière avait été public[a]. De ce désaveu-là, Ménage ne tient compte; car il ajoute : « Mais le Trissotin de cette même comédie est l'abbé Cotin. » M. Taschereau (note 1, p. 46, de la 5e édition de son *Histoire de Molière*[b]) nous cite une anecdote empruntée à la *Ménagerie*, satire de Cotin contre Ménage, qui semblerait prouver que Molière n'était pas, au lendemain des *Précieuses*, fort bien disposé en faveur de Ménage : « Je pensois, dit Cotin (p. 51), que toute la Ménagerie fût achevée, quand on m'a averti qu'après les Précieuses on doit jouer chez Molière Ménage hypercritique, le Faux savant et le Pédant coquet : *vivat!* Les comédiens ont mis dans leurs affiches qu'il faudra retenir les loges de bonne heure, et que tout Paris y doit être, parce que toutes sortes de gens, grands et petits, mariés ou non mariés, sont intéressés au ménage. C'est une plaisanterie de comédien. » Ce n'est probablement qu'une bien pauvre méchanceté de l'auteur de la *Ménagerie*.

[a] Voyez l'*Histoire de Molière* par M. Taschereau, 3ᵉ édition, p. 256, note 17.
[b] Voyez ci-dessus, p. 11, note 1.

lui enfla le courage : « Je n'ai plus que faire, dit-il, d'étudier « Plaute et Térence, ni d'éplucher les fragments de Ménan- « dre : je n'ai qu'à étudier le monde. » Il y avoit néanmoins quelque chose d'outré : les précieuses n'étoient pas tout à fait du caractère qu'il leur avoit donné; mais ce qu'il avoit imaginé étoit bon pour la comédie[1]. » On voit que le *Segraisiana*, tout en se plaignant que le portrait des précieuses fût outré, ne prétend pas du tout que Molière n'ait eu en vue que les fausses précieuses.

Quoi qu'il en soit, rien de mieux constaté que l'éclatant succès de la pièce[2]. Il faillit pourtant être arrêté brusquement, si l'on en croit Somaize. Dans son *Grand dictionnaire historique des Précieuses*, au mot *Prédictions*, il dit qu'en 1659 les

[1]. *Segraisiana* ou *Mélange d'histoire et de littérature, recueilli des entretiens de M. de Segrais*, édition de 1721, p. 212. Il est vrai que ces Souvenirs, ces fragments de Mémoires qu'on a désignés sous le nom de *Segraisiana*, et où cette anecdote se trouve, n'ayant pas été rédigés par Segrais, et n'ayant été publiés pour la première fois qu'en 1721[a], cette anecdote tant répétée, mais de provenance équivoque et de révélation tardive, aurait pu, à ce double titre, être signalée par Bazin comme aussi suspecte que celle du *Ménagiana*, qu'il croit douteuse pour les mêmes raisons, indépendamment de la trop belle part que s'y fait Ménage.

[2]. Somaize le reconnaît lui-même, et son témoignage a d'autant plus de valeur qu'il est donné de très-mauvaise grâce. On lit dans son épître dédicatoire à Mlle Marie de Mancini des *Précieuses ridicules mises en vers :* « Je ne laisse pas, Mademoiselle, de vous faire un présent vulgaire en vous offrant cette comédie, qui quelque réputation qu'elle ait eue en prose, m'a semblé n'avoir pas tous les agréments qu'on lui pouvoit donner ; et c'est ce qui m'a fait résoudre à la tourner en vers, pour la mettre en état de mériter avec un peu plus de justice les applaudissements qu'elle a reçus de tout le monde, plutôt par bonheur que par mérite. »

[a] L'enregistrement du privilége est du 17 janvier 1721. Une note manuscrite de l'exemplaire de la Bibliothèque nationale attribue l'édition de l'ouvrage à la Monnoie; c'est lui, ajoute-t-elle, qu'on soupçonna d'être l'auteur de certains passages injurieux sur le duc de Montausier et d'autres sur Mme de Maintenon qui firent supprimer le livre et destituer le censeur officiel, Moreau de Mautour (dont l'approbation est du 17 novembre 1720). Cet exemplaire incomplet, relié avant d'appartenir à la Bibliothèque royale, a été donné en mars 1722, à l'auteur même de la note, ce semble, par le chancelier d'Aguesseau.

précieuses seront de nouveau inquiétées par une comédie où « leur nom servira une seconde fois à attirer le monde, » comme précédemment par celle des Italiens, dont (toujours selon Somaize) elles n'avaient pas tardé à reconnaître l'innocence. Cette fois, à l'en croire, et c'est en effet fort vraisemblable, la comédie de Molière les irritera beaucoup plus que celle de l'abbé de Pure : « Elles intéresseront les galands à prendre leur parti. *Un alcôviste de qualité interdira ce spectacle pour quelques jours.* Nouveau concours au Cirque lorsqu'elles reparoîtront[1]. »

Quel était cet alcôviste de qualité? Serait-ce pendant cette interdiction momentanée de la pièce, qu'elle aurait, comme le dit Segrais, été envoyée à la cour, alors aux Pyrénées, et doit-on supposer que le Roi, très-peu disposé, alors surtout, à goûter les raffinements quintessenciés des précieuses, et dont le sens droit, il faut le reconnaître, a toujours eu des prédilections littéraires beaucoup plus justes que celles de son entourage, serait intervenu pour faire lever cette interdiction? Ce n'est qu'une conjecture, bien hasardée sans doute; mais ce qui est certain, c'est que la pièce fut en effet suspendue pendant quelques jours, et nous ne voyons pas de raisons de douter de ce qu'affirme Somaize au sujet de cette suspension. Le *Registre de la Grange* établit que la première représentation de la pièce eut lieu le 18 novembre, la seconde seulement le 2 décembre. Évidemment il y a eu là un empêchement quelconque, et ce ne peut être que celui qui est signalé par Somaize, une suspension obtenue par le crédit d'un « alcôviste de qualité. »

1. *Le Grand dictionnaire des Précieuses, historique*, etc., au mot *Prédictions*, §§ xx, xxi, xxvi et xxvii (tome I, p. 188 et 189 du recueil de M. Livet[a]). Nous nommerons ce livre, d'après son titre courant et le titre du tome II, *le Grand dictionnaire historique des Précieuses*; le privilége est du 15 février, l'achevé d'imprimer (joint au tome I) du 28 juin 1661. Il avait été précédé par un vocabulaire des précieuses, mince petit volume, sorte d'introduction aux deux plus gros, et comme eux décoré du titre pompeux de *Grand dictionnaire* (voyez ci-après, p. 21, note 1).

a Voyez ci-dessus, p. 7, note 2.

Dans cet intervalle d'une quinzaine de jours, Molière, éclairé par l'expérience d'une première représentation, avait le temps de faire subir à sa pièce quelques modifications, et c'est là ce qui expliquerait une différence assez importante entre la pièce telle que nous l'avons, et l'analyse qu'en donne Mlle des Jardins [1]. Dans cette analyse, non-seulement la première scène, où l'on voit paraître la Grange et du Croisy, se trouve être la troisième, mais ce qu'ils racontent de leur première entrevue avec les deux précieuses est en action, et, comme l'a très-justement fait remarquer M. Édouard Fournier, il est peu probable que Mlle des Jardins, qui, dans le reste de son analyse, reproduit fidèlement jusqu'aux détails même du dialogue, se soit « trompée complétement » sur un point aussi essentiel. Il est donc vraisemblable que Molière aura imaginé entre la première et la seconde représentation de transformer la scène de l'entrevue en un simple récit mis dans la bouche de du Croisy. La scène devient moins vive sans doute ; mais la venue des Précieuses est mieux préparée, l'irritation du bonhomme Gorgibus mieux motivée, et de plus Molière y trouvait l'avantage, assez sérieux en présence des difficultés soulevées par les précieuses et leurs amis, de bien établir dès la première scène, qu'il ne s'agissait ici que de deux *pecques provinciales*, et pas du tout des illustres originaux dont elles étaient la mauvaise copie. Raisons de prudence, raisons littéraires se réunissaient pour justifier ce changement, et nous inclinons à penser, avec M. Édouard Fournier, que cette modification a dû se faire entre la première et la seconde représentation.

Malgré cette espèce de scandale qu'excita la première représentation et la suspension qui la suivit, le gazetier Loret lui-même connaissait-il cet événement, en mesurait-il la portée, quand le 22 novembre, quatre jours après la première représentation, il écrivait encore au sujet des romans de Mlle de Scudéry, dont le succès allait au moins être compromis auprès d'une bonne partie du public par celui des *Précieuses ridicules* :

C'est tout esprit, toute sagesse ;
C'est la même délicatesse [2] ;

1. Voyez à l'*Appendice* des *Précieuses*, ci-après, p. 117-134.
2. La délicatesse même.

Et ceux qui des meilleurs romans
Sont les passionnés amants,
Ont tous un sentiment semblable
Que *Clélie* est incomparable :
C'est, pour goûter bien du plaisir,
De tels livres qu'il faut choisir.

Mais le 6 décembre, dans une apostille, Loret nous apprend qu'il a été voir *les Précieuses*; il y a porté ses *trente sous*, mais il confesse qu'il y a bien ri *pour plus de dix pistoles*. Lui aussi, il cède au torrent, et sa conversion semble mieux établie que celle de Ménage :

Cette troupe de comédiens
Que Monsieur avoue être siens,
Représentant sur leur théâtre
Une action assez folâtre,
Autrement un sujet plaisant,
A rire sans cesse induisant,
Par des choses facétieuses,
Intitulé *les Précieuses*,
Ont été si fort visités
Par gens de toutes qualités,
Qu'on n'en vit jamais tant ensemble
Que ces jours passés, ce me semble,
Dans l'hôtel du Petit-Bourbon,
Pour ce sujet mauvais ou bon.
Ce n'est qu'un sujet chimérique,
Mais si bouffon et si comique,
Que jamais les pièces du Ryer,
Qui fut si digne du laurier,
Jamais l'*OEdipe* de Corneille,
Que l'on tient être une merveille,
La *Cassandre* de Bois-Robert,
Le *Néron* de Monsieur Gilbert,
Alcibiade, Amalazonte[1],
Dont la cour a fait tant de compte,
Ni le *Féderic* de Boyer,
Digne d'un immortel loyer,
N'eurent une vogue si grande,
Tant la pièce semble friande

1. De M. Quinault. (*Note de Loret.*)

A plusieurs, tant sages que fous.
Pour moi, j'y portai trente sous;
Mais oyant leurs fines paroles,
J'en ris pour plus de dix pistoles[1].

Jamais triomphe n'a été mieux constaté, et par ce témoignage très-désintéressé de Loret, et aussi par les réserves qu'il croit devoir faire relativement à ce *sujet chimérique*. Est-il *mauvais?* est-il *bon?* C'est ce qu'il n'ose décider. Un autre contemporain, très-favorable, il est vrai, à Molière[2], F. Doneau, dans l'avis *Au lecteur* de sa *Cocue imaginaire* (1660), affirme que le succès des *Précieuses* fut tel, qu'on venait « à Paris de vingt lieues à la ronde, afin d'en avoir le divertissement. » Il semble même que tel trait de la pièce, par exemple, le cri : *Au voleur! au voleur!* était devenu un de ces mots à la mode, de ces façons de proverbes que tout le monde répète. Dès le mois de janvier suivant[3], Loret, à propos de tout autre chose, parlant de deux jouvenceaux auxquels on venait d'enlever dans un fiacre trois demoiselles qu'ils accompagnaient, nous les représente

Criants : *aux voleurs! aux voleurs!*
De même ton que Mascarille.

La pièce dans sa nouveauté eut, en moins d'une année, sur le théâtre du Petit-Bourbon, quarante-quatre représentations[4].

Ne pouvant nier le succès de la pièce, les ennemis de Molière se hâtèrent de crier au plagiat. Somaize, qui s'était pour-

1. A la Table de Loret, publiée le dernier mai 1660, la nouvelle comédie est mentionnée ainsi : « *Les Précieuses*, pièce de théâtre fort agréable. »

2. A *M. de Molier*, comme il l'appelle encore en 1662, dans une seconde édition de *la Cocue imaginaire* que nous avons sous les yeux. Le privilége, qui précéda sans doute de peu la première édition, est daté du 25 juillet 1660.

3. A la fin de la lettre du 24.

4. Du 18 novembre 1659 au 11 octobre 1660. A cette date, le théâtre du Petit-Bourbon fut démoli (voyez les vers de Loret, cités ci-après, p. 31, note 1), et les représentations de la troupe de Molière furent suspendues (pour le public) jusqu'au 20 janvier 1661. Voyez ci-après, p. 31 et suivantes, le détail des représentations et des recettes.

tant empressé de profiter lui-même de l'à-propos, en publiant *le Grand dictionnaire des Précieuses* ou *la Clef de la langue des ruelles*[1], où il reproduisait les phrases les plus caractéristiques de la pièce de Molière, voulut bien encore se donner « la peine de mettre en vers un ouvrage dont il (*Mascarille-Molière*) se dit auteur; » mais il ajoute que *les Précieuses ridicules* sont *un vol* fait « aux Italiens, à qui M. l'abbé de Pure les avait données. » Toutefois, comme il se pique d'être équitable, il avoue que du moins *Mascarille*, c'est ainsi qu'il désigne Molière, y a « ajouté beaucoup par son jeu, qui a plu à assez de gens, pour lui donner la vanité d'être le premier farceur de France. C'est toujours quelque chose d'exceller en quelque métier que ce soit, et, pour parler selon le vulgaire, il vaut mieux être le premier d'un village que le dernier d'une ville, bon farceur que méchant comédien[2]. » Dans la préface des *Véritables précieuses*, comédie, imprimée antérieurement[3], il avait déjà dit de Molière : « Il est certain qu'il est singe en tout ce qu'il fait;... il a copié les *Précieuses* de M. l'abbé de Pure, jouées par les Italiens. » Mais, ajoutait-il judicieusement, « qu'attendre d'un homme qui tire toute sa gloire des *Mémoires* de Guillot-Gorgeu qu'il a achetés de sa veuve, et dont il s'adopte tous les ouvrages ? »

1. Le privilége est du 3 mars 1660, et l'achevé d'imprimer du 12 avril. M. Livet en a, dans le recueil déjà cité, réimprimé la seconde édition, laquelle parut, d'après l'Achevé qu'il reproduit, le 20 octobre de la même année. Ce livre, qui ne justifie guère son titre[a] par ses dimensions (il n'a que 28 pages dans l'édition de M. Livet), est à distinguer du *Grand dictionnaire historique des Précieuses*, qui ne parut qu'à la fin de juin 1661 en deux volumes (il a 296 pages dans l'édition de M. Livet) : voyez ci-dessus, p. 17, note 1.
2. Préface des *Précieuses ridicules.... nouvellement mises en vers*. Le privilége est du 3 mars 1660, et l'achevé d'imprimer du 12 avril, comme pour le *Dictionnaire* qui vient d'être cité.
3. Le privilége est du 12 janvier 1660, et ne fut obtenu qu'après l'impression, achevée dès le 7.

[a] Son titre extérieur; car le titre intérieur (p. 1), ainsi que le titre courant, est simplement *Dictionnaire des Précieuses;* c'est celui qui devrait servir à le désigner.

L'auteur des *Nouvelles nouvelles* dit également que Molière « eut recours aux Italiens, ces bons amis, et accommoda *les Précieuses* au Théâtre françois, qui avoient été jouées sur le leur et qui leur avoient été données par un abbé des plus galants. Il les habilla admirablement bien à la françoise, etc.[1]. » Cet abbé *galant*, auquel Boileau depuis conserva ironiquement cette dénomination[2], avait, en effet, en 1656, composé un roman intitulé : « *la Précieuse* ou *le Mystère de la ruelle*, dédiée à telle qui n'y pense pas[3]; » et c'était de là, sans doute, qu'on avait tiré la pièce représentée la même année aux Italiens. Cette date est donnée par Somaize lui-même, dans son *Grand dictionnaire historique des Précieuses* (de juin 1661)[4], et la date n'est pas ici indifférente, comme on va le voir.

Qu'était cette pièce? D'abord elle était toute en italien, c'est une gazette rimée du temps qui nous l'atteste[5]. De plus, c'était sans doute un simple canevas, sur lequel la fantaisie des comédiens brodait les développements qui leur passaient par la tête. A voir l'acharnement que les ennemis de Molière mettent à lui reprocher ce *vol*, on ne peut douter que, si la pièce eût été écrite tout entière, telle qu'on la jouait, on se fût hâté de

1. *Nouvelles nouvelles*, 3ᵉ partie, p. 223.
2. Si je veux d'un galant dépeindre la figure,
   Ma plume pour rimer trouve l'abbé de Pure.
               (Satire II, à *M. de Molière*, 1664, vers 17 et 18.)
3. Chez Guillaume de Luyne, 4 volumes : l'achevé d'imprimer du troisième est du 30 décembre 1656; celui du quatrième est du 9 mai 1658.
4. Au mot *Prédictions*, § xx (à combiner, pour fixer la date, avec les §§ xviii et xxiii), tome I, p. 188, du recueil de M. Livet. Somaize, naturellement, fait entendre qu'elle attira le monde aux Italiens, et déjà, dans ses *Véritables précieuses* (de janvier 1660), il avait dit (scène vii; c'est un poëte qui parle) : « Il faut que vous sachiez qu'elle (*la pièce de Molière*) est plus âgée de trois ans que l'on ne pense et que, dès ce temps-là, les comédiens italiens y gagnèrent dix mille écus, et cela sans faire courre le billet, comme les Bourbonnois ont amené la coutume. » On peut croire cependant qu'elle n'eut pas alors grand succès; car Loret, très-favorable à l'abbé de Pure, n'en parle pas en 1656.
5. Plus tard les Italiens mêlèrent des scènes françaises à leurs pièces, et finirent même par en jouer qui étaient tout en fran-

l'imprimer pour le convaincre de plagiat : avoir inspiré Molière n'eût pas été une gloire à dédaigner pour l'abbé de Pure. Or comment Molière, qui n'était pas à Paris en 1656, a-t-il pu dérober quelque chose à une pièce qui n'était ni imprimée, ni écrite, mais plus ou moins improvisée[1] ? De plus, ni Somaize, ni de Villiers, tout en répétant avec fureur qu'il a *volé* sa pièce à l'abbé de Pure, ne s'avisent de préciser cette accusation, ni de dire au juste ce qu'il a pris à son devancier, sauf toutefois une idée à laquelle Somaize affecte d'attacher une grande importance : il fait dire à un des personnages des *Véritables précieuses* (scène VII), à propos de la pièce de Molière : « Mascarille pourtant soutient n'avoir imité en rien celle des Italiens. » Et son interlocuteur, un poëte, lui répond : « Ah ! que dites-vous là ? C'est la même chose, ce sont deux valets tout de même qui se déguisent pour plaire à deux femmes et que leurs maîtres battent à la fin : il y a seulement cette petite différence, que dans la première les valets le font à l'insu de leurs maîtres, et que dans la dernière ce sont eux qui leur font faire. » Il semble que cette *petite différence* est assez notable, et que tout l'intérêt de la légère intrigue qui fait le fond des *Précieuses ridicules* est précisément dans la vengeance que les maîtres rebutés tirent des *Précieuses*. S'il ne s'agit d'ailleurs que de l'idée d'un

çais ; mais, pour celle de l'abbé de Pure, le chroniqueur nous parle de ces *Précieuses*

> Qu'un génie assez éclatant,
> Savoir le sieur abbé de Pure,
> En langue toscane fort pure,
> Fit dans Bourbon parler jadis.

M. Fournel, qui le premier a cité ces vers dans sa Notice sur la mascarade de *la Déroute des Précieuses* (1659), les a trouvés dans la *Muse royale*, à la date du 3 mai 1660 : voyez *les Contemporains de Molière*, tome II, p. 501, note.

1. Dans son ouvrage *de l'Art de la comédie* (édition de 1786, tome II, p. 47), Cailhava dit avec son aplomb ordinaire : « L'abbé de Pure a fait aussi une pièce intitulée *les Précieuses* ; elle est mauvaise. » Qui ne croirait que Cailhava a lu cette *mauvaise* pièce, ou qu'il s'est du moins assuré qu'elle existait ? On l'eût sans doute embarrassé fort en le priant d'en vouloir bien citer quelque chose.

valet se substituant à son maître, avec ou sans l'aveu de celui-ci, elle se trouvait déjà, bien avant l'abbé de Pure, dans une pièce qui avait fait fureur, *Jodelet* ou *le Maître valet* de Scarron, jouée en 1645. Quant à la raillerie des précieuses, non-seulement l'idée en appartenait à tout le monde, mais de plus nous doutons fort qu'à cet égard la pièce italienne fût bien satirique et ressemblât même de loin à la charmante critique de Molière ; c'est ce dont nous pouvons juger par la lecture du roman dont la pièce italienne a sans doute été tirée.

Il n'y a nulle action dans cet insipide ouvrage, et l'auteur semble en convenir dans un avertissement au lecteur placé en tête du IIIe volume : « Ami lecteur, ne cherche ici ni art, ni soin. Il n'y a que saillie et que belle humeur. » C'est un fouillis de conversations, réflexions, distinctions, écrites dans un style dont le portrait suivant de la Précieuse peut donner une idée suffisante : « La Précieuse n'est point la fille de son père ni de sa mère ; elle n'a ni l'un ni l'autre, non plus que ce sacrificateur de l'ancienne loi. Elle n'est pas non plus l'ouvrage de la nature sensible et matérielle ; elle est un extrait de l'esprit, un précis de la raison. Cet esprit et cette raison est le germe qui les produit ; mais comme la perle vient de l'Orient et se forme dans des coquilles par le ménage que l'huître fait de la rosée du ciel, ainsi la Précieuse se forme dans la ruelle par la culture des dons suprêmes que le Ciel a versés dans *son* âme, etc. [1]. » Là comme ailleurs, dans cet ouvrage, y a-t-il quelques intentions d'ironie ? C'est possible ; mais elle y est si douce et si enveloppée, qu'elle ne pouvait choquer personne ; le style de l'auteur, tout aussi bien que ses relations connues et ses admirations littéraires, témoignent que, lui aussi, avait *humé sa bonne part de l'air précieux*. Le premier volume contient un éloge enthousiaste de Mlle de Scudéry et de ses romans [2]. A moins que la pièce italienne ne fût conçue dans un esprit tout différent, ce qui n'est guère vraisemblable, on ne voit pas trop ce que Molière aurait pu emprunter à l'abbé de Pure. Ce qui pourrait du reste faire douter du succès de la pièce de l'abbé de Pure et de l'importance que Somaize, dans

---

1. Tome I, p. 168. Le texte porte : « a versé (*sic*) dans leur âme. »
2. Pages 382 et suivantes.

son animosité contre Molière, affecte d'y attacher, c'est que, dans trois lettres tout amicales à l'abbé de Pure, écrites en 1658 et 1659, Thomas Corneille lui parle avec beaucoup d'éloges de son roman de *la Précieuse*, puis de la troupe de Molière, dont il dit assez de mal, et enfin des *Précieuses ridicules*, à propos desquelles il écrit cette phrase dédaigneuse pour la pièce et pour Messieurs de Bourbon, comme il les appelle : « Le grand monde qu'ils ont eu à leur farce des *Précieuses*.... fait bien connoître qu'ils ne sont propres qu'à soutenir de semblables bagatelles[1]. » Ce serait l'occasion, ou jamais, de rappeler au moins la pièce de l'abbé de Pure, et ni là, ni dans ses autres lettres, Thomas Corneille n'en souffle mot.

On a cité aussi une pièce de Chappuzeau, *le Cercle des femmes*, qui aurait pu suggérer à Molière l'idée de la pièce. Il faudrait d'abord établir que la pièce de Chappuzeau a pu être connue de Molière, ce qui n'est pas impossible, mais n'est pas du tout démontré[2]. Il y a bien quelque ressem-

[1]. Voyez ces trois lettres dans les *OEuvres de Pierre et de Thomas Corneille*, édition Lahure, tome V, p. 570 et suivantes; les originaux autographes sont à la Bibliothèque nationale, manuscrits français, 12763. La première est datée de Rouen, 19 mai 1658 : Thomas prétend que son frère, le grand Corneille, a « lu et admiré » le roman de l'abbé de Pure, et il ajoute : « C'est par lui que je sais déjà avec quelle délicatesse et de termes et de pensées vous continuez à examiner les questions les plus subtiles de l'amour, surtout en voulant établir l'union pure des esprits exempts de la foiblesse qui nous impose la nécessité du mariage. » C'est bien reconnaître que l'abbé de Pure était de l'avis de Cathos, qui « treuve le mariage une chose tout à fait choquante, » et cela suffirait pour prouver que sa pièce devait être conçue dans un esprit tout différent de celle de Molière. Quant à la troisième lettre, où Thomas parle du succès des *Précieuses ridicules*, elle est datée de Rouen, 1er décembre 1659 : ce qu'il en dit ne s'appliquerait donc qu'à la première représentation des *Précieuses*, la seconde n'ayant eu lieu que le 2 décembre. Mais il est possible que la date de la lettre soit inexacte.

[2]. On ne voit nulle part que la pièce de Chappuzeau ait été représentée, et l'auteur prend soin de déclarer qu'il ne la donne ni pour une *comédie* ni pour une *farce*; elle a été publiée dans un volume qui paraît avoir eu pour titre[a]: « *Le Cercle des femmes*, entre-

[a] Cela n'est pas absolument sûr, cette première page du titre, dans l'exem-

blance entre la pièce de Chappuzeau et celle de Molière; mais on va voir qu'elle se réduit à bien peu de chose. Hortense « jurisconsulte, veuf, tenant pensionnaires, » et donné d'ailleurs comme un pédant, est amoureux d'une « jeune veuve d'un savant esprit », et non d'une précieuse, Émilie. Le père de celle-ci, Ménandre, ne ressemble pas plus à Gorgibus, que sa fille à Madelon, ni Hortense aux deux honnêtes gens rebutés par les deux précieuses de Molière : c'est un homme entiché de sa noblesse, et il déclare net à Hortense (entrée iiie) qu'il ne veut pour gendre « qu'un seigneur de qualité, » et qui, ajoute-t-il, « puisse compter comme nous sa race depuis deux mille ans. » Hortense entrevoit aussitôt l'espoir de se venger de ce refus, et brusquement propose à sa place un autre gendre à Ménandre, qui l'accepte sans difficulté avant de l'avoir vu. Ce prétendu « seigneur de marque » est « un gros drôle de pensionnaire, qui n'a ni naissance, ni esprit. » Hortense, qui le loge chez lui, lui fait la leçon : Germain (c'est le nom de son pensionnaire) devra parler de sa noblesse, se donner des armoiries, un nom de terre, en un mot, se faire passer pour un parfait

---

tiens comiques, [et] *les Secrets du lit nuptial* [a], par Chapuzeau (*sic*). Imprimé à Lyon, et se vend chez Charles Cabry, place de Sorbonne, près les classes. MDCLXIII. Avec permission. » Tel est du moins la date de l'exemplaire de la Bibliothèque nationale : nous devons dire toutefois que le permis d'imprimer est du 25 avril 1656. N'y a-t-il qu'un titre neuf mis sur une ancienne impression ? Est-ce une seconde édition? N'est-il pas plus vraisemblable qu'il s'est écoulé un temps assez long entre le permis d'imprimer et le moment où Chappuzeau, auteur bien médiocre, a pu trouver un éditeur? Toujours est-il que Chappuzeau ne paraît nulle part s'être vanté de l'emprunt que Molière lui aurait fait, et qu'aucun des contemporains, à notre connaissance, ne l'avait remarqué.

plaire que nous avons vu, n'ayant pas été, comme les pages suivantes, entourée seulement d'une marge fraîche et plus forte, mais découpée et recollée par morceaux sur un autre papier.

[a] *Le Cercle des femmes* est en effet suivi dans le même volume de l'*Histoire d'Hyménée ou les Mystères secrets du lit nuptial* : c'est par erreur que les frères Parfaict, et d'autres sans doute d'après eux, ont fait de ces *Secrets* un second titre du *Cercle*.

gentilhomme. Cependant Émilie préside un cercle de femmes savantes comme elle (entrée v^e)[1], et, à la rigueur, on pourrait trouver dans cette scène quelque analogie avec celle où figurent Philaminte, Bélise et Henriette dans *les Femmes savantes*. Le faux seigneur Germain se présente dans cette réunion (entrée vi^e, la dernière et la plus courte), se donne, en effet, pour un homme de qualité, quand surviennent deux sergents, qui l'arrêtent, parce qu'il a quitté Grenoble sans payer son hôte. Comme Émilie ne s'est nullement compromise avec Germain, c'est elle qui fait des reproches à son père pour lui avoir proposé un pareil mari : juste le contraire de ce qui arrive à Gorgibus et à ses filles. On voit donc que, sauf la mystification imaginée par le pédant vindicatif, il n'y a guère que des différences entre les deux pièces. On remarquera que la scène est à Lyon dans la pièce de Chappuzeau, que ces *entretiens* ont été imprimés dans la même ville; or, comme Molière et Chappuzeau étaient tous deux à Lyon en 1656, on peut supposer, à la rigueur, que quelque aventure locale leur a suggéré à tous deux la même idée[2]. Ajoutons, à ce propos, que l'abbé de Pure, né à Lyon en 1634, pa-

1. L'une de ces femmes s'appelle *Aminte*, du même nom qu'a choisi l'une des Précieuses.
2. On serait d'autant plus autorisé à le soupçonner, que Chappuzeau semble vouloir détourner les applications, en affirmant avec modestie, dans l'Argument, qu'il n'y a rien de lui dans cet ouvrage « que la traduction et l'agencement, » que ce sont « des passages triés des dialogues *de l'aimable Érasme*. » Il a répété la même déclaration dans la dédicace de *l'Académie des femmes* : voyez ce qu'en citent les frères Parfaict, tome IX, p. 78, note, et notre note suivante. Chappuzeau voulait sans doute rappeler plus particulièrement le *Senatulus sive* Γυναικοσυνέδριον, qui se lit au tome II, p. 133 et suivantes, de la petite édition Tauchnitz des *Colloquia* : plusieurs traits de la cinquième entrée de ses entretiens comiques (fort abrégée pour devenir plus tard la scène iii de l'acte III de sa comédie) sont en effet empruntés à ce dialogue d'Érasme, dont on peut lire la traduction donnée par Chappuzeau lui-même, dans ses *Entretiens familiers d'Érasme*, divisés en trois décades (Paris, Louis Billaine, 1662 : le privilége est du 13 octobre 1661). *Le Sénat des femmes* est l'*Entretien* vii de la seconde décade, p. 135. Il s'agit beaucoup plus dans ce dialogue de ce

raît y avoir passé sa jeunesse[1]. Mais on pourrait faire honneur de l'invention à Chappuzeau, sans diminuer en rien le mérite de Molière. L'idée même de cette substitution d'un valet donné pour un gentilhomme, et qu'ensuite on démasque, se retrouvera plus tard ailleurs ; elle est dans *le Jeu de l'Amour et du Hasard* de Marivaux, et même dans le *Ruy Blas* de Victor Hugo, mais avec des caractères et des développements si différents, que personne n'a songé sérieusement à se préoccuper de cette ressemblance [2].

qu'on a appelé depuis les droits de la femme, que des questions littéraires agitées par les Femmes savantes [a].

1. Il est certain qu'en 1656 l'abbé de Pure était déjà établi à Paris. Il existe de Chappuzeau un livre publié, cette année même, à Lyon, et où il cite, parmi les Lyonnais célèbres qui demeurent à Paris, « Michel de Pure, proche parent de Magdeleine de Pure, digne supérieure du grand couvent des religieuses ursulines, l'un des beaux esprits du temps, et dont les prédications attirent dans Paris tout le beau monde [b]. » Ce qui est plus intéressant pour nous que cette mention laudative de l'abbé de Pure, c'est un double fait qui semble prouver au moins la possibilité de relations, dès cette date, entre Chappuzeau et Molière. D'abord l'éditeur de son livre, Iasserme, est le même qui publia, à peu près à la même date, un volume d'un des camarades de Molière, Joseph Béjart, sur les blasons de la noblesse réunie à Montpellier en 1654 (voyez notre premier volume, p. 83, note 5). En outre, à la page 43 de *Lyon dans son lustre*, nous trouvons ce curieux passage, au sujet du théâtre, à Lyon : « Le noble amusement des honnêtes gens, la digne débauche du beau monde et des bons esprits, la comédie, pour n'être pas fixe comme à Paris, ne laisse pas de se jouer ici, à toutes les saisons qui la demandent et par une troupe ordinairement qui, toute ambulatoire qu'elle est, vaut bien celle de l'Hôtel qui demeure en place. » L'*Hôtel* désigne évidemment ici l'*Hôtel de Bourgogne*, à Paris, *les grands comédiens*.

2. Chappuzeau a mis en vers son *Cercle des femmes*, avec des dé-

[a] Les mêmes dialogues, augmentés de deux décades, ou distribués en cinq au lieu de trois, ont été réimprimés en deux volumes à Genève en 1669. La dédicace contient un parallèle assez curieux entre M. Conrad de Cracovie, à qui elle est adressée, et M. Conrart de Paris.

[b] *Lyon dans son lustre*, à Lyon, chez Scipion Iasserme, aux dépens de l'auteur, 1656, p. 102; le privilége est du 10 décembre 1655. Le nom de Chappuzeau n'est pas au titre; mais il est à la fin de la dédicace à *Messieurs les prévôt des marchands et échevins de la ville de Lyon*.

En dépit de ces critiques plus ou moins désintéressées, le succès des *Précieuses ridicules* se soutint pendant l'absence de la cour. Nous les voyons représentées très-souvent *en visite*, d'abord au mois de février 1660, chez M. de Guénegaud et chez M. le Tellier; en mars, chez Mme Sanguin « pour Monsieur le Prince, » puis chez le chevalier de Gramont et chez la maréchale de l'Hospital; en mai, chez M. d'Andilly. Mais le Roi revient des Pyrénées, et la première pièce que la troupe de Molière représente devant lui, avec *l'Étourdi*, est celle des *Précieuses*. Voici la date des divérses représentations qui en furent données à la cour pendant les six derniers mois de cette année :

veloppements nouveaux et quelques changements. Ainsi Émilie, dans cette seconde pièce, n'est que réputée veuve; son mari, que l'on croyait mort, reparait au dénoûment, et, mécontent des habitudes de femme savante qu'a prises sa femme, lui dit dans la dernière scène :

> Madame, à mon retour apprenez à mieux vivre,
> Otez de mon logis jusques au dernier livre,
> Chassez tous ces auteurs qui vous troublent le sens,
> Gouvernez la maison, et veillez sur vos gens.

Il est difficile de ne pas voir dans la tirade de Chrysale dans *les Femmes savantes* (acte II, scène VII) quelques réminiscences de ce passage, comme dans d'autres scènes et dans le sujet de la même pièce. La comédie en trois actes et en vers du *Cercle des femmes* a été publiée dans un volume factice, composé de plusieurs pièces (paginées à part), dont la Bibliothèque nationale possède un exemplaire sans titre et sans date. Brunet parait en avoir vu au moins deux de ce même recueil, l'un sans date, l'autre avec celle de 1674, mais portant tous deux le titre collectif de *la Muse enjouée*. Ce qui est certain, c'est que la comédie du *Cercle des femmes* parut à part, en 1661, avec le titre, légèrement modifié, de *l'Académie des femmes*, et fut, sous ce nouveau nom, représentée au théâtre du Marais, en cette même année 1661[a] : *les Femmes savantes* sont de 1671.

[a] Voyez les frères Parfaict, tomes VIII, p. 151, et IX, p. 77; et M. Victor Fournel, *les Contemporains de Molière*, tome I, p. 359 : « *Le Cercle des femmes*, en vers,... sans date, est, dit-il, le même ouvrage, sauf quelques très-légères variantes, que *l'Académie des femmes*. » Le volume qui porte ce dernier titre mentionne qu'il a été composé « sur l'imprimé », c'est-à-dire sans doute jouxte l'ancien texte du *Cercle* en vers; il a été publié à Paris, chez Augustin Courbé : l'achevé d'imprimer est du 27 octobre 1661.

29 juillet 1660, au bois de Vincennes pour le Roi, *l'Étourdi* et *les Précieuses;*

30 août, pour Monsieur, au Louvre, *les Précieuses* et *le Cocu;*

21 octobre, pour le Roi, au Louvre, *l'Étourdi* et *les Précieuses;*

26 octobre, *l'Étourdi* et *les Précieuses* « chez Son Éminence M. le cardinal Mazarin, qui étoit malade dans sa chaise. » Ce fut à cette représentation que le Roi « vit la comédie *incognito*, debout, appuyé sur le dossier de ladite chaise de Son Éminence. » A ces détails la Grange ajoute que Sa Majesté « gratifia la troupe de 3000 livres. »

Le goût du Roi pour la pièce nouvelle était ainsi bien constaté; c'était pour Molière et sa troupe une victoire décisive. Aussi Loret, toujours à l'affût des grands événements de la cour, ne manque-t-il pas de raconter cette dernière représentation; et c'est alors, pour la première fois, si nous ne nous trompons, qu'il s'avise de nommer Molière, en estropiant, il est vrai, son nom; on remarquera aussi qu'il respecte l'*incognito* gardé en cette occasion par le Roi :

> De Monsieur la troupe comique
> Eut l'autre jour bonne pratique;
> Car Monseigneur le Cardinal,
> Qui s'étoit un peu trouvé mal,
> Durant un meilleur intervalle
> Les fit venir, non dans sa salle,
> Mais dans sa chambre justement,
> Pour avoir le contentement
> De voir, non pas deux tragédies,
> Mais deux plaisantes comédies,
> Savoir celle de *l'Étourdi*,
> Qui m'a plusieurs fois ébaudi,
> Et *le Marquis de Mascarille*,
> Non vrai marquis, mais marquis drille,
> Où l'on reçoit à tous moments
> De nouveaux divertissements.
> Jule et plusieurs Grandes Personnes
> Trouvèrent ces deux pièces bonnes;
> Et par un soin particulier
> D'obliger leur auteur *Molier*,
> Cette généreuse Éminence

Leur fit un don en récompense,
Tant pour lui que ses compagnons,
De mille beaux écus mignons[1].

Du reste, à cette heure séduisante du règne, après la paix conclue, le mariage du Roi, l'œuvre de Mazarin achevée, c'était un événement, en effet, pour d'autres que pour Loret, pour la postérité même, que cet épanouissement déjà complet, que cette consécration officielle d'un génie nouveau devant les deux puissances du jour. Et c'est un tableau saisissant aussi, une scène pleine de contrastes, digne de tenter un peintre, que cette joyeuse comédie représentée devant le Roi dans tout l'éclat de ses vingt-deux ans et de ses espérances, debout, s'accoudant sur le fauteuil de son vieux ministre, et, au-dessous de cette jeune et rayonnante figure, l'image du Cardinal déjà touché par la mort,

L'écarlate linceul du pâle Mazarin [2].

Un mois plus tard, Loret constate que le Cardinal fait revenir encore *Molier* et sa troupe devant lui : moins de trois mois après, Mazarin était mort. Mais le mérite du poëte est désormais reconnu par la cour, par le public et par Loret aussi, qui va finir par apprendre son nom et l'écrire plus exactement.

Voici la liste, d'après le registre de la Grange, des repré-

1. *La Muse historique*, lettre du 30 octobre 1660. On voit que Loret fait honneur au Cardinal de la munificence que la Grange attribue au Roi. — C'est à la suite de ces vers qu'il ajoute l'annonce de la démolition du Petit-Bourbon :

On a mis à bas le théâtre
Fait de bois, de pierre et de plâtre
Qu'ils avoient au Petit-Bourbon;
Mais notre SIRE a trouvé bon
Qu'on leur donne et qu'on leur apprête,
Pour exercer après la Fête
Leur métier docte et jovial,
La salle du Palais-Royal,
Où diligemment on travaille
A leur servir vaille que vaille.

2. Victor Hugo, *les Rayons et les ombres*, pièce XXXVI, *la Statue*.

sentations des *Précieuses*, avec la recette depuis le 18 novembre 1659 jusqu'au 11 octobre 1660, jour où la troupe de Molière quitta le *Petit-Bourbon* pour aller s'installer dans la salle du *Palais-Royal:* la réouverture du théâtre dans cette dernière salle n'eut lieu que le 20 janvier 1661.

Mardi 18 novembre.	*Cinna*, *les Précieuses*, à l'ordinaire, 15 sous au parterre.	533ᵗᵇ
Mardi 2 décembre..	*Alcyonée*[1], *les Précieuses*, à l'extraordinaire, 30 sous.	1400
Vendredi 5.....	*Rodogune*, *les Précieuses*.	1004
Samedi 6.......	*Le Cid*, *les Précieuses*.	730
Dimanche 7.....	*Le Cid*, *les Précieuses*.	1000
Mardi 9........	*Horace*, *les Précieuses*.	867
Vendredi 26....	*Zénobie*[2], *les Précieuses*.	1200
Samedi 27......	*Zénobie*, *les Précieuses*.	385
Dimanche 28....	*Zénobie*, *les Précieuses*.	749

1660.

Jeudi 1ᵉʳ janvier...	*Scævole*[3], *les Précieuses*.	500ᵗᵇ
Vendredi 2.....	*Don Bertrand*[4], *les Précieuses*.	440
Samedi 3.......	*Don Bertrand*, *les Précieuses*.	405
Dimanche 4.....	*Jodelet maître et valet*[5], *les Précieuses*.	533
Vendredi 9.....	*Dépit amoureux*, *les Précieuses*.	838
Dimanche 11....	*Dépit amoureux*, *les Précieuses*.	710
Mardi 13.......	*Dépit amoureux*, *les Précieuses*.	920
Vendredi 16....	*L'Étourdi*, *les Précieuses*.	750
Dimanche 18....	*Sancho Pança*[6], *les Précieuses*.	674
Mardi 20.......	*Don Japhet*[7], *les Précieuses*.	604
Dimanche 25....	*L'Étourdi*, *les Précieuses*.	800
Mardi 27.......	*L'Étourdi*, *les Précieuses*.	550
Vendredi 6 février..	*L'Étourdi*, *les Précieuses*.	1100
Dimanche gras 8...	*L'Étourdi*, *les Précieuses*.	730
Lundi gras 9....	*Sancho Pança*, *les Précieuses*.	360
Mardi gras 10...	*L'Étourdi*, *les Précieuses*.	730
Dimanche 22....	*L'Étourdi*, *les Précieuses*.	625
Vendredi 27....	*Don Japhet*, *les Précieuses*.	323

1. Tragédie de du Ryer. — 2. Tragédie de Magnon.
3. Tragédie de du Ryer.
4. *Don Bertrand de Cigarral*, comédie de Thomas Corneille.
5. Comédie de Scarron.
6. Comédie de Guérin de Bouscal. — 7. Comédie de Scarron.

Dimanche 29 février.	*Don Japhet, les Précieuses*.	440tt
Mardi 2 mars. . . .	*Jodelet maître et valet, les Précieuses*..	330
Jeudi 4.	*Dépit amoureux, les Précieuses*.	140
Vendredi 5.	*L'Étourdi, les Précieuses*.	220
Dimanche 7.	*L'Étourdi, les Précieuses*.	300
Vendredi 12.	*L'Étourdi, les Précieuses*.	395

Après la clôture de Pâques :

Mardi 13 avril. . . .	*Nicomède, les Précieuses*.	340tt
Vendredi 16.	*Dépit amoureux, les Précieuses*. . . .	235
Dimanche 18.	*Dépit amoureux, les Précieuses*. . . .	454
Mardi 27 juillet[1]. .	*Sancho Pança, les Précieuses*.	639
Vendredi 30.	*Sancho Pança, les Précieuses*.	440
Vendredi 13 août. .	*Don Japhet, les Précieuses*.	425
Lundi 16.	*La Folle gageure*[2], *les Précieuses*. . . .	500
Mercredi 18.	*La Folle gageure, les Précieuses*. . . .	280
Mardi 21 septembre.	*Don Japhet, les Précieuses*.	600
Vendredi 24.	*Don Japhet, les Précieuses*.	250
Dimanche 26.	*Don Japhet, les Précieuses*.	291
Lundi 11 octobre. .	Clôture du théâtre pour la démolition du Petit-Bourbon.	

Ce qu'il y a de singulier, c'est qu'après un succès si incontestable (cinquante-trois représentations en moins de deux ans) *les Précieuses* ne sont plus jouées que trois fois (en 1666) du vivant de Molière. Elles ne sont reprises qu'en 1680, pour être jouées assez souvent jusqu'au commencement du siècle

1. Pendant cette interruption de plus de trois mois, du 18 avril au 27 juillet, la troupe de Molière joue d'abord une pièce *nouvelle* de Gilbert, *la Vraie et fausse précieuse*, dont nous ne connaissons que le titre, et qui ne paraît pas avoir été imprimée (les frères Parfaict ne la mentionnent ni dans leur *Histoire du Théâtre françois*, ni dans leur *Dictionnaire des théâtres de Paris* : voyez aussi M. V. Fournel, tome II, p. 5). Le titre semble indiquer l'intention de marquer encore mieux la distinction entre les vraies précieuses et les autres, que Molière n'avait guère indiquée que dans la Préface. Jouée pour la première fois le vendredi 7 mai, la pièce de Gilbert fait 500 et 576tt de recette aux deux premières représentations ; elle est jouée en tout neuf fois, la dernière fois avec une recette de 225tt. — En outre, le vendredi 28 mai, a lieu la première représentation du *Cocu imaginaire*.
2. Comédie de Bois-Robert.

suivant, et cette nouvelle vogue est due, sans doute, alors à une recrudescence de l'esprit précieux, enhardi par la mort ou le silence de ceux qui l'avaient, un moment, fait disparaître. Mlle de Scudéry avait encore bien des partisans; en 1685, Pradon, répondant aux attaques de Boileau contre lui et ses amis, relevait avec aigreur ces vers du *Lutrin :*

> Saisissant du *Cyrus* un volume écarté,
> Il lance au sacristain le tome épouvantable....
> Le vieillard accablé de l'horrible *Artamène* [1]....

et il disait : « Cependant ces tomes épouvantables et cet horrible *Artamène*, qui ont été traduits en toutes sortes de langues, même en arabe, et qui font encore aujourd'hui la plus délicieuse lecture des premières personnes de la cour, cet horrible *Artamène*, dis-je, dont on achetoit les feuilles si chèrement à mesure qu'on les imprimoit et qui ont enfin fait gagner cent mille écus à Augustin Courbé, est à présent l'objet de la satire de M. D***. » Pradon ne revient pas de la surprise que lui cause cet excès d'audace contre une gloire si bien établie et si lucrative; mais il s'explique cette témérité en songeant que, dans son *Lutrin*, M. Despréaux s'est attaqué à « des choses bien plus saintes et bien plus sacrées, » et ne peut être applaudi que par « le parti des huguenots et des autres hérétiques [2]. » Tout en rabattant beaucoup, comme il convient, des exagérations intéressées de Pradon au sujet de l'admiration *universelle* qu'excitaient encore les romans de Mlle de Scudéry, il faut convenir que la victoire de Molière et de Boileau restait très-incomplète, et que *les Précieuses*, à cette date même, conservaient leur à-propos [3].

1. Chant v, vers 124, 125, 129.
2. Voyez les *Nouvelles remarques sur tous les ouvrages du sieur D****, la Haye, 1685, p. 104-107.
3. Voyez ci-après, p. 45 et 46, la fin du *Sommaire* de Voltaire. — Voici un petit fait qui peut paraître assez curieux : Fontenelle, en 1680, c'est-à-dire à une date où il n'avait pas encore conquis ses titres les plus sérieux, où il n'était encore que *Cydias*, le type du précieux dans la Bruyère, fit représenter sa tragédie d'*Aspar;* elle est restée célèbre par son mauvais succès. A la seconde et dernière représentation (1er janvier 1681), les comédiens

Un peu plus tard, dès le début de cette période, qui, sous une apparence de régularité officielle, devançait et commençait la Régence, et où la navigation sur le fleuve d'Inclination se faisait déjà à toute vitesse, en 1701, *les Précieuses* cessent d'être représentées ; elles ne le sont qu'une fois, en 1702, jusqu'en 1725 : alors elles sont reprises et ne quittent plus la scène ; car, outre l'intérêt historique et le souvenir d'une mode disparue, elles conservent encore l'opportunité d'une satire littéraire : à toute époque de civilisation lettrée, quand il n'existe plus de précieuses, il reste toujours au moins des précieux.

Toutefois, quand, sous Louis XV, on les reprit, le *Mercure* constate qu'elles n'ont pas grand succès, quoiqu'elles n'aient pas été représentées depuis plus de trente ans[1]. Elles sont jouées néanmoins pendant tout le dix-huitième siècle, et surtout à la cour : la dernière représentation, à Versailles, avant la Révolution (le 31 mars 1789) se composait du *Méchant* de Gresset et des *Précieuses ridicules*.

C'est même, des pièces de Molière, celle qui a été jouée le plus souvent, à Versailles, sous Louis XV et sous Louis XVI (sauf *la Comtesse d'Escarbagnas*, représentée quelques fois de plus).

Les acteurs qui ont joué d'original dans *les Précieuses* sont, pour quelques-uns des rôles les plus importants, désignés par leur nom de théâtre. La Grange et du Croisy,

jouèrent avec cette tragédie *les Précieuses*. Était-ce une épigramme ? — Nous devons mentionner aussi, d'après les registres, d'assez fréquentes représentations des *Précieuses* à la cour, de 1680 à 1700, entre autres une (17 novembre 1698), à Versailles, composée de *Britannicus* et des *Précieuses*. Le duc de Bourgogne et ses frères y assistent : « C'est, dit Dangeau à cette date, la première comédie sérieuse qu'ils aient vue. » — Plus tard, le 22 février 1702, Dangeau nous apprend qu'à une représentation particulière, où la duchesse de Bourgogne jouait dans *Absalon*, on donna pour « farce » *les Précieuses* ; la princesse y prit peut-être aussi un rôle (cela cependant est douteux : elle devait le lendemain jouer dans *Athalie*) ; le *Mercure*, cité par les éditeurs de Dangeau, ajoute ce renseignement que les personnages de Jodelet et de Mascarille étaient représentés par les ducs d'Orléans et de la Vrillière.

1. *Mercure de France* d'octobre 1725, p. 2488. Elles avaient été reprises en effet le 26 septembre, et n'eurent d'abord que dix représentations très peu suivies.

après avoir figuré dans des troupes de campagne, étaient entrés dans la troupe de Molière depuis Pâques 1659. Jodelet, qui y entra à la même date[1], avec son frère l'Espy, venait du théâtre du Marais[2], où il s'était depuis longtemps rendu célèbre, surtout dans les pièces de Scarron. Loret, qui parle plusieurs fois de lui comme de *la perle des enfarinés*, a mentionné son passage dans la troupe de Monsieur[3] :

> Jodelet a changé de troupe,
> Et s'en va jouer tout de bon
> Désormais au Petit-Bourbon.

Il n'y joua pas longtemps; car il mourut le vendredi saint 26 mars 1660. Il était vieux et sans doute déjà malade.

1. Le 26 avril 1659, deux jours avant la rentrée, qui eut lieu le lundi 28.

2. Il y avait créé le rôle de Cliton dans *le Menteur :* voyez le *Corneille* de M. Marty-Laveaux, tome IV, p. 123 et suivantes.

3. M. Jal, dans son *Dictionnaire critique de biographie et d'histoire*, dit que « tous les biographes supposent que le comédien qui au théâtre portait le nom de Jodelet, se nommait Julien Geoffrin, » et il ajoute que « Jodelet se nommait Bedeau; » il en donne pour preuve la mention sur les registres de Saint-Germain l'Auxerrois, à la date du 27 mars 1660, du convoi de « Julien Bedeau, comédien du Roi, pris rue des Poulies. » La date et ce prénom de *Julien* semblent en effet indiquer qu'il s'agit bien ici de Jodelet, mort la veille, et dont le service se fit dans cette église; la Grange nous l'apprend dans son registre : « Jodelet mourut le vendredi saint. Enterré à Saint-Germain de l'Auxerrois. » De plus, le nom de *Geoffrin*, qu'on lui donnait jusqu'ici, n'a peut-être jamais été le sien : on sait seulement par les frères Parfaict qu'il a été, non pas pris dans quelque acte authentique, mais *porté dans le monde*, c'est-à-dire sans doute avant son entrée en religion, par *le fils* de Jodelet, qui appartint très-jeune à l'ordre des feuillants, y reçut le nom de *dom Jérôme*, se rendit fameux par ses prédications, et mourut en 1721. Le comédien, destinant son fils à l'Église, avait bien pu lui faire quitter le nom qu'il tenait de lui, pour celui de sa mère, par exemple. Reste toutefois une petite difficulté : c'est qu'au moment de sa mort, Jodelet était comédien de Monsieur, et non comédien du Roi. La troupe de Molière ne prit le titre de troupe du Roi que depuis le mois d'août 1665. Mais Jodelet avait été autrefois, et par ordre du Roi, de la troupe des *grands comédiens* (voyez les frères Parfaict, tome VI, p. 239, et des Réaux, tome VII, p. 174). Quant à la date des débuts de Jodelet sur le

Molière semble faire allusion à l'affaiblissement réel de Jodelet, quand il fait dire à Mascarille (scène XI) : « Ne vous étonnez pas de voir le vicomte de la sorte : il ne fait que sortir d'une maladie qui lui a rendu le visage pâle comme vous le voyez. » Il est possible aussi que quand Jodelet réplique : « Ce sont fruits des veilles de la cour et des fatigues de la guerre, » cette réponse eût, pour les contemporains, une signification particulière. Car la chronique scandaleuse, que T. des Réaux ne nous a pas laissé ignorer, attribuait à tout autre chose « qu'aux veilles de la cour et aux fatigues de la guerre » la mauvaise santé de Jodelet[1].

Loret, en annonçant sa mort, dit :

> Dudit acteur les compagnons,
> Quoiqu'ils se soient frottés d'oignons,

théâtre du Marais, que l'on fixe en général à l'année 1610, M. Jal en doute, et « croit la tradition menteuse en ce point; si Jodelet avait encore paru sur le théâtre à quatre-vingts ans, la Grange n'aurait pas manqué de le dire en annonçant sa mort, comme il dit, à propos de la retraite de l'Espy, frère de Jodelet, quittant le théâtre en 1663 : « Le S^r de l'Espy, l'un des acteurs de la troupe, âgé « de plus de soixante ans, s'est retiré auprès d'Angers, à une terre « qu'il avoit achetée du vivant de son frère Jodelet, qui (*laquelle* « *terre*) se nomme Vigray. » On peut répondre ici que la Grange, en mentionnant la retraite d'un acteur moins connu que Jodelet et qui était resté plus longtemps dans la troupe, a été plus naturellement amené à mentionner son âge. De plus, à supposer que Jodelet eût vingt ans lors de ses débuts en 1610, et il pouvait avoir moins, il aurait eu, en 1660, soixante-dix ans, et non quatre-vingts, comme le dit M. Jal.

1. Voyez *les Historiettes* de Tallemant des Réaux, tome VII, p. 177. Il suffisait d'ailleurs depuis longtemps, pour égayer le public, de lui bien faire remarquer la face enfarinée, le nez et le nasillement du vieil acteur : voyez les passages réunis par les frères Parfaict, tome VI, p. 237-242, et par M. Marty-Laveaux dans sa *Notice*, déjà citée, du *Menteur*. Nous y joindrons seulement encore cette note des frères Parfaict (p. 240 et 241) sur le parler et la figure de *cet homme*, suivant Loret, *archi-plaisant, archi-folâtre :* « Jodelet parloit beaucoup du nez, mais ce défaut étoit réparé par ses talents (« cela lui donne de la grâce, » *dit aussi Tallemant des Réaux, tome VII, p. 177*). Au reste, il est dépeint dans des estampes avec une grande barbe, des moustaches noires, et le reste du visage fariné. »

> N'ont pas pleuré cette disgrâce ;
> Car Gros-René vient à sa place,
> Homme trié sur le volet,
> Et qui vaut trois fois Jodelet [1].

Du Parc, dit Gros-René, remplaça-t-il Jodelet dans le rôle que celui-ci n'avait rempli que pendant un peu plus de trois mois [2]? Son extérieur était tout différent de celui de Jodelet : Loret nous parle de *sa grosse bedaine*, et Molière lui-même, dans le *Dépit*, lui fait dire :

> Je suis homme fort rond de toutes les manières [3].

En ce cas, le passage où Mascarille parle de la mine chétive du vicomte aurait pris un sens ironique assez plaisant [4].

1. *La Muse historique* du 3 avril 1660.
2. Un passage de *la Vengeance des marquis*, de Villiers (1663), prouverait presque, ainsi que le pense M. V. Fournel[a], que c'est dans un plus humble emploi que du Parc aida à la reprise des *Précieuses* : il aurait joué l'un des porteurs de chaise, le premier probablement, celui dont le ton bourru, décisif, et sans doute aussi l'apparence vigoureuse doit imposer au marquis; sans prendre ce bout de rôle tout à fait au tragique, comme cependant il put être pris un jour par le caprice d'un grand artiste (voyez ci-après, p. 41), il y avait pour Gros-René, il y aurait pour tout comédien de talent quelque parti à en tirer.
3. Voyez notre tome I, p. 396, note 1, et le vers 14 du *Dépit amoureux*.
4. C'est sans doute à la maladie de Jodelet qu'il faut attribuer la suspension des représentations des *Précieuses*, à partir du vendredi 12 mars, et même la clôture anticipée du théâtre, avant la quinzaine de Pâques : il resta fermé depuis le vendredi 12 mars (Pâques était le 28) jusqu'au vendredi 9 avril, et *les Précieuses* ne

[a] Dans son commentaire de la pièce de Villiers, tome I, p. 323, note 2, des *Contemporains de Molière*. Ce commentaire si consciencieux et si sûr contient ici une petite erreur, qu'il nous paraît plus à propos de relever dans un tel livre que dans les notes dont Aimé-Martin a pris la responsabilité. Brécourt, entré dans la troupe en 1662, passé en 1664 à l'Hôtel de Bourgogne, n'a pu paraître dans *les Précieuses* du vivant de Molière (du moins sur son théâtre); ce n'est qu'après la réunion de 1680 qu'il a pu se charger du rôle de Jodelet : voyez ci-dessus, p. 33.

S'il est fort concevable que du Parc gardât pour le public le nom de *Gros-René*, sous lequel il avait paru avec succès dans le *Dépit amoureux*, il semble plus singulier que du Croisy et la Grange parussent dans *les Précieuses*, sinon sous leur véritable nom (l'un s'appelait Gassaud, l'autre Varlet), du moins sous celui qu'ils avaient adopté au théâtre. Il faut dire que, tous deux n'ayant figuré jusqu'en 1659 que dans des troupes de campagne, leur nom d'emprunt devait être encore inconnu à Paris, et, n'ayant d'ailleurs rien de burlesque, convenait et au rôle qu'ils jouaient dans *les Précieuses*, et au genre sérieux auquel ils se consacrèrent [1]. Ce nom de l'acteur devenant celui du rôle, n'avait rien d'extraordinaire alors, puisque dans la même pièce Jodelet, connu sous ce nom depuis bien des années, le donnait au vicomte dont il représentait le personnage, et l'avait donné antérieurement aux pièces que Scarron avait faites pour lui [2]. L'inverse toutefois nous semble plus naturel, à savoir que le nom du rôle devînt celui de l'acteur : et ce n'est pas la faute de Somaize si le nom de *Mascarille*, sous lequel Molière

furent reprises que le mardi de la semaine suivante, 13. — Du Parc, sorti de la troupe de Molière à Pâques 1659, était resté, pendant l'année suivante, au théâtre du Marais. Nous avons relevé, tome I, p. 406, note 3, un petit détail qui permet de supposer que c'est par Jodelet qu'il avait été, cette année-là, remplacé dans son rôle du *Dépit amoureux*. Depuis sa rentrée dans la troupe de Molière en 1660, il ne la quitta plus, et mourut le mardi 20 octobre 1664. M. Jal a trouvé, dans les registres de Saint-Germain l'Auxerrois, la mention du convoi de « René du Parc, vivant comédien de Monsieur le duc d'Orléans. »

1. Voyez sur ces nouveaux venus dans la troupe, les deux notices qui se suivent au tome XIII des frères Parfaict (p. 294-298), et notre tome I, p. 85, note 1. La Grange et du Croisy paraissent avoir été l'un et l'autre très-dignes de l'amitié de Molière.

2. On a dit qu'il devait son nom, au contraire, au rôle qu'il remplissait dans les comédies de Scarron. C'est une erreur : la *Gazette* du 15 décembre 1634 nomme Jodelet, ainsi que son frère l'Espy, parmi les comédiens de l'Hôtel de Bourgogne à cette date. Or la première pièce de Scarron où son nom se trouve, *Jodelet* ou *le Maître valet*, est de 1645.

s'était signalé dans deux de ses trois premières pièces, ne lui resta pas, pour servir à bien marquer la *scurrilité* que ses ennemis lui reprochaient déjà et à laquelle ils tâchaient de borner tout son talent. Il ne désigne pas autrement, dans ses divers ouvrages relatifs aux *Précieuses*, celui qui, « par son jeu,... a plu à assez de gens, pour lui donner la vanité d'être le premier farceur de France [1]. » Cette malveillante dénomination n'en atteste que mieux l'éclatant succès que Molière avait obtenu dans le premier rôle de sa pièce. Molière lui-même d'ailleurs semble avoir pris plaisir à dater sa carrière dramatique de ce double triomphe comme auteur et comme acteur : *les Précieuses* sont imprimées en tête des éditions de ses œuvres publiées de son vivant; elles y précèdent *l'Étourdi* et le *Dépit amoureux*. En outre, l'une des deux figures représentées au frontispice des éditions de 1666 et de 1673 est celle du *Mascarille* des *Précieuses* [2].

Aimé-Martin distribue ainsi les autres rôles, sans dire où il a pris ces indications : *Gorgibus*, l'Espy; *Madelon*, Mlle de Brie; *Cathos*, Mlle du Parc; *Marotte*, Madeleine Béjart; *Almanzor*, de Brie. Toute cette distribution est assez arbitraire, et elle contient au moins une erreur manifeste : Mlle du Parc, ayant quitté avec son mari la troupe à Pâques de l'année 1659 et n'y étant rentrée qu'à Pâques de l'année suivante, n'a pu jouer dans l'origine le rôle de Cathos. Quant au rôle d'*Almanzor*, qui n'est presque qu'un figurant, il faut être bien déterminé à ne rien ignorer de ce qu'on ne peut savoir, pour l'attribuer à de Brie. M. Louis Moland a fait à ce sujet l'objection suivante (tome II, p. 16, note 1 aux Personnages) : « l'appellation de *petit garçon* que Madelon emploie en s'adressant à son laquais, nous fait tenir cette attribution pour erronée. De Brie, qui jouait la Rapière dans le *Dépit amoureux*, et en général les rôles de bretteur, de

---

1. Préface des *Précieuses ridicules mises en vers :* voyez ci-dessus, p. 21.

2. Voyez la description du costume extravagant que Molière portait dans le rôle de Mascarille, donnée par Mlle des Jardins dans son *Récit de la farce des Précieuses*, p. 129 du présent volume. On remarquera qu'il n'y est pas question de masque (voyez notre tome I, p. 90 et 91).

commissaire ou de gendarme, n'aurait pu être désigné de la sorte. » On pourrait répondre que c'est précisément le contraste entre les allures de l'acteur de Brie et l'appellation de *petit garçon* qui ferait tout le comique de ce rôle insignifiant. Mais on peut très-bien se résigner à ignorer le nom de celui qui prononçait les six mots mis par Molière dans la bouche d'Almanzor. Aimé-Martin a consenti lui-même à ne pas nous dire en faveur de qui il disposait des deux rôles de porteur de chaise, et c'est une réserve dont il faut lui savoir gré; ces deux rôles sont plus longs que celui d'Almanzor, et il paraît qu'on a pu, une fois au moins, y produire un grand effet. C'est du moins ce que raconte M. Jules Janin : « Dans une représentation des *Précieuses ridicules*, Lekain représentait un porteur de chaise et disait à tout briser : « Çà payez-« nous vitement! » Rien qu'avec ces trois mots, Lekain faisait peur; mais il n'a joué ce petit rôle qu'une seule fois[1]. »

Quant au personnage de Mascarille, qui fait la plus grande partie de la pièce, nous ne saurions énumérer tous les artistes éminents qui ont tenu ce rôle depuis l'origine. Bornons-nous à rappeler que, dans un rôle où quelques acteurs, dit-on, ont poussé souvent le comique jusqu'à la charge, M. Regnier, récemment encore, savait mettre autant de goût que de verve et d'esprit. C'est un succès dont M. Coquelin aîné continue aujourd'hui la tradition. Voici la distribution actuelle de la pièce :

MASCARILLE,	Coquelin.
JODELET,	Coquelin cadet.
GORGIBUS,	Talbot.
LA GRANGE,	Boucher.
DU CROISY,	Prudhon.
PREMIER PORTEUR,	Joliet.
SECOND PORTEUR,	Tronchet.
UN MUSICIEN,	Masquillier.
MAGDELON,	Mme Provost-Ponsin.
CATHOS,	Mme Dinah-Félix.
MAROTTE,	Mlle Martin.

Il est plus que probable que cette comédie est la première des pièces de Molière qui ait été imprimée; il est absolument

---

1. *Journal des Débats* du 10 mars 1862.

certain qu'elle est la première qui l'ait été avec sa participation (voyez la *Notice* de *l'Étourdi*, tome I, p. 98-100). L'édition originale des *Précieuses* est un in-12, composé de 4 feuillets et de 136 pages. En voici le titre :

LES
PRECIEVSES
RIDICVLES
COMEDIE
REPRÉSENTÉE
au Petit Bourbon.
A PARIS
Chez CLAUDE BARBIN, dans
la grand' Salle du Palais, au
Signe de la Croix.
M. DC. LX
AVEC PRIVILEGE DU ROY

L'*Achevé d'imprimer* est du 29 janvier 1660. Par le *Privilége*, daté du 19 janvier 1660, « il est permis à Guillaume de Luynes.... de faire imprimer, vendre et débiter *les Précieuses ridicules* représentées au Petit-Bourbon, pendant cinq années.... Et ledit de Luynes a fait part du Privilége ci-dessus à Charles de Sercy et Claude Barbin. » Nous avons vu en effet à la Bibliothèque nationale des exemplaires de l'édition originale des *Précieuses* se distinguant par les noms des libraires de Luynes, de Sercy et Barbin. En comparant entre eux ces divers exemplaires, nous avons eu à relever quelques différences, dont plusieurs sont dignes d'attention, et que l'on trouvera dans les notes.

Une remarque à faire en lisant le *Privilége*, c'est qu'il est donné au libraire, et non pas à Molière lui-même, comme il sera fait, trois ans plus tard, pour *l'Étourdi* et le *Dépit amoureux*.

Dans le premier volume du *Registre de la compagnie des libraires* (Bibliothèque nationale, manuscrits, fonds français, n° 21 945) nous trouvons la preuve que le libraire Ribou avait tenté d'imprimer *les Précieuses ridicules* sans l'aveu de Molière, comme il fit plus tard pour *le Cocu imaginaire*. On peut supposer, il est vrai, que la pièce que Ribou, comme on va le voir, voulait éditer en même temps que *les Véri-*

tables précieuses de Somaize était la pièce de Molière mise en vers par le même Somaize; ce ne serait alors, selon les singulières idées du temps en matière de propriété littéraire, qu'un demi-vol[1]. Mais il est bien probable qu'il n'imagina ce biais qu'après avoir vu annuler le privilége *obtenu par surprise* pour *cette copie dérobée* dont parle Molière dans sa Préface (p. 48), pour une copie conforme au texte récité sur le théâtre. Quoi qu'il en soit, voici le passage que nous trouvons à la date du 18 janvier 1660 :

« Cejourd'hui le Sr Jean Ribou, libraire, nous a présenté un privilége qu'il a obtenu sous son nom pour deux livres intitulés, l'une (*sic*) *les Précieuses ridicules*, et l'autre *les Véritables précieuses;* ledit privilége en date du douzième jour de janvier 1660, pour sept années. »

Tout ce passage est barré sur le registre, et on lit à la marge : « Ce privilége est nul. » Immédiatement après on lit :

« Du 20e janvier 1660.

« Cejourd'hui le Sr de Luynes, libraire, nous a présenté un privilége qu'il a obtenu sous son nom pour un livre intitulé *les Précieuses* par le Sr Molière ; ledit privilége en date du 19 janvier 1660 pour cinq années. »

Parmi les textes anciens de la première série (voyez l'*Avertissement* qui est en tête de notre tome I, p. VII-IX), nous avons eu occasion de mentionner dans les notes, outre les divers exemplaires de l'édition originale, trois éditions détachées : 1° deux de 1660, imprimées l'une *suivant la copie*, l'autre *jouxte la copie*, et que nous appellerons 1660^a et 1660^b ; 2° une de 1663.

Les Précieuses ne se prêtaient guère à des imitations étrangères. En Allemagne cependant, au commencement de ce siècle, Ludwig Robert et Zschokke ont essayé de les approprier à leur pays et à leur temps, le premier sous le titre de *die Ueberdildeten*, le second sous le titre de *die Eleganten*[2]. La comédie de L. Robert, représentée d'abord en 1804, et

---

1. Voyez plus loin, p. 48, note 3.
2. Voyez le tome I des *Comédies et Farces de Molière* [arrangées] *pour la scène allemande*, par Henri Zschokke, Zurich, 1805.

plus tard « rajeunie dans ses détails, » dit M. de la Grange, paraît avoir deux fois réussi [1].

D'après Dibdin (*Histoire complète du Théâtre anglais*, tome IV, p. 245), le poëte anglais Shadwell, dans sa pièce intitulée *Bury Fair* (1689), s'est inspiré des *Précieuses*, en même temps que de *Triumphant widow* du duc de Newcastle.

SOMMAIRE

DES *PRÉCIEUSES RIDICULES*, PAR VOLTAIRE.

Lorsque Molière donna cette comédie, la fureur du bel esprit était plus que jamais à la mode. Voiture avait été le premier en France qui avait écrit avec cette galanterie ingénieuse dans laquelle il est si difficile d'éviter la fadeur et l'affectation. Ses ouvrages, où il se trouve quelques vraies beautés avec trop de faux brillants, étaient les seuls modèles; et presque tous ceux qui se piquaient d'esprit n'imitaient que ses défauts. Les romans de Mlle Scudéri avaient achevé de gâter le goût. Il régnait dans la plupart des conversations un mélange de galanterie guindée, de sentiments romanesques et d'expressions bizarres, qui composaient un jargon nouveau, inintelligible et admiré. Les provinces, qui outrent toutes les modes, avaient encore renchéri sur ce ridicule. Les femmes qui se piquaient de cette espèce de bel esprit s'appelaient *précieuses*. Ce nom, si décrié depuis par la pièce de Molière, était alors honorable; et Molière même dit dans sa préface qu'il a beaucoup de respect pour *les véritables précieuses*, et qu'il n'a voulu jouer que les fausses.

---

[1]. Voyez sur Ludwig Robert (né en 1778, mort en 1832) l'article que Varnhagen von Ense, mari de sa sœur (la célèbre Rahel), a inséré au tome I (1837) de ses *Mémoires et OEuvres mêlées* (*Denkwürdigkeiten*, etc.), particulièrement p. 328, et une lettre adressée de Genève, le 10 août 1832, à la *Revue des deux mondes*, par M. Édouard de la Grange (n° du 1er septembre, p. 643), lettre réimprimée par Varnhagen à la suite de son article.

Cette petite pièce, faite d'abord pour la province[1], fut applaudie à Paris, et jouée quatre mois de suite. La troupe de Molière fit doubler pour la première fois le prix ordinaire, qui n'était alors que de dix sous au parterre[2].

Dès la première représentation, Ménage, homme célèbre dans ce temps-là, dit au fameux Chapelain : « Nous adorions vous et moi toutes les sottises qui viennent d'être si bien critiquées; croyez-moi, il nous faudra brûler ce que nous avons adoré[3]. » Du moins c'est ce que l'on trouve dans le *Ménagiana*; et il est assez vraisemblable que Chapelain, homme alors très-estimé, et cependant le plus mauvais poëte qui ait jamais été, parlait lui-même le jargon des précieuses ridicules chez Mme de Longueville, qui présidait, à ce que dit le cardinal de Retz[4], à ces combats spirituels dans lesquels on était parvenu à ne se point entendre.

La pièce est sans intrigue et toute de caractère. Il y a très-peu de défauts contre la langue, parce que, lorsqu'on écrit en prose, on est bien plus maître de son style, et parce que Molière, ayant à critiquer le langage des beaux esprits du temps, châtia le sien davantage. Le grand succès de ce petit ouvrage lui attira des critiques que *l'Étourdi* et le *Dépit amoureux* n'avaient pas essuyées. Un certain Antoine Bodeau[5] fit *les Véritables précieuses* : on parodia la pièce de Molière. Mais toutes ces critiques et ces parodies sont tombées dans l'oubli qu'elles méritaient.

On sait qu'à une représentation des *Précieuses ridicules* un vieillard s'écria du milieu du parterre : « Courage, Molière ! voilà la bonne comédie[6]. » On eut honte de ce style affecté, contre lequel Molière et Despréaux se sont toujours élevés. On commença à ne plus estimer que le naturel, et c'est peut-être l'époque du bon goût en France.

L'envie de se distinguer a ramené depuis le style des pré-

1. Voyez la *Notice*, ci-dessus, p. 7-10.
2. Voyez *ibidem*, p. 11. — 3. Voyez *ibidem*, p. 14.
4. Nous ne trouvons rien de semblable dans les *Mémoires de Retz*, et nous ne voyons pas où il aurait pu le dire ailleurs.
5. Antoine Baudeau, sieur de Somaize; voyez la *Notice*, p. 22, note 4.
6. Voyez *ibidem*, p. 13.

cieuses : on le retrouve encore dans plusieurs livres modernes[1]. L'un[2], en traitant sérieusement de nos lois, appelle un exploit *un compliment timbré*. L'autre[3], écrivant à une maîtresse en l'air, lui dit : « Votre nom est écrit en grosses lettres sur mon cœur.... Je veux vous faire peindre en Iroquoise, mangeant une demi-douzaine de cœurs par amusement. » Un troisième[4] appelle un cadran au soleil *un greffier solaire;* une grosse rave, *un phénomène potager*. Ce style a reparu sur le théâtre même où Molière l'avait si bien tourné en ridicule. Mais la nation entière a marqué son bon goût en méprisant cette affectation dans des auteurs que d'ailleurs elle estimait.

1. Au lieu de ces derniers mots, l'édition de 1739 porte : « dans plusieurs auteurs célèbres. » Tout ce qui suit, jusqu'à : « Ce style a reparu.... », manque dans cette même édition : aussi est-elle revêtue de l'approbation officielle de Fontenelle ; on ne voulut évidemment pas lui soumettre la censure de deux de ses phrases : voyez ci-après, la note 2.

2. Tourreil. — On lisait la périphrase que Voltaire va citer de lui dans la première édition de ses *Essais de jurisprudence* (Paris, J.-B. Coignard, 1694, in-12), p. 46 : « Protagoras, vif sur ses intérêts ou.... sur la gloire de son élève (*Évalthe*), le sollicite.... d'entrer dans la lice des avocats, et las d'un refus opiniâtre, il met en campagne M. Loyal avec un compliment timbré. » Cette expression ne se retrouve pas dans l'édition des *OEuvres*, de 1721 (2 volumes in-4°), non plus que maint autre ornement de même espèce, cette définition du notaire, par exemple (p. 163) : « Un confident du public, un de ces hommes établis pour traduire nos volontés en jargon authentique. » L'abbé Massieu, dans la préface dont il a fait précéder cette édition de 1721, nous apprend que l'auteur a corrigé ce qui avait choqué les personnes de bon goût. Les autres exemples de style précieux cités par Voltaire sont réunis, moins ceux de Fontenelle, dans cette même préface de Massieu.

3. Fontenelle. — Les deux passages que Voltaire va rapporter se lisent ainsi dans les *Lettres galantes*, tome II, p. 362 et 527 des *OEuvres diverses de M. de Fontenelle...*, Paris, Michel Brunet, 1724 : « .... La tendresse vaut encore son prix, et il est écrit (*c'est-à-dire* ceci est écrit) en grosses lettres sur mon cœur, comme sur la Pomme de Discorde : *A la plus aimable.* » (Lettre IX, à Mlle de I***). « Il faut qu'on vous peigne en Iroquoise.... Il ne sera pas mal de mettre devant vous une douzaine ou deux de cœurs, dont vous mangerez quelqu'un par manière d'amusement.... » (Lettre XLI, à Mlle de V***.)

4. La Motte. — Les deux citations qui suivent sont prises de ses *Fables* : voyez *la Montre et le Cadran solaire* (livre III, fable II), et *la Rave* (livre V, fable XIX), p. 142 et 358 des *Fables nouvelles dédiées au Roi par M. de la Motte...*, Paris, Grég. Dupuis, 1719.

PRÉFACE.

C'est une chose étrange qu'on imprime les gens malgré eux. Je ne vois rien de si injuste, et je pardonnerois toute autre violence plutôt que celle-là.

Ce n'est pas que je veuille faire ici l'auteur modeste, et mépriser par honneur ma comédie. J'offenserois mal à propos tout Paris, si je l'accusois d'avoir pu applaudir à une sottise. Comme le public est le juge absolu de ces sortes d'ouvrages, il y auroit de l'impertinence à moi de le démentir; et quand j'aurois eu la plus mauvaise opinion du monde de mes *Précieuses ridicules* avant leur représentation, je dois croire maintenant qu'elles valent quelque chose, puisque tant de gens ensemble en ont dit du bien. Mais comme une grande partie des grâces qu'on y a trouvées dépendent de l'action et du ton de voix, il m'importoit qu'on ne les dépouillât pas de ces ornements; et je trouvois que le succès qu'elles avoient eu dans la représentation étoit assez beau, pour en demeurer là. J'avois résolu, dis-je, de ne les faire voir qu'à la chandelle, pour ne point donner lieu à quelqu'un de dire le proverbe[1]; et je ne voulois pas qu'elles sautassent

---

1. « *Chandelle* se dit proverbialement en ces phrases : *Cette femme est belle* à la chandelle, *mais le jour gâte tout*, pour dire que la grande lumière fait aisément découvrir ses défauts. » (*Dictionnaire de Furetière*, 1690.) L'Académie (1694) donne le proverbe dans les mêmes termes, en l'expliquant ainsi : « On dit d'une femme qui croit être belle, et qui ne l'est pas, *Elle est*, etc. »

du théâtre de Bourbon[1] dans la galerie du Palais[2]. Cependant je n'ai pu l'éviter, et je suis tombé dans la disgrâce de voir une copie dérobée de ma pièce entre les mains des libraires, accompagnée d'un privilége obtenu par surprise. J'ai eu beau crier : « O temps ! ô mœurs ! » on m'a fait voir une nécessité pour moi d'être imprimé, ou d'avoir un procès[3]; et le dernier mal est encore pire

1. Voyez le titre de la pièce, p. 1, et la *Notice*, p. 32.

2. C'était dans la galerie du Palais de justice que se tenaient les libraires qui vendaient des nouveautés : voyez *la Galerie du Palais* de Corneille (1634), acte I, scènes IV et suivantes, et la *Notice* de M. Marty-Laveaux, tome II, p. 4 et suivantes de son édition de Corneille. Mairet, dans son *Épître familière à Corneille*, reprochant à l'auteur du *Cid* l'empressement qu'il mit à publier sa pièce, et dont il aurait été bien puni (selon lui Mairet), ajoute : « Rodrigue et Chimène tiendroient possible encore assez bonne mine entre les flambeaux du théâtre des Marais, s'ils n'eussent point eu l'effronterie de venir étaler leur blanc d'Espagne au grand jour de la galerie du Palais. » (*Épître familière du sieur Mairet au sieur Corneille sur la tragi-comédie du Cid*, 1637, p. 18.) — Le libraire Guillaume de Luynes, qui eut le privilége de vente pour la première édition des *Précieuses ridicules*, s'intitule « libraire juré au Palais, dans la salle des Merciers, à la Justice; » et les deux libraires associés à ce privilége, Charles de Sercy et Claude Barbin, demeuraient également au Palais, le premier dans la salle Dauphine, le second dans la grand'salle.

3. Le meilleur moyen en effet de faire tomber d'avance l'édition frauduleuse était que Molière imprimât lui-même sa pièce. Mais de Luynes eut beau presser Molière et se hâter, il ne réussit pas à empêcher la concurrence. Le libraire même, suivant toute apparence, à qui le privilége surpris pour la fausse copie venait d'être retiré (voyez ci-dessus, p. 42 et 43), Ribou avait imaginé de faire habiller *les Précieuses* en vers ; ce léger déguisement suffit à couvrir la fraude ; si exacte que fût la reproduction, elle put passer, grâce à la simple façon des rimes, pour œuvre nouvelle, ayant seule même une vraie valeur littéraire[a]; c'est à ce titre que

[a] Voici en quels termes elle fut annoncée le 3 mai par *la Muse royale*, dont nous avons déjà, d'après M. V. Fournel, cité quelques vers dans la *Notice* :

Les curieux et curieuses
Apprendront que les précieuses

que le premier. Il faut donc se laisser aller à la destinée, et consentir à une chose qu'on ne laisseroit pas de faire sans moi.

Mon Dieu, l'étrange embarras qu'un livre à mettre au jour, et qu'un auteur est neuf la première fois qu'on l'imprime! Encore si l'on m'avoit donné du temps, j'aurois pu mieux songer à moi, et j'aurois pris toutes

---

l'*auteur* dut obtenir pour elle, le 3 mars suivant (la Préface de Molière est du 29 janvier), un privilége du Chancelier. La version rimée de Somaize parut chez Ribou deux mois et demi après l'édition authentique de Luynes, le plagiaire affectant de dire qu'il ne prenait que le bien de l'abbé de Pure, et les deux libraires entrèrent alors en procès. C'est Somaize qui nous l'apprend, non à la fin de son impudente Préface, mais dans une note placée entre l'errata et la liste des personnages : « Il faut que les procès plaisent merveilleusement aux libraires du Palais, puisqu'à peine le *Dictionnaire des Précieuses* est en vente, et cette comédie achevée d'imprimer (*elle le fut le* 12 *avril*), que de Luynes, Sercy et Barbin, malgré le privilége que Mgr le Chancelier m'en a donné avec toute la connoissance possible[a], ne laissent pas de faire signifier une opposition à mon libraire : comme si jusques ici les versions avoient été défendues, et qu'il ne fût pas permis de mettre le *Pater noster* françois en vers. » Un accommodement eut lieu (voyez la note 1 de M. Livet, tome II, p. 48), et cette note de Somaize fut retranchée l'année suivante (mars 1661) pour la seconde édition des *Précieuses en vers*, lesquelles, à ce qu'il paraît, continuèrent à trouver preneurs.

>   Ridicules, cela s'entend,
>   Qu'un génie assez éclatant,
>   Savoir le Sieur abbé de Pure,
>   En langue toscane fort pure,
>   Fit dans Bourbon parler jadis,
>   Et qui, depuis des mois bien dix (*il faut lire* six),
>   En françois, *mais en simple prose*,
>   Au même lieu disoient leur glose,
>   Vont maintenant jaser en vers.
>   . . . .
>   On doit *ce bien* au sieur Somaize.

[a] Les termes du privilége sont curieux : « Il est permis au sieur de Somaize de faire imprimer.... *les Précieuses ridicules mises en vers*, représentées au Petit-Bourbon, pendant l'espace de cinq ans, et défenses à tous autres de les contrefaire. »

les précautions que Messieurs les auteurs, à présent mes confrères, ont coutume de prendre en semblables occasions. Outre quelque grand seigneur que j'aurois été prendre malgré lui pour protecteur de mon ouvrage, et dont j'aurois tenté la libéralité par une épître dédicatoire bien fleurie[1], j'aurois tâché de faire une belle et docte préface; et je ne manque point de livres qui m'auroient fourni tout ce qu'on peut dire de savant sur la tragédie et la comédie, l'étymologie de toutes deux[2], leur origine, leur définition et le reste. J'aurois parlé aussi à mes amis, qui pour la recommandation de ma pièce ne m'auroient pas refusé ou des vers françois, ou des vers latins. J'en ai même qui m'auroient loué en grec; et l'on n'ignore pas qu'une louange en grec est d'une merveilleuse efficace[3] à la tête d'un livre. Mais on me met au jour sans me donner le loisir de me reconnoître; et je ne puis même obtenir la liberté de dire deux mots pour justifier mes intentions sur le sujet de cette comédie. J'aurois voulu faire voir qu'elle se tient partout dans les bornes de la satire honnête et permise; que les plus excellentes choses sont sujettes à être copiées par de mauvais singes, qui méritent d'être bernés; que ces vicieuses imitations de ce qu'il y a de

1. Ce membre de phrase, depuis *et dont*, a été omis ou retranché dans une des éditions données par G. de Luynes en 1660 (il y en a deux différentes, portant le nom de ce libraire, à la Bibliothèque nationale); il manque également dans la réimpression, faite la même année « jouxte la copie imprimée », qui a le nom de Cl. Barbin, notre 1660[b].

2. De tous deux. (1660[b].)

3. Ce substantif *efficace* était surtout usité dans le style de la dévotion; mais pas là uniquement, on le voit. Le valet du *Menteur* l'emploie à propos de la poudre de sympathie (acte IV, scène III); dans *Monsieur de Pourceaugnac* (acte I, scène VIII), le second médecin complimente son confrère sur « l'efficace et la douceur des remèdes » qu'il vient de proposer.

plus parfait ont été de tout temps la matière de la comédie ; et que, par la même raison que[1] les véritables savants et les vrais braves ne se sont point encore avisés de s'offenser du Docteur de la comédie et du Capitan, non plus que les juges, les princes et les rois de voir Trivelin, ou quelque autre sur le théâtre, faire ridiculement le juge, le prince ou le roi, aussi les véritables précieuses auroient tort de se piquer lorsqu'on joue les ridicules qui les imitent mal. Mais enfin, comme j'ai dit, on ne me laisse pas le temps de respirer, et M. de Luynes veut m'aller relier[2] de ce pas : à la bonne heure, puisque Dieu l'a voulu !

1. L'édition originale a dû subir ici une correction au cours du tirage. D'une part, nous en avons vu trois exemplaires, vendus, l'un par le principal éditeur Guillaume de Luynes (exemplaire que signale en outre l'absence, relevée ci-dessus, p. 50, note 1, de tout un membre de phrase et que nous croyons pour cela même postérieur à l'exemplaire où cette lacune n'existe pas), l'autre par Claude Barbin, le troisième par Charles de Sercy, qui portent tous trois, comme notre texte : « et que par la même raison que les véritables savants.... » D'autre part, nous avons vu également des exemplaires, ayant les noms de G. de Luynes ou de Cl. Barbin, qui n'ont pas le second *que*. Il n'est pas non plus dans les recueils antérieurs à 1682, ni dans ceux de 1684 A et de 1694 B ; mais il se retrouve dans les réimpressions faites à Paris, dès 1660, « suivant la copie imprimée » (c'est l'édition que nous appelons 1660a) et « jouxte la copie imprimée » (c'est notre 1660b). Le texte de 1682, et de même celui de 1734, répètent la conjonction *que*, et nous nous croyons aussi suffisamment autorisé par les éditions premières à la répéter : la phrase ainsi, quoique un peu traînante, comme beaucoup d'autres du temps, n'en est pas moins très-régulièrement construite, et la conclusion, bien marquée par *aussi*, en paraît plus logique.

2. Veut m'aller faire relier. (1734.)

LES PERSONNAGES[1].

LA GRANGE, \
DU CROISY, } amants rebutés[2]. \
GORGIBUS[3], bon bourgeois.

1. Acteurs, sans article, dans l'édition de 1734.

2. Les mots *amants rebutés* ont été supprimés dans l'édition de 1734 ; celle de 1773 les rétablit. — Sur la désignation de ces deux premiers personnages par leurs noms de théâtre, voyez la *Notice*, p. 39 et 40.

3. On s'est appuyé d'un passage de Palaprat pour avancer que Gorgibus était un emploi de l'ancienne comédie. Palaprat, racontant dans la préface de ses œuvres les relations qu'il eut dans sa jeunesse avec Molière et quelques amateurs du théâtre, dit : « Ils nous entretenoient des vieux comiques, de Turlupin, Gautier-Garguille, Gorgibus, Crivello, Spinette, du Docteur, du Capitan, Jodelet, Gros-René, Crispin. » (*Les OEuvres de M. Palaprat*, nouvelle édition, chez P. Ribou, Paris, 1712, tome I, Préface, p. éj.) Ce dernier personnage, qui était alors un des emplois les plus brillants de l'acteur Poisson, et qu'il passe pour avoir créé[a], semble prouver que cette énumération comprend des personnages de création récente, parmi lesquels pouvait figurer le *Gorgibus* des premières pièces de Molière. Ce qu'il y a de sûr, c'est que ce nom existait déjà en dehors du théâtre. Nous avons eu l'occasion de le rappeler (tome I, p. 20, note 4), le cardinal de Retz cite divers « filous fieffés » porteurs de noms assez bizarres, et l'on y trouve un *Gorgibus*. Retz ajoute même : « Je ne crois pas que vous ayez vu dans les *Petites lettres* de Port-Royal de noms plus saugrenus que ceux-là ; et Gorgibus vaut bien Tambourin[b]. » (*Mémoires*, à la date

[a] Les frères Parfaict nous apprennent (tome VIII, note à la page 95) que *l'Écolier de Salamanque* ou *les Généreux ennemis*, de Scarron, joué en 1654 sur le théâtre du Marais, est « la première pièce où le personnage de Crispin a été introduit. » Poisson était alors à l'Hôtel de Bourgogne ; mais s'il n'est pas le créateur de ce rôle, en tout cas tout récent, il paraît bien se l'être tout à fait approprié, lui avoir donné le caractère qui le distingue : voyez M. Victor Fournel, tome I, p. 405 et 406 de ses *Contemporains de Molière*.

[b] Pascal avait ainsi francisé le nom italien d'un père Tamburini : voyez la note 2 de M. Feillet à la page 583 du tome II des *Mémoires de Retz*.

MAGDELON[1], fille de Gorgibus,
CATHOS[2], nièce de Gorgibus, } précieuses ridicules.
MAROTTE[3], servante des Précieuses ridicules.

de décembre 1649, tome II, p. 582, 583.) Il est probable que Molière aura pris ce nom dans la réalité, et il est certain que cette dénomination, de forme en effet saugrenue et plaisante, convient bien mieux à un brave bourgeois comme celui des *Précieuses*, qu'à un « filou fieffé » comme le Gorgibus historique.

1. L'édition de 1734 est la première qui écrive ce nom *Madelon*, sans *g*. La même édition, au lieu de la désignation collective *précieuses ridicules*, met deux fois le singulier *précieuse ridicule*, après « MADELON, fille de Gorgibus », et après « CATHOS, nièce de Gorgibus ».

2. « Cathos, malgré sa terminaison à la grecque, est le diminutif populaire de *Catherine*, et doit se prononcer comme *Catau*, qui est la manière dont ce nom s'orthographie ordinairement. » (*Note d'Auger*.) C'est de cette dernière façon qu'il a été écrit par le copiste de *la Jalousie du Barbouillé*.

3. *Marotte*, « nom diminutif de *Marie*, que le peuple donnait à Rouen aux jeunes filles, avant qu'elles fussent entrées dans l'adolescence. » (A. Tougard, *Une page d'histoire locale et littéraire au moyen âge*[a], p. 13.) En faudrait-il conclure que *les Précieuses* auraient été représentées à Rouen, pendant le séjour qu'y fit Molière pendant l'été de 1658, avant son retour définitif à Paris (voyez la Préface de 1682, tome I, p. XIV)? Ce serait aller vite en conjectures. En voici une qui nous paraît plus probable, sur l'actrice qui put jouer ce personnage. Pendant son séjour à Rouen, Molière avait dû connaître cette jolie Mlle Marotte (nièce de la Beaupré la *duelliste*), qui devint la femme de Verneuil, frère de la Grange[b], à qui Corneille avait vu représenter *Amalasonte* à Rouen, et pour laquelle il témoigne, dans une lettre à l'abbé de Pure du 25 avril 1662[c], avoir tant « d'estime et d'amitié ». Corneille se félicite des « merveilles de son début » au Marais en 1662. Il est possible que Molière l'ayant chargée accidentellement du rôle de Marotte, ait donné son nom à ce rôle. M. Soleirol[d] dit qu'elle joua, *en visite*, Georgette de

[a] Extrait de la *Revue de la Normandie* d'août 1870 : le passage est cité ainsi par M. Littré aux *Additions et Corrections* de son *Dictionnaire*, et l'indication de l'opuscule complétée à la *Liste des auteurs cités*.

[b] Les frères Parfaict, tomes V, p. 28, et XII, p. 477.

[c] *Corneille*, tome X, p. 493.

[d] *Molière et sa troupe*, 1858, p. 70.

ALMANZOR [1], laquais des Précieuses ridicules.
Le Marquis de MASCARILLE, valet de la Grange.
Le Vicomte de JODELET, valet de du Croisy.
Deux porteurs de chaise.
Voisines [2].
Violons [3].

l'École des femmes le 4 mai 1663, et la Comtesse d'Escarbagnas à Saint-Germain, le 2 décembre 1671 : il suppose que Molière la faisait assez souvent jouer en remplacement de quelque autre ; mais ne l'aurait-il pas confondue avec la future femme de la Grange dont nous allons parler? — La fille de Ragueneau, la future femme de la Grange (voyez notre tome I, p. 85, fin de la note 1), était habituellement appelée Marotte, d'après une note citée par les frères Parfaict (tome XIII, p. 299). Mais mariée en 1672 seulement, elle était peut-être encore trop jeune en 1659 pour pouvoir être utilisée sur le théâtre, quoiqu'elle le fût déjà au bureau de recette.

1. Almanzor, fils de Zabaïm, roi de Sénéga, et lui-même mis en possession du trône par son père, est un des personnages de *Polexandre*, roman de Gomberville ; sa lamentable histoire vient une des premières (tome I, p. 62 et suivantes de l'édition de 1637) ; elle se termine par sa mort ; mais le même nom, porté par un prince des mêmes contrées, est mêlé à d'autres aventures racontées au tome III (le roman en a cinq) ; tout frappant qu'il est aux yeux comme à l'oreille, c'est en vain que nous l'avons cherché dans les deux magnifiques in-4° de l'édition de 1632, la première pour le tome II, mais déjà, pour le tome I, « revue, changée et augmentée. » — C'est aussi le nom d'un héros maure, d'un amoureux, au début de la pièce habillé en berger, dans *la Généreuse ingratitude*, tragicomédie pastorale de Quinault ; les frères Parfaict en donnent l'analyse sous l'année 1654 (tome VIII, p. 27 et suivantes), et disent que la dédicace était au prince de Conty : peut-être le prince l'avait-il fait jouer à la troupe de Molière en Languedoc.

2. L'édition de 1734 remplace ce mot Voisines par les noms propres de Lucile et de Célimène, à chacun desquels elle ajoute la désignation de « voisine de Gorgibus, » et qu'elle place avant les Deux porteurs de chaise.

3. *La scène est à Paris, dans la maison de Gorgibus.*-(Addition de 1734.) M. Moland a raison de dire, d'après la scène VI, ci-après, p. 70, *dans une salle basse de la maison de Gorgibus.*

LES
PRÉCIEUSES RIDICULES[1].

SCÈNE PREMIÈRE.

LA GRANGE, DU CROISY.

DU CROISY.

Seigneur la Grange....

LA GRANGE.

Quoi ?

DU CROISY.

Regardez-moi un peu sans rire.

LA GRANGE.

Eh bien ?

DU CROISY.

Que dites-vous de notre visite ? en êtes-vous fort satisfait ?

LA GRANGE.

A votre avis, avons-nous sujet de l'être tous deux ?

DU CROISY.

Pas tout à fait, à dire vrai.

LA GRANGE.

Pour moi, je vous avoue que j'en suis tout scandalisé. A-t-on jamais vu, dites-moi, deux pecques[2] pro-

---

1. LES PRÉCIEUSES RIDICULES, comédie. (1734.)
2. *Pecque*, sotte, impertinente. On fait venir ce mot, avec assez de vraisemblance, du latin *pecus...*, d'où nous avons également tiré le mot de *pécore....* (*Note d'Auger.*) Il paraît, d'après le *Dictionnaire de M. Littré*, que le mot

vinciales faire plus les renchéries que celles-là, et deux hommes traités avec plus de mépris que nous? A peine ont-elles pu se résoudre à nous faire donner des siéges. Je n'ai jamais vu tant parler à l'oreille qu'elles ont fait entre elles, tant bâiller, tant se frotter les yeux, et demander tant de fois[1] : « Quelle heure est-il? » Ont-elles répondu que oui et non à tout ce que nous avons pu leur dire? Et ne m'avouerez-vous[2] pas enfin que, quand nous aurions été les dernières personnes du monde, on ne pouvoit nous faire pis[3] qu'elles ont fait?

DU CROISY.

Il me semble que vous prenez la chose fort à cœur.

LA GRANGE.

Sans doute, je l'y prends, et de telle façon, que je veux me venger[4] de cette impertinence[5]. Je connois ce

nous est venu de Provence. Ni Furetière (1690) ni l'Académie (1694) ne le donnent encore; mais il est déjà dans les *Curiosités françoises* d'Antoine Oudin (1640), qui traduit « une fausse pecque » par *une malicieuse personne*. Auger l'a trouvé dans *l'Écolier de Salamanque* ou *les Généreux ennemis*, tragi-comédie de Scarron, représentée en 1654 (acte II, scène II) :

DON PÈDRE.
Et tu dis que mon père
T'a donné seulement.....
CRISPIN.
Deux cents francs.
DON PÈDRE.
La misère!
Et ma très-chère sœur?
CRISPIN.
Non pas même un salut.
DON PÈDRE.
La pecque!

Pecque est aussi dans le *Dictionnaire de Richelet* (1679), qui l'explique ainsi : « Mot burlesque et injurieux qui ne se dit que des femmes et des filles et qui veut dire *misérable, mal-bâtie, sotte*. » A la suite, Richelet cite notre exemple.

1. Les mots *tant de fois* ont été omis dans l'édition de 1660b.
2. Ce mot *vous* manque dans l'édition originale et dans celles de 1660a et b.
3. *Nous faire pire*, dans la seule édition de 1734.
4. Que je me veux venger. (1682, 1734.)
5. *De cette impertinente*, sans doute par erreur, dans l'édition de 1734 seule.

qui nous a fait mépriser. L'air précieux n'a pas seulement infecté Paris, il s'est aussi répandu dans les provinces, et nos donzelles ridicules en ont humé leur bonne part. En un mot, c'est un ambigu de précieuse et de coquette.[1] que leur personne. Je vois ce qu'il faut être pour en être bien reçu; et si vous m'en croyez, nous leur jouerons tous deux une pièce qui leur fera voir leur sottise, et pourra leur apprendre à connoître un peu mieux leur monde.

DU CROISY.

Et comment encore?

LA GRANGE.

J'ai un certain valet, nommé Mascarille, qui passe, au sentiment de beaucoup de gens, pour une manière de bel esprit; car il n'y a rien à meilleur marché que le bel esprit maintenant. C'est un extravagant, qui s'est mis dans la tête de vouloir faire l'homme de condition. Il se pique ordinairement de galanterie et de vers, et dédaigne les autres valets, jusqu'à les appeler brutaux.

DU CROISY.

Eh bien, qu'en prétendez-vous faire?

LA GRANGE.

Ce que j'en prétends faire? Il faut.... Mais sortons d'ici auparavant.

SCÈNE II.

GORGIBUS, DU CROISY, LA GRANGE.

GORGIBUS.

Eh bien, vous avez vu ma nièce et ma fille : les af-

---

[1]. Regnard a employé la même figure dans *le Joueur* (acte I, scène VI) :
C'est dans son caractère une espèce parfaite,
Un ambigu nouveau de prude et de coquette.

faires iront-elles bien? Quel est le résultat de cette visite?

LA GRANGE.

C'est une chose que vous pourrez mieux apprendre d'elles que de nous. Tout ce que nous pouvons vous dire, c'est que nous vous rendons grâce¹ de la faveur que vous nous avez faite, et demeurons vos très-humbles serviteurs².

GORGIBUS³.

Ouais! il semble qu'ils sortent mal satisfaits d'ici⁴. D'où pourroit venir leur mécontentement? Il faut savoir un peu ce que c'est. Holà!

SCÈNE III.

MAROTTE, GORGIBUS⁵.

MAROTTE.

Que desirez-vous, Monsieur?

GORGIBUS.

Où sont vos maîtresses?

MAROTTE.

Dans leur cabinet.

GORGIBUS.

Que font-elles?

MAROTTE.

De la pommade pour les lèvres.

---

1. *Grâces*, au pluriel, dans les éditions de 1663, 66, 73, 75 A, 82, 84 A et 94 B. L'édition de 1697 et les éditions suivantes ont le singulier.

2. Les éditions de 1682 et de 1734, suivant la tradition sans doute (elle était particulièrement bien connue de la Grange, éditeur de 1682), font répéter par du Croisy les mots : « vos très-humbles serviteurs. »

3. GORGIBUS, *seul*. (1734.)

4. Dans l'édition de 1660ᵇ cette phrase est jointe à la suivante par la conjonction *et*.

5. GORGIBUS, MAROTTE. (1734.)

SCÈNE III.

GORGIBUS.

C'est trop pommadé. Dites-leur qu'elles descendent[1]. Ces pendardes-là, avec leur pommade, ont, je pense, envie de me ruiner. Je ne vois partout que blancs d'œufs, lait virginal[2], et mille autres brimborions que je ne connois point. Elles ont usé, depuis que nous sommes ici, le lard d'une douzaine de cochons[3], pour le moins, et quatre valets vivroient tous les jours des pieds de mouton qu'elles emploient.

---

1. Les éditions de 1739 et de 1773 font de ce qui suit la scène IV, ayant pour acteur GORGIBUS *seul*. Celle de 1734 se borne à intercaler le mot *seul*.

2. Le lait virginal, dit Furetière, « est une certaine liqueur pour blanchir les mains et le visage. » Puis il en donne tout au long la recette : « Elle est composée de deux eaux, l'une faite avec de la litharge d'or lavée dans du fort vinaigre, ou distillé, un peu bouilli, et coulé par la chausse; l'autre de sel gemme, ou d'alun de roche infusé avec de l'eau rose. On mêle ces deux liqueurs quand on s'en veut servir, et étant écumées, elles deviennent blanches comme du *lait*. On en fait aussi avec de l'eau de nénuphar, de la litharge d'argent, et un peu de blanc d'Espagne, et du camphre, le tout passé par le philtre (*filtre*). »

3. Il paraît que le lard jouait un grand rôle dans ces préliminaires de la toilette des dames. Scarron parle également de

>....Ces dames de prix, ou qui souvent, dit-on,
>Blanc, perles, coques d'œuf, lard et pieds de mouton,
>Baume, lait virginal et cent mille autres drogues,
>De têtes sans cheveux . . . .
>Font des miroirs d'amour, de qui les faux appas
>Étalent des beautés qu'ils ne possèdent pas.
>On les peut appeler visages de moquette;
>Un tiers de leur personne est dessous la toilette,
>L'autre dans les patins; le pire est dans le lit :
>Ainsi le bien d'autrui tout seul les embellit.

>(*L'Héritier ridicule* ou *la Dame intéressée*, acte V, scène 1. La pièce est de 1649, suivant les frères Parfaict : voyez leur tome VII, p. 228 et suivantes. Elle était encore en 1660 jouée chez Molière : voyez à la Notice de *Sganarelle* la liste des représentations.)

SCÈNE IV.

MAGDELON, CATHOS, GORGIBUS.

GORGIBUS.

Il est bien nécessaire vraiment de faire tant de dépense pour vous graisser[1] le museau. Dites-moi un peu ce que vous avez fait à ces Messieurs, que je les vois sortir avec tant de froideur? Vous avois-je pas commandé de les recevoir comme des personnes que je voulois vous donner[2] pour maris?

MAGDELON.

Et quelle estime, mon père, voulez-vous que nous fassions du procédé irrégulier de ces gens-là?

CATHOS.

Le moyen, mon oncle, qu'une fille un peu raisonnable se pût accommoder de leur personne?

GORGIBUS.

Et qu'y trouvez-vous[3] à redire?

MAGDELON.

La belle galanterie que la leur! Quoi? débuter[4] d'abord par le mariage!

GORGIBUS.

Et par où veux-tu donc[5] qu'ils débutent? par le concubinage? N'est-ce pas un procédé dont vous avez sujet de vous louer toutes deux aussi bien que moi? Est-il rien de plus obligeant que cela? Et ce lien sacré où ils

---

1. *Pour nous graisser*, dans l'édition de 1660b.
2. Que je vous voulois donner. (1666, 73, 74, 75 A, 82, 84 A, 94 B, 1734.) L'édition de 1773 reprend le texte de l'édition originale.
3. *Et qu'y trouverez-vous*, dans les éditions de 1666 et de 1675 A.
4. La seule édition de 1682 porte *de* devant *débuter*.
5. Le mot *donc* manque dans l'édition de 1660b.

aspirent, n'est-il pas un témoignage de l'honnêteté de leurs intentions¹?

MAGDELON.

Ah! mon père, ce que vous dites là est du dernier bourgeois. Cela me fait honte de vous ouïr parler de la sorte, et vous devriez un peu vous faire apprendre le bel air des choses.

GORGIBUS.

Je n'ai que faire ni d'air ni de chanson. Je te dis que le mariage est une chose sainte et sacrée², et que c'est faire en honnêtes gens que de débuter par là.

MAGDELON.

Mon Dieu, que, si tout le monde vous ressembloit, un roman seroit bientôt fini! La belle chose que ce seroit si d'abord Cyrus épousoit Mandane, et qu'Aronce de plain-pied fût marié à Clélie³!

GORGIBUS.

Que me vient conter celle-ci?

MAGDELON.

Mon père, voilà ma cousine qui vous dira, aussi bien que moi, que le mariage ne doit jamais arriver qu'après les autres aventures⁴. Il faut qu'un amant, pour être

1. N'est-il pas un témoignage de leurs intentions? (1663, 66, 73, 74, 75 A, 84 A, 94 B.)
2. Est une chose sacrée. (1666, 73, 74, 75 A, 84 A, 94 B, 1734.)
3. Chacun des deux grands romans de Mlle de Scudéry, *Clélie* comme *Artamène ou le Grand Cyrus*, n'a pas moins de dix gros volumes, ce qui ajourne considérablement le dénoûment obligé. — Mlle de Rambouillet, Julie, avait trente-huit ans quand elle se décida à épouser M. de Montausier. « Pour M. de Montausier, dit Tallemant des Réaux (tome II, p. 517), ç'a été un *mourant* d'une constance qui a duré plus de treize ans. »
4. S'il est vrai de dire en général que la littérature est l'expression de la société, il est aussi que la société parfois, la société lettrée du moins, copie la littérature. On voit souvent au dix-septième siècle, pendant la première moitié surtout, le souvenir des romans à la mode se mêler à des événements dont la gravité sembleroit écarter de pareilles préoccupations. Le cardinal de Retz raconte (janvier 1649, tome II, p. 171 et 172) que, dans un des moments les

agréable, sache débiter les beaux sentiments, pousser[1] le doux, le tendre et le passionné, et que sa recherche soit dans les formes. Premièrement, il doit voir au temple[2], ou à la promenade, ou dans quelque cérémonie publique, la personne dont il devient amoureux; ou bien être conduit fatalement chez elle par un parent ou un ami, et sortir de là tout rêveur et mélancolique. Il cache un temps sa passion à l'objet aimé, et cependant lui rend plusieurs visites, où l'on ne manque jamais de mettre sur le tapis une question galante qui exerce les esprits de l'assemblée. Le jour de la déclaration arrive[3],

---

plus critiques de la Fronde, Noirmoutier, qui venait de diriger une sortie dans les faubourgs de Paris, revint à l'Hôtel de Ville, et entra avec d'autres gentilshommes, « encore tous cuirassés, dans la chambre de Mme de Longueville, qui étoit toute pleine de dames. Ce mélange d'écharpes bleues, de dames, de cuirasses, de violons, qui étoient dans la salle, de trompettes qui étoient dans la place, donnoit un spectacle qui se voit plus souvent dans les romans qu'ailleurs. Noirmoutier, qui étoit grand amateur de *l'Astrée*, me dit : « Je m'imagine que nous sommes assiégés dans Marcilli. — Vous avez « raison, lui répondis-je : Mme de Longueville est aussi belle que Galatée; « mais Marcillac.... n'est pas si honnête homme que Lindamor. »

1. Cet emploi de *pousser* ou d'un de ses dérivés se rencontre ailleurs dans Molière, et toujours avec une intention ironique :

Il nous feroit beau voir attachés, face à face,
A pousser les beaux sentiments !
(*Amphitryon*, acte I, scène IV.)

Héroïnes du temps, Mesdames les savantes,
Pousseuses de tendresse et de beaux sentiments....
(*L'École des femmes*, acte I, scène III.)

La locution, quoique ainsi discréditée, se retrouve encore, longtemps après Molière, dans un recueil resté favorable d'ailleurs au genre de littérature qu'avaient attaqué Molière et Boileau; les *Mémoires de Trévoux* disent en parlant de Quinault : « Il y a dans ses tragédies des situations admirables, *des sentiments poussés*, des caractères nobles, une expression naturelle, une belle versification. » (Année 1713, p. 1593, article sur la nouvelle édition de Boileau.)

2. Voyez la note du vers 783 de *l'Étourdi*.

3. Fléchier, dans ses *Mémoires sur les grands jours d'Auvergne en 1665* (édition Hachette, 1862, p. 20 et suivantes), raconte une histoire d'amour où tout se passe à peu près selon le cérémonial exposé ici par Magdelon. C'est en effet dans une *allée* de jardin, pendant que la compagnie s'est écartée, que se fait la déclaration; la dame « rougit, elle fit toutes les façons qu'on fait en

qui se doit faire ordinairement dans une allée de quelque jardin, tandis que la compagnie s'est un peu éloignée; et cette déclaration est suivie d'un prompt courroux, qui paroît à notre rougeur[1], et qui, pour un temps, bannit l'amant de notre présence. Ensuite il trouve moyen de nous apaiser, de nous accoutumer[2] insensiblement au discours de sa passion, et de tirer de nous cet aveu qui fait tant de peine. Après cela viennent les aventures, les rivaux qui se jettent à la traverse d'une inclination établie, les persécutions des pères, les jalousies conçues sur de fausses apparences, les plaintes, les désespoirs, les enlèvements[3], et ce qui s'ensuit. Voilà comme les choses se traitent dans les belles manières, et ce sont des règles dont, en bonne galanterie, on ne sauroit se dispenser. Mais en venir de but en blanc à l'union conjugale, ne faire l'amour qu'en faisant le contrat du mariage, et prendre justement le roman par la queue ! encore un coup, mon père, il ne se peut rien de plus marchand que ce procédé; et j'ai mal au cœur de la seule vision que cela me fait.

GORGIBUS.

Quel diable de jargon entends-je ici? Voici bien du haut style.

CATHOS.

En effet, mon oncle, ma cousine donne dans le vrai de la chose. Le moyen de bien recevoir des gens qui sont tout à fait incongrus en galanterie? Je m'en vais gager qu'ils n'ont jamais vu la carte de Tendre, et que

cette occasion, quand on n'est pas déjà persuadée.... Elle fit d'abord mine d'être offensée de cette hardiesse, etc. »

1. « Qui paroît à notre rougeur, » manque dans l'édition de 1660[b].
2. De nous apaiser et de nous accoutumer. (1734.)
3. Dans *le Grand Cyrus* Mandane est enlevée quatre fois au moins; Diogène dit huit fois, dans *les Héros de roman* de Boileau, mais il comprend sans doute dans ce chiffre les tentatives d'enlèvement.

Billets-Doux, Petits-Soins, Billets-Galants et Jolis-Vers [1]

[1]. Voyez la carte de *Tendre* et son explication dans le livre I de la *Clélie* (p. 396-405). *Petits-Soins* est une petite localité par où doivent passer ceux qui veulent de *Nouvelle-Amitié* aller à *Tendre-sur-Reconnoissance*; *Jolis-Vers*, *Billet-Galant*, *Billet-Doux*, sont trois étapes de la route qui conduit du point central de *Nouvelle-Amitié* à *Tendre-sur-Estime*. Mais, à mesurer la distance sur l'échelle, il y a au moins quarante *lieues d'amitié* pour arriver à cette dernière ville; et encore faut-il se donner de garde d'appuyer trop à droite : on arriverait au *lac d'Indifférence*. Quant à la grande ville de *Tendre-sur-Inclination*, on y arrivait rapidement porté par le fleuve même d'*Inclination*, sans souci d'aucun gîte ou port de relâche depuis *Nouvelle-Amitié*. On voit que *Tendre* est le nom du pays et de ses trois villes capitales, mais qu'il n'y avait point de cours d'eau de ce nom. Cependant Boileau (Satire x, vers 158-162) a pu dire sans trahir aucune ignorance en cette géographie :

        Ainsi que dans *Clélie*,
.... En grande eau sur le fleuve de Tendre
Naviger à souhait ;

car Tendre n'a qu'un seul fleuve (celui d'*Inclination*); les rivières d'Estime et de Reconnoissance, qui le rejoignent à son embouchure, ne peuvent être navigables que bien près de leur confluent, au-dessous des villes assises sur leurs bords, et ces villes, où l'on ne parvient qu'en cheminant par la voie de terre, sont le terme du voyage. — Si l'on en croit des Réaux (tome VII, p. 58), la carte de Tendre n'était pas d'abord destinée à figurer dans la *Clélie*. « Cette carte de Tendre, que M. Chapelain fut d'avis de mettre dans la *Clélie*, fut faite par Mlle de Scudéry, sur ce qu'elle disoit à Pellisson qu'il n'étoit pas encore prêt d'être mis au nombre de ses *tendres* amis. » En effet Pellisson eut besoin de traverser *Jolis-Vers*, *Billet-Galant*, *Billet-Doux*, avant d'être reçu par elle à *Tendre-sur-Estime* et d'obtenir cet aveu, qui ne coûtait rien du reste à l'honneur de la respectable demoiselle :

    Enfin, Acanthe, il se faut rendre :...
    Je vous fais citoyen de Tendre [a].

On peut voir un madrigal improvisé par Acanthe-Pellisson pour Sapho (Mlle de Scudéry) et de nombreuses allusions au pays dont la carte et la description allaient être publiées, dans un extrait des *Chroniques du samedi*, rédigé par Pellisson, et annoté par Conrart, que M. É. Colombey a fait paraître en 1856 sous le titre de *la Journée des madrigaux* : cette journée fut, à ce qu'il paraît, celle du 20 décembre 1653. Dans une note de Conrart (p. 46) il est dit que « pour entendre ces madrigaux et les suivants, il faut avoir vu la carte de Tendre, qui est une des galanteries du samedi, insérée ailleurs dans ces Chroniques et qui pourra être publique un jour. » Le premier volume de la *Clélie*, où se trouve cette carte, parut en 1654. Or, cette année même, l'abbé d'Aubignac publia une description allégorique du *royaume de Coquetterie*, beaucoup moins flatteuse que la carte de *Tendre* pour les naturels du pays; il prétendit à la priorité de l'invention. C'est ce que nous apprend Somaize,

[a] *Ménagiana*, seconde édition (1694), tome I, p. 141.

sont des terres inconnues[1] pour eux. Ne voyez-vous pas que toute leur personne marque cela, et qu'ils n'ont point cet air qui donne d'abord bonne opinion des gens? Venir en visite amoureuse avec une jambe toute unie, un chapeau désarmé de plumes, une tête irrégulière en cheveux, et un habit qui souffre une indigence de rubans...! mon Dieu, quels amants sont-ce là! Quelle frugalité d'ajustement et quelle sécheresse de conversation! On n'y dure point, on n'y tient pas. J'ai remarqué encore que leurs rabats[2] ne sont pas de la bonne faiseuse, et qu'il s'en faut plus d'un grand demi-pied[3] que leurs hauts-de-chausses ne soient assez larges.

dans son *Grand dictionnaire historique des Précieuses*, par la onzième des « PRÉDICTIONS touchant l'empire des Précieuses » (tome I, p. 187 du recueil de M. Livet). « Horace (*d'Aubignac*) sera mal avec Sophie (*Mlle de Scudéry*) à l'occasion de ce royaume, dont il dira avoir trouvé l'origine avant elle[a]. » Quels que fussent le Christophe Colomb ou l'Améric Vespuce de ce nouveau monde, il est à croire qu'il n'était pas tout à fait inconnu avant eux; l'on trouverait au moyen âge, et notamment dans le *Roman de la Rose*, des allégories toutes semblables : c'était une tradition. — La carte du *Pays de Braquerie*, dressée par Conty et Bussy, paraît avoir été une des premières imitations de l'une ou de l'autre de ces allégories : voyez à l'*Appendice* du tome IV de des Réaux, p. 517 et suivantes.

1. Au delà de la mer *Dangereuse*, où, sur la carte de Tendre, vient se perdre le fleuve d'Inclination, après avoir réuni les eaux d'Estime et de Reconnoissance, s'étend la région des *Terres inconnues*.

2. Voyez ce que Mlle des Jardins dit de celui de Mascarille, ci-après, p. 129, et la note 1 de cette même page.

3. La mode n'avait guère changé sur ce point en 1661. Sganarelle, dans *l'École des maris* (acte I, scène 1), parle de « ces cotillons appelés hauts-de-chausses. » Richelet nous apprend que c'était M. de Candale qui en était l'inventeur. « C'est lui qui avoit imaginé une mode de s'habiller toute nouvelle, d'une manière de hauts-de-chausses larges qu'on appeloit *hauts-de-chausses à la Candale*. Molière les nomme assez plaisamment des cotillons : on ne les a quittés que pour prendre des culottes qui sont infiniment plus commodes. Cependant cette mode de M. de Candale a été longtemps suivie. » (*Les plus belles lettres des meilleurs auteurs françois*, Lyon, 1689, p. 124.)

[a] Le petit volume d'Aubignac a pour titre : *Histoire du temps* ou *Relation du royaume de Coquetterie*, extraite du dernier voyage des Hollandois aux Indes du Levant. Paris, Ch. de Sercy, 1654. Le privilége est du 11 novembre; l'achevé d'imprimer de la 1re partie de la *Clélie* est daté du 31 août précédent.

GORGIBUS.

Je pense qu'elles sont folles toutes deux, et je ne puis rien comprendre à ce baragouin. Cathos[1], et vous, Magdelon....

MAGDELON.

Eh! de grâce, mon père, défaites-vous de ces noms étranges, et nous appelez autrement[2].

GORGIBUS.

Comment, ces noms étranges! Ne sont-ce pas vos noms de baptême?

MAGDELON.

Mon Dieu, que vous êtes vulgaire! Pour moi, un de mes étonnements, c'est que vous ayez pu faire une fille si spirituelle que moi. A-t-on jamais parlé dans le beau style de Cathos ni de Magdelon? et ne m'avouerez-vous pas que ce seroit assez d'un de ces noms pour décrier le plus beau roman du monde?

CATHOS.

Il est vrai, mon oncle, qu'une oreille un peu délicate

1. Voyez ci-dessus, p. 53, note 2.
2. Toutes les précieuses avaient un nom d'emprunt. C'est à Malherbe et à Racan que Mme de Rambouillet dut le sien : elle s'appelait *Catherine*. L'anagramme de ce nom vulgaire leur fournit trois combinaisons différentes : Malherbe « passa toute l'après-dînée avec Racan » à retourner les lettres du nom de Catherine, dit des Réaux (tome I, p. 302), en renchérissant un peu sur le récit de Racan qu'il emprunte[a]. « Ils ne trouvèrent que *Arthénice*, *Éracinthe* et *Carinthée*. Le premier fut jugé le plus beau. » Mme de Rambouillet le garda, et Fléchier ne craignit pas de rappeler ce nom d'emprunt dans la chaire chrétienne, en 1672, lorsqu'il prononça, devant un auditoire tout intime, il est vrai, l'oraison funèbre de la fille de la marquise, la duchesse de Montausier : « Souvenez-vous (*Mesdames*) de ces cabinets que l'on regarde encore avec tant de vénération, où l'esprit se purifioit, où la vertu étoit révérée sous le nom de l'incomparable Arthénice, où se rendoient tant de personnes de qualité et de mérite, qui composoient une cour choisie, nombreuse sans confusion, modeste sans contrainte, savante sans orgueil, polie sans affectation. » (*Oraison funèbre de Madame.... duchesse de Montausier,...* prononcée en présence de Mme l'abbesse de Saint-Étienne de Reims, et de Mme l'abbesse d'Hière, ses sœurs, en l'église de l'abbaye d'Hière (*près de Brunoy*), le 2ᵉ janvier 1672, in-4°, p. 10.)

[a] Voyez le tome I de *Malherbe*, p. LXXXVI et LXXXVII.

pâtit furieusement à entendre prononcer ces mots-là; et le nom de Polyxène que ma cousine a choisi, et celui d'Aminte que je me suis donné, ont une grâce dont il faut que vous demeuriez d'accord [1].

GORGIBUS.

Écoutez, il n'y a qu'un mot qui serve : je n'entends point que vous ayez d'autres noms que ceux qui vous ont été donnés par vos parrains et marraines [2]; et pour ces Messieurs dont il est question, je connois leurs familles et leurs biens, et je veux résolument que vous vous disposiez à les recevoir pour maris. Je me lasse de vous avoir sur les bras, et la garde de deux filles est une charge un peu trop pesante pour un homme de mon âge.

1. *La Polyxène* est le titre d'un roman d'un sieur de Molière, qui avait été en vogue quelque trente ans avant le succès des *Précieuses* [a]. — Le mot *Aminte* (en italien *Aminta*), dans la pastorale du Tasse, est un nom d'homme, comme l'*Amyntas* grec et latin; mais on en avait fait chez nous un nom de femme. Gomberville, dans son *Polexandre*, l'avait donné à « la discrète » confidente de *la reine Alcidiane*. Parmi les pièces galantes que Corneille vieillissant a laissé insérer dans le recueil des *Poésies choisies* (voyez ci-après, p. 79, note 1) se trouvent des stances adressées à une *Aminte* (voyez le *Corneille* de M. Marty-Laveaux, tome X, p. 172). Ce nom est aussi, comme nom de femme, chez la Fontaine; entre autres endroits, dans les jolis vers sur l'orangerie de Versailles qui sont au commencement du livre Ier des *Amours de Psyché et de Cupidon* (1669) :

> Jasmins dont un air doux s'exhale,
> Fleurs que les vents n'ont pu ternir,
> Aminte en blancheur vous égale,
> Et vous m'en faites souvenir.

2. Par vos parrains et vos marraines. (1682, 1734.)

[a] Le privilège (d'après la troisième édition) est du 16 janvier 1630, et fut accordé après la mort de l'auteur; un volume intitulé *la Suite et conclusion de la Polyxène du sieur de Molière, dernière partie*, fut achevé d'imprimer le dernier décembre 1631; en 1632 reparut « *la Polyxène* de Molière, troisième édition, revue, corrigée et augmentée par l'auteur avant sa mort; » en 1634 fut donnée « *la Vraie suite de* Polyxène, » différente de *la Suite et conclusion*. Boileau, dans son Discours sur le dialogue des *Héros de roman*, ne cite pas ce Molière parmi les auteurs qu'on vantait le plus et qu'il avait lui-même admirés, dit-il, au temps de sa jeunesse. Mme de Sévigné, plus grande liseuse que lui, ne paraît pas non plus avoir gardé souvenir ni de *Polyxène* ni de *Polexandre*.

CATHOS.

Pour moi, mon oncle, tout ce que je vous puis dire, c'est que je treuve[1] le mariage une chose tout à fait choquante. Comment est-ce qu'on peut souffrir la pensée de coucher contre un homme vraiment nu?

MAGDELON.

Souffrez que nous prenions un peu haleine parmi le beau monde de Paris, où nous ne faisons que d'arriver. Laissez-nous faire à loisir le tissu de notre roman, et n'en pressez point tant la conclusion.

GORGIBUS[2].

Il n'en faut point douter, elles sont achevées. Encore un coup, je n'entends rien à toutes ces balivernes; je veux être maître absolu; et pour trancher toutes sortes de discours, ou vous serez mariées toutes deux avant qu'il soit peu, ou, ma foi! vous serez religieuses : j'en fais un bon serment.

SCÈNE V.

CATHOS, MAGDELON[3].

CATHOS.

Mon Dieu! ma chère[4], que ton père a la forme enfon-

---

1. C'est que je trouve. (1674, 75 A, 82, 84 A, 94 B, 1734.)
2. L'édition de 1734 ajoute ici : *à part*; puis : *Haut*, après *achevées*.
3. Les noms des acteurs de cette scène manquent dans l'édition originale.
4. *Ma chère* était une des expressions les plus familières aux précieuses. On avait fini par dire *une chère* pour les désigner. Le tome I du *Recueil de pièces en prose les plus agréables de ce temps, composées par divers auteurs* [a],

[a] Ce recueil, qui se vendait chez Charles de Sercy, se compose, dans l'exemplaire de la bibliothèque de l'Arsenal, de quatre volumes. Le premier et le second sont évidemment antérieurs aux *Précieuses ridicules;* car l'achevé d'imprimer du premier, qui porte sur le titre rajeuni la date de 1660, est du 20 mai 1658; le second est daté de 1662, mais c'est sans aucun doute une réimpression; car précisément à ce volume est joint un renouvellement de privilège, daté du 12 avril 1662, devant s'appliquer à huit volumes, rappelant

cée dans la matière! que son intelligence est épaisse, et qu'il fait sombre dans son âme!

MAGDELON.

Que veux-tu, ma chère? J'en suis en confusion pour lui. J'ai peine à me persuader que je puisse être véritablement sa fille, et je crois que quelque aventure, un jour, me viendra développer une naissance plus illustre[1].

CATHOS.

Je le croirois bien; oui, il y a toutes les apparences du monde; et pour moi, quand je me regarde aussi....

SCÈNE VI.

MAROTTE, CATHOS, MAGDELON[2].

MAROTTE.

Voilà un laquais qui demande si vous êtes au logis, et dit que son maître vous veut venir voir.

MAGDELON.

Apprenez, sotte, à vous énoncer moins vulgairement. Dites : « Voilà un nécessaire[3] qui demande si vous êtes en commodité d'être visibles. »

contient sous ce titre : *la Carte du royaume des Précieuses*, un opuscule satirique, où se trouve ceci (p. 322) : « On s'embarque sur la rivière de Confidence pour arriver au port de Chuchoter; de là on passe par Adorable, par Divine et par Ma-Chère, qui sont trois villes sur le grand chemin de Façonnerie, qui est la capitale du royaume. »

1. Auger rapproche de ce passage ce que Bélise, dans *les Femmes savantes* (acte II, scène VII), dit au sujet du bonhomme Chrysale, son frère.
2. CATHOS, MADELON, MAROTTE. (1734.)
3. Voyez dans le *Dictionnaire de M. Littré*, à l'article NÉCESSAIRE, 3°, divers emplois de ce mot qui amènent à celui qu'en fait ici la Précieuse.

le privilége primitif du 8 janvier 1657, et constatant la publication, en divers temps antérieurs, de quatre volumes; en outre, le troisième volume porte qu'il a été achevé d'imprimer le 13 décembre 1659, c'est-à-dire moins d'un mois après la première représentation des *Précieuses*, ce qui place la composition et la publication du précédent avant la représentation de cette pièce.

MAROTTE.

Dame! je n'entends point le latin, et je n'ai pas appris, comme vous, la filofie[1] dans *le Grand Cyre*[2].

MAGDELON.

L'impertinente! Le moyen de souffrir cela? Et qui est-il, le maître de ce laquais?

MAROTTE.

Il me l'a nommé le marquis de Mascarille.

MAGDELON.

Ah! ma chère, un marquis[3]! Oui, allez dire qu'on nous peut voir. C'est sans doute un bel esprit qui aura ouï[4] parler de nous.

CATHOS.

Assurément, ma chère.

MAGDELON.

Il faut le recevoir dans cette salle basse, plutôt qu'en notre chambre. Ajustons un peu nos cheveux au moins, et soutenons notre réputation. Vite, venez nous tendre ici dedans le conseiller des grâces[5].

MAROTTE.

Par ma foi, je ne sais point quelle bête c'est là : il faut parler chrétien[6], si vous voulez que je vous entende.

---

1. La filosofie. (1660², 66, 73, 74, 75 A, 84 A, 94 B.)
2. Dans *le Cyre*. (1673, 74, 82, 1734.)
3. Ah! ma chère, un marquis! un marquis! (1682, 1734.)
4. Qui auroit ouï. (1673, 74.) — Qui a ouï. (1734.)
5. « Je pourrois ajouter ici que l'excellence du miroir paroît encore en ce qu'il est le fidèle conseiller de la beauté, ainsi que le poëte l'appelle. » (*Les plaisirs des Dames....* par M. de Grenaille, Paris, 1641, in-4°, p. 78.) — Le poëte, c'est sans doute Martial, qui commence l'épigramme XVII du livre IX par ces mots :

Consilium formæ speculum.

6. « *Chrétien*, dit Richelet, sorte d'adverbe, qui signifie *intelligiblement*; » et il cite cet exemple des *Précieuses*, avec une variante : « si vous voulez qu'on vous entende. »

CATHOS.

Apportez-nous le miroir, ignorante que vous êtes, et gardez-vous bien d'en salir la glace par la communication de votre image [1].

SCÈNE VII.

MASCARILLE, DEUX PORTEURS [2].

MASCARILLE.

Holà, porteurs, holà! Là, là, là, là, là, là. Je pense

---

1. *Elles sortent.* (1734.)
2. La chaise est donnée comme une invention assez récente dans un opuscule intitulé *les Lois de la galanterie*, publié dans le *Nouveau recueil des pièces les plus agréables de ce temps* (Paris, chez Nicolas de Sercy, 1644) [a]. Cette pièce a été reproduite avec quelques additions et changements dans le premier des quatre volumes du *Recueil de pièces en prose les plus agréables de ce temps*, publié chez Charles de Sercy et dont nous avons déjà parlé (ci-dessus, p. 68, note 4) : ce premier volume avait certainement paru avant la représentation des *Précieuses*, puisque, comme nous l'avons dit, l'achevé d'imprimer est du 20 mai 1658. Après avoir fait remarquer qu'il n'y a rien de si laid que d'entrer chez les dames avec des bottes ou des souliers crottés, l'auteur convient que tout le monde ne peut avoir un carrosse (dans *les Précieuses* Jodelet est censé en avoir un) ; mais : « Vous pouvez aussi, pour le plus sûr, vous faire porter en chaise, dernière et nouvelle commodité si utile, qu'ayant été enfermé là dedans sans se gâter le long des chemins, l'on peut dire que l'on en sort aussi propre que si l'on sortoit de la boîte d'un enchanteur ; et comme elles sont de louage, l'on n'en fait la dépense que quand l'on veut, au lieu qu'un cheval mange jour et nuit. » (P. 14 de l'édition de 1644.) — Selon Sauval (*Histoire et recherches des antiquités de la ville de Paris*, 1733, tome I, p. 191), la reine Marguerite (femme de Henri IV) fut la première qui employa la chaise à bras *découverte*, et ce fut ensuite le marquis de Montbrun, fils légitimé du duc de Bellegarde, qui apporta d'Angleterre l'invention des chaises *couvertes*. Le privilége accordé pour cette dernière invention à de Cavoye, capitaine des mousquetaires du cardinal de Richelieu, et au marquis de Montbrun est de 1639 :

[a] On peut lire ce petit ouvrage dans la jolie réimpression que M. Lud. L. en a préparée pour *le Trésor des pièces rares ou inédites*, Paris, Aubry, 1855.

que ces marauds-là ont dessein de me briser à force de heurter contre les murailles et les pavés.

1. PORTEUR.

Dame! c'est que la porte est étroite : vous avez voulu aussi que nous soyons entrés jusqu'ici.

MASCARILLE.

Je le crois bien. Voudriez-vous, faquins[1], que j'exposasse l'embonpoint de mes plumes aux inclémences de la saison pluvieuse, et que j'allasse imprimer mes souliers en boue? Allez, ôtez votre chaise d'ici.

2. PORTEUR.

Payez-nous donc, s'il vous plaît, Monsieur.

MASCARILLE.

Hem[2]?

2. PORTEUR.

Je dis, Monsieur, que vous nous donniez de l'argent, s'il vous plaît.

---

voyez la *Continuation du Traité de la police* par de la Mare, 1738, tome IV, p. 449. En parlant de cette invention, des Réaux dit : « Il (*Pierre de Bellegarde, sieur de Souscarrière, puis marquis de Montbrun*) en eut le don en commun avec Mme de Cavoye. Pour les faire valoir, il n'alloit plus autrement, et durant un an on ne voyoit plus que lui par les rues, afin qu'on vît que cette voiture étoit commode. Chaque chaise lui rend toutes les semaines cent sols; il est vrai qu'il fournit de chaises, mais les porteurs sont obligés de payer celles qu'ils rompent. » (Tome V, p. 320.) On voit ailleurs dans des Réaux (tome IV, p. 237) que chaque chaise avait son numéro. Il paraît que le privilège du marquis de Montbrun n'empêchait pas les particuliers d'avoir leur chaise à eux. Dans l'édition de 1658, *les Lois de la galanterie* ajoutent (p. 58) à leurs recommandations précédentes celle d'avoir une chaise à soi : c'est plus propre, et aussi on a l'avantage de pouvoir y faire peindre ses armes.

1. Bien que Scarron, cité par M. Littré, prenne encore *faquin*, dans son *Roman comique* (1651), au sens propre de « portefaix, porteur, » on ne peut avec vraisemblance considérer comme un jeu de mots l'emploi que Molière fait ici de ce terme. L'usage ne laissait plus guère à *faquin* que le sens figuré de « misérable, homme de rien ». Pour ramener l'expression à son sens propre et primitif, il fallait, comme a fait Scarron, le bien déterminer par les circonstances.

2. Hé? (1734.)

SCÈNE VII.

MASCARILLE, lui donnant un soufflet.

Comment, coquin, demander de l'argent à une personne de ma qualité!

2. PORTEUR.

Est-ce ainsi qu'on paye les pauvres gens? et votre qualité nous donne-t-elle à dîner?

MASCARILLE.

Ah! ah! ah[1]! je vous apprendrai à vous connoître! Ces canailles-là s'osent jouer à moi.

1. PORTEUR, prenant un des bâtons de sa chaise.

Çà payez-nous vitement!

MASCARILLE.

Quoi?

1. PORTEUR.

Je dis que je veux avoir de l'argent tout à l'heure.

MASCARILLE.

Il est raisonnable[2].

1. PORTEUR.

Vite donc.

MASCARILLE.

Oui-da. Tu parles comme il faut, toi; mais l'autre est un coquin qui ne sait ce qu'il dit. Tiens: es-tu content?

1. PORTEUR.

Non, je ne suis pas content : vous avez donné un soufflet à mon camarade, et[3]....

MASCARILLE.

Doucement. Tiens, voilà pour le soufflet. On obtient

---

1. Il n'y a que deux fois *ah!* dans l'édition de 1734.
2. Il est raisonnable, celui-là. (1682, 1734.) — La variante ôte l'amphibologie *Il est raisonnable* pouvait signifier aussi « cela est raisonnable. » Dans quel sens Molière l'a-t-il pris?
3. Etc. (1673, 74.) — L'édition de 1734 ajoute ici cette indication de jeu de scène : *levant son bâton*.

tout de moi quand on s'y prend de la bonne façon. Allez, venez me reprendre tantôt pour aller au Louvre, au petit coucher.

SCÈNE VIII.

MAROTTE, MASCARILLE.

MAROTTE.

Monsieur, voilà mes maîtresses qui vont venir tout à l'heure.

MASCARILLE.

Qu'elles ne se pressent point : je suis ici posté commodément pour attendre.

MAROTTE.

Les voici.

SCÈNE IX.

MAGDELON, CATHOS, MASCARILLE, ALMANZOR.

MASCARILLE, après avoir salué.

Mesdames[1], vous serez surprises, sans doute, de l'audace de ma visite ; mais votre réputation vous attire cette

---

1. On peut voir dans l'épisode des *Grands jours* de Fléchier que nous avons déjà rappelé (édition Hachette, p. 17 et suivantes) que *Madame* pouvait quelquefois se dire à une fille : l'amant passionné et respectueux y appelle sa maîtresse tantôt *Madame*, tantôt *Mademoiselle*. *Mademoiselle* était l'ordinaire (voyez par exemple l'épître dédicatoire de Somaize à Marie Mancini, en tête des *Précieuses mises en vers*, tome II, p. 41 du recueil de M. Livet) ; *Madame* est plutôt du grand ton des romans ou de l'étiquette du théâtre : dans l'usage, il ne se devait qu'aux femmes haut titrées ; une bourgeoise n'eût osé y prétendre et se faire appeler autrement que *Mademoiselle*. Du reste, *Mesdames* adressé à plusieurs filles paraît plus naturel que *Madame* a une seule ; du Croisy et la Grange, dans la scène XV, emploient *Mesdames* avec les Précieuses, sans y mettre, ce semble, autrement d'ironie ; mais il faut supposer qu'Almanzor obéit à une recommandation expresse en répondant par *Madame* à l'appel de Magdelon (ci-après, p. 75).

méchante affaire, et le mérite a pour moi des charmes si puissants, que je cours partout après lui.

MAGDELON.

Si vous poursuivez le mérite, ce n'est pas sur nos terres que vous devez chasser.

CATHOS.

Pour voir chez nous le mérite, il a fallu que vous l'y ayez amené.

MASCARILLE.

Ah! je m'inscris en faux contre vos paroles. La renommée accuse juste en contant ce que vous valez; et vous allez faire pic, repic et capot[1] tout ce qu'il y a de galant dans Paris.

MAGDELON.

Votre complaisance pousse un peu trop avant la libéralité de ses louanges; et nous n'avons garde, ma cousine et moi, de donner de notre sérieux dans le doux de votre flatterie.

CATHOS.

Ma chère, il faudroit faire donner des siéges.

MAGDELON.

Holà, Almanzor!

ALMANZOR.

Madame.

MAGDELON.

Vite, voiturez-nous ici les commodités de la conversation[2].

---

1. « *Pic* se dit.... au jeu du Piquet, quand le premier qui joue peut compter 30 points, sans que son adversaire en compte aucun; car alors il en compte 60 au lieu de 30. Le *repic*, c'est quand on compte 30 sur table sans jouer les cartes; alors on compte 90.... *Capot*.... se dit quand l'un des joueurs lève toutes les cartes; et alors il gagne 40 points. » (*Dictionnaire de Furetière*, 1690.) *Je l'ai fait pic et capot.... Je l'ai fait repic....* (*Académie*, 1694.)

2. Nous ferons remarquer, à propos de cette ridicule figure, qu'il y avoit des fauteuils (Furetière les décrit) tout particulièrement nommés « chaises de commodité. »

MASCARILLE.
Mais au moins, y a-t-il sûreté ici pour moi[1]?
CATHOS.
Que craignez-vous?
MASCARILLE.
Quelque vol de mon cœur, quelque assassinat de ma franchise[2]. Je vois ici des yeux[3] qui ont la mine d'être de fort mauvais garçons, de faire insulte aux libertés, et de traiter une âme de Turc à More[4]. Comment diable, d'abord qu'on les approche, ils se mettent sur leur garde meurtrière? Ah! par ma foi, je m'en défie, et je m'en vais gagner au pied[5], ou je veux caution bourgeoise[6] qu'ils ne me feront point de mal.
MAGDELON.
Ma chère, c'est le caractère enjoué.
CATHOS.
Je vois bien que c'est un Amilcar[7].

---

1. *Almanzor sort.* (1734.)
2.   OEillades qui sur les esprits
   Exercez si bien vos rapines,...
   Chers ennemis de ma franchise,
   Beaux yeux, mes aimables vainqueurs,
   Dites-moi qui vous autorise
   A dérober ainsi les cœurs.

(Corneille, tome X, p. 31, *Ode sur un prompt amour*, publiée en 1632 : on pourrait presque voir dans l'impromptu de Mascarille une parodie de cette strophe.)

3. Je vois ici deux yeux. (1682, 1734.)
4. *De turc à maure*, dans l'édition de 1734; *de Turc à Maure*, dans celle de 1773. — De Turc à More, sans aucune pitié, comme les Turcs en Afrique traitent les Mores leurs sujets.
5. *Gagner au pied*, s'enfuir.
6. « *Caution bourgeoise*, qui est d'un bourgeois et habitant de ville (*assiduus*, « ayant pignon sur rue », *d'après la traduction latine qui suit*), idoine et solvable, et de facile convention (*facile à discuter, sûr et commode en affaires*) pour pleiger un débiteur. » (De Laurière, *Glossaire du droit françois*, 1704, tome I, p. 181, article réimprimé de l'*Indice* de Ragueau, 1583.) Au mot *Caution*, Furetière (1690) donne cet exemple : « On ne veut point prêter aux grands seigneurs sans une caution bourgeoise. »
7. *Amilcar*, dans la *Clélie*, est un Carthaginois d'humeur galante et en-

SCENE IX.

MAGDELON.

Ne craignez rien : nos yeux n'ont point de mauvais desseins, et votre cœur peut dormir en assurance sur leur prud'homie.

CATHOS.

Mais de grâce, Monsieur, ne soyez pas inexorable à ce fauteuil qui vous tend les bras il y a un quart d'heure ; contentez un peu l'envie qu'il a de vous embrasser.

MASCARILLE, après s'être peigné [1] et avoir ajusté ses canons [2].

Eh bien, Mesdames, que dites-vous de Paris?

jouée : c'était le portrait de Sarrasin; il est le type de l'amant *agréable*, par opposition à l'*amant violent et incivil*, représenté par Horatius Coclès.

1. Il semble que Molière, en écrivant cette scène, ait eu sous les yeux et observé, dans ce qui suit, le cérémonial indiqué par *les Lois de la galanterie :* « Après que vous serez assis et que vous aurez fait vos premiers compliments..., il sera bienséant d'ôter le gand de votre main droite, et de tirer de votre poche un grand peigne de corne, dont les dents soient fort éloignées l'une de l'autre, et de peigner doucement vos cheveux, soit qu'ils soient naturels ou empruntés.... (p. 82 de l'édition de 1658). Pour faire l'habile, vous nommerez ordinairement tous les savants de Paris, et direz qu'ils sont de votre connoissance, et qu'ils ne font point d'ouvrage qu'ils ne vous le communiquent, pour avoir votre approbation.... (p. 88). Pour montrer le crédit que vous avez parmi les gens d'esprit, il faut toujours avoir ses pochettes pleines de sonnets, épigrammes, madrigaux, élégies et autres vers, soit qu'ils soient satiriques ou sur un sujet d'amour. Par ce moyen vous entretiendrez les compagnies aux dépens d'autrui, lorsque vous n'aurez pas de quoi payer de vous-même (p. 91). »

2. Les canons étaient une pièce d'étoffe, ornée de dentelles, qu'on attachait au-dessous du genou : la mode était alors de les avoir très-longs. MM. de Villiers (*Journal d'un Voyage à Paris*, p. 449) disent à la date d'avril 1658 : « L'extravagance des canons devient plus insupportable que jamais. On les porte d'une certaine toile blanche rayée, et on les fait d'une si horrible et si monstrueuse largeur, qu'on en est tout à fait contraint et contrefait en sa démarche Cet embarras des jambes, joint à celui de la tête par la quantité de plumes que l'on porte sur le chapeau, est très-fâcheux à qui n'y est pas accoutumé, car on en porte des bouquets à trois rangs; et afin que tout aille avec excès (qui est l'humeur des François), on chamarre les habits de dentelles de guipure qui coûtent fort chèrement. » La mode des grands canons durait encore deux ans après la représentation des *Précieuses*; dans *l'École des maris* (scène 1) Sganarelle rendait très-bien l'effet des canons en les assimilant à des volants renversés :

.... Ces grands canons, où, comme en des entraves,
On met tous les matins ses deux jambes esclaves,
Et par qui nous voyons ces Messieurs les galants

MAGDELON.

Hélas! qu'en pourrions-nous dire? Il faudroit être l'antipode de la raison, pour ne pas confesser que Paris est le grand bureau des merveilles, le centre du bon goût, du bel esprit et de la galanterie.

MASCARILLE.

Pour moi, je tiens que hors de Paris, il n'y a point de salut pour les honnêtes gens[1].

CATHOS.

C'est une vérité incontestable.

MASCARILLE.

Il y fait un peu crotté ; mais nous avons la chaise.

MAGDELON.

Il est vrai que la chaise est un retranchement merveilleux contre les insultes de la boue et du mauvais temps.

Marcher écarquillés ainsi que des volants.

Cette mode en 1659 était déjà ancienne. En 1644, l'auteur des *Lois de la galanterie* disait : « Quant aux canons de linge que l'on étale au-dessus (*des bottes*), nous les approuvons bien dans leur simplicité, quand ils sont fort larges et de toile batiste bien empesée, quoique l'on ait dit que cela ressembloit à des lanternes de papier, et qu'une lingère du Palais s'en servit ainsi un soir, mettant sa chandelle au milieu pour la garder du vent. Afin de les orner davantage, nous voulons aussi que d'ordinaire il y ait double et triple rang de toile, soit de batiste, soit de Hollande ; et d'ailleurs il y a sera encore mieux s'il y peut avoir deux ou trois rangs de point de Gênes, ce qui accompagnera le jabot[a], qui sera de même parure » (p. 22). On vient de voir que, en 1661, lors de la représentation de *l'École des maris*, cette mode si gênante durait toujours, puisque Molière la critiquait encore à cette date ; aussi Bossuet l'appelle-t-il ironiquement « ce rigoureux censeur des grands canons. » (*Maximes et réflexions sur la comédie*, § V ; c'est immédiatement après qu'il ajoute : « ce grave réformateur des mines et des expressions de nos précieuses. »)

1. « Mme de Montausier mena une fois sa sœur de Rambouillet (*la future comtesse de Grignan*) en Angoumois.... Il y eut bien des gentilshommes mal satisfaits d'elle. Une fois elle dit tout haut à quelqu'un qui venoit de la Cour : « Je vous assure qu'on a grand besoin de quelque rafraîchissement, car sans « cela on mourroit bientôt ici. » (Des Réaux, tome II, p. 530, et p. 531, Note.)

[a] « Vous savez, se hâte de dire ce minutieux interprète de la mode, que comme le cordon et les aiguillettes s'appellent la petite-oie, l'on appelle un jabot l'ouverture de la chemise sur l'estomac, laquelle il faut toujours voir avec ses ornements de dentelle ; car il n'appartient qu'à quelque vieil penard d'être boutonné tout du long. »

SCÈNE IX.

MASCARILLE.

Vous recevez beaucoup de visites : quel bel esprit est des vôtres?

MAGDELON.

Hélas! nous ne sommes pas encore connues; mais nous sommes en passe de l'être, et nous avons une amie particulière qui nous a promis d'amener ici tous ces Messieurs du *Recueil des pièces choisies*[1].

---

1. Molière, par ces mots de *pièces choisies*, semble bien avoir voulu faire allusion, non au recueil de pièces en prose mentionné par nous plus haut, mais plutôt (et c'est bien ainsi que Mlle des Jardins l'a entendu, ci-après, p. 132) à un autre, également publié chez Charles de Sercy, et qui se compose de plusieurs volumes, plusieurs fois réimprimés, et intitulés « *Poésies choisies de MM. Corneille, Benserade, de Scudéry, Boisrobert...*, et de plusieurs autres. » Le renouvellement de privilége accordé en 1662 au recueil de prose (voyez ci-dessus, p. 68 et 69, note *a*) prolonge également celui qui avait été obtenu le 19 janvier 1653 en faveur du recueil de poésies choisies, et cela tant pour cinq volumes déjà imprimés que pour quatre encore à paraître. Auger cite le premier volume comme ayant été publié dès 1653; l'exemplaire de la Bibliothèque nationale porte pour ce volume la date de 1660, et la préface indique que c'est la troisième édition. Les pièces dont il se compose sont signées en général, ainsi que celles des volumes suivants, de noms chers à l'hôtel de Rambouillet; on y trouve même (p. 445) deux épigrammes (c'est le titre donné dans la table à ces petites pièces) de celui qui avait épousé Mlle de Rambouillet (1645), et qui, au temps de la querelle des Uranistes et des Jobelins (1649, 1650[a]), écrivait ceci :

> Par quelle bizarre aventure
> Job est-il assez insolent
> Pour vous disputer, cher Voiture,
> La qualité de plus galant?
> Madame de Saintot en gronde,
> Et se plaint de voir qu'à la cour
> On nous préfère, en cas d'amour,
> Le plus galeux galant du monde.
> DE MONTOSIER.

C'est à Mme de Longueville qu'est adressée la seconde épigramme :

> Permettez, Princesse adorable,
> Que pour Job je sois aujourd'hui;
> Car chacun aime son semblable,
> Et je suis, loin de vous, malheureux comme lui.

Les autres vers du recueil sont dans le même goût; et l'un des noms qui y reviennent le plus souvent est celui de l'abbé Cotin.

[a] Voyez le *Corneille* de M. Marty-Laveaux, tome X, p. 125.

80 LES PRÉCIEUSES RIDICULES.

CATHOS.

Et certains autres qu'on nous a nommés aussi pour être les arbitres souverains des belles choses.

MASCARILLE.

C'est moi qui ferai votre affaire mieux que personne : ils me rendent tous visite ; et je puis dire que je ne me lève jamais sans une demi-douzaine de [1] beaux esprits.

MAGDELON.

Eh ! mon Dieu, nous vous serons obligées de la dernière obligation, si vous nous faites cette amitié; car enfin il faut avoir la connoissance de tous ces Messieurs-là, si l'on veut être du beau monde. Ce sont ceux [2] qui donnent le branle à la réputation dans Paris, et vous savez qu'il y en a tel dont il ne faut que la seule fréquentation pour vous donner bruit de connoisseuse, quand il n'y auroit rien autre chose que cela. Mais pour moi, ce que je considère particulièrement, c'est que, par le moyen de ces visites spirituelles, on est instruite [3] de cent choses qu'il faut savoir de nécessité, et qui sont de l'essence d'un bel esprit [4]. On apprend par là chaque jour les petites nouvelles [5] galantes, les jolis commerces de prose et de vers [6]. On sait à point nommé : « Un tel a composé la plus jolie pièce du monde sur un tel sujet ; une telle a fait des paroles sur un tel air; celui-ci a fait un madrigal sur une jouissance ; celui-là a composé des stances sur une infidélité [7] ; Monsieur un

---

1. *Des*, pour *de*, dans l'édition de 1660ᵃ.
2. Ce sont eux. (1660ᵃ et ᵇ, 1682, 1734.)
3. *Instruit*, dans l'édition de 1674.
4. Du bel esprit. (1660ᵃ et ᵇ, 1682, 1734.)
5. Des petites nouvelles. (1660ᵇ)
6. De prose ou de vers. (1666, 73, 74, 75 A, 82, 84 A, 94 B, 1734.)
7. Le cinquième volume des *Poésies choisies* contient une série de pièces de Mlle des Jardins sur ces divers sujets (p. 56 et suivantes). Elles forment comme un petit drame, qui a pour objet un galant désigné sous le nom de *Tir-cis*. La série de ces diverses pièces, toutes signées de Mlle des Jardins, est inter-

SCÈNE IX.

tel écrivit hier au soir un sixain à Mademoiselle une telle, dont elle lui a envoyé la réponse ce matin sur les huit heures ; un tel auteur a fait un tel dessein ; celui-là en est[1] à la troisième partie de son roman ; cet autre met ses ouvrages sous la presse. » C'est là ce qui vous fait valoir dans les compagnies ; et si l'on ignore ces choses, je ne donnerois pas un clou de tout l'esprit qu'on peut avoir.

CATHOS.

En effet, je trouve que c'est renchérir sur le ridicule, qu'une personne se pique d'esprit et ne sache pas jusqu'au moindre petit quatrain qui se fait chaque jour ; et pour moi, j'aurois toutes les hontes du monde s'il falloit qu'on vînt à me demander si j'aurois vu quelque chose de nouveau que je n'aurois pas vu.

MASCARILLE.

Il est vrai qu'il est honteux de n'avoir pas des premiers tout ce qui se fait ; mais ne vous mettez pas en peine : je veux établir chez vous une Académie de beaux esprits, et je vous promets qu'il ne se fera pas un bout de vers dans Paris que vous ne sachiez par cœur, avant tous les autres. Pour moi, tel que vous me voyez, je m'en escrime un peu quand je veux ; et vous verrez courir de ma façon, dans les belles ruelles de Paris[2], deux

rompue par un sonnet non signé, mais qu'on sait bien être d'elle (voyez des Réaux, tome VII, p. 245) : il s'adresse au même *Tirsis* ; il est intitulé *Jouissance*; on conçoit, après l'avoir lu, qu'il soit sans signature. Une des pièces suivantes, signée celle-là, roule sur une *rupture* et, à ce qu'il semble, sur une *infidélité*. Ce sont là d'ailleurs les sujets ordinaires de ce recueil, où l'on trouve quelques pièces de Corneille, mais des pièces qui toutes, à l'exception de l'élégie et des stances célèbres adressées à la *Marquise* (la tragédienne du Parc, femme de Gros-René[a]) ; ne sont que trop dignes d'y figurer.

1. Celui-là est. (1663, 66, 73, 74, 75 A, 84 A, 94 B, 1734.)
2. Les ruelles : on dirait aujourd'hui les salons. Dans la première édition du *Dictionnaire de l'Académie* (1694), on lit : « *Ruelle* se dit aussi quelque-

[a] Corneille, tome X, p. 141 et p. 165.

cents chansons, autant de sonnets, quatre cents épigrammes et plus de mille madrigaux, sans compter les énigmes et les portraits[1].

MAGDELON.

Je vous avoue que je suis furieusement[2] pour les portraits ; je ne vois rien de si galand que cela.

MASCARILLE.

Les portraits sont difficiles, et demandent un esprit profond : vous en verrez de ma manière qui ne vous déplairont pas.

fois des assemblées qui se font chez les dames pour des conversations d'esprit. *Cet homme est bien reçu dans toutes les ruelles. C'est un homme de ruelle. Il brille dans les ruelles. Les belles ruelles. Les ruelles délicates. Les ruelles savantes, polies.* » — « Dans les premiers temps, la dame de la maison, assise sur une sorte de lit paré, invitait ses amis particuliers à passer dans l'espace assez large qui formait une séparation entre le lit et la muraille tapissée : les visiteurs moins accoutumés demeuraient de l'autre côté. Grâce à cette façon convenue, la maîtresse du logis était dispensée de se lever pour introduire et reconduire. Mais déjà quand des Réaux recueillait ses notes, les dames abandonnaient le lit pour le moment des visites, et recevaient avant et après dîner dans la chambre à coucher, qui retenait en conséquence l'ancien nom de *ruelle*. Elles eurent soin de transporter à leur chaise le privilège du lit : elles ne se levèrent plus que fort rarement devant ceux qui les venaient visiter.... » (M. Paulin Paris, *Avis* sur la troisième édition des *Historiettes*, tome I, p. xxi.)

1. Les portraits, genre de littérature qui fit fureur, et dont on a de nombreux échantillons en prose et en vers. Les romans de Mlle de Scudéry, remplis de portraits, les avaient mis à la mode. « Elle est.... cause de cette sotte mode de faire des portraits, qui commencent à ennuyer furieusement les gens, » dit des Réaux dans une note qu'il a datée de 1658 (tome VII, p. 59). On faisait les portraits de ses amis et amies, et aussi le sien ; nous avons celui de la Rochefoucauld[a] et de Fléchier composés par eux-mêmes. Ce dernier, où l'auteur ne s'épargne pas les éloges, se termine par un trait surprenant : c'est un homme, dit-il de lui-même, « qui, faisant parler les autres de son mérite, n'en parle lui-même jamais. » Voyez ce portrait en tête du volume des *Grands jours*, édition Hachette, 1862, p. xli-xlix. — On a de Charles Sorel un ouvrage allégorique selon le goût du jour : *la Description de l'île de Portraiture et de la ville des Portraits*. C'est, comme il le dit lui-même dans la *Bibliothèque françoise* (1664, p. 153), « une.... satire contre quantité de personnes de tous les deux sexes, qui n'étoient plus occupées qu'à faire les portraits par écrit des uns et des autres. » Cette description avait paru en 1659, à Paris, chez Charles de Sercy.

2. Voyez ci-après, p. 95, note 4.

[a] *La Rochefoucauld*, tome I, p. 5-11.

SCÈNE IX.

CATHOS.

Pour moi, j'aime terriblement les énigmes[1].

MASCARILLE.

Cela exerce l'esprit, et j'en ai fait quatre encore ce matin, que je vous donnerai à deviner.

MAGDELON.

Les madrigaux sont agréables, quand ils sont bien tournés.

MASCARILLE.

C'est mon talent particulier ; et je travaille à mettre en madrigaux toute l'histoire romaine[2].

1. Les énigmes étaient le triomphe de l'abbé Cotin, et il a été en ce genre d'une fécondité comparable à celle de Mascarille. Il venait d'en réimprimer quatre-vingt-dix dans ses OEuvres mêlées (l'achevé d'imprimer est du 20 avril 1659). Il les fait précéder d'un *Discours sur les énigmes* et d'une *Lettre à Damis* sur le même sujet. Il y explique les beautés du genre, et avoue modestement ceci (*Discours*, etc., feuille â, feuillet iiij r°) : « Quelques personnes de mérite et de condition.... m'en ont appelé le père, pource que j'ai commencé à le faire revivre parmi nous.... » Nous avons vu un volume intitulé : *Recueil des énigmes de ce temps*, et portant la date de 1658, dont la première partie, en tête de laquelle se lisent le *Discours* et la *Lettre* de Cotin, paraît seule être de celui-ci ; le nom du libraire n'est pas reproduit sur le titre de la 2ᵉ et de la 3ᵉ partie ; parmi les nombreuses énigmes qu'elles contiennent, il s'en trouve sur des sujets bien scabreux ; ce ne sont peut-être pas celles-là du reste qu'on serait le moins en droit de lui attribuer : il a avoué des pièces fort libres dans ses *OEuvres galantes* en prose et en vers (Paris, Étienne Loyson, 1661-1663 ; le privilége mentionne exactement ses qualités d'aumônier et d'académicien).

2. « Un François nommé la Fosse, qui est au service du Grand-Duc, traduit Tacite en octaves. » (*Les Historiettes* de des Réaux, tome VII, p. 510.) M. P. Paris pense que ce la Fosse est l'auteur de *Manlius*, mort en 1708, qui fut secrétaire d'un envoyé du Roi à Florence, composa diverses pièces italiennes, devint membre de l'académie florentine des Apathistes, et dont la naissance, de date incertaine, pourrait bien être antérieure d'assez longtemps à l'année 1653, où on la place d'ordinaire. — On a dit par erreur que ce trait de toute une histoire mise en madrigaux était à l'adresse de Benserade, qui mit en rondeaux les *Métamorphoses* d'Ovide. Cet ouvrage ne parut qu'en 1676. Benserade l'annonce à Bussy Rabutin dans une lettre du 22 juin 1674 et dans une autre du 2 septembre, même année. Les madrigaux étaient fort à la mode ; c'était même le *talent particulier* de quelques autres contemporains de Mascarille, et Richelet nous atteste que M. de la Sablière « faisoit de si jolis madrigaux, que M. Conrart lui donna, en qualité de secrétaire des Muses, des Lettres de grand Madrigalier françois. » (*Les plus belles Lettres des meilleurs auteurs françois*, Lyon, 1689, in-12, p. 4.)

MAGDELON.

Ah! certes, cela sera du dernier beau. J'en retiens un exemplaire au moins, si vous le faites imprimer[1].

MASCARILLE.

Je vous en promets à chacune un, et des mieux reliés. Cela est au-dessous de ma condition; mais je le fais seulement pour donner à gagner aux libraires qui me persécutent.

MAGDELON.

Je m'imagine que le plaisir est grand de se voir imprimé.

MASCARILLE.

Sans doute. Mais à propos, il faut que je vous die un impromptu que je fis hier chez une duchesse de mes amies que je fus visiter; car je suis diablement fort sur les impromptus.

CATHOS.

L'impromptu est justement la pierre de touche de l'esprit.

MASCARILLE.

Écoutez donc.

MAGDELON.

Nous y sommes de toutes nos oreilles.

MASCARILLE.

Oh, oh! je n'y prenois pas garde :
Tandis que, sans songer à mal, je vous regarde,
Votre œil en tapinois me dérobe mon cœur[2]*.*
Au voleur, au voleur, au voleur, au voleur[3] *!*

---

1. Si vous les faites imprimer. (1734.)
2. Richelet cite ce vers dans son *Dictionnaire*, avec une variante :
    Votre œil en tapinois me dérobe le cœur.
3. Auger a cité à propos de cet impromptu un madrigal inséré dans le recueil des *Poésies choisies* (voyez ci-dessus, p. 77, note 1), dont, selon lui, le quatrain de Mascarille pourrait bien être l'imitation. L'exemplaire du volume de la Bibliothèque nationale où se trouve ce madrigal est de 1661 ; mais il est plus que probable que c'est une réimpression ; car l'enregistrement du privilége

SCÈNE IX.

CATHOS.

Ah! mon Dieu! voilà qui est poussé dans le dernier galand.

donné pour tous les volumes est du 11 septembre 1653, et l'achevé d'imprimer, pour la première fois, de la cinquième partie est daté du 18 août 1660 : il est peu vraisemblable que la publication de ce cinquième volume ait précédé celle du quatrième. Comme de plus il y a quelques légères différences entre le texte donné par Auger et celui que nous allons reproduire, il est naturel de croire qu'il l'a copié dans une édition autre que celle de 1661 et antérieure aux *Précieuses* : le voici, tel que nous le trouvons dans le IVe volume de ce recueil, édition de 1661, p. 7 :

> Je souffre une extrême douleur,
> Et je sens un nouveau martyre :
> Depuis assez longtemps je conservois un cœur
> Que depuis peu je trouve à dire.
> Soit dit, Philis, sans vous mettre en courroux,
> L'auriez-vous point pris par mégarde?
> Faites du moins qu'on y regarde :
> Je crois, sans y penser, l'avoir laissé chez vous.

Ce madrigal est signé de l'initiale B. Voyez encore les vers de Corneille cités ci-dessus, p. 76, note 2. — Quant au dernier vers de Mascarille, qui est d'un effet si plaisant, M. Édouard Fournier a eu une double bonne fortune. D'abord il en a retrouvé l'idée dans *la Fleur des chansons nouvelles* (Paris, 1614, in-12, p. 385) ; une chanson de ce recueil a pour refrain :

> O voleur! ô voleur! ô voleur!
> Rends-moi mon cœur, que tu m'as pris.

En second lieu, il a découvert quelque chose de plus singulier encore, après le ridicule que le quatrain de Mascarille avait jeté sur cette exclamation amoureuse : c'est un couplet de cantique, où « l'abbé Pellegrin, dit M. Éd. Fournier, trouve moyen d'être sérieusement, dévotement, plus bouffon que le grotesque marquis. Il se chante sur l'air : *Loin de moi, vains soupirs* :

> Au voleur! au voleur!
> Jésus me dérobe le cœur,
> Et je ne saurois le reprendre.
> Ah! ah! ah! que me sert-il de crier?
> Il entend si bien son métier,
> Que l'on ne sauroit s'en défendre.
> (*Cantiques* de l'abbé Pellegrin, Lille, 1718, in-8°, p. 32.) »

Ces deux rapprochements si curieux se trouvent dans les *Variétés historiques et littéraires*, tome IV, p. 303 et 304. Toutefois il nous paraît bien difficile de croire que l'abbé Pellegrin,

> Qui dînait de l'autel et soupait du théâtre,

Pellegrin, qui est mort interdit, qui a beaucoup travaillé pour l'Opéra, le Théâtre-Français, et même le théâtre de la Foire, ait bien *sérieusement*, bien *dévo-*

MASCARILLE

Tout ce que je fais a l'air cavalier ; cela ne sent point le pédant.

MAGDELON.

Il en est éloigné de plus de deux mille lieues.

MASCARILLE.

Avez-vous remarqué ce commencement : *Oh, oh?* Voilà qui est extraordinaire : *oh, oh!* Comme[1] un homme qui s'avise tout d'un coup : *oh, oh!* La surprise : *oh, oh!*

MAGDELON.

Oui, je trouve ce *oh, oh!* admirable.

MASCARILLE.

Il semble que cela ne soit rien.

CATHOS.

Ah! mon Dieu, que dites-vous? Ce sont là de ces sortes de choses[2] qui ne se peuvent payer.

MAGDELON.

Sans doute; et j'aimerois mieux avoir fait ce[3] *oh, oh!* qu'un poëme épique.

MASCARILLE.

Tudieu! vous avez le goût bon.

MAGDELON.

Eh! je ne l'ai pas tout à fait mauvais.

MASCARILLE.

Mais n'admirez-vous pas aussi *je n'y prenois pas garde? Je n'y prenois pas garde*, je ne m'apercevois pas de cela : façon de parler naturelle : *je n'y prenois pas*

---

tement, imité ici le cri de Mascarille; et l'on est plus porté à soupçonner chez lui une intention très-peu sérieuse et surtout très-peu dévote. Au reste, nous n'avons trouvé ce cantique si étrange dans aucune des éditions de Pellegrin que nous avons pu voir. Serait-ce une addition apocryphe de l'éditeur de Lille?

1. Comment. (1673, 74, 82.)

2. Que dites-vous là? Ce sont de ces sortes de choses. (1682.)

3. Le mot *ce* est omis dans les éditions de 1666, 73, 74, 75 A, 84 A et 94 B.

garde. *Tandis que sans songer à mal*, tandis qu'innocemment, sans malice, comme un pauvre mouton; *je vous regarde*, c'est-à-dire, je m'amuse à vous considérer, je vous observe, je vous contemple; *Votre œil en tapinois....* Que vous semble de ce mot *tapinois*? n'est-il pas bien choisi?

CATHOS.

Tout à fait bien.

MASCARILLE.

Tapinois, en cachette: il semble que ce soit un chat qui vienne de prendre une souris: *tapinois*.

MAGDELON.

Il ne se peut rien de mieux.

MASCARILLE.

Me dérobe mon cœur, me l'emporte, me le ravit[1]. *Au voleur, au voleur, au voleur, au voleur!* Ne diriez-vous pas que c'est un homme qui crie et court après un voleur pour le faire arrêter[2]? *Au voleur, au voleur, au voleur, au voleur!*

1. Au temps des *Précieuses ridicules*, cette métaphore de cœurs volés se retrouve partout et avec quelques variations. C'est ainsi que dans le tome II (1662), p. 259-262, du *Recueil de pièces en prose* déjà cité, on trouve une « *Lettre de M. D*** sur la carte du royaume de Tendre*, écrite à l'illustre M. S*** » (Magdeleine de Scudéry, sans doute). Il y est question de la contrée des *Terres inconnues* (voyez ci-dessus, p. 65, note 1). Là « il n'est permis de trafiquer.... que de cœurs humains;... pour être reçu d'acheter cette sorte de marchandise, il faut passer le plus beau de ses ans à pousser des soupirs qui ne sont point entendus ou qui sont confondus avec tant d'autres, qu'on donne souvent à des nouveaux venus des cœurs qu'il y a des années entières que les pauvres anciens poursuivent. » Il en résulte que, « quand, après bien des travaux, on en remporte quelqu'un, il y a des voleurs sur les grands chemins qui ne laissent pas échapper une seule occasion de vous dérober le fruit de vos peines, etc. » Ces *voleurs* sont ici les rivaux; il y a diverses façons de pratiquer ce genre de *larcin*, et l'auteur ne manque pas de les énumérer. En lisant ces incroyables fadeurs qui remplissent les volumes publiés par Sercy, on conçoit l'impatience des gens de bon sens: la pièce de Molière dut être pour eux une vengeance bien douce.

2. Il est d'usage au théâtre que l'acteur qui joue Mascarille allonge ici ce commentaire par quelques développements à sa fantaisie. Nous savons tel artiste

MAGDELON.

Il faut avouer que cela a un tour spirituel et galand.

MASCARILLE.

Je veux vous dire l'air que j'ai fait dessus.

CATHOS.

Vous avez appris la musique?

MASCARILLE.

Moi? Point du tout.

CATHOS.

Et comment donc cela se peut-il?

MASCARILLE.

Les gens de qualité savent tout sans avoir jamais rien appris.

MAGDELON.

Assurément, ma chère.

MASCARILLE.

Écoutez si vous trouverez l'air à votre goût. *Hem, hem. La, la, la, la, la.* La brutalité de la saison a furieusement outragé la délicatesse de ma voix; mais il n'importe, c'est à la cavalière.

Il chante :

Oh, oh! je n'y prenois pas[1]....

CATHOS.

Ah! que voilà un air qui est passionné! Est-ce qu'on n'en meurt point[2]?

éminent, qui, après s'être lui-même conformé sur ce point à la tradition, ne l'en blâme pas moins; il serait à désirer peut-être qu'on se décidât à supprimer ces développements.

1. *Oh! oh! je n'y prenois pas, etc.* (1734.)

2. Cette expression, sous forme interrogative, ne fait que reproduire, en l'exagérant, une des façons ridicules de parler qui étaient le plus à la mode au commencement du siècle. En parlant d'un fat, Regnier dit (*Satire* VIII, vers 39 et 40) :

.... Laissons-le discourir,
Dire cent et cent fois : *Il en faudroit mourir.*

Et Fæneste, contant les moyens de *paroître*, donnant un exemple des jolies

MAGDELON.

Il y a de la chromatique [1] là dedans.

phrases avec lesquelles on s'aborde dans la cour du Louvre, réserve ce mot pour le dernier : « Frère, que tu es brave (*bien mis*), épanoui comme une rose !... Cette cruelle, cette rebelle (*maîtresse*), rend-elle pas les armes à ce beau front, à cette moustache bien troussée? et puis cette belle grève (*jambe*)..., c'est pour en mourir ! » (D'Aubigné, *les Aventures du baron de Fæneste*, livre I, chapitre II.)

1. « *Chromatique*, adj. m. et f., et subst. [a]. Terme de musique, qui est le second de ses trois genres qui abonde en demi-tons. » (*Dictionnaire de Furetière*, 1690.) Le P. Mersenne, qui a égayé de tant d'érudition, de tant de remarques, ses nombreux traités de musique [b], qui a décrit dans un style si coloré l'effet des différents modes, qui, parlant du genre enharmonique, lui reconnaît sur nos âmes une si étonnante puissance [c], est malheureusement plus sobre sur le genre chromatique. Il en traite scientifiquement, après avoir promis d'en faire pénétrer tout le mystère. Le P. Antoine Parran, jésuite, dans son *Traité*, plus abrégé, *de la musique théorique et pratique* (1639), après avoir dit « qu'à grand'peine sait-on bien que c'est,... que la pure chromatique n'est en aucune façon chantable, ni en usage, ains seulement étant mêlée avec la diatonique, » conclut que, « quoique cette espèce ne soit si grand miracle qu'on s'imagine, toutefois elle donne une merveilleuse grâce au chant et à l'harmonie.... » De la Voye Mignot, auteur très-pratique d'un autre *Traité de musique* (1656), paraît moins tenir à la division qu'on a voulu, dit-il, établir « de trois genres de musique, assavoir la Diatonique, qui se fait de tons et semi-tons; la Chromatique, qui se fait de semi-tons; et l'Enharmonique, qui se fait de quarts de tons; mais, ajoute-t-il, la diatonique étant la plus parfaite, comprend en soi virtuellement les deux autres genres, qui lui sont inférieurs; c'est aussi particulièrement de celle-là que je prétends traiter [d]. » On dissertait donc sur la chromatique, les maîtres en donnaient des définitions plus ou moins sentimentales; et il est à croire que le mot était devenu un de ces termes à la mode que beaucoup employaient sans en comprendre du tout le sens; car il n'est pas aisé de deviner ce que pouvaient être les *concerts chromatiques* que

[a] L'Académie (1694), sans définir le terme, en fait un substantif féminin.

[b] Réunis dans le gros in-folio intitulé : « *Harmonie universelle*, contenant la théorie et la pratique de la musique..., par F. Marin Mersenne, de l'Ordre des Minimes. » Paris, Sébastien Cramoisy, 1636.

[c] « Si l'on avoit coutume d'user de différentes couleurs lorsque l'on imprime les compositions de musique,... il faudroit imprimer.... les notes.... de l'*enharmonique* de bleu, d'autant que ses degrés sont propres pour ravir l'esprit dans la contemplation des choses célestes. » (*Traités des consonnances*, etc., 1635, livre III°, p. 153.)

[d] Rousseau, un siècle après, est bien loin de cette sécheresse : « Le genre chromatique est admirable pour exprimer la douleur et l'affliction; ses sons renforcés en montant arrachent l'âme. Il n'est pas moins énergique en descendant; on croit alors entendre de vrais gémissements. » (*Dictionnaire de musique*.)

MASCARILLE.

Ne trouvez-vous pas la pensée bien exprimée dans le chant? *Au voleur*[1]*!...* Et puis, comme si l'on crioit bien fort : *au, au, au, au, au, au voleur!* Et tout d'un coup, comme une personne essoufflée : *au voleur!*

MAGDELON.

C'est là savoir le fin des choses, le grand fin, le fin du fin. Tout est merveilleux, je vous assure; je suis enthousiasmée de l'air et des paroles.

CATHOS.

Je n'ai encore rien vu de cette force-là.

MASCARILLE.

Tout ce que je fais me vient naturellement, c'est sans étude.

MAGDELON.

La nature vous a traité en vraie mère passionnée, et vous en êtes l'enfant gâté.

MASCARILLE.

A quoi donc passez-vous le temps[2]?

---

d'Assoucy avait fait afficher par tout Paris [a], ni ce que Loret entend par ce mot, dans ces deux vers :

> Les professeurs de la musique,
> Tant vocale que chromatique.
>
> (*La Muse historique*, lettre du 24 avril 1660.)

— L'air sur lequel on chante habituellement aujourd'hui l'impromptu de Mascarille n'est pas du temps, comme celui de la chanson de Sganarelle, dans *le Médecin malgré lui* : « Qu'ils sont doux, bouteille jolie.... »; il est emprunté à un motif de Monsigny (dans *le Déserteur* [b]), que M. Fr. Regnier a adapté, en le modifiant, aux vers de Mascarille. Cartigny, qui jouait ce rôle au temps de la Restauration, chantait un air tout différent.

1. Les mots *au voleur!* sont répétés dans les éditions de 1682 et de 1734, qui suppriment les points qui suivent. A la ligne d'après, l'édition de 1734 ne donne que cinq fois *au* devant *voleur*.

2. A quoi donc passez-vous le temps, Mesdames? (1682, 1734.)

[a] Voyez la Préface de M. Colombey aux *Aventures*, p. XXII et p. 415 de son édition.

[b] *Le Déserteur* est de 1769.

SCÈNE IX.

CATHOS.

A rien du tout.

MAGDELON.

Nous avons été jusqu'ici dans un jeûne effroyable de divertissements[1].

MASCARILLE.

Je m'offre à vous mener l'un de ces jours à la comédie, si vous voulez ; aussi bien on en doit jouer une nouvelle que je serai bien aise que nous voyions[2] ensemble.

MAGDELON.

Cela n'est pas de refus.

MASCARILLE.

Mais je vous demande d'applaudir comme il faut, quand nous serons là ; car je me suis engagé de faire valoir la pièce, et l'auteur m'en est venu prier encore ce matin. C'est la coutume ici qu'à nous autres gens de condition les auteurs viennent lire leurs pièces nouvelles, pour nous engager à les trouver belles, et leur donner de la réputation[3] ; et je vous laisse à penser si, quand nous disons quelque chose, le parterre ose nous contredire. Pour moi, j'y suis fort exact ; et quand j'ai promis à quelque poëte, je crie toujours : « Voilà qui est beau, » devant que les chandelles soient allumées[4].

1. *De divertissement*, au singulier, dans les éditions de 1660[a] et [b].
2. Les éditions anciennes portent ici et vers la fin de la page 92, les unes *voyions*, les autres *voyons*. L'édition originale a ici la forme régulière *voyions*, et au second endroit la faute d'impression *voiyons*.
3. Somaize, dans la scène VII de ses *Véritables précieuses* (1660), introduit un poëte qui prétend avoir entendu Molière lire ses *Précieuses*, avant qu'elles fussent jouées, « chez un marquis de *ses* amis qui loge au quartier du Louvre. » Et une précieuse lui répond : « Ce que vous nous dites est furieusement incroyable ; car il me souvient bien que dans ces *Précieuses* il improuve ceux qui lisent leurs pièces avant qu'on les représente, et par là vous me diriez qu'il s'est tourné lui-même en ridicule. » Ce trait peut faire juger de la bonne foi de Somaize : où voit-on qu'ici Molière *improuve* ceux qui lisent leurs pièces avant la représentation ?
4. Les chandelles qui éclairaient le devant de la scène et remplissaient l'office

MAGDELON.

Ne m'en parlez point : c'est un admirable lieu que Paris ; il s'y passe cent choses tous les jours qu'on ignore dans les provinces, quelque spirituelle qu'on puisse être.

CATHOS.

C'est assez : puisque nous sommes instruites[1], nous ferons notre devoir de nous écrier[2] comme il faut sur tout ce qu'on dira.

MASCARILLE.

Je ne sais si je me trompe, mais vous avez toute la mine d'avoir fait quelque comédie.

MAGDELON.

Eh ! il pourroit être quelque chose de ce que vous dites.

MASCARILLE.

Ah ! ma foi, il faudra que nous la voyions. Entre nous, j'en ai composé une que je veux faire représenter.

actuel de la rampe. « Toute la lumière consistoit d'abord en quelques chandelles dans des plaques de fer-blanc attachées aux tapisseries; mais comme elles n'éclairoient les acteurs que par derrière et un peu par les côtés, ce qui les rendoit presque tous noirs, on s'avisa de faire des chandeliers avec deux lattes mises en croix, portant chacun quatre chandelles, pour mettre au-devant du théâtre. Ces chandeliers suspendus grossièrement avec des cordes et des poulies apparentes, se haussoient et se baissoient sans artifice et par main d'homme pour les allumer et les moucher.... On jouoit alors les pièces de Garnier et de Hardy.... » (Perrault, *Parallèle des anciens et des modernes*, tome III, 1692, p. 192.) Les lattes furent remplacées depuis par deux lustres avec des bougies. Mais même après la mort de Molière, les chandelles étaient encore en usage. Nous lisons dans *le Théâtre françois* de Chappuzeau, 1674, p. 245 : « C'est aussi aux décorateurs de pourvoir (*sic*) de *deux moucheurs* pour les lumières, s'ils ne veulent pas eux-mêmes s'employer à cet office. Soit eux, soit d'autres, ils doivent s'en acquitter promptement, pour ne pas faire languir l'auditeur entre les actes, et avec propreté, pour ne lui pas donner de mauvaise odeur. L'un mouche le devant du théâtre, et l'autre le fond. »

1. *Instruits*, que portent l'édition originale et celle de 1663, ne peut être qu'une faute d'impression.

2. De nous récrier. (1660^a et ^{b}.)

CATHOS.

Hé [1], à quels comédiens la donnerez-vous?

MASCARILLE.

Belle demande! Aux grands comédiens [2]. Il n'y a qu'eux qui soient capables de faire valoir les choses; les autres sont des ignorants qui récitent comme l'on parle; ils ne savent pas faire ronfler les vers, et s'arrêter au bel endroit : et le moyen de connoître où est le beau vers, si le comédien ne s'y arrête [3], et ne vous avertit par là qu'il faut faire le brouhaha?

CATHOS.

En effet, il y a manière de faire sentir aux auditeurs les beautés d'un ouvrage; et les choses ne valent que ce qu'on les fait valoir.

MASCARILLE.

Que vous semble de ma petite-oie [4]? La trouvez-vous congruante à l'habit?

1. Nous suivons l'orthographe de l'édition originale, qui écrit ici, au sens interrogatif, *Hé;* et cinq lignes plus haut, au sens exclamatif, *Eh*.
2. Les grands comédiens, ceux de la *troupe royale*, de l'Hôtel de Bourgogne. Voilà la première attaque de Molière contre ses rivaux, qui devinrent bientôt pour lui des ennemis acharnés. — Les éditions de 1682 et de 1734 portent : « Belle demande! Aux comédiens de l'Hôtel de Bourgogne. »
3. Autre faute de l'édition originale : *arrêter*, pour *arrête*.
4. La petite-oie s'entendait en général de tous les accessoires de la toilette qui contribuaient à l'élégance ou à l'importance de celui qui s'en parait : « On appelle aussi *petite-oie* les rubans, les bas, le chapeau, les gants, et tout ce qu'il faut pour assortir un habit. » (*Académie*, 1694.) « On disait petite-oie, par comparaison avec l'abatis que les cuisiniers ôtaient de l'oie pour la mettre à la broche. » (M. Challamel, *Mémoires du peuple français*, 1873, tome VII, p. 560.) Antoine Oudin, dans ses *Curiosités françoises* (1640), rapproche en effet les deux sens, en étendant le second à tous les agréments du costume : « *Petite-oye de volaille....* la tête, les ailes, le col, les pieds, le gisier, etc. — *Petite-oye d'habit,...* des jarretières, des aiguillettes, un cordon de chapeau, etc. » Il se disait particulièrement des rubans, que l'on portait alors avec profusion, et jusque sur les souliers. Cet accessoire était souvent une grosse dépense :

Chacun de tes rubans me coûte une sentence,

dira plus tard le juge Dandin à son fils. — « Le sieur de la Basinière, trésorier

CATHOS.

Tout à fait.

MASCARILLE.

Le ruban est bien choisi [1].

de l'Épargne, disent MM. de Villiers en janvier 1657, avoit mis un habit dont la petite-oie étoit de 250 aunes de rubans. » (*Journal d'un voyage à Paris en 1657-1658*, p. 57.) « Elle comporta, en 1650, jusqu'à douze rangs de coques garnissant la ceinture dans son pourtour. » (M. Challamel, page citée.) Selon l'abbé de Marolles (*Mémoires*, Amsterdam, 1755, tome II, 3ᵉ partie, p. 306), les jeunes gens ne se bornaient pas à porter « des trois cents aunes de rubans, de diverses couleurs, sur les chausses; ils en portent autour de leur chapeau, et ils en parent leurs chevaux et les rideaux de leurs carrosses. » Il va sans dire que l'auteur des *Lois de la galanterie* se prononce en faveur de cette profusion de rubans, malgré les critiques des esprits chagrins : « L'on a beau dire que c'est faire une boutique de sa propre personne, et mettre autant de mercerie à l'étalage que si l'on en vouloit vendre : il faut observer néanmoins ce qui a cours; et pour montrer que toutes ces manières de rubans contribuent beaucoup à faire paroître la galanterie d'un homme, ils ont emporté le nom de *galands* par préférence sur toute autre chose. » (Édition de 1644, p. 26.) Dans le tome I du *Recueil de pièces en prose les plus agréables*, etc. (édition de 1658), on trouve une pièce intitulée : *l'Origine et le Progrès des rubans; leur défaite par les princesses jarretières, et leur rétablissement ensuite.* » C'est une allégorie insipide, heureusement assez courte (p. 28-44). Mme de Motteville, en décrivant le costume presque viril, selon elle, de la reine Christine de Suède (en 1656), dit : « Elle avoit des rubans noirs, renoués en manière de petite-oie sur la ceinture de sa jupe. » (Édition de M. Riaux, 1855, tome IV, p. 67.) D'Assoucy a plaisamment appliqué le mot aux attributs de Jupiter :

> Mais las! où trouver sûreté
> Parmi l'homme et sa cruauté.
> Si ma divinité suprême,
> Si ma personne, si moi-même,
> Avecque mon bras punissant,
> Et mon sceptre resplendissant,
> Mon foudre et mon oiseau de proie,
> Avec toute ma *petite-oie*,
> Chez Lycaon, diable enragé,
> J'ai bien failli d'être mangé,
> Et d'être mis à l'étuvée?
>
> (*Ovide en belle humeur*, livre I, fable VI, p. 44, 1653, in-4°.)

— Toutes les éditions anciennes donnent au mot *congruante*, qui suit, l'*a* du participe présent. Le mot n'est ni dans Richelet, ni dans Furetière, ni dans aucune des éditions de l'Académie. M. Littré, qui l'écrit par *e*, n'en cite pas d'autre exemple que celui-ci.

1. Le ruban en est bien choisi. (1674, 82, 1734.)

MAGDELON.

Furieusement bien¹. C'est Perdrigeon² tout pur.

MASCARILLE.

Que dites-vous de mes canons?

MAGDELON.

Ils ont tout à fait bon air.

MASCARILLE.

Je puis me vanter au moins qu'ils ont un grand quartier³ plus que tous ceux qu'on fait.

MAGDELON.

Il faut avouer que je n'ai jamais vu porter si haut l'élégance de l'ajustement.

MASCARILLE.

Attachez un peu sur ces gants la réflexion de votre odorat.

MAGDELON.

Ils sentent terriblement bon⁴.

---

1. Voyez ci-après la note 4.
2. Perdrigeon, que l'on trouve ailleurs nommé Perdigeon, était un marchand mercier des plus renommés, dont il est question dans *la Révolte des Passements*, pièce mêlée de vers et de prose, imprimée chez de Sercy en 1661, et reproduite par M. Éd. Fournier dans ses *Variétés historiques et littéraires* (tome I, p. 223 et suivantes; la mention de Perdrigeon est à la page 235). M. Éd. Fournier fait remarquer qu'en 1692 Perdrigeon n'avait rien perdu de sa vogue, puisque, dans une comédie de Palaprat représentée cette année au théâtre italien de l'Hôtel de Bourgogne, *Arlequin Phaéton* (acte II, scène v), le Procureur le nomme comme étant encore le plus illustre des merciers : « Depuis Perdigeon (*sic*) jusqu'au moindre mercier, tous les marchands.... »
3. *Quartier* « se prend aussi pour la quatrième partie d'une aune; ainsi on dit *un quartier d'étoffe, un quartier de ruban*. » (*Académie*, 1694.)
4. *Terriblement*, et autres adverbes superlatifs chéris des précieuses, n'étaient point tous pourtant d'un emploi récent. D'Aubigné dit, dans *les Aventures du baron de Fæneste* (livre III, chapitre XXII), que, parmi les façons de parler des courtisans, « aujourd'hui court *furieusement*, jusques à dire *il est sage, il est doux furieusement*.... On use mal de plusieurs adverbes à la cour, comme : *Je vous aime horriblement;* on dit même *grandement petit*. » Dès le temps de Charles VIII, on disait *terriblement plaisant, terriblement heureux* (voyez la note de le Duchat, reproduite par Mérimée, p. 205 de son édition des *Aventures*). Dans l'édition de 1658 des *Lois de la galanterie*, on lit, après diverses recommandations relatives au beau langage :

CATHOS.

Je n'ai jamais respiré une odeur mieux conditionnée.

MASCARILLE.

Et celle-là¹?

MAGDELON.

Elle est tout à fait de qualité ; le sublime² en est touché délicieusement.

MASCARILLE.

Vous ne me dites rien de mes plumes : comment les trouvez-vous ?

CATHOS.

Effroyablement belles.

MASCARILLE.

Savez-vous que le brin³ me coûte un louis d'or? Pour

« L'on dira : *Il a de l'esprit furieusement*, car il faut savoir que ce mot de *furieusement* s'emploie aujourd'hui à tout, jusque-là même que dans l'un de nos romans les plus estimés, il y a qu'*une dame étoit furieusement belle* » (p. 86). Et Scarron, cité par M. Littré, a écrit dans une lettre : « Une telle bonté me donne à vous *terriblement*, pour parler à la mode. »

1. Les éditions de 1682 et de 1734 ajoutent ici ce jeu de scène : *Il donne à sentir les cheveux poudrés de sa perruque.* — « Poudre se dit.... d'une certaine composition dont on se sert pour dessécher ou pour parfumer les cheveux. *Poudre d'iris. Poudre de fèves. Poudre de senteur. Poudre de Chypre. Poudre d'ambrette....* » (*Dictionnaire de l'Académie*, 1694.) On voit qu'on en usait comme d'un parfum, qui ne déguisait pas la couleur des cheveux, à la différence de la farine, qui avait été de mode auparavant (des Réaux, *Historiette* du P. André, tome IV, p. 333), ou de la poudre en usage au dix-huitième siècle, et aussi comme d'un moyen de sécher les cheveux. L'auteur des *Lois de la galanterie*, après avoir adressé aux *galants* diverses recommandations qui sembleraient aujourd'hui assez inutiles, et dont le détail ne donne pas une très-haute idée de la propreté habituelle alors, après leur avoir enjoint de se laver les mains avec le pain d'amande *tous les jours*, ajoute : « Il faut aussi se faire laver le visage presque aussi souvent, et se faire raser le poil des joues, et quelquefois se faire laver la tête ou la dessécher avec de bonnes poudres. » (P. 16 de l'édition de 1644.)

2. *Le sublime*, en style précieux le cerveau, où montent les odeurs. Voyez le *Dictionnaire des Précieuses* de Somaize, au mot *Cerveau*.

3. « *Brin* se dit.... figurément des cheveux et des plumes. *Il n'a que deux ou trois brins de cheveux de chaque côté. Voilà un beau brin de plume.* » (*Dictionnaire de l'Académie*, 1694.)

moi, j'ai cette manie de vouloir donner généralement sur tout ce qu'il y a de plus beau [1].

MAGDELON.

Je vous assure que nous sympathisons vous et moi : j'ai une délicatesse furieuse pour tout ce que je porte; et jusqu'à mes chaussettes [2], je ne puis rien souffrir qui ne soit de la bonne ouvrière [3].

MASCARILLE, s'écriant brusquement.

Ahi, ahi, ahi, doucement! Dieu me damne, Mesdames, c'est fort mal en user; j'ai à me plaindre de votre procédé; cela n'est pas honnête.

CATHOS.

Qu'est-ce donc? qu'avez-vous?

MASCARILLE.

Quoi? toutes deux contre mon cœur, en même temps! m'attaquer [4] à droit [5] et à gauche! Ah! c'est contre le droit des gens; la partie n'est pas égale; et je m'en vais crier au meurtre.

CATHOS.

Il faut avouer qu'il dit les choses d'une manière particulière.

MAGDELON.

Il a un tour admirable dans l'esprit.

1. La complaisance avec laquelle Mascarille fait remarquer tous les détails de sa toilette rappelle le passage suivant de Regnier (*Satire* VIII, vers 68-71), où un fat dit à une dame, après lui avoir demandé son avis sur sa *rotonde* (son collet empesé) :

> Madame, à votre avis, ce jourd'hui suis-je bien?
> Suis-je pas bien chaussé? ma jambe est-elle belle?
> Voyez ce taffetas : la mode en est nouvelle;
> C'est œuvre de la Chine.

2. Richelet (1680) définit la chaussette « bas de toile qui n'a point de pied et qu'on met sur la chair et sous le bas de dessus; » et Furetière (1690) « bas de toile qu'on met par-dessous la chausse ou le bas de soie ou de drap. »
3. De la bonne faiseuse. (1682, 1734.)
4. M'attaquant. (1673, 74.)
5. On lit *à droit* dans toutes les éditions antérieures à celle de 1734; à partir de celle-ci, *à droite*. — A droit et gauche. (1694 B.)

CATHOS.

Vous avez plus de peur que de mal, et votre cœur crie avant qu'on l'écorche.

MASCARILLE.

Comment diable! il est écorché depuis la tête jusqu'aux pieds[1].

SCÈNE X.

MAROTTE, MASCARILLE, CATHOS, MAGDELON[2].

MAROTTE.

Madame, on demande à vous voir.

MAGDELON.

Qui?

MAROTTE.

Le vicomte de Jodelet.

MASCARILLE.

Le vicomte de Jodelet?

MAROTTE.

Oui, Monsieur.

CATHOS.

Le connoissez-vous?

MASCARILLE.

C'est mon meilleur ami.

---

1. « *Le cœur de Mascarille écorché de la tête aux pieds....* rappelle ce qu'a dit de nos jours un écrivain (M. de Marivaux) : *Frappez fort, mon cœur a bon dos....* » (*Note de Bret.*) — Plus tard, Molière, dans *le Misanthrope* (scène dernière), a fait une alliance de mots qui, nous l'avouons, ne nous paraît pas non plus irréprochable :

> Pourvu que votre cœur veuille donner les mains
> Au dessein que j'ai fait de fuir tous les humains.

Notons toutefois que *donner les mains* est une locution faite, toujours prise au figuré, et qu'on ne songe guère à décomposer.

2. CATHOS, MADELON, MASCARILLE, MAROTTE. (1734.)

SCÈNE X.

MAGDELON.

Faites entrer vitement.

MASCARILLE.

Il y a quelque temps que nous ne nous sommes vus, et je suis ravi de cette aventure.

CATHOS.

Le voici.

SCÈNE XI.

JODELET, MASCARILLE, CATHOS, MAGDELON, MAROTTE[1].

MASCARILLE.

Ah! vicomte!

JODELET, s'embrassant l'un l'autre.

Ah! marquis!

MASCARILLE.

Que je suis aise de te rencontrer!

JODELET.

Que j'ai de joie de te voir ici!

MASCARILLE.

Baise-moi donc encore un peu, je te prie.

MAGDELON[2].

Ma toute bonne, nous commençons d'être connues; voilà le beau monde qui prend le chemin de nous venir voir.

MASCARILLE.

Mesdames, agréez que je vous présente ce gentilhomme-ci : sur ma parole, il est digne d'être connu de vous.

1. CATHOS, MADELON, JODELET, MASCARILLE, MAROTTE, ALMANZOR. (1734.)
2. MADELON, à Cathos. (1734.)

JODELET.

Il est juste de venir vous rendre ce qu'on vous doit ; et vos attraits exigent leurs droits seigneuriaux sur toutes sortes de personnes.

MAGDELON.

C'est pousser vos civilités jusqu'aux derniers confins de la flatterie¹.

CATHOS.

Cette journée doit être marquée dans notre almanach comme une journée bienheureuse.

MAGDELON.

Allons, petit garçon, faut-il toujours vous répéter les choses? Voyez-vous pas qu'il faut le surcroît d'un fauteuil?

MASCARILLE.

Ne vous étonnez pas de voir le Vicomte de la sorte : il ne fait que sortir d'une maladie qui lui a rendu le visage pâle comme vous le voyez².

JODELET.

Ce sont fruits des veilles de la cour et des fatigues de la guerre.

MASCARILLE.

Savez-vous, Mesdames, que vous voyez dans le Vicomte un des vaillants hommes du siècle? C'est un brave à trois poils³.

---

1. Jusqu'aux derniers confins de flatterie. (1663, 66, 73, 74, 75 A, 82, 84 A, 94 B.)
2. Voyez la *Notice*, p. 36 et 37.
3. On discute sur le sens exact de cette expression. On a voulu y voir une allusion à l'habitude d'effiler les deux bouts de la moustache et celui de l'espagnolette (la royale) de façon qu'ils se terminent par trois poils. Mais on n'a qu'à jeter les yeux sur les portraits de la première moitié du dix-septième siècle, et sur les figures de matamores dans l'œuvre de Callot, pour reconnaître que la mode n'était nullement d'effiler ainsi l'extrémité des moustaches. La moustache était au contraire retroussée et ébouriffée. D'autres, et parmi eux Furetière, y voient une assimilation d'un brave accompli avec le velours à trois poils, ou à quatre poils, qui est le meilleur. C'est à cette der-

JODELET.

Vous ne m'en devez rien, Marquis ; et nous savons ce que vous savez faire aussi.

MASCARILLE.

Il est vrai que nous nous sommes vus tous deux dans l'occasion.

JODELET.

Et dans des lieux où il faisoit fort chaud.

MASCARILLE, les regardant toutes deux[1].

Oui ; mais non pas si chaud qu'ici. Hai, hai, hai[2] !

JODELET.

Notre connoissance s'est faite à l'armée ; et la première fois que nous nous vîmes, il commandoit un régiment de cavalerie sur les galères de Malte.

---

nière opinion que s'est rangé M. Littré dans son *Dictionnaire*, et elle semble justifiée par l'exemple de Saint-Simon [a] qu'il cite. « Caillebot.... passa pour un brave à quatre poils qu'il ne falloit pas choquer. » Cette dernière expression serait impossible à expliquer avec l'étymologie tirée de la façon dont on aurait porté la barbe sous Louis XIII, et elle s'explique au contraire fort bien par la comparaison avec une étoffe à deux, trois ou quatre poils, c'est-à-dire à deux, trois ou quatre lignes jaunes marquées sur le liséré, et qui en indiquaient la qualité. M. Éd. Fournier a réimprimé dans ses *Variétés historiques et littéraires* (tome IX, p. 159 et suivantes) un dialogue entre une bourgeoise et une marchande de soie qui lui offre du satin ; la bourgeoise répond : « Celui-là n'est qu'à deux poils et j'en voudrois bien à trois » (p 160).

1. Parmi les quatre exemplaires de l'édition originale que possède la Bibliothèque nationale, il y en a deux qui ont « toutes deux », deux qui ont « tous deux », et dans l'un de ces derniers, celui qui a au titre le nom du libraire Charles de Sercy, les quatre pages (89, 90, 95, 96) sur la dernière desquelles se lisent les mots *tous deux* se trouvent deux fois : une fois, à leur vraie place, l'autre, hors de place, au lieu de quatre autres pages qui manquent. On a évidemment tiré un carton pour substituer au masculin *tous* le féminin *toutes*, que veut le sens. Les éditions anciennes antérieures à 1734 ont toutes, excepté la réimpression que nous désignons par 1660[b], adopté la correction *toutes*. M. Louis Lacour, dans son fac-simile de l'édition originale, et M. Pauly, dans l'édition Lemerre, n'ont tenu compte ni l'un ni l'autre du carton corrigé, et ont gardé la faute *tous deux*. Quant à l'édition Scheuring de Lyon (1864), elle donne, quoique collationnée, dit le titre, sur les textes originaux, la variante introduite par l'édition de 1734 : « Regardant Cathos et Madelon. »

2. Hi, hi, hi. (1682, 1734.)

[a] Tome IX, p. 369, édition Hachette, 1873.

MASCARILLE.

Il est vrai; mais vous étiez pourtant dans l'emploi avant que j'y fusse; et je me souviens que je n'étois que petit officier encore, que vous commandiez deux mille chevaux.

JODELET.

La guerre est une belle chose; mais, ma foi, la cour récompense bien mal aujourd'hui les gens de service comme nous.

MASCARILLE.

C'est ce qui fait que je veux pendre l'épée au croc.

CATHOS.

Pour moi, j'ai un furieux tendre pour les hommes d'épée.

MAGDELON.

Je les aime aussi; mais[1] je veux que l'esprit assaisonne la bravoure.

MASCARILLE.

Te souvient-il, Vicomte, de cette demi-lune que nous emportâmes sur les ennemis au siége d'Arras[2]?

JODELET.

Que veux-tu dire avec ta demi-lune? C'étoit bien une lune toute entière[3].

1. Le mot *mais* a été omis dans le texte de 1660[b].

2. Arras avait été investi en 1654 par l'armée espagnole, commandée par le prince de Condé. Turenne fit lever le siége. Voilà ce que dit Auger un peu plus loin (à propos de l'attaque de Gravelines), et ce qu'ont redit après lui la plupart des commentateurs; mais est-il bien naturel de penser que Molière ait voulu faire allusion au temps de la guerre civile? Sans lui attribuer une intention bien précise à cet égard, ne pourrait-on pas supposer qu'il parle plutôt du siége d'Arras le plus célèbre, de celui de 1640, depuis lequel nous sommes restés maîtres de la ville? Il fut surtout dirigé par le maréchal de la Meilleraye, chez qui, quelques mois avant *les Précieuses*, Molière était allé jouer en visite. La date, plus éloignée, ne nous parait pas une objection irréfutable; et les mots de *demi-lune emportée* (non pas reprise) *sur les ennemis* se rapportent mieux, ce semble, à des assiégeants qu'à des assiégés.

3. Tallemant des Réaux parle « d'une naïveté qu'on attribuoit au feu marquis de Nesle, gouverneur de la Fère, qui étoit pourtant un brave homme;

SCÈNE XI.

MASCARILLE.

Je pense que tu as raison.

JODELET.

Il m'en doit bien souvenir, ma foi : j'y fus blessé à la jambe d'un coup de grenade, dont je porte encore les marques. Tâtez un peu, de grâce; vous sentirez quelque coup, c'étoit là[1].

CATHOS[2].

Il est vrai que la cicatrice est grande.

MASCARILLE.

Donnez-moi un peu votre main, et tâtez celui-ci, là, justement au derrière de la tête : y êtes-vous?

MAGDELON.

Oui : je sens quelque chose.

MASCARILLE.

C'est un coup de mousquet[3] que je reçus la dernière campagne que j'ai faite.

JODELET[4].

Voici un autre coup[5] qui me perça de part en part à l'attaque de Gravelines[6].

---

c'est que, comme on eut proposé de faire une demi-lune, il dit : « Messieurs, « ne faisons rien à demi pour le service du Roi ; faisons-en une toute entière. » (*Les Historiettes*, tome IV, p. 204, note 1.) — « Molière s'est emparé.... de ce mot du marquis de Nesle, que des Réaux rappelait très-probablement avant 1659, date de la première représentation des *Précieuses ridicules*. » (*Note de M. P. Paris.*)

1. Nous reproduisons le texte et la ponctuation de l'édition originale. Toutes les autres, sauf celles de 1663 et de M. Pauly, ont ainsi modifié ce passage, même celle de Scheuring (Lyon, 1864), et le fac-simile de M. Lacour (Paris, 1867) : « Vous sentirez quel coup c'étoit là. »

2. CATHOS, *après avoir touché l'endroit*. (1734.)

3. Il y a ici au théâtre une tradition qui est au moins assez ancienne, car Bret, dans son commentaire (1773, tome I, p. 457), et après lui Cailhava, dans ses *Études sur Molière* (1802, p. 40), la signalent en la blâmant. Mascarille dit : « C'est un coup de *cotret*... ; » puis, se reprenant vivement : « un coup de mousquet, veux-je dire. »

4. JODELET, *découvrant sa poitrine*. (1734.)

5. Voici un coup. (1666, 73, 74, 75 A, 82, 84 A, 94 B, 1734.)

6. En 1658, le maréchal de la Ferté avait pris Gravelines sur les Espa-

MASCARILLE, mettant la main sur le bouton
de son haut-de-chausses [1].

Je vais vous montrer une furieuse plaie.

MAGDELON.

Il n'est pas nécessaire : nous le croyons sans y regarder.

MASCARILLE.

Ce sont des marques honorables, qui font voir ce qu'on est.

CATHOS.

Nous ne doutons point [2] de ce que vous êtes.

MASCARILLE.

Vicomte, as-tu là ton carrosse ?

JODELET.

Pourquoi ?

MASCARILLE.

Nous mènerions [3] promener ces Dames hors des portes [4], et leur donnerions un cadeau [5].

gnols. Le traité des Pyrénées venait d'en assurer la possession à la France (7 novembre 1659). Mais Jodelet semble rappeler des exploits moins récents, qu'on pourrait faire remonter jusqu'au siége difficile, à l'attaque vigoureuse qui avait enlevé Gravelines aux Espagnols en juillet 1644 : voyez ci-dessus, p. 102, note 2.

1. Dans *les Aventures du baron de Fæneste* (livre IV, chapitre VII), ce gascon déboutonne son pourpoint, pour donner des preuves, non de son courage, mais de sa noblesse : « BEAUJEU. Monsieur, vous avez connu Renardière, qui, à force d'être noble, dès la première vue connoissoit fort bien un gentilhomme, et au sentir même ; car il vouloit qu'un vrai noble eût un peu l'aisselle surette et les pieds fumants. FÆNESTE. Tenez, je me déboutonne : vous sentirez. BEAUJEU. Ho vertubieu ! quel parfum ! FÆNESTE. Et les pieds de même. »

2. Nous ne doutons pas. (1734.)

3. *Nous mènerons*, dans l'édition de 1660 [b], qui toutefois porte bien *donnerions* à la ligne suivante.

4. Les *Lois de la galanterie* (p. 76 de l'édition de 1658) recommandent aux galants de bien savoir « en quelle saison l'on va promener à Luxembourg et en quelle autre aux Tuileries; quand commence le cours hors la porte Saint-Antoine et dans le bois de Vincennes, et quand c'est que le cours de la feue reine mère a la vogue (qui est depuis la porte de la Conférence jusqu'à Chaliot), où il y a quatre rangées d'arbres plantés exprès. »

5. *Cadeau*, collation. « *Cadeau*, repas, fête que l'on donne principalement à

SCÈNE XI.

MAGDELON.

Nous ne saurions sortir aujourd'hui.

MASCARILLE.

Ayons donc les violons pour danser.

JODELET.

Ma foi, c'est bien avisé[1].

MAGDELON.

Pour cela, nous y consentons; mais il faut donc quelque surcroît de compagnie.

MASCARILLE.

Holà! Champagne, Picard, Bourguignon, Casquaret[2], Basque, la Verdure, Lorrain, Provençal, la Violette! Au diable soient tous les laquais! Je ne pense pas qu'il y ait gentilhomme en France plus mal servi que moi. Ces canailles me laissent toujours seul[3].

MAGDELON.

Almanzor, dites aux gens de Monsieur[4] qu'ils aillent querir des violons, et nous faites venir ces Messieurs et ces Dames d'ici près, pour peupler la solitude de notre bal[5].

MASCARILLE.

Vicomte, que dis-tu de ces yeux?

---

des dames. *Donner un grand cadeau.* » (*Dictionnaire de l'Académie*, 1694.)

   L'autre jour....
    En une maison d'importance
    Se fit un excellent cadeau,
    Auquel on ne but guères d'eau.
     (Loret, *la Muse historique*, lettre du 4 octobre 1659.)

1. *Advisé*, dans les textes de 1660 a et b.
2. Ce nom est écrit *Cascaret* dans les éditions de 1660 a et b.
3.   LE CAPITAN.
  Holà, ho! Bourguignon, Champagne, le Picard,
  Le Basque, Cascaret....
  Las-d'aller, Triboulet! Où sont tous mes valets?...
  Je ne suis point servi : toute cette canaille
  Se cache au cabaret.
    (Tristan-l'Hermite, *le Parasite*, 1654, acte I, scène v.)

4. De Monsieur le Marquis. (1682, 1734.)
5. *Almanzor sort.* (1734.)

LES PRÉCIEUSES RIDICULES.

JODELET.

Mais toi-même, Marquis, que t'en semble?

MASCARILLE.

Moi, je dis que nos libertés auront peine à sortir d'ici les braies nettes[1]. Au moins, pour moi, je reçois d'étranges secousses, et mon cœur ne tient plus qu'à un filet[2].

MAGDELON.

Que tout ce qu'il dit est naturel! Il tourne les choses le plus agréablement du monde.

CATHOS.

Il est vrai qu'il fait une furieuse dépense en esprit.

MASCARILLE.

Pour vous montrer que je suis véritable, je veux faire un impromptu là-dessus[3].

CATHOS.

Eh! je vous en conjure de toute la dévotion de mon cœur: que nous ayons[4] quelque chose qu'on ait fait pour nous.

JODELET.

J'aurois envie d'en faire autant; mais je me treuve[5] un peu incommodé de la veine poétique, pour la quantité des saignées[6] que j'y ai faites[7] ces jours passés.

1. *Les braies nettes*, c'est-à-dire sans qu'il leur arrive malheur. Furetière (1690) donne ce proverbe sans l'article : « sortir braies nettes; » l'Académie (1694), avec le possessif : « sortir ses braies nettes. »
2. Ne tient qu'à un filet. (1666, 73, 74, 75 A, 82, 84 A, 94 B, 1734.)
3. Les éditions de 1682 et de 1734 ajoutent ici ce jeu de scène: *Il médite.*
4. Que nous oyons. (1663, 66, 73, 75 A, 84 A, 94 B.) — Que nous oyions. (1674, 82, 1734.)
5. Je me trouve. (1660 a et b, 66, 73, 74, 75 A, 82, 84 A, 94 B, 1734.)
6. Pour la quantité de saignées. (1666, 73, 74, 75 A, 82, 84 A, 94 B, 1734.)
7. Que j'y ai fait faire. (1682.)

SCÈNE XI.

MASCARILLE.

Que diable est cela[1]? Je fais toujours bien le premier vers; mais j'ai peine à faire les autres. Ma foi, ceci est un peu trop pressé : je vous ferai un impromptu à loisir, que vous trouverez le plus beau du monde[2].

JODELET.

Il a de l'esprit comme un démon.

MAGDELON.

Et du galand, et du bien tourné.

MASCARILLE.

Vicomte, dis-moi un peu, y a-t-il longtemps que tu n'as vu la Comtesse?

JODELET.

Il y a plus de trois semaines que je ne lui ai rendu visite.

MASCARILLE.

Sais-tu bien que le Duc m'est venu voir ce matin, et m'a voulu mener à la campagne courir un cerf avec lui?

MAGDELON.

Voici nos amies qui viennent.

1. Est-ce là ? (1666, 73, 74, 75 A, 82, 84 A, 94 B, 1734.)
2. Mascarille n'eût pas été pris ainsi au dépourvu, s'il eût employé le procédé ingénieux qu'indique Pancrace dans *le Roman bourgeois* de Furetière (édition Jannet, 1868, tome I, p. 128) : « J'ai connu un certain folâtre qui a fait assez de bruit dans le monde, qui avoit toujours des impromptu de poche, et qui en avoit de préparés sur tant de sujets, qu'il en avoit fait de gros lieux communs. Il menoit avec lui d'ordinaire un homme de son intelligence, avec l'aide duquel il faisoit tourner la conversation sur divers sujets, et il faisoit tomber les gens en certains défilés où il avoit mis quelque impromptu en embuscade, où ce galant tiroit son coup et défaisoit le plus hardi champion d'esprit, non sans grande surprise de l'assemblée. » — Dans le récit de la journée des Madrigaux (1653), le chroniqueur (Pellisson) rapporte (p. 26 de l'édition de M. É. Colombey) que Trasile (Ysarn), après avoir fourni un petit impromptu de quatre vers, « protesta hautement qu'on ne le surprendroit plus, et qu'il ne lui arriveroit point de marcher sans des impromptus de poche. »

SCÈNE XII.

JODELET, MASCARILLE, CATHOS, MAGDELON, MAROTTE, LUCILE[1].

MAGDELON.

Mon Dieu, mes chères, nous vous demandons pardon. Ces Messieurs ont eu fantaisie de nous donner les âmes des pieds[2]; et nous vous avons envoyé querir pour remplir les vuides de notre assemblée.

LUCILE.

Vous nous avez obligées, sans doute.

MASCARILLE.

Ce n'est ici qu'un bal à la hâte; mais l'un de ces jours nous vous en donnerons un dans les formes. Les violons sont-ils venus?

---

1. L'édition de 1682 ajoute le nom de Célimène à ceux des personnages de cette scène. L'édition de 1734 y ajoute en outre Almanzor et les Violons, et range les noms dans l'ordre suivant : LUCILE, CÉLIMÈNE, CATHOS, MADELON, JODELET, MAROTTE, ALMANZOR, VIOLONS.

2. « Les âmes des pieds, » les violons. Il y a une expression analogue dans un passage de d'Assoucy : « Il (*Molière*) sait que c'est moi qui ai donné l'âme au vers (*sic*) de l'*Andromède* de M. de Corneille; » c'est-à-dire qu'il en a mis les vers en musique. En complimentant dans un sonnet le poëte burlesque sur la hardiesse de sa plume, Corneille ne savait pas encore jusqu'où elle pourrait aller. Ce passage de d'Assoucy, signalé par M. Paul Lacroix (*la Jeunesse de Molière*, p. 173) et par M. É. Colombey (*Préface* aux *Aventures de d'Assoucy*, p. XXIII et XXIV), est curieux à divers titres; il se trouve à la page 119 d'une sorte d'appendice joint à certains exemplaires des *Rimes redoublées de M. d'Assoucy*[a], publiées, d'après l'*Épître au lecteur*, près de trois ans après son retour de Rome. Mais avant d'oser l'imprimer, d'Assoucy avait pu dire le mot à Molière : c'est peut-être même avec le concours de cet étrange collaborateur de Corneille, que Molière avait fait jouer par sa troupe, à Lyon et en Languedoc, la tragédie d'*Andromède;* Molière y prit un rôle : voyez la *Notice* de M. Marty-Laveaux, tome V de Corneille, p. 254 et 255; voyez aussi p. 253.

[a] A l'un des deux que possède la Bibliothèque nationale, et, comme nous l'apprend M. Lacroix, à celui de l'Arsenal.

SCÈNE XII.

ALMANZOR.

Oui, Monsieur; ils sont ici.

CATHOS.

Allons donc, mes chères, prenez place.

MASCARILLE, dansant lui seul comme par prélude.

La, la, la, la, la, la, la, la.

MAGDELON.

Il a tout à fait la taille élégante [1].

CATHOS.

Et a la mine de danser proprement [2].

MASCARILLE, ayant pris Magdelon [3].

Ma franchise va danser la courante [4] aussi bien que mes pieds. En cadence, violons, en cadence. Oh! quels ignorants! Il n'y a pas moyen de danser avec eux. Le diable vous emporte! ne sauriez-vous jouer en mesure? La, la, la, la, la, la, la, la. Ferme, ô violons de village.

JODELET, dansant ensuite.

Holà! ne pressez pas si fort la cadence : je ne fais que sortir de maladie.

---

1. Il a la taille tout à fait élégante. (1682, 1734.)
2. La *propreté* est une expression souvent employée par les écrivains que favorisaient les précieuses. L'abbé de Pure s'en sert en parlant de la danse : « Il est deux choses principales pour réussir au bal, la propreté ou l'agencement, et la belle danse. » (*Idée des spectacles anciens et nouveaux*, 1668, p. 180). « On appeloit partout *Bassompierre* (*des Bassompierres*) ceux qui excelloient en bonne mine et en propreté. » (Des Réaux, tome III, p. 338.)
3. *Ayant pris Madelon pour danser.* (1734.)
4. La courante, sorte de danse alors fort à la mode. Loret parle d'un bal

   Où plusieurs galants et galantes
   Dansoient gavottes et courantes.
   (*La Muse historique*, lettre du 24 janvier 1660.)

SCÈNE XIII.

DU CROISY, LA GRANGE, MASCARILLE[1].

LA GRANGE[2].

Ah! ah! coquins, que faites-vous ici? Il y a trois heures que nous vous cherchons.

MASCARILLE, se sentant battre.

Ahy! ahy! ahy! vous ne m'aviez pas dit que les coups en seroient aussi.

JODELET.

Ahy! ahy! ahy!

LA GRANGE.

C'est bien à vous, infâme que vous êtes, à vouloir faire l'homme d'importance.

DU CROISY.

Voilà qui vous apprendra à vous connoître.

(Ils sortent[3].)

---

1. DU CROISY, LA GRANGE, MASCARILLE, JODELET, CATHOS, MAGDELON, MAROTTE, LUCILE, CÉLIMÈNE. (1682.) — DU CROISY, LA GRANGE, CATHOS, MADELON, LUCILE, CÉLIMÈNE, JODELET, MASCARILLE, MAROTTE, VIOLONS. (1734.) — Nous nous conformons au texte original, qui omet, à cette scène et aux suivantes, les ETC. qui devraient terminer les listes incomplètes de personnages.

2. LA GRANGE, un bâton à la main. (1682, 1734.)

3. Du Croisy et la Grange sortent. (1682.) L'édition de 1734 n'indique point la sortie, assez marquée, il est vrai, par l'omission des deux personnages en tête de la scène XIV.

SCÈNE XIV.

MASCARILLE, JODELET, CATHOS, MAGDELON[1].

MAGDELON.

Que veut donc dire ceci?

JODELET.

C'est une gageure.

CATHOS.

Quoi? vous laisser battre de la sorte!

MASCARILLE.

Mon Dieu, je n'ai pas voulu faire semblant de rien; car je suis violent, et je me serois emporté.

MAGDELON.

Endurer un affront comme celui-là, en notre présence !

MASCARILLE.

Ce n'est rien : ne laissons pas d'achever. Nous nous connoissons il y a longtemps; et entre amis, on ne va pas se piquer pour si peu de chose.

---

1. MASCARILLE, JODELET, CATHOS, MAGDELON, MAROTTE, LUCILE, CÉLIMÈNE. (1682.) — CATHOS, MADELON, LUCILE, CÉLIMÈNE, MASCARILLE, JODELET, MAROTTE, VIOLONS. (1734.)

SCÈNE XV.

DU CROISY, LA GRANGE, MASCARILLE, JODELET, MAGDELON, CATHOS[1].

LA GRANGE.

Ma foi, marauds, vous ne vous rirez pas de nous, je vous promets. Entrez, vous autres[2].

MAGDELON.

Quelle est donc cette audace, de venir nous troubler de la sorte dans notre maison?

DU CROISY.

Comment, Mesdames, nous endurerons que nos laquais soient mieux reçus que nous? qu'ils viennent vous faire l'amour à nos dépens, et vous donnent le bal?

MAGDELON.

Vos laquais?

LA GRANGE.

Oui, nos laquais : et cela n'est ni beau ni honnête de nous les débaucher comme vous faites.

MAGDELON.

O Ciel! quelle insolence!

LA GRANGE.

Mais ils n'auront pas l'avantage de se servir de nos habits pour vous donner dans la vue; et si vous les voulez aimer, ce sera, ma foi, pour leurs beaux yeux. Vite, qu'on les dépouille sur-le-champ.

JODELET.

Adieu notre braverie[3].

---

1. L'édition de 1682 ajoute ici encore MAROTTE, LUCILE, et CÉLIMÈNE. Celle de 1734 range ainsi les personnages : DU CROISY, LA GRANGE, MADELON, CATHOS, LUCILE, CÉLIMÈNE, MASCARILLE, JODELET, MAROTTE, VIOLONS.

2. *Trois ou quatre spadassins entrent.* (1682, 1734.)

3. « Braverie, » élégance, magnificence d'ajustements : « Mme de Nouveau

MASCARILLE.

Voilà le marquisat et la vicomté à bas.

DU CROISY.

Ha! ha[1]! coquins, vous avez l'audace d'aller sur nos brisées! Vous irez chercher autre part de quoi vous rendre agréables aux yeux de vos belles, je vous en assure.

LA GRANGE.

C'est trop que de nous supplanter, et de nous supplanter avec nos propres habits.

MASCARILLE.

O Fortune, quelle est ton inconstance!

DU CROISY.

Vite, qu'on leur ôte jusqu'à la moindre chose[2].

LA GRANGE.

Qu'on emporte toutes ces hardes, dépêchez. Maintenant, Mesdames, en l'état qu'ils sont, vous pouvez continuer vos amours avec eux tant qu'il vous plaira; nous vous laissons[3] toute sorte de liberté pour cela, et

---

est la plus grande folle de France en braverie. Pour un deuil de six semaines, on lui a vu six habits; elle a eu des jupes de toutes les couleurs tout à la fois. » (Des Réaux, *les Historiettes*, tome VI, p. 29.) « Tout cela (*tout cet argent*) s'en alloit en braverie. » (Tome V, p. 81.) Dans la première scène de *l'Amour médecin :* « Pour moi, dit M. Josse, je tiens que la braverie et l'ajustement est la chose qui réjouit le plus les filles. »

1. Telle est ici l'orthographe de l'édition originale, qui écrit *Ah!* au commencement des scènes XIII et XVI.

2. Il y a là un jeu de scène qui n'est pas de très-bon goût, mais qui est de tradition et dont l'origine semble remonter assez haut. On dépouille Mascarille et Jodelet de leurs habits d'emprunt : Jodelet, pour dissimuler sa maigreur, s'est couvert d'un grand nombre de gilets qu'on lui enlève successivement ; il paraît enfin en chef de cuisine ; après avoir tiré de sa ceinture un bonnet blanc dont il se coiffe, il s'agenouille respectueusement devant Cathos, qui le repousse avec horreur. Au dire de Cailhava (*Études sur Molière*, p. 40), on ajoutait encore de son temps à ce jeu de scène une pasquinade détestable, car, comme il le remarque, elle détruisait toute illusion. Jodelet, dépouillé de tous ses gilets, et tout frissonnant, allait se chauffer les mains à la rampe.

3. Nous vous laisserons. (1663, 66, 73, 74, 75 A, 82, 84 A, 94 B, 1734.)

MOLIÈRE. II 8

nous vous protestons, Monsieur et moi, que nous n'en serons¹ aucunement jaloux².

CATHOS.

Ah ! quelle confusion !

MAGDELON.

Je crève de dépit.

VIOLONS, au Marquis³.

Qu'est-ce donc que ceci? Qui nous payera, nous autres ?

MASCARILLE.

Demandez à Monsieur le Vicomte.

VIOLONS, au Vicomte⁴.

Qui est-ce qui nous donnera de l'argent ?

JODELET.

Demandez à Monsieur le Marquis.

SCÈNE XVI.

GORGIBUS, MASCARILLE, MAGDELON⁵.

GORGIBUS.

Ah ! coquines que vous êtes, vous nous mettez dans de beaux draps blancs, à ce que je vois ! et je viens d'apprendre de belles affaires, vraiment, de ces Messieurs qui sortent⁶ !

1. Que nous ne serons. (1674, 82.)
2. L'édition de 1734 ouvre ici une scène xvi, ayant pour personnages MAGDELON, CATHOS, JODELET, MASCARILLE, VIOLONS. L'édition de 1682 se contente de cette indication : *Lucile et Célimène sortent;* mais, par une faute d'impression, elle a en tête des deux dernières scènes les chiffres xvii et xviii, au lieu de xvi et xvii.
3. UN DES VIOLONS, à *Mascarille*. (1734.)
4. UN DES VIOLONS, à *Jodelet*. (1734.)
5. GORGIBUS, MADELON, CATHOS, JODELET, MASCARILLE, VIOLONS. (1734.) — A cette scène et à la suivante toutes les éditions antérieures à 1734 reproduisent, comme nous, les listes incomplètes de l'édition originale.
6. De ces Messieurs et de ces Dames qui sortent. (1682, 1734.)

SCÈNE XVI.

MAGDELON.

Ah! mon père, c'est une pièce sanglante qu'ils nous ont faite.

GORGIBUS.

Oui, c'est une pièce sanglante, mais qui est un effet de votre impertinence, infâmes! Ils se sont ressentis du traitement que vous leur avez fait; et cependant, malheureux que je suis, il faut que je boive l'affront.

MAGDELON.

Ah! je jure que nous en serons vengées, ou que je mourrai en la peine. Et vous, marauds, osez-vous vous tenir ici après votre insolence?

MASCARILLE.

Traiter comme cela un marquis! Voilà ce que c'est que du monde! la moindre disgrâce nous fait mépriser de ceux qui nous chérissoient. Allons, camarade, allons chercher fortune autre part : je vois bien qu'on n'aime ici que la vaine apparence, et qu'on n'y considère point la vertu toute nue.

(Ils sortent tous deux[1].)

SCÈNE XVII[2].

GORGIBUS, MAGDELON, CATHOS, Violons.

VIOLONS[3].

Monsieur, nous entendons que vous nous contentiez à leur défaut pour ce que nous avons joué ici.

GORGIBUS, les battant.

Oui, oui, je vous vais contenter, et voici la monnoie dont je vous veux payer. Et vous, pendardes, je ne sais

---

1. Cette indication manque dans l'édition de 1734.
2. Scène dernière. (1734.)
3. Un des violons. (1734.)

qui me tient que je ne vous en fasse autant. Nous allons servir de fable et de risée à tout le monde, et¹ voilà ce que vous vous êtes attiré par vos extravagances. Allez vous cacher, vilaines; allez vous cacher pour jamais. Et vous², qui êtes cause de leur folie, sottes billevesées, pernicieux amusements des esprits oisifs, romans, vers, chansons, sonnets et sonnettes³, puissiez-vous être à tous les diables⁴!

1. Ce mot *et* manque dans l'édition de 1660[b].
2. Avant ces deux mots l'édition de 1734 porte l'indication : *Seul.*
3. Jeu de mots déjà connu. Tallemant des Réaux, d'après Racan[a], raconte ceci de Malherbe : « Il s'opiniâtra fort longtemps à faire des sonnets irréguliers (dont les deux quatrains ne sont pas de mêmes rimes).... Racan en fit un ou deux, mais il s'en ennuya bientôt; et comme il disoit à Malherbe que ce n'étoit pas un sonnet si on n'observoit les règles du sonnet : « Eh bien! » lui dit Malherbe, « si ce n'est pas un sonnet, c'est une sonnette. » (*Les Historiettes*, tome I, p. 293 et 294.)
4. Nous avons omis de mentionner dans la *Notice*, d'après le manuscrit dont nous avons parlé à la fin de notre tome I (p. 559), la mise en scène, d'ailleurs fort insignifiante, des *Précieuses*. La voici : « Il faut une chaise de porteurs, deux fauteuils, deux battes. »

[a] *Vie de Malherbe*, tome I, p. LXXI, du *Malherbe* de M. L. Lalanne.

FIN DES PRÉCIEUSES RIDICULES.

APPENDICE AUX *PRÉCIEUSES*.

Nous donnons ici l'opuscule de Mlle des Jardins dont nous avons parlé dans la *Notice* des *Précieuses ridicules*. Mlle des Jardins, plus connue sous le nom de Mme de Villedieu, a beaucoup écrit : elle a fait plusieurs tragédies ou tragi-comédies, dont une, *le Favori*, fut représentée en 1665 sur le théâtre de Molière à Paris, et à Versailles devant le Roi. Elle a publié aussi des romans et des poésies. « Une des premières choses qu'on ait vues d'elle, au moins des choses imprimées, dit Tallemant des Réaux, ç'a été un *Récit* de la farce des *Précieuses*, qu'elle dit avoir fait sur le rapport d'un autre. Il en courut des copies, cela fut imprimé avec bien des fautes, et elle fut obligée de le donner au libraire, afin qu'on le vît au moins correct. C'est pour Mme de Morangis, à ce qu'elle a dit[1]. »

La première édition de cet ouvrage fut publiée à Paris, chez Claude Barbin, en 1660[2] ; nous en reproduisons le texte, d'après un exemplaire acquis, grâce à M. Édouard Fournier, par la Bibliothèque nationale.

Conrart s'était procuré, tenait probablement de l'auteur même, l'une de ces copies dont parle des Réaux, et l'a fait transcrire avec le plus grand soin dans son *Recueil de pièces manuscrites* (que conserve la bibliothèque de l'Arsenal), tome IX, p. 1017-1022 ; on a là sans doute la rédaction primitive du premier compte rendu qui fut fait des *Précieuses*, et fait peut-être sous les yeux de Molière ; ce premier Récit a été le plus souvent amplifié dans la rédaction définitive ; mais il contient aussi quelques détails différents, deux traits de bouffonnerie notamment (ci-après, p. 128, note 3, et p. 134, note 1) tout à fait dignes du titre de *farce* donné par Mlle des Jardins à la pièce, et qui, relevés à la première représentation (on peut du moins le supposer), supprimés depuis à la scène, ont disparu, lors de l'impression, et du texte des *Précieuses* et du

---

1. *Historiette de Mlle des Jardins*, tome VII, p. 245. « J'use de ce terme, ajoute des Réaux, parce que le sonnet de Jouissance qui est en suite fut fait aussi, à ce qu'elle a dit, à la prière de Mme de Morangis. Cela ne convenoit guère à une dévote ; aussi s'en fâcha-t-elle terriblement. » *Ce gaillard sonnet*, pour prendre le mot de des Réaux, se lit aussi, à la suite du *Récit*, dans le volume de Conrart dont nous allons parler.

2. C'est un in-12 de 32 pages chiffrées et de quatre autres pour le titre et la préface.

texte du *Récit :* il nous a paru qu'il y avait quelque intérêt à comparer cette *copie Conrart* avec l'édition originale.

M. Édouard Fournier a déjà donné, en 1856, une édition nouvelle de ce petit ouvrage dans ses *Variétés historiques et littéraires*, tome IV, p. 285 et suivantes ; il ne put alors réimprimer qu'une contrefaçon publiée dès 1660 à Anvers, chez Guillaume Colles, mais contrefaçon d'une rare fidélité. Le savant éditeur a joint à cette impression des notes, dont nous avons cru devoir emprunter les deux plus essentielles.

RÉCIT EN PROSE ET EN VERS

DE LA FARCE DES *PRÉCIEUSES*.

PRÉFACE.

Si j'étois assez heureuse pour être connue de tous ceux qui liront le Récit des *Précieuses*[1], je ne serois pas obligée de leur protester qu'on l'a imprimé sans mon consentement, et même sans que je l'aye su ; mais comme la douleur que cet accident m'a causée et les efforts que j'ai faits pour l'empêcher sont des choses dont le public est assez mal informé, j'ai cru à propos de l'avertir que cette lettre fut écrite à une personne de qualité, qui m'avoit demandé cette marque de mon obéissance dans un temps où je n'avois pas encore vu sur le théâtre *les Précieuses :* de sorte qu'elle n'est faite que sur le rapport d'autrui ; et je crois qu'il est aisé de connoitre cette vérité par l'ordre que je tiens dans mon Récit ; car il est un peu différent de celui de cette farce. Cette seule circonstance sembloit suffire pour sauver ma lettre de la presse ; mais M. de Luynes en a autrement ordonné, et malgré des projets plus raisonnables, me voilà, puisqu'il plaît à Dieu, imprimée par une bagatelle[2]. Cette

---

1. L'impression de l'original paraît avoir été assez négligée ; ici, par exemple, il donne : « .... qui liront ce Récit ou Précieuses, je », etc. Nous nous dispenserons de signaler ces fautes évidentes.

2. « Il est singulier que Molière, dans sa préface des *Précieuses ridicules*, tienne à peu près le même langage, et prétende aussi avoir été imprimé malgré lui. Le libraire Guillaume de Luynes, dont Mlle des Jardins veut avoir l'air de se plaindre ici, et chez lequel *les Précieuses* avaient paru vers le même temps, à la fin de janvier 1660, aurait donc ainsi fait violence à deux auteurs à la fois. C'est bien difficile à croire. Molière, dont c'était la première pièce imprimée (voyez sa préface), et qui devait avoir les craintes dont, en pareil cas, sont assaillis les auteurs, prit sans doute ce faux-fuyant de défiance et de modestie pour désarmer d'avance les lecteurs, qui pouvaient défaire l'im-

aventure est assurément fort fâcheuse pour une personne de mon humeur; mais il ne tiendra qu'au public de m'en consoler, non pas en m'accordant son approbation (car j'aurois mauvaise opinion de lui, s'il la donnoit à si peu de chose), mais en se persuadant que je n'ai appris l'impression de ma lettre que dans un temps où il n'étoit plus en mon pouvoir de l'empêcher. J'espère cette justice de lui, et le prie de croire que, si mon âge[1] et ma façon d'agir lui étoient connus, il jugeroit plus favorablement de moi que cette lettre ne semble le mériter.

mense succès que les spectateurs avaient fait à sa comédie. Afin qu'on ajoutât foi à la sincérité de ce qu'il disait, tandis qu'en réalité il ne demandait qu'à répandre sa pièce de toutes les manières, peut-être s'entendit-il avec Mlle des Jardins, pour qu'elle aussi se prétendît violentée par l'avide imprimeur au sujet de cette sorte de programme des *Précieuses*, écrit, selon moi, non pas sur le rapport d'autrui, comme elle le dit, et ce dont Tallemant des Réaux doutait déjà, mais d'après la représentation même, et sans doute aussi sur un désir de Molière. Ils se connaissaient de longue date : ils s'étaient vus à Avignon, à Narbonne, comme on l'apprend par un passage de Tallemant des Réaux (tome VII, p. 256); ils avaient eu les mêmes amis, les mêmes protecteurs, M. le duc de Guise et M. le comte de Modène, ainsi qu'on le voit par plus d'un passage du roman autobiographique de Mme de Villedieu : *Mémoires de la vie de Henriette-Sylvie de Molière*, Toulouse, 1701, in-12, p. 32, 39, 48, 86. Molière, quand elle était à Paris, la venait voir à son hôtel garni : c'est encore Tallemant qui nous le dit. Enfin, il y avait entre eux une sorte de vieille intimité qui donne toute vraisemblance à cette opinion, que le *Récit de la farce des Précieuses* ne fut pas écrit à l'insu de l'auteur des *Précieuses* et loin de son théâtre, mais, bien au contraire, d'après son inspiration même, et pour lui rendre le service que tout programme bien fait rend toujours à l'auteur d'une pièce. Le fait de la publication des deux brochures dans le même temps à peu près, chez les mêmes libraires, de Luynes et Barbin, n'est pas non plus indifférent comme confirmation de ce que nous avançons. De Luynes était l'éditeur privilégié, Barbin le vendeur. — Il ne semble pas que Mme de Villedieu ait eu cette complaisance pour d'autres pièces de Molière, mais toutefois elle ne laissa jamais échapper l'occasion de parler de lui et de sa comédie. Ainsi, dans son roman déjà cité, elle donne plus d'un souvenir flatteur aux *Fâcheux*, à *la Princesse d'Élide*, etc., etc., p. 70-76. Voyez aussi son *Recueil de Poésies*, p. 98. » (*Note de M. Édouard Fournier.*)

1. Mlle des Jardins, née en 1632, avait alors environ vingt-huit ans : voulait-elle se rajeunir un peu ?

RÉCIT EN PROSE ET EN VERS
DE LA FARCE DES *PRÉCIEUSES*[1].

Madame,

Je ne prétends pas vous donner une grande marque de mon esprit en vous envoyant ce Récit des *Précieuses;* mais au moins ai-je lieu de croire que vous le recevrez comme un témoignage de la promptitude avec laquelle je vous obéis, puisque je n'en reçus l'ordre de vous qu'hier au soir, et que je l'exécute ce matin. Le peu de temps que votre impatience m'a donné doit vous obliger à souffrir les fautes qui sont dans cet ouvrage, et j'aurai l'avantage de les voir toutes effacées par la gloire qu'il y a de vous obéir promptement. Je crois même que c'est par cette raison que je n'ose vous faire un plus long discours[2].

Imaginez-vous donc, Madame, que vous voyez un vieillard vêtu comme les paladins françois[3] et poli comme un habitant de la Gaule celtique,
> Qui, d'un sévère et grave ton[4],
> Demande à la jeune soubrette
> De deux filles de grand renom :
> « Que font vos maîtresses, fillette? »

Cette fille, qui sait bien comme[5] se pratique la civilité, fait une profonde révérence au bonhomme, et lui répond humblement[6] :
> « Elles sont là-haut dans leur chambre,
> Qui font des mouches et du fard,
> Des parfums de civette et d'ambre
> Et de la pommade de lard. »

Comme ces sortes d'occupations n'étoient pas trop en usage du

---

1. Dans la copie faite pour Conrart, le titre est : « Abrégé de la farce des *Précieuses*, fait par Mlle des Jardins, à Mme de Morangis. »
2. Ce début est plus court dans la copie du recueil de Conrart : « J'ai trop de passion de vous obéir toute ma vie, pour manquer à vous faire une relation de la farce des *Précieuses*, puisque vous me l'avez ordonné. »
3. Il y a de plus ici dans la copie Conrart : « loyal comme un Amadis. »
4.   Qui, d'un air d'orateur Breton.
                               (*Copie Conrart.*)
5. Cette petite créature, qui sait bien comme.... (*Ibidem.*)
6. ....et lui répond avec un rengorgement sur le tour de l'épaule. (*Ibidem.*)

temps du bonhomme, il fut extrêmement étonné de la réponse de la soubrette, et regretta le temps où les femmes portoient des escofions au lieu de perruques, et des pantoufles au lieu de patins[1].

> Où les parfums étoient de fine marjolaine,
> Le fard, de claire eau de fontaine,
> Où le talque[2] et le pied de veau
> N'approchoient jamais du museau,
> Où la pommade de la belle
> Étoit du pur suif de chandelle.

Enfin, Madame, il fit mille imprécations contre les ajustements superflus, et fit promptement appeler ces filles, pour leur témoigner son ressentiment. « Venez, Magdelon et Cathos, leur dit-il, que je vous apprenne à vivre. » A ces noms de Magdelon et de Cathos, ces deux filles firent trois pas en arrière, et la plus précieuse des deux lui répliqua en ces termes[3] :

> « Bon Dieu[4] ! ces terribles paroles
> Gâteroient le plus beau romant.
> Que vous parlez vulgairement !
> Que ne hantez-vous les écoles ?
> Et vous apprendrez dans ces lieux[5]
> Que nous voulons des noms qui soient plus précieux.
> Pour moi, je m'appelle CLYMÈNE,
> Et ma cousine, PHILIDIÈNE. »

Vous jugez bien, Madame, que ce changement de noms vulgaires en noms du monde précieux ne plurent pas à l'ancien Gaulois ; aussi s'en mit-il fort en colère contre nos Dames ; et, après les avoir excitées à vivre comme le reste du monde, et à ne pas se tirer du

---

1. A ces mots, qui ne sont point agréables à l'ancien Gaulois, qui se souvient que du temps de la Ligue on ne s'occupoit point à de semblables choses, il allègue le siècle où les femmes portoient des escofions au lieu de perruques, et des sandales au lieu de patins. (*Copie Conrart.*)

2. Sorte d'huile, dit M. Éd. Fournier, d'après Furetière, qu'on prétendait tirer du *talc*, et qu'on disait merveilleuse pour la conservation du teint.

3. Enfin, que ne dit-il point ? et avec quel empressement fait-il appeler ses filles pour leur apprendre comme elles devoient vivre ! « Venez, Madelon et Margot (*sic*), » leur dit-il. Ces deux filles, fort étonnées de ces termes, font trois pas en arrière, et la plus savante des deux répond avec une mine dédaigneuse. (*Copie Conrart.*)

4. Bons Dieux ! (*Ibidem.*)

5. Mon père, hantez les écoles,
   Et vous apprendrez en ces lieux.
   (*Ibidem.*)

commun par des manies si ridicules, il les avertit qu'il viendroit à l'instant deux hommes les voir, qui leur faisoient l'honneur de les rechercher [1].

Et en effet, Madame, peu de temps après la sortie du vieillard, il vint deux galands offrir leurs services aux demoiselles ; il me sembla même qu'ils s'en acquittoient assez bien. Mais aussi je ne suis pas précieuse, et je l'ai connu par la manière dont ces deux illustres filles reçurent nos protestants [2] : elles baaillèrent mille fois ; elles demandèrent autant quelle heure il étoit, et elles donnèrent enfin tant de marques du peu de plaisir qu'elles prenoient dans la compagnie de ces aventuriers, qu'ils furent contraints de se retirer, très-mal satisfaits de la réception qu'on leur avoit faite, et fort résolus de s'en venger, comme vous le verrez par la suite [3].

1. Je crois qu'il seroit inutile, Madame, de vous dire que le vieillard reçut fort mal ce discours, et que par la description que je vous en ai faite vous jugez bien qu'il fit une réprimande très-aigre à ses filles ; et, après les avoir invitées à vivre comme le reste du monde et ne pas se tirer du commun par des manières si ridicules, il leur commande de bien recevoir deux galands qui doivent leur venir offrir leur service. (*Copie Conrart.*)

2. Ne faut-il pas lire *nos prétendants ?*

3. Et en effet le bonhomme n'eût pas sitôt donné cet avertissement, qu'il paroît deux hommes que je trouve fort honnêtes gens, pour moi ; mais aussi je ne suis pas précieuse, et je m'en aperçus bien par la manière dont ces illustres filles reçurent ces pauvres amants. Jamais on n'a tant témoigné de froideur qu'elles en témoignèrent. Si elles n'eussent dormi de six mois, elles n'auroient point tant bâillé qu'elles firent, et elles donnèrent enfin tant de marques qu'elles s'ennuyoient en la conversation de ces deux hommes, qu'ils les quittèrent fort mal satisfaits de leur visite, et fort résolus de s'en venger. (*Copie Conrart.*) — « Cette scène ne se trouve pas dans *les Précieuses*. Elle y est à peu près remplacée par celle qui commence la pièce, et dont Mlle des Jardins n'a pas parlé. Faut-il croire qu'elle se trompe complètement, comme elle s'en excuse dans sa Préface, ou qu'elle suit le plan que Molière aurait adopté d'abord, et dont il se serait ensuite départi, par crainte des longueurs, après la première représentation ? Cette dernière opinion me sourit assez. Il y a, en effet, dans la scène esquissée ici, une idée comique, un contraste de situation avec l'une des scènes suivantes, qui ne devaient pas échapper à l'auteur des *Précieuses*, et que Mlle des Jardins n'était guère de force à imaginer toute seule. Je ne trouve qu'un défaut à cette scène : c'est que, en raison surtout de celle qu'elle amène ensuite, et qu'elle rend presque nécessaire, elle allonge trop la pièce et la rend languissante. Molière, en admettant toujours que l'idée soit de lui, aura vu le défaut dès le premier soir, et il aura changé tout aussitôt son plan. Mlle des Jardins cependant, et sur cette seule représentation, aura écrit sa lettre, l'aura laissée courir, et, quand il aura été question de la publier, ne lui aura fait subir aucun des changements que Molière avoit faits lui-même à sa comédie : elle s'en sera tenue à la petite phrase d'excuse plutôt que d'explication qui se trouve dans la Préface. Je ne trouve guère que ce moyen de m'édi-

Sitôt qu'ils furent sortis, nos précieuses se regardèrent l'une l'autre, et Philimène, rompant la première le silence, s'écria avec toute les marques d'un grand étonnement[1] :

> « Quoi ? ces gens nous offrent leurs vœux !
> Ha ! ma chère, quels amoureux !
> Ils parlent sans afféteries[2] ;
> Ils ont des jambes dégarnies,
> Une indigence de rubans[3],
> Des chapeaux désarmés de plumes,
> Et ne savent pas les coutumes
> Qu'on pratique à présent au pays des romans. »

Comme elle achevoit cette plainte, le bonhomme revint pour leur

fier à peu près sur cette différence, la seule qui existe réellement entre la pièce et le *Récit*, dont, pour tout le reste, l'exactitude est parfaite, souvent même textuelle. Malheureusement les preuves me manquent ; mais il serait à désirer que j'eusse deviné juste : nous aurions un nouvel exemple des transformations que la plupart des comédies de Molière subirent entre ses mains. — Une autre version serait peut-être encore admissible. Pour expliquer les divergences de l'analyse et de la pièce, on pourrait se demander si Molière n'avait pas fait pour *les Précieuses* ce qu'il fit pour toutes ses premières pièces, c'est-à-dire si, avant de venir à Paris, il ne les avait pas jouées en province, notamment à Avignon, où il se trouvait, en 1657, avec Mlle des Jardins, et si par conséquent celle-ci n'avait pas fait alors le *Récit*, qui courut plus tard à Paris, lorsque la pièce y fut reprise. La comédie avait reçu les changements que Molière ne manquait jamais d'apporter à ses pièces faites en province, lorsqu'il se décidait à les offrir au public plus difficile de Paris. L'analyse seule était restée la même. Un passage de la scène ix, relatif au siège d'Arras, qui avait eu lieu en 1654[a], ne contredit point, loin de là, cette opinion, que *les Précieuses* pourraient avoir été écrites par Molière avant 1660. Pour leur donner plus d'à-propos lorsqu'il les reprit à Paris, il y aurait ajouté, dans la même scène, un mot sur le siége beaucoup plus récent de Gravelines. » (*Note de M. Édouard Fournier.*)

1. .... l'une l'autre. Philimène prit ainsi la parole. (*Copie Conrart.*)

2. *Afféteries* était d'abord, comme ici, au pluriel dans la copie Conrart, et rimait avec (*jambes tout*) *unies*. Puis une surcharge, sans ratures (une écriture aussi soignée n'en admet point), a modifié ainsi ces deux vers :

> Ils parlent sans cajolerie,
> Ils ont la jambe tout unie.

Le texte de Molière porte (ci-dessus, p. 65) : « Venir en visite amoureuse avec une jambe toute unie. »

3.   Grande indigence de rubans. (*Copie Conrart.*)

[a] Voyez ci-dessus, p. 102, note 2, et p. 103, note 6.

témoigner son mécontentement de la réception qu'elles avoient faite aux deux galands. Mais bon Dieu ! à qui s'adressoit-il ?

« Comment ! s'écria Philimène [1],
Pour qui nous prennent ces amants,
De nous conter d'abord [2] leur peine ?
Est-ce ainsi que l'on fait l'amour dans les romans ? »

« Voyez-vous, mon oncle, poursuivit-elle, voilà ma cousine qui vous dira comme moi qu'il ne faut pas aller ainsi de plain-pied au mariage. — Et voulez-vous qu'on aille au concubinage ? interrompit le vieillard irrité. — Non sans doute, mon père, répliqua Clymène ; mais il ne faut pas aussi prendre le roman par la queue. Et que seroit-ce si l'illustre Cyrus épousoit Mandane dès la première année, et l'amoureux Aronce la belle Clélie ? Il n'y auroit donc ni aventures, ni combats. Voyez-vous, mon père, il faut prendre un cœur par les formes, et, si vous voulez m'écouter, je m'en vais vous apprendre comme on aime dans les belles manières [3]. »

---

[1]. Je crois qu'elles en eussent bien dit davantage ; car vous voyez bien qu'elles sont en bon chemin ; mais l'arrivée du père les en empêcha, et elles furent contraintes de se taire, pour écouter les réprimandes que leur fit cet homme de la manière dont elles avoient reçu les gens qu'il leur avoit présentés. Quand il eut fini ces reproches :

Comment, s'écria lors Clymène (sic).
(Copie Conrart.)

[2]. Le texte reproduit par M. Fournier a une moins bonne leçon :

De nous conter ainsi leur peine ?

[3]. Ce qui suit les derniers vers se réduit à ceci dans la copie Conrart : « Alors elles représentent au bonhomme que ce n'est pas de cette sorte que Cyrus a fait l'amour à Mandane, et l'illustre Aronce à Clélie, et qu'il ne faut pas ainsi aller de plain-pied au mariage. « Et voulez-vous qu'on aille au concubinage ? reprit le vieillard irrité. — Non sans doute, mais il faut aimer *par les règles.* »

Règles de l'amour [1].

I

Premièrement, les grandes passions
Naissent presque toujours des inclinations :
Certain charme secret que l'on ne peut comprendre
Se glisse dans les cœurs sans qu'on sache comment,
Par l'ordre du Destin; l'on s'en laisse surprendre,
Et sans autre raison, l'on s'aime en un moment [2].

II

Pour aider à la sympathie,
Le hasard bien souvent se met de la partie.
On se rencontre au Cours, au temple, dans un bal :
C'est là que du roman on commence l'histoire,
Et que les traits d'un œil fatal
Remportent sur un cœur une illustre victoire [3].

III

Puis on cherche l'occasion
De visiter la Demoiselle :
On la trouve encore plus belle,
Et l'on sent augmenter aussi sa passion [4].
Lors on chérit la solitude,
L'on ne repose plus la nuit,
L'on hait le tumulte et le bruit,
Sans savoir le sujet de son inquiétude.

---

1. Règles de l'amour précieux. (*Copie Conrart.*)

2.
I
Pour concevoir sa passion,
Il faut se trouver dans un temple,
Et que l'objet qu'on y contemple
Cause beaucoup d'émotion.
(*Ibidem.*)

3.
II
Il faut chérir la solitude,
Ne reposer plus bien la nuit,
S'éloigner du monde et du bruit,
Sans savoir le sujet de son inquiétude.
(*Ibidem.*)

4.
III
Il faut chercher l'occasion
De visiter la Demoiselle,
La trouver encore plus belle
Et sentir augmenter aussi sa passion.
(*Ibidem.*)

La règle III finit avec ce quatrième vers dans la copie. Les quatre vers suivants du texte forment dans la copie, comme on l'a vu, la règle II.

126 APPENDICE AUX PRÉCIEUSES.

IV

On s'aperçoit enfin que cet éloignement,
Loin de le soulager, augmente le tourment :
Lors on cherche l'objet pour qui le cœur soupire ;
    On ne porte que ses couleurs ;
On a le cœur touché de toutes ses douleurs,
Et ses moindres mépris font souffrir le martyre [1].

V

    Puis on déclare son amour,
    Et dans cette grande journée
Il se faut retirer dans une sombre allée,
    Rougir et pâlir tour à tour,
    Sentir des frissons, des alarmes,
    Enfin, se jeter à genoux [2],
    Et dire, en répandant des larmes,
A mots entrecoupés : « Hélas ! je meurs pour vous [3] ! »

VI

Ce téméraire aveu [4] mit la Dame en colère ;
Elle quitte l'amant, lui défend de la voir.
Lui, que ce procédé réduit au désespoir,
Veut servir par la mort le vœu de sa misère [5].
« Arrêtez, lui dit-il, objet rempli d'appas !
Puisque vous prononcez l'arrêt de mon trépas,

1.
                    IV

    Après, il faut de grands services,
    Ne porter plus que ses couleurs,
    Partager toutes ses douleurs,
    Et causer toutes ses délices ;
    Donner comédie et cadeaux,
    Des bals, des courses de chevaux,
      La nuit d'agréables aubades,
    Et le jour grandes promenades.
                  (Copie Conrart.)

2. Ce vers manque, et le dernier du couplet reste sans rime, dans la contrefaçon réimprimée par M. Fournier.

3. Sauf une petite interversion de mots au quatrième vers (*Pâlir et rougir*), cette règle v est restée dans l'imprimé ce qu'elle était dans la copie.

4. Dans le texte Barbin, par faute (*adieu* pour *adveu*) :

    Ce téméraire adieu....

5. Ce vers, qui se lit ainsi dans la contrefaçon reproduite par M. Fournier,

RÉCIT DE LA FARCE DES PRÉCIEUSES.

Je vous veux obéir; mais apprenez, cruelle[1],
Que vous perdrez dedans ce jour
L'adorateur le plus fidèle
Qui jamais ait senti le pouvoir de l'amour. »

VII

Une âme se trouve attendrie
Par ces ardents soupirs et ces tendres discours.
On se fait un effort pour lui rendre la vie,
De ce torrent de pleurs on fait cesser le cours,
Et d'un charmant objet la puissance suprême
Rappelle du trépas par un seul : « Je vous aime[2]. »

« Voilà comme il faut aimer, poursuit cette savante fille, et ce sont des règles dont en bonne galanterie l'on ne peut jamais se dispenser[3]. » Le père fut si épouvanté de ces nouvelles maximes, qu'il s'enfuit, en protestant qu'il étoit bien aisé d'aimer dans le temps

---

n'est pas très-aisé à entendre. Mais il fallait remplacer un mot impossible du texte original :

Veut servir par la mort *leuez* de sa misère.

Peut-être l'auteur avait-il écrit :

Veut guérir par la mort l'excès de sa misère.

1.
VI
Alors la dame fait la fière,
Appelle l'amant téméraire,
Lui défend de jamais la voir ;
Et le galant, au désespoir,
Lui dit : « Ah ! cruelle Clymène,
Il faut mourir pour vos divins appas :
Vous avez prononcé l'arrêt de mon trépas.
Je vai vous obéir, adorable Inhumaine :
Puisque je vous suis odieux,
Je veux expirer à vos yeux;
Mais apprenez au moins, cruelle.... »
(*Copie Conrart.*)

2.
VII
La belle se trouve attendrie
A des discours si pleins d'amour ;
Lui permet d'espérer, pour lui rendre la vie,
Qu'elle pourra l'aimer un jour.
(*Ibidem.*)

3. .... et c'est prendre un roman par la queue que d'en user autrement.
(*Ibidem.*)

qu'il faisoit l'amour à sa femme, et que ces filles étoient folles avec leurs règles.

Sitôt qu'il fut sorti, la suivante vint dire à ses maîtresses qu'un laquais demandoit[1] à leur parler. Si vous pouviez concevoir, Madame, combien ce mot de laquais est rude pour des oreilles précieuses, nos héroïnes vous feroient pitié. Elles firent un grand cri, et regardant cette petite créature avec mépris : « Mal apprise ! lui dirent-elles, ne savez-vous pas que cet officier se nomme un nécessaire[2] ? » La[3] réprimande faite, le nécessaire entra, qui dit aux Précieuses que le marquis de Mascarille, son maître, envoyoit savoir s'il ne les incommoderoit point de les venir voir. L'offre étoit trop agréable à nos Dames, pour la refuser ; aussi l'acceptèrent-elles de grand cœur ; et sur la permission qu'elles en donnèrent, le marquis entra, dans un équipage si plaisant, que j'ai cru ne vous pas déplaire en vous en faisant la description.

1. Le vieillard, qui se souvient que du temps qu'il faisoit l'amour à sa femme, on ne faisoit point tant de façons, est si fort épouvanté de ces règles, qu'il s'enfuit, et l'on vient avertir ses filles qu'un laquais demande....
(*Copie Conrart*.)

2. .... et regardant cette fille avec mépris : « Petite mal-apprise ! lui dirent-elles, quand voulez-vous apprendre à parler ? Ne savez-vous pas que cet officier se nomme nécessaire ? » (*Ibidem*.)

3. Tout ce qui suit, jusqu'au Dialogue (p. 130), est bien différent dans la copie Conrart : « La réprimande faite, le nécessaire leur vient demander permission de la part du marquis de Mascarille de venir leur rendre ses devoirs. Le titre et le nom étoient trop précieux, pour qu'il ne fût pas bien reçu. Elles commandèrent qu'on le fît entrer ; mais, en attendant, elles demandèrent une soucoupe inférieure[a], et le conseiller des Grâces. Vous ne serez pas fort surprise quand je vous dirai que la soubrette ne les entendit pas ; car je m'imagine que vous ne l'entendez pas vous-même. Aussi cette pauvre fille les pria-t-elle bien humblement de parler chrétien, et qu'elle (*sic*) n'entendoit pas ce langage. Elles se résolurent à démétaphoriser et nommer les choses par leur nom. Après quoi, Mascarille entra, et leur fit une révérence qui faisoit bien connoître qu'il étoit du monde plaisant et qu'il alloit du bel air (« alloit » *est écrit au-dessus d'« avoit » non effacé*). Pour moi, je le trouve si charmant, que je vous en envoie le crayon : jugez de l'importance du personnage par cette figure. On lui présenta une commodité de conversation ; et dès qu'il se fut mis dans un insensible qui lui tendoit les bras, ils commencèrent leur conversation en ces termes. » — Le *crayon* qui tenait lieu de la description de l'imprimé n'a malheureusement pas été conservé par Conrart.

[a] L'indécence aurait ici passé de bien loin la grossièreté d'un des jeux de scène de *l'Étourdi* (fin de l'acte III). Le mot, qui s'entend de reste, a été recueilli et traduit dans le vocabulaire de Somaize (tome I, p. xliv du recueil de M. Livet).

Imaginez-vous donc, Madame, que sa perruque étoit si grande, qu'elle balayoit la place à chaque fois qu'il faisoit la révérence, et son chapeau si petit, qu'il étoit aisé de juger que le marquis le portoit bien plus souvent dans la main que sur la tête; son rabat se pouvoit appeler un honnête peignoir[1], et ses canons sembloient n'être faits que pour servir de caches aux enfants qui jouent à cline-musette; et en vérité, Madame, je ne crois pas que les tentes des jeunes Massagètes[2] soient plus spacieuses que ses honorables canons. Un brandon de glands[3] lui sortoit de sa poche comme d'une corne d'abondance, et ses souliers étoient si couverts de rubans, qu'il ne m'est pas possible de vous dire s'ils étoient de roussi, de vache d'Angleterre ou de maroquin; du moins sais-je bien qu'ils avoient un demi-pied de haut, et que j'étois fort en peine de savoir comment des talons si hauts et si délicats pouvoient porter le corps du marquis, ses rubans, ses canons et sa poudre. Jugez de l'importance du personnage sur cette figure, et me dispensez, s'il vous plait, de vous en dire davantage : aussi bien faut-il que je passe au plus plaisant endroit de la pièce, et que je vous dise la conversation que nos Précieux et nos Précieuses eurent ensemble.

1. Mlle des Jardins avait certainement lu, comme Molière, *les Lois de la galanterie* (voyez ci-dessus, p. 71, note 2), et cette comparaison, qui s'y trouve p. 19, 20 de l'édition de 1644, paraît en être prise « .... En ce qui est des collets, l'on a dit qu'au lieu que nos pères en portoient de petits tous simples, ou de petites fraises semblables à celles d'un veau, nous avons au commencement porté des rotondes de carte forte, sur lesquelles un collet empesé se tenoit étendu en rond en manière de théâtre, qu'après l'on a porté *des espèces de pignoirs (sic)* sans empeser qui s'étendoient jusqu'au coude; qu'en suite l'on les a rognés petit à petit pour en faire des collets assez raisonnables, et qu'au même temps l'on a porté de gros tuyaux godronnés que l'on appeloit encore des fraises, où il y avoit assez de toile pour les ailes d'un moulin à vent, et qu'enfin, quittant tout cet attirail, l'on est venu à porter des collets si petits, qu'il semble que l'on se soit mis une manchette autour du col. »
2. C'est une allusion au *Grand Cyrus*, comme le fait remarquer M. Édouard Fournier.
3. Tout un paquet, *un bouquet de glands*, ainsi que l'explique M. Littré dans son *Dictionnaire* (au mot *Brandon*, premier article, 4°), sans donner d'autre exemple de cette expression. Mais nous préférerions ici, au lieu de *glands*, lire *galands*, comme dans le texte reproduit par M. Éd. Fournier. Mascarille, déjà tout chamarré de *galands*, montre qu'il en a encore de provision. Son costume réalisait en quelque sorte une des plaisanteries de l'auteur des *Lois de la galanterie*[a] : ce que ces boutiques étalaient surtout, c'était les rubans; il fallait faire voir qu'ils n'étaient même pas tous à la montre, qu'on en avait à revendre.

[a] Voyez ci-dessus, p. 94, le passage cité à la note 4 de la page précédente.

Dialogue de Mascarille, de Philimène et de Clymène.

CLYMÈNE.
L'odeur de votre poudre est des plus agréables,
Et votre propreté des plus inimitables[1].
MASCARILLE.
Ah ! je m'inscris en faux ; vous voulez me railler :
A peine ai-je eu le temps de pouvoir m'habiller[2].
Que dites-vous pourtant de cette garniture ?
La trouvez-vous congruante à l'habit ?
CLYMÈNE.
C'est perdrigeon tout pur.
PHILIMÈNE.
Que Monsieur a d'esprit !
L'esprit paroît même dans la parure[3].
MASCARILLE.[4]
Ma foi, sans vanité, je crois l'entendre un peu.
Mesdames, trouvez-vous ces canons du vulgaire ?

---

1. Dans la copie (ce qui suppose que l'auteur avait laissé *agréable* au singulier) :

> Et votre propreté me paroît admirable.

2.   Madame, vous voulez railler :
A peine ai-je eu le temps de m'habiller.
(*Copie Conrart.*)

3. La copie porte *dans sa parure*. Au lieu de ce vers de dix syllabes, l'éditeur de Hollande en donne un bien rempli, de douze :

> L'esprit même paroît jusque dans la parure.

Cette manière d'allonger vaille que vaille la mesure était bien, d'après des Réaux, celle de Mlle des Jardins, quand elle improvisait ses toilettes de bal; mais elle a un peu mieux justifié l'autre prétention qu'elle avait de « savoir allonger des vers. »

4. A partir d'ici jusqu'au madrigal de Mascarille (p. 132), le récit a été complété pour l'impression. On lit seulement dans la copie Conrart :

MASCARILLE.
Quoi ? vous aimez l'esprit ?
PHILIMÈNE.
Oui, mais terriblement
MASCARILLE.
Vous voyez des auteurs ?
CLYMÈNE.
Assez peu.
PHILIMÈNE.
Rarement.
En vérité c'est grand dommage[a].

[a] Aucun vers ne répond à celui-ci dans la copie.

Ils ont du moins un quart de plus qu'à l'ordinaire.
Et, si nous connoissons le beau couleur de feu,
Que dites-vous du mien?

PHILIMÈNE.

Tout ce qu'on en peut dire.

CLYMÈNE.

Il est du dernier beau ; sans mentir, je l'admire.

MASCARILLE.

Ahy! ahy! ahy! ahy!

PHILIMÈNE.

Hé, bon Dieu! qu'avez-vous?
Vous trouvez-vous point mal?

MASCARILLE.

Non, mais je crains vos coups.
Frappez plus doucement, Mesdames, je vous prie.
Vos yeux n'entendent pas la moindre raillerie.
Quoi, sur mon pauvre cœur toutes deux à la fois !
Il n'en falloit point tant pour le mettre aux abois.
Ne l'assassinez plus, divines meurtrières.

CLYMÈNE.

Ma chère, qu'il sait bien les galantes manières!

PHILIMÈNE.

Ah! c'est un Amilcar, ma chère, assurément.

MASCARILLE.

Aimez-vous l'enjoué?

MASCARILLE.

Ah! je vous en veux amener.
Je les ai tous les jours à ma table à dîner.

PHILIMÈNE.

On nous promet les compagnies
Des auteurs des Pièces choisies.

MASCARILLE.

Ah! ah! ces faiseurs de chansons :
Eh! ce sont d'assez bons garçons.
Mais ils n'ont jamais fait de pièces d'importance.
J'aime pourtant assez leurs rondeaux, et la stance,
Je trouve quelque esprit à bien faire un sonnet,
Et je me divertis à lire un bon portrait.
Ça vous n'en croyez rien?

CLYMÈNE.

Je m'y connois fort mal,
Ou vous aimeriez mieux lire un beau madrigal.

MASCARILLE.

Vous avez le goût fin. Ah! je vous en veux dire
Un assez beau de moi, qui vous fera bien rire.
  Il est joli, sans vanité,
  Et vous le trouverez fort tendre.
  Nous autres gens de qualité
  Nous savons tout sans rien apprendre.

PHILIMÈNE.
  Oui, mais terriblement.
   MASCARILLE.
Ma foi, j'en suis ravi, car c'est mon caractère :
On m'appelle Amilcar aussi pour l'ordinaire.
A propos d'Amilcar, voyez-vous quelque auteur?
   CLYMÈNE.
Nous ne jouissons point encor de ce bonheur;
Mais on nous a promis les belles compagnies
  Des auteurs des *Poésies choisies*.
   MASCARILLE.
Ah! je vous en veux amener :
Je les ai tous les jours à ma table à dîner;
C'est moi seul qui vous puis donner leur connoissance.
Mais ils n'ont jamais fait de pièces d'importance.
J'aime pourtant assez le rondeau, le sonnet;
J'y trouve de l'esprit, et lis un bon portrait
Avec quelque plaisir. Et vous, que vous en semble?
   CLYMÈNE.
Lorsque vous le voudrez, nous en lirons ensemble.
Mais ce n'est pas mon goût; et je m'y connois mal,
Ou vous aimeriez mieux lire un beau madrigal.
   MASCARILLE.
Vous avez le goût fin. Nous nous mêlons d'en faire.
Je vous en veux dire un qui vous pourra bien plaire :
  Il est joli, sans vanité,
  Et dans le caractère tendre.
  Nous autres gens de qualité
  Nous savons tout sans rien apprendre.
Vous en allez juger : écoutez seulement.

Madrigal de Mascarille.

Ho! ho! je n'y prenois pas garde :
Alors que sans songer à mal je vous regarde,
Votre œil en tapinois vient dérober mon cœur.
O voleur! ô voleur! ô voleur! ô voleur[1]*!*
   CLYMÈNE.
Ma chère, il est poussé dans le dernier galand[2].
Il est du dernier fin, il est inimitable,
Dans le dernier touchant; je le trouve admirable,
Il m'emporte l'esprit[3]....

---

1. La copie a ici, plus correctement, les quatre fois, *au voleur*.

2. Ce vers, et celui qui précède immédiatement le madrigal, manquent dans la copie.

3.   Vraiment il est inimitable!

MASCARILLE.
Et ces voleurs, les trouvez-vous plaisants ?
Ce mot de *tapinois* [1] ?
CLYMÈNE.
Tout est juste, à mon sens.
Aux meilleurs madrigaux il peut faire la nique,
Et ce *Ho! ho!* vaut mieux qu'un poëme épique [2].
MASCARILLE.
Puisque cet impromptu vous donne du plaisir,
J'en veux faire un pour vous tout à loisir.
Le madrigal me donne peu de peine,
Et mon génie est tel pour ces vers inégaux,
Que j'ai traduit en madrigaux,
Dans un mois, l'histoire romaine [3].

Si les vers ne me coûtoient pas davantage à faire qu'au marquis de Mascarille, je vous dirois dans ce genre d'écrire tous les applaudissements que les Précieuses donnèrent au Précieux. Mais, Madame, mon enthousiasme commence à me quitter, et je suis d'avis de vous dire en prose qu'il vint un certain vicomte remplir la ruelle des Précieuses, qui se trouva le meilleur des amis du marquis : ils se firent mille caresses, ils dansèrent ensemble, ils cajolèrent les dames ; mais enfin leurs divertissements furent interrompus par l'arrivée des amants maltraités, qui malheureusement étoient les maîtres des Précieux [4]. Vous jugez bien de la douleur que cet accident causa, et la honte des Précieuses lorsqu'elles se virent ainsi bernées. Suffit que la farce finit de cette sorte, et que je finis aussi

---

Bon Dieu ! ce madrigal me paroît admirable !
Il m'emporte l'esprit.
(Copie Conrart.)

Le dernier hémistiche (ou petit vers) de ce couplet est resté ainsi en l'air dans la copie comme dans l'imprimé.

1. Le mot de *tapinois*. *(Copie Conrart.)*

2. Le vers est ainsi, de dix syllabes, dans le texte de Barbin. On ne voit pas pourquoi *Ho ho!* est redoublé dans le texte reproduit par M. Fournier. La copie porte :

A nos meilleurs auteurs vous feriez bien la nique,
Et j'aime ce *ho*, *ho!* mieux qu'un poëme épique.

3. Et mon génie est tel pour les vers inégaux,
Que dans un mois, en madrigaux,
J'ai traduit l'histoire romaine.

4. Le texte Barbin a, par erreur : *du Précieux*.

ma longue lettre, en vous protestant que je suis avec tout le respect imaginable,

MADAME,

Votre très-humble et très-obéissante servante,

D D D D D D[1].

[1]. La fin de la lettre est encore tout autre dans la copie du Recueil de Conrart : « Si les vers ne me coûtoient pas plus à faire qu'au marquis de Mascarille, je vous dirois en rime de quelle manière les Précieuses applaudirent les vers du Précieux. Mais mon enthousiasme commence à me quitter; et vous trouverez bon, Madame, s'il vous plaît, que je vous dise en prose que Mascarille conta ses exploits à ces dames, et leur dit qu'il avoit commandé deux mille chevaux sur les galères de Malte. Un de ses intimes amis survint, qui lui dit qu'il avoit eu un coup de mousquet dans la tête, et qu'il avoit rendu sa balle en éternuant. Enfin il se trouve que les Précieux sont valets des deux amants maltraités, et que les Précieuses sont bernées. Voilà comme finit la farce; et voilà comme finit celle-ci. Je suis, etc. » Cette grosse facétie de la balle éternuée était peut-être du cru de Jodelet, et n'a pas été conservée par Molière.

SGANARELLE

ou

LE COCU IMAGINAIRE

COMÉDIE

REPRÉSENTÉE POUR LA PREMIÈRE FOIS

PAR LA

TROUPE DE MONSIEUR, FRÈRE UNIQUE DU ROI

SUR LE

THÉÂTRE DU PETIT-BOURBON, LE 28ᵉ JOUR DE MAI 1660

NOTICE.

Le succès des *Précieuses ridicules* était à peine épuisé, que Molière en obtenait un autre avec *Sganarelle* ou *le Cocu imaginaire*, représenté six mois après *les Précieuses*, le 28 mai 1660. Doneau, l'auteur d'une pièce calquée sur *Sganarelle*, *la Cocue imaginaire*, prend soin, dans son avis *Au lecteur*, de bien établir que les circonstances peu favorables au milieu desquelles se produisit la pièce de Molière, ne l'ont pas empêchée de réussir autant peut-être que *les Précieuses*. Parmi ces circonstances, il oublie de remarquer la plus défavorable : c'était le succès même de la pièce précédente ; il est singulier que l'on n'ait pas même paru songer à le faire expier à Molière en dépréciant sa nouvelle comédie, charmante sans doute, mais fort inférieure cependant à quelques-uns de ses chefs-d'œuvre, qui n'ont pas obtenu un triomphe aussi soutenu et surtout aussi peu contesté. Voici le passage de Doneau (p. 4 et 5 de l'avis *Au lecteur*) : « Cette pièce a été jouée, non-seulement en plein été, où, pour l'ordinaire, chacun quitte Paris pour s'aller divertir à la campagne, mais encore dans le temps du mariage du Roi[1], où la curiosité avoit attiré tout ce qu'il y a de gens de qualité en cette ville : elle n'en a toutefois pas moins réussi, et quoique Paris fût, ce semble, désert, il s'y est néanmoins encore trouvé assez de personnes de condition pour remplir plus de

---

1. Le mariage du Roi fut célébré à Saint-Jean-de-Luz le 9 juin, mais les deux cours, de France et d'Espagne, étaient aux Pyrénées depuis près d'un mois. Le couple royal arriva à Fontainebleau le 13 juillet, alla de là s'établir à Vincennes, et la Reine fit son entrée à Paris le 26 août.

quarante fois les loges et le théâtre du Petit-Bourbon, et assez de bourgeois pour remplir autant de fois le parterre. Jugez quelle réussite cette pièce auroit eue, si elle avoit été jouée dans un temps plus favorable, et si la cour avoit été à Paris. Elle auroit sans doute été plus admirée que *les Précieuses*, puisqu'encore que le temps lui fût contraire, l'on doute si elle n'a pas eu autant de succès. Jamais on ne vit de sujet mieux conduit, jamais rien de si bien fondé que la jalousie de Sganarelle, et jamais rien de si spirituel que ses vers. » Et Doneau ajoutait : « C'est pourquoi presque tout Paris a souhaité de voir ce qu'une femme pourroit dire, à qui il arriveroit la même chose qu'à Sganarelle, et si elle auroit autant de sujet de se plaindre quand son mari lui manque de foi, que lui quand elle lui est infidèle. » C'était pour répondre à ce souhait de « tout Paris, » que Doneau s'était hâté de composer une petite comédie où, sans se mettre en frais d'invention, il avait suivi, scène par scène, celle de Molière, se bornant à transposer les rôles, et à attribuer à la femme les inquiétudes mal fondées du mari. Quoique les vers malheureusement ne ressemblent en rien à ceux de Molière, il faut croire que cette pièce obtint un certain succès, car elle eut deux éditions en moins de deux ans[1].

[1]. Nous ne connaissons que la seconde, celle qui se trouve à la Bibliothèque nationale (Y + 5 734 + 4 A). Voici le titre : « *La Cocue imaginaire*, comédie. A Paris, chez Jean Ribou, sur le quai des Augustins, à l'image Saint-Louis. M DC LXII. Avec privilége du Roi. » Intérieurement, à la page 1, le titre est double : *les Amours d'Alcippe et de Céphise* ou *la Cocuë imaginaire*, comédie. Le privilége, qui désigne la pièce par son titre le plus noble, est du 25 juillet 1660. L'achevé d'imprimer pour la seconde fois est du 27 mai 1662. On voit que Doneau s'était hâté : pour composer sa pièce, ou du moins les vers de sa pièce, car c'est tout ce qu'il y a de lui dans cet ouvrage, et pour obtenir un privilége, il avait mis moins de deux mois (du 28 mai, première représentation du *Cocu imaginaire*, au 25 juillet, où son privilége lui fut délivré). Cet empressement suffirait à prouver la seule chose qui importe ici, le succès éclatant de la pièce de Molière, dont l'imitateur se pressait de profiter. L'impression de *la Cocue*, du reste, prit quelque temps ; car c'est seulement le 16 septembre 1660 que le sieur Ribou fait enregistrer son privilége par la compagnie des libraires

Elle ne paraît pas cependant avoir jamais été représentée [1].

On voit que rien ne manquait pour égaler presque le succès de *Sganarelle* à celui des *Précieuses*, ni les applaudissements du public, ni les mauvaises imitations.

Doneau exagère un peu, quand il dit que la pièce de Molière a eu dans sa nouveauté plus de quarante représentations [2]; elle n'en a eu que trente-quatre; mais l'élévation des recettes justifie ce qu'il ajoute : « On doute si elle n'a pas eu autant de

(voyez les Registres de cette compagnie, Bibliothèque nationale, manuscrits, fonds français, n° 21945). — Quel était ce Doneau qui avait au moins le mérite, assez rare encore à cette date, de professer pour *M. de Molier*[a] une si franche et si vive admiration? On ne le sait. Au-dessous du titre, sur l'exemplaire de la Bibliothèque nationale, on a ajouté, et l'écriture est ancienne : *Par le Sr de Vizé*. De Visé, en effet, le trop fameux rédacteur du *Mercure galant*, s'appelait Donneau, mais par deux *n*; tandis que le nom de l'auteur de *la Cocue imaginaire*, soit dans le privilége imprimé avec sa pièce, soit dans les Registres de la compagnie des libraires, est écrit *Doneau*. De plus de Visé s'appelait *Jean Donneau*, et les initiales de la signature placée au bas de la dédicace de la pièce « à Mademoiselle Henriette *** », sont F. D. En outre, quoique les opinions de Donneau de Visé aient beaucoup varié à l'égard de Molière, son admiration pour lui serait fort étrange en 1660. Les frères Parfaict disent (tome VIII, p. 390, note 3) que les deux Doneau étaient parents.

1. Les frères Parfaict disent positivement (tome VIII, p. 390) qu'elle ne le fut pas; et si elle l'eût été, l'auteur n'aurait pas manqué de s'en vanter, au moins dans la seconde édition. — Léris, qui passe pour un historien exact du théâtre, dit dans son *Dictionnaire portatif des théâtres* (1754), p. 84, que la pièce fut « jouée au théâtre de l'hôtel de Bourgogne, à la fin de 1661; » mais il ajoute : « quelques auteurs pensent cependant que cette pièce n'a pas été représentée. »

2. Il est facile de voir qu'il ne parle que des représentations *au théâtre;* nous devons ajouter toutefois que *le Cocu imaginaire* a été plusieurs fois joué *en visite* par la troupe de Molière : ces visites n'ont eu lieu du reste qu'après la clôture du théâtre, lors de la démolition du Petit-Bourbon, et pendant qu'on préparait la salle du

[a] C'est ainsi, nous l'avons déjà dit, qu'il écrit encore ce nom.

succès (*que* les Précieuses). » Voici la liste des représentations :

Vendredi 28 mai, *Venceslas, le Cocu imaginaire*, pour la première fois...		300 tt
Dimanche 30 mai, *Nicomède, le Cocu imaginaire*..........		350

Le registre porte ici cette note marginale, qui se rapporte évidemment au vendredi 28 mai : « Première représentation. Pièce nouvelle de M. de Molière. »

Mardi 1er juin.....	*Le Menteur, le Cocu*...............	230
Vendredi 4 juin....	*L'Héritier, le Cocu*................	181
Dimanche 6.......	*L'Héritier, le Cocu*................	515
Mardi 8..........	*Le Dépit, le Cocu*.................	348
Vendredi 11......	*Le Dépit, le Cocu*.................	760
Dimanche 13.....	*Le Dépit, le Cocu*.................	715

(Donné par la troupe à M. de Molière de présent 500 tt.)

Mardi 15.........	*L'Étourdi, le Cocu*................	450
Vendredi 18......	*Le Cocu, le Docteur pédant*.........	320
Mardi 22.........	*Le Dépit, le Cocu*.................	220
Jeudi 24.........	*Héraclius, le Cocu*................	155
Dimanche 27.....	*Endymion*[1]*, le Cocu*.............	520
Mardi 29.........	*Endymion, le Cocu*................	355
Dimanche 4 juillet..	*Endymion, le Cocu*................	640
Mardi 6..........	*Endymion, le Cocu*................	657
Vendredi 9.......	*Endymion, le Cocu*................	620
Dimanche 11.....	*Endymion, le Cocu*................	725

Palais-Royal. La Grange ne donne pas la date des visites ailleurs que chez le Roi ou chez Monsieur :

« Une visite chez M. Foucquet, surintendant des finances, *l'Étourdi et le Cocu*... 500 tt.

« Une visite chez M. le maréchal de la Meilleraye, *le Cocu et les Précieuses*.. 220 tt.

« Une visite chez M. de la Basinière, trésorier de l'Épargne, *idem*. 330 tt.

« Une visite chez M. le duc de Roquelaure, *l'Étourdi et le Cocu*.. 25 louis d'or, 275 tt.

« Une visite chez M. le duc de Mercœur, *le Cocu imaginaire*.. 150 tt.

« Une visite chez M. le comte de Vaillac, *l'Héritier ridicule*[a] et *le Cocu*.. 220 tt.

1. Par Gilbert.

a. Par Scarron.

Mardi 13..........	*Endymion, le Cocu*...............	700 tt
Vendredi 16......	*Endymion, le Cocu*...............	400
Dimanche 18.....	*Endymion, le Cocu*...............	660
Mardi 20..........	*Les Visionnaires, le Cocu*..........	656
Jeudi 22..........	*Les Visionnaires, le Cocu*..........	265
Vendredi 23	*Le Dépit, le Cocu*................	357
Dimanche 25.....	*Le Dépit, le Cocu*................	500
Dimanche 1er août..	*L'Étourdi, le Cocu*...............	771
Mardi 3	*L'Héritier ridicule, le Cocu*.........	432

(Donné par la troupe à M. de Molière encore pour *le Cocu* 500 tt.)

Dimanche 5 sept...	*Huon de Bordeaux*[1], *le Cocu*.......	540
Mardi 7	*Huon de Bordeaux, le Cocu*........	280

(Achevé de payer à M. de Molière pour *le Cocu*, en lui donnant pour la troisième fois 500 tt.)

Vendredi 10.......	*Félicie*[2], *le Cocu*................	492
Dimanche 12.....	*Félicie, le Cocu*.................	500
Mardi 14..........	*Félicie, le Cocu*.................	460
Vendredi 17......	*Félicie, le Cocu*.................	210
Dimanche 19.....	*Félicie, le Cocu*.................	415

Après le retour du Roi (voyez ci-dessus, p. 137, note), la pièce est jouée plusieurs fois devant lui :

« Samedi 31 juillet, joué au bois de Vincennes pour le Roi *le Dépit* et *le Cocu imaginaire*.

« Samedi 21 août, joué pour le Roi à Vincennes *l'Héritier ridicule* et *le Cocu*.

« Lundi 30 août, joué pour Monsieur au Louvre *les Précieuses*, *le Cocu*.

« Le 23 novembre, un mardi, on a joué à Vincennes, devant le Roi et Son Éminence (*Mazarin*), *Don Japhet* et *le Cocu*. »

On voit que Louis XIV goûtait fort cette comédie. C'est même, de toutes les pièces de Molière qui n'étaient point mêlées à des ballets, celle que nous trouvons mentionnée le plus souvent (neuf fois), comme ayant été représentée devant lui. Ce chiffre n'a été dépassé que par une comédie-ballet, *les Fâcheux*, représentée dix fois, et égalé par une autre du même genre, *la Princesse d'Élide*, neuf fois.

1. Par un auteur anonyme.
2. *Les Charmes de Félicie*, par Pousset de Montauban.

142 SGANARELLE OU LE COCU IMAGINAIRE.

A la ville, le succès a été le même du vivant de Molière, et tandis que les représentations de presque toutes ses pièces, et notamment des trois premières, subissaient des interruptions quelquefois très-prolongées, *le Cocu imaginaire* a été joué tous les ans jusqu'en 1673. C'est la pièce qui l'a été le plus souvent sur son théâtre pendant cette période, cent vingt-deux fois; la seule qui approche de ce chiffre est *l'École des maris*, cent huit fois. Elle est donnée ensuite, sauf de très-rares interruptions, chaque année, et pendant la fin du règne de Louis XIV et pendant la première moitié du règne de Louis XV. Il paraît toutefois qu'en 1746, comme les progrès de la décence ne correspondent pas exactement à ceux de la morale publique, on commença à la trouver inconvenante; car elle n'est plus jouée que cinq fois (en 1753) jusqu'en 1793[1].

Le Théâtre-Français la reprend en 1802, et elle se joue régulièrement jusqu'en 1809, mais sous ce titre nouveau : *Sganarelle* ou *le Mari qui se croit trompé*; c'est du moins sous ce titre que Geoffroy l'annonce, en gémissant toutefois que « les comédiens se *soient* avisés de remettre précisément, » de toutes les *farces* de Molière, « celle qui paraît le moins digne de son illustre auteur[2]. » Les scrupules de Geoffroy reçurent

1. Nous rappellerons ce que nous avons dit dans l'Appendice du premier volume : les registres de la Comédie offrent, à l'époque de la Révolution, une lacune qui s'étend de 1793 à 1799.

2. Voyez le *Cours de littérature dramatique* de Geoffroy, Paris, 1819 ou 1825, tome I, p. 303 (feuilleton du 27 brumaire an XI). Nous avons sous les yeux une comédie intitulée : « *Sganarelle* ou *le Mari qui se croit trompé*, comédie en un acte et en vers de Molière, arrangée avec des scènes nouvelles, un nouveau dénouement, et mise en un acte, par J. A. Gardy, Paris, chez Fages, an XI, 1802. » Un avis explique le genre de travail auquel s'est livré Gardy : « En supprimant des personnages inutiles, lui donnant un dénouement plus précis, plus naturel, réduisant trois actes en un seul, et arrangeant un grand nombre de scènes de cette pièce, j'ai cru la rendre *plus jouable* soit dans les départements ou en société. Mon but sera rempli si ces améliorations répondent à mon désir. » La façon dont Gardy écrit en prose peut donner une idée des *améliorations* que les vers de Molière ont dû subir entre ses mains; serait-ce la pièce ainsi *améliorée*, et sous le titre qu'indique Geoffroy, qui aurait été

satisfaction ; car la pièce, laissée de côté depuis 1809, n'a été reprise qu'en 1834. Depuis ce temps, elle a été représentée presque tous les ans jusqu'en 1851. Pendant les quinze premières années du second Empire, elle n'est jouée que deux fois ; mais, reprise depuis 1866, elle n'a plus quitté le théâtre.

Parmi les acteurs qui ont joué la pièce dans l'origine, il n'en est que deux dont on soit sûr. C'est d'abord Molière : le premier éditeur vante le talent qu'il déployait dans le rôle de Sganarelle, et l'on peut croire qu'il l'a joué jusqu'à la fin de sa vie ; car dans son inventaire après décès, qu'a publié M. Eud. Soulié, on voit mentionné parmi ses habits de théâtre celui du *Cocu imaginaire*[1]. C'est ensuite du Parc, qui étant rentré dans la troupe avec sa femme, à Pâques précédent, dut certainement être chargé du nouveau rôle de *Gros-René ;* il reprit l'emploi qu'il avait créé et dont il avait fait son nom de théâtre. Pour les autres rôles, nous ne savons où Aimé-Martin et les éditeurs qui l'ont suivi ont pris les renseignements qu'ils donnent à ce sujet.

Sur la distribution de la pièce, soit pendant la fin du règne de Louis XIV, soit sous le règne de Louis XV, nous n'avons rien trouvé dans les registres de la Comédie-Française. Voici la distribution à trois époques différentes depuis la Révolution :

	An XIII (1805).	1842.	Aujourd'hui.
Sganarelle.	Grandmesnil.	Samson.	Got.
Gorgibus.	Caumont.	Varlet.	Kime.
Lélie.	Gontier [2].	Labat.	Prudhon.
Gros-René.	Dublin.	Riché.	Coquelin cadet.
Villebrequin.	Lacave.	Robert.	Joliet.
Célie.	Mmes Volnais.	Denain.	Tholer.
La Femme de Sganarelle.	Émilie Contat.	Varlet.	Provost Ponsin.
La Suivante.	Desbrosses.	Brohan.	Bianca.

Il nous reste à donner, comme nous l'avons fait pour les

représentée à la fin de 1802, et dont le critique a rendu compte à cette date ?

1. *Recherches sur Molière*, p. 278.

2. Cet acteur est celui qui plus tard, ayant passé au théâtre de Madame (du Gymnase), a tant contribué, dit-on, au succès des

précédentes pièces de Molière, l'indication de la mise en scène telle qu'elle existait sous Louis XIV :

« *Le Cocu imaginaire*. — Il faut deux maisons à fenêtre ouvrante, une boîte à portraits, une grande épée, une cuirasse et casque. Un écu[1]. »

Quant au mérite littéraire de la pièce, que Voltaire, avec quelques réserves, classe pourtant parmi les bons ouvrages, mais pour laquelle Laharpe[2] et, comme nous l'avons vu, Geoffroy se montrent très-rigoureux, il semble que, dans sa nouveauté au moins, il n'ait été contesté par personne. On est même stupéfait de voir l'auteur des *Nouvelles nouvelles*, si malveillant pour Molière, écrire trois ans plus tard, en 1663 : « *Le Cocu imaginaire*.... est, à mon sentiment et à celui de beaucoup d'autres, la meilleure de toutes ses pièces et la mieux écrite[3]. » On ne s'est même pas alors, que nous sachions, dédommagé de cette admiration forcée en criant au plagiat, et il est assez remarquable qu'on se soit abstenu cette fois d'y voir une de ces imitations dont on avait régulièrement accusé Molière pour ses premières pièces[4].

---

pièces de Scribe. Voyez dans le *Dictionnaire théâtral* (par Harel et Jal, mais, sur le titre, anonyme), Barba, 1825, un article, très-favorable à Gontier, et assez désobligeant pour Scribe.

1. Bibliothèque nationale, manuscrits français, n° 24330. « Mémoire de plusieurs décorations qui servent aux pièces contenues en ce présent livre, commencé par Laurent Mabelot et continué par Michel Laurent en l'année 1673. »

2. *Lycée*, IIe partie, chapitre vi, section ii.

3. IIIe partie, p. 225, 226. Il faut dire que cette louange est un moyen de diminuer le mérite de *l'École des maris*, des *Fâcheux*, et de *l'École des femmes*, déjà représentés à cette date.

4. Il faut noter cependant ce passage de Grimarest : « Quelques personnes savantes et délicates répandoient aussi leur critique. Le titre de cet ouvrage, disoient-ils, n'est pas noble; et puisqu'il a pris presque toute cette pièce chez les étrangers, il pouvoit choisir un sujet qui lui fît plus d'honneur. » (*La Vie de M. de Molière*, 1705, p. 38 et 39.) Mais il n'y a pas grand compte à tenir d'une aussi vague assertion, si vaguement rapportée, quarante-cinq ans plus tard, par le moins sérieux des biographes.

Ce n'est que beaucoup plus tard qu'on s'est avisé (Riccoboni le premier, ce semble [1]) de vouloir diminuer le mérite de cette comédie, en la donnant comme une imitation d'une italienne, intitulée : *il Ritratto* ovvero *Arlechino cornuto per opinione*, « le Portrait ou Arlequin cornu imaginaire ». « Cette pièce, disent les frères Parfaict dans une note [2], a été représentée par la nouvelle troupe italienne, le 10ᵉ novembre 1716. Elle est en prose et en trois actes, non imprimée. » Selon Cailhava [3], elle n'aurait pas eu moins de cinq actes. Si l'analyse qu'il en donne est fidèle, il est certain qu'on y trouve les principaux incidents que présente la pièce de Molière, entre autres l'évanouissement peu vraisemblable de Célie, laissant échapper de ses mains le portrait de Lélie. Mais, comme l'a très-justement remarqué M. Louis Moland, il faudrait d'abord établir l'antériorité du canevas italien, et prouver aussi que

1. *Observations sur la comédie et sur le génie de Molière*, 1736, p. 148.
2. Tome VIII (1746), p. 389.
3. *De l'Art de la comédie*, 1786, tome II, p. 49-52, et aussi dans les *Études sur Molière*, 1802, p. 42. Dans ce second ouvrage, Cailhava résume ainsi les passages de la pièce italienne que Molière aurait imités : « Magnifico veut marier Eleonora, sa fille, avec le Docteur, qu'elle n'aime point. — Eleonora, seule sur la scène, se plaint de l'absence de Celio, prend son portrait, s'attendrit, se trouve mal, et laisse tomber la miniature ; Arlequin vient au secours d'Eleonora et l'emporte chez elle. — Camille, femme d'Arlequin, arrive, ramasse le portrait de Celio. Arlequin revient, surprend sa femme admirant la beauté du jeune homme représenté dans le portrait, et le lui enlève. — Dans l'instant même arrive Celio, qui, voyant son portrait, demande à Arlequin où il l'a pris ; celui-ci dit que c'est dans les mains de sa femme ; colère d'Arlequin, qui reconnait Celio pour l'original du portrait ; désespoir de Celio, qui croit Eleonora mariée avec Arlequin ; il abandonne la scène ; Eleonora, qui l'a reconnu de sa fenêtre, accourt, et, ne le voyant pas, demande ce qu'il est devenu ; Arlequin répond qu'il l'ignore, mais qu'il sait, à n'en pas douter, que c'est l'amant de sa femme ; Eleonora, jalouse, promet d'épouser le Docteur, puis, se repentant bientôt de sa promesse, elle veut prendre la fuite ; Arlequin, de son côté, voulant fuir sa femme, se déguise avec des habits d'Eleonora, et Celio, dupe du déguisement, l'enlève : enfin on démêle l'équivoque du portrait, et le Docteur, pour qui Celio a risqué sa vie, lui cède Eleonora. »

« cette arlequinade n'a pas été modifiée elle-même par la pièce de Molière¹. » Il est au moins singulier que parmi les contemporains, ennemis du grand poëte, si prompts à le déclarer « singe en tout ce qu'il fait », et à signaler ses emprunts plus ou moins contestables, aucun n'ait signalé celui-là. Nous ajouterons enfin que le canevas italien ne se trouve point, comme celui du *Medico volante*, dans le manuscrit de Dominique, traduit par Gueulette², et qu'on ne rencontre pas l'analyse de cette pièce parmi les nombreux extraits de canevas italiens reproduits soit par les frères Parfaict, soit par Desboulmiers, dans leurs *Histoires du théâtre italien*. Aussi, à l'égard de cet emprunt prétendu et de beaucoup d'autres que Molière aurait faits à la comédie italienne, nous ne pouvons que nous ranger à l'opinion exprimée par M. Louis Moland, quand il dit : « On a accepté trop aisément, il nous semble, toutes les assertions de Riccoboni et des érudits qui ont marché sur ses traces³. »

Ce n'est point que Riccoboni ne se montre très-favorable à la pièce de Molière, même à un âge où, retiré du théâtre, il en avait entrepris *la réformation*⁴ : dans un ouvrage qu'il a écrit à ce sujet, et où il se montre fort sévère pour plusieurs des chefs-d'œuvre de notre scène, il a cru devoir dresser la liste de trois catégories de tragédies ou comédies, celles qui sont *à conserver*, — *à corriger*, — *à rejeter*. On est assez étonné de trouver dans cette dernière classe *le Cid*, *Pompée*, *Mithridate*, *Phèdre*, etc. En revanche, Riccoboni admet parmi les comédies à corriger *le Cocu imaginaire*, et, contrairement à l'opinion de quelques autres critiques, qui n'y ont vu qu'une pièce charmante sans doute, mais sans conclusion morale, il déclare (p. 312) « qu'elle corrige un défaut commun à presque tous les hommes, qui prennent aisément l'alarme sur de fausses apparences et se livrent souvent à des résolutions imprudentes et dangereuses. » Il le reconnaît toutefois, elle présente quelques endroits trop libres et « qu'on n'oseroit pas, dit-il (p. 311), écrire de notre temps, » c'est-à-dire en 1743,

---

1. *OEuvres de Molière*, tome II, p. 68.
2. Bibliothèque nationale, manuscrits, fonds français, n° 9328.
3. *OEuvres de Molière*, tome II, p. 68.
4. *De la Réformation du théâtre* par Louis Riccoboni, 1743.

au temps de Louis XV[1]. Cette concession faite aux scrupules de cette société plus timorée que celle de 1660, Riccoboni admet la pièce à correction.

Nous devons mentionner également, au sujet des origines de la pièce de Molière, une assertion de M. Édouard Fournier que nous ne croyons pas suffisamment justifiée. Le savant critique, énumérant les diverses farces dont Molière fit plus tard des pièces régulières, dit : « *La Jalousie de Gros-René* devint *le Cocu imaginaire*[2] ». Si, comme nous l'avons dit[3], *la Jalousie de Gros-René* n'est autre chose que *la Jalousie du Barbouillé*, on peut voir dans ce canevas l'idée première de *George Dandin*, mais non celle du *Cocu imaginaire*; et comme de plus nous trouvons la farce de *la Jalousie de Gros-René* représentée plusieurs fois[4] depuis le grand succès du *Cocu imaginaire*, lors même que l'on supposerait que cette farce était tout autre chose que *la Jalousie du Barbouillé*, il serait peu vraisemblable que la troupe de Molière eût continué à jouer la farce en prose après la comédie en vers, qui aurait dû la faire oublier complétement, si le sujet des deux pièces eût été le même.

La première édition de *Sganarelle* soulève des questions qu'il n'est pas aisé de résoudre. Un inconnu, dont on ne sait pas même bien sûrement le nom[5], prétendit avoir retenu par cœur tous les vers de la pièce, et il se hâta de la publier, en y joignant une épître *à M*r *de Molier*, une autre *à un ami*[6], et des

1. C'est, à ce qu'il semble, au même point de vue qu'on se plaça, quand, à la fin du règne de Louis XV, pour une représentation de la pièce devant la jeune Dauphine (Marie-Antoinette), on s'avisa de lui donner pour titre *les Fausses alarmes*. Voyez notre premier volume, p. 552.

2. *La farce et la chanson au théâtre avant 1660*, en tête des *Chansons de Gaultier Garguille*, Paris, Jannet, 1858, p. cxj.

3. Tome I, p. 18.

4. Même à la cour. Ainsi on joue devant le Roi, le mardi 23 novembre 1660, *Don Japhet* et *le Cocu*, et, le 25 décembre de la même année, *Don Bertrand* (de Th. Corneille) et *la Jalousie de Gros-René*.

5. Dans le privilége imprimé, il est appelé *le sieur de Neuf-Villenaine;* sur les registres de la compagnie des libraires, on l'appelle *le sieur de la Neufvillaine*.

6. Nous n'avons vu qu'un seul exemplaire de 1660 qui contienne

arguments, que nous reproduisons, de même qu'ils ont été insérés dans presque toutes les éditions faites du vivant de Molière et avec son assentiment. Cette première édition est de 1660 (l'achevé d'imprimer est du 12 août). Le libraire qui la publiait était Ribou. Les registres de la compagnie des libraires[1], à la date du 31 août 1660, portent ceci : « Cejourd'hui, le sieur Ribou, libraire, nous a présenté un privilége obtenu sous le nom du sieur de la Neufvillaine, pour un livre intitulé : *La Comédie Seganarelle* (sic), *avec des arguments sur chaque scène.* Ledit privilége en date du 26e juillet 1660, pour dix ans. »

Quelles que fussent alors les idées, fort indécises en effet, qu'on avait sur la propriété littéraire, c'était faire un double tort à Molière, comme auteur d'abord, en s'appropriant sa pièce, et aussi comme chef de troupe ; car il ne faut pas oublier que l'usage, observé par les diverses troupes de comédiens, était de ne s'abstenir de représenter les pièces jouées sur un autre théâtre, que tant qu'elles n'étaient pas imprimées ; la pièce une fois publiée, les troupes rivales de Molière auraient pu la jouer si elles avaient voulu.

Cette usurpation si hardie devient un fait plus singulier encore si l'on songe que Molière, plus tard, sembla avoir oublié ce double tort de Ribou, en lui laissant imprimer *le Médecin malgré lui* et *le Misanthrope*[2]. Aussi M. Paul Lacroix n'a-t-il pas hésité

---

la première de ces deux épitres, celle qui est adressée *à M. de Molier :* voyez ci-après, p. 156, note 1.

1. Bibliothèque nationale, fonds français, n° 21 945.
2. « Ledit jour (21 *décembre* 1666) ledit sieur Jean Ribou nous a présenté une pièce de théâtre du sieur Jean-Bapt. Poclin de Molière, comédien, intitulée *le Médecin malgré lui*, pour sept ans, en date du 8° octobre 1666. Signé Guitonneau. » — « Ledit jour ledit sieur Ribou nous a présenté un autre privilége du Roi pour une autre pièce de théâtre dudit sieur Molière intitulée *le Misanthrope* ou *l'Atrabilaire amoureux*, pour cinq ans, en date du 21 juin 1666. Signé Beraut. » (*Registre de la compagnie des libraires.*) Ce second titre du *Misanthrope, l'Atrabilaire amoureux,* est bon à constater. M. Campardon, dans une publication intéressante dont nous parlerons plus loin, après avoir remarqué que ce Jean Ribou édita plus tard, outre ces deux pièces, *George Dandin, l'Avare, Tartuffe, Amphitryon* et *Pourceaugnac*, ajoute : « Molière lui prêta même de l'argent. » Voici

à soupçonner ici une véritable connivence de Molière avec l'éditeur du *Cocu imaginaire*. Selon lui, la Neufvillaine ou Neuf-Villenaine ne serait qu'un prête-nom. Molière, dit-il, « ne voulut pas, soit à cause du titre de la pièce, soit par quelque autre motif, donner les mains à l'impression de cette comédie : il en chargea vraisemblablement un de ses amis, qui, sous le nom du sieur de Neufvillenaine, se fit l'éditeur du *Cocu imaginaire* et feignit de publier, à l'insu de l'auteur, la pièce qu'il aurait apprise par cœur tout entière en la voyant représenter [1]. »

Quel motif aurait eu Molière pour prendre ce détour ? Le titre de la pièce peut-être, dit M. Lacroix. Mais ce titre alors n'effarouchait guère, et Molière sans doute s'en choquait moins que personne. Ne pouvait-on d'ailleurs le modifier, comme on l'a fait depuis sur les affiches de la Comédie-Française ? Du reste, à la date où le savant et ingénieux bibliophile risquait cette conjecture, M. Taschereau avait déjà signalé un passage du privilége de *l'École des maris* qui la rendait bien peu vraisemblable [2] : il y est constaté qu'en 1661, au plus tard, Molière avait

---

ce qu'on lit à ce sujet dans l'inventaire fait après le décès du grand poëte comique : « *Item*, un autre écrit sous seing privé en date du 16e novembre 1672, signé Jean Ribou et Anne David, sa femme, par lequel les soussignés ont reconnu devoir audit défunt sieur de Molière la somme de sept cents livres, valeur de lui reçue, qu'ils auroient promis solidairement lui payer en quatre payements égaux, de trois en trois mois, ainsi qu'il est porté audit écrit.... » Voyez M. Eud. Soulié, *Recherches sur Molière et sur sa famille*, p. 287; et M. Émile Campardon, *Documents inédits sur Molière*, p. 7, note 1.

1. P. L. Jacob, *la Jeunesse de Molière*, Paris, 1859, p. 138.
2. *Histoire de la vie et des ouvrages de Molière*, 3e édition (1844), note 48 du livre I, p. 224 : « Il paraît que Molière, quelque incurie qu'il apportât à la publication de ses ouvrages, trouva cette manière d'agir par trop singulière; car nous voyons dans le privilége qui est à la suite de la 1re édition (1661) de *l'École des maris*, qu'il requérait des défenses pour celle-ci, « parce qu'il seroit « arrivé qu'en ayant ci-devant composé quelques autres, aucunes « d'icelles auroient été prises et transcrites par des particuliers.... « à son préjudice et dommage; pour raison de quoi, il y auroit eu « instance en notre conseil, jugée à l'encontre d'un nommé Ribou, « libraire imprimeur, en faveur de l'exposant.... »

réclamé et obtenu justice contre celui qui, pour la seconde fois, exploitait le succès de ses œuvres. A quelles autres pièces qu'aux *Précieuses*, et surtout qu'à *Sganarelle*, pouvait s'appliquer le reproche fait à Ribou? qu'est-ce qui put mieux justifier sa condamnation que sa complicité avec Neufvillaine? Mais, depuis la publication de l'intéressant ouvrage de M. Paul Lacroix, une pièce nouvelle, très-importante dans le débat, est venue tout à fait prouver que Molière n'avait pas eu, à l'égard de Ribou, la mansuétude que leurs relations plus tard pouvaient à la rigueur faire supposer. Il avait au contraire immédiatement porté plainte et fait ordonner une saisie contre lui. M. Émile Campardon, archiviste aux Archives nationales, y a découvert un *procès-verbal pour le sieur Molière, comédien de Monsieur, du mois d'août 1660*[1], trouvé dans les minutes du commissaire Lemusnier. C'est le récit d'une perquisition faite à la requête de Molière, d'abord chez Cristophe Journel, l'imprimeur, puis chez Jean Ribou, le libraire, pour y rechercher les exemplaires du *Cocu imaginaire*. Malheureusement la pièce

---

[1]. Archives nationales, série Y, n° 13 857. Cette pièce est imprimée (p. 3-8) dans le petit volume intitulé : « *Documents inédits sur J.-B. Poquelin Molière*, découverts et publiés, avec des notes, un index alphabétique et des fac-simile, par Émile Campardon » (Paris, H. Plon, 1871). L'original (une feuille pliée en deux feuillets) porte sur le revers du second feuillet l'indication ou note sommaire que nous venons d'imprimer en italique; nous changeons seulement la date qui la termine; cette note est écrite d'une main, peut-être même de deux mains différentes, mais d'une orthographe ancienne, et l'année indiquée là est 1661; M. Campardon a reproduit ce chiffre; mais immédiatement à la suite de l'acte, au recto du second feuillet, on lit d'une autre écriture, évidemment officielle et du temps : « [Reporté iij^{xt} le rrrj]^a aoust 1660 [C (*avec paraphe*)]; » est-ce le coût de l'exploit ou d'un enregistrement quelconque? la seule chose qui nous importe, c'est cette date bien lisible et certaine d'août 1660, qui concorde parfaitement avec celle du privilége de *l'École des maris*, d'un an environ postérieure : les poursuites commencées en août 1660 avaient abouti au jugement rappelé dans le privilége de juillet 1661.

[a] Nous représentons à peu près l'apparence des mots ou signes mis ici entre crochets; les trois *r* pourraient être trois *v* et le tout valoir 16 : voyez cependant pour la date probable p. 151, et note 2.

est incomplète ou plutôt inachevée[1] : ce procès-verbal, dit M. Campardon (p. 3 et 4, note), « devrait, comme tous ceux de même nature que nous avons rencontrés..., débuter par la transcription de la requête adressée par le suppliant au lieutenant civil, et en vertu de laquelle la saisie avait lieu. De plus, cette requête elle-même en original, *écrite souvent*, mais *toujours signée* par la partie plaignante, se trouve généralement jointe au procès-verbal de saisie qui en est la suite. Il n'en est pas de même ici, et la requête originale manque au dossier. Y a-t-elle jamais été jointe? en a-t-elle été soustraite à une époque déjà ancienne, à cause de la signature de Molière qui la terminait infailliblement? ».

Même incomplet, ce document a une grande importance. Le procès-verbal établit que la perquisition chez l'imprimeur ne produisit rien, celui-ci ayant déclaré au commissaire avoir, quinze jours ou environ auparavant[2], « rompu les formes », après avoir « imprimé douze cents *exemplaires* et demi ou environ, lesquels il a tous délivrés audit Ribou[3] »; que, le commissaire s'étant présenté chez ce dernier, le libraire l'a assez mal reçu, qu'il « auroit, d'un ton fort haut, dit qu'il ne connoissoit point Monsieur le lieutenant civil pour le fait des priviléges;... *qu'il*.... auroit refusé son.... serment; » qu'il avait pourtant déclaré avoir reçu les douze cent cinquante exemplaires, mais en ajoutant « qu'il *les* avoit mis où il lui

1. Plusieurs mentions obligatoires, ce semble, y manquent, particulièrement la date et le nom de celui qui l'a rédigée. Aussi la plus grande partie du recto du premier feuillet est-elle restée blanche, comme pour être remplie plus tard par l'intitulé ordinaire. Ce grand blanc ne permet pas de croire que le début de la première phrase, qui n'est pas écrit sur la première page, le fût sur une précédente. Le procès-verbal est réduit aux faits qu'il avait pour objet de constater, mais, à cet égard, commence bien par le commencement; on en a bien aussi, non une copie, mais la minute même, car la signature de Cristophe Journel, l'imprimeur, apposée au bas de son interrogatoire, paraît être autographe.

2. L'achevé d'imprimer du 12 août nous donne donc pour ce procès-verbal la date du 26 au 31.

3. L'imprimeur fut d'abord tenté d'en dissimuler trois cent cinquante, il n'en avoua que neuf cents; puis ayant été requis de prêter serment, il se rapprocha davantage de la vérité.

avoit plu, et se moquoit de tout ce qui se pourroit faire à l'encontre de lui. Nonobstant quoi, ledit Pierre Granet, sergent, lui auroit laissé l'assignation et saisie des quatre livres[1] intitulés *le Cocu imaginaire* : et a ledit Ribou refusé de signer. Dont et de quoi ledit sieur Molière nous a requis le présent procès-verbal, pour lui servir ce que de raison. »

On voit par là que Molière ne s'était pas laissé dépouiller sans se plaindre ; et il se plaignit immédiatement ; car la date d'août 1660, dont nous devons la découverte, à la suite de la pièce reproduite par M. Campardon, à notre collaborateur et ami M. Desfeuilles, cette date postérieure au plus de dix-huit jours à l'achevé d'imprimer de Ribou, prouve bien que, cette fois, Molière s'était hâté de défendre ses droits. Que malgré tant de griefs[2] contre cette espèce de pirate de la librairie, il lui ait pardonné plus tard, en lui laissant publier quelques-unes de ses œuvres les plus importantes, et lui ait même prêté de l'argent[3], c'est une bonne action de plus à mettre à son compte. Mais ce qui ressort de cette pièce du moins, c'est que, dans la publication faite par Ribou, il n'y avait entre le libraire et lui nulle connivence. Nous avons là comme le premier acte de l'instance que Molière introduisit au Conseil pour se délivrer de cet importun contrefacteur.

L'extrait suivant des registres des libraires prouve tout à la fois, ce semble, et la velléité que paraît avoir eue un moment Molière de se prémunir contre ces spoliations, et aussi son indifférence réelle, au moins à cette date, pour tout ce qui ne touchait qu'à son renom d'écrivain et à ses intérêts d'auteur.

« Le 27 octobre 1662, Claude Barbin et Gabriel Quinet, marchands libraires en cette ville, nous ont présenté un privilége de Sa Majesté, obtenu sous le nom de Jean-Baptiste Poquelin de Molières (*sic*), qui leur en a fait transport par un mot de sa main du 18 octobre 1662, pour l'impression de quelques pièces de théâtre qu'il a composées en vers françois, intitulées : *l'Étourdi* ou *le Contre-temps*, *le Dépit amoureux*, *le*

1. Il s'agit sans doute de quatre exemplaires trouvés dans la boutique de Ribou.
2. Voyez ci-dessus, p. 42 et 43, la *Notice* des *Précieuses*, et p. 48, note 3.
3. Voyez, ci-dessus, la fin de la note 2 de la page 148.

Cocu imaginaire, et le *Dom Garcie de Navarre* ou *l'Amant jaloux*, accordé pour le temps de cinq ans et daté du 31 mai 1660. Registrées aux conditions portées par ledit privilége. »

En général, la rédaction de ces enregistrements de la compagnie des libraires, assez peu soignée, comme on a pu le voir, en ce qui concerne ou l'intitulé des pièces ou l'orthographe des noms propres, ne se pique de précision et d'exactitude scrupuleuse que pour la date des priviléges et les conditions qu'ils contiennent : c'était en effet, pour la compagnie des libraires, la chose essentielle. Or, si la date de ce privilége est bien exacte, et s'il s'étend en effet, comme on peut le croire, à toutes les pièces mentionnées dans cet extrait, il en résulte d'abord que Molière a eu, trois jours après la première représentation du *Cocu imaginaire* (28 mai 1660), la précaution de s'en assurer la propriété par l'obtention d'un privilége. On remarquera ensuite, ce qui est plus intéressant peut-être, qu'outre les pièces déjà représentées alors, ce privilége comprend aussi *Dom Garcie de Navarre*, composé (nous le savons par Somaize[1]) à cette date, mais qui ne fut représenté pour la première fois que le vendredi 4 février 1661. Cela suffirait pour constater les espérances que Molière fondait sur cette comédie et l'importance particulière qu'il y attachait. Ce qui témoigne, en même temps, de son insouciance habituelle pour l'impression de ses œuvres, c'est qu'après avoir obtenu ce privilége en mai 1660, il ne paraît en avoir fait usage que plus de deux ans après, en octobre 1662[2].

Ce qui démontre également que Molière ne tarda pas à retomber, à cet égard, dans son indifférence habituelle, c'est d'abord que le mauvais succès de *Dom Garcie* ne lui donna pas

---

1. Voyez *les Véritables précieuses*, scène VII, tome II, p. 27, du recueil de M. Livet.

2. Comme cet extrait des registres de la compagnie des libraires nous paraît avoir une certaine importance, c'est pour nous un devoir de remercier, à ce sujet, M. Paul Lacroix d'avoir bien voulu nous donner l'excellent conseil d'examiner de près ces registres, où l'on trouve du moins des renseignements précis et circonstanciés, écrits sans aucune préoccupation historique ou littéraire, et qui n'en ont que plus de valeur. C'est pour cette époque une sorte de Journal de la librairie.

même l'idée d'en appeler au public qui lit, des rigueurs exercées contre cette pièce par le public du théâtre : elle ne fut imprimée qu'après sa mort; c'est ensuite qu'il laissa réimprimer *le Cocu imaginaire* avec tous les accessoires dont le premier éditeur avait accompagné la première publication.

La première édition de *Sganarelle*, celle de Neuf-Villenaine, où les vers de Molière sont précédés, à chaque scène, d'arguments en prose, est un in-12 composé de 6 feuillets préliminaires non paginés (de 4 seulement pour les exemplaires qui n'ont pas la première *Épître*), de 59 pages numérotées, et d'une dernière page non chiffrée. Le titre est

SGANARELLE
ou
LE COCV IMAGINAIRE.
COMEDIE.
Avec les Argumens de chaque Scene.

A PARIS,

chez JEAN RIBOV, sur le Quay des Augustins, à l'image Saint-Louïs.

M.DC.LX.

AVEC PRIVILEGE DV ROY.

L'*achevé d'imprimer* est du 12 août 1660. Le *privilége*, daté du 26 juillet de la même année, permet au sieur de Neuf-Villenaine de faire imprimer la pièce, « avec les argumens sur chaque scene, » pendant l'espace de cinq ans; « et ledit sieur de Neuf-Villenaine a cédé son droict de Priuilege à Jean Ribou, Marchand à Paris. » — Cette édition de 1660 paraît avoir eu un double tirage : voyez ci-après, p. 156, note 1.

En dehors des trois séries d'éditions anciennes, françaises et étrangères, dont nous nous servons d'une façon constante, nous avons comparé au texte original celui de l'édition de 1662, qui semble être la seconde édition de *Sganarelle*, et celui des éditions de 1665 et de 1666. Pour distinguer cette dernière du recueil qui porte la même date, nous l'appellerons 1666[a].

Les arguments du sieur de Neuf-Villenaine se trouvent

dans les éditions de 1660, 1662, 1665, 1666 (le recueil seulement; l'édition détachée de 1666ᵃ ne donne que les vers de Molière), 1673, 1675 A et 1684 A.

Le privilége, sans que la date du 26 juillet 1660 en soit changée, est mis à partir de l'édition de 1662 sous le nom du *sieur Molier* ou *de Molier*. Un exemplaire fort curieux de la Bibliothèque Cousin, notre 1666 ', qui sur le titre porte .... *comedie par I. B. P. Molier*, Paris, Jean Ribou, 1666, et qui ne donne pas les arguments, ni les deux épîtres, n'en a pas moins, page 4, avec un achevé d'imprimer du 30 septembre 1666, un privilége encore au nom de Neuf-Villenaine, cédé à Jean Ribou.

SOMMAIRE

DU *COCU IMAGINAIRE*, PAR VOLTAIRE.

Le Cocu imaginaire fut joué quarante fois de suite, quoique dans l'été, et pendant que le mariage du Roi retenait toute la cour hors de Paris. C'est une pièce en un acte, où il entre un peu de caractère, et dont l'intrigue est comique par elle-même. On voit que Molière perfectionna sa manière d'écrire par son séjour à Paris. Le style du *Cocu imaginaire* l'emporte beaucoup sur celui de ses premières pièces en vers : on y trouve bien moins de fautes de langage. Il est vrai qu'il y a quelques grossièretés :

> La bière est un séjour par trop mélancolique,
> Et trop malsain pour ceux qui craignent la colique [1].

Il y a des expressions qui ont vieilli. Il y a aussi des termes que la politesse a bannis aujourd'hui du théâtre, comme *carogne*, *cocu*, etc.

Le dénoûment, que fait Villebrequin, est un des moins bien ménagés et des moins heureux de Molière. Cette pièce eut le sort des bons ouvrages, qui ont et de mauvais censeurs et de mauvais copistes. Un nommé Doneau fit jouer à l'Hôtel de Bourgogne *la Cocue imaginaire* à la fin de 1661 [2].

1. Vers 433 et 434.
2. La comédie de Doneau ne fut très-probablement jouée nulle part : voyez ci-dessus, la *Notice*, p. 139.

A MONSIEUR DE MOLIER,

CHEF DE LA TROUPE DES COMÉDIENS DE MONSIEUR FRÈRE UNIQUE DU ROI [1].

Monsieur,

Ayant été voir votre charmante comédie du *Cocu imaginaire* la première fois qu'elle fit paroître ses beautés au public, elle me parut si admirable, que je crus que ce n'étoit pas rendre justice à un si merveilleux ouvrage que de ne le voir qu'une fois, ce qui m'y fit retourner cinq ou six autres; et comme on retient assez facilement les choses qui frappent vivement l'imagination, j'eus le bonheur de la retenir entière sans aucun dessein prémédité, et je m'en aperçus d'une manière assez extraordinaire. Un jour, m'étant trouvé dans une assez célèbre compagnie, où l'on s'entretenoit et de votre esprit et du génie particulier que vous avez pour les pièces de théâtre, je coulai mon sentiment parmi celui des autres; et pour enchérir par-dessus ce qu'on disoit à votre avantage, je voulus faire le récit de votre *Cocu imaginaire;* mais je fus bien surpris, quand je vis qu'à cent vers près, je savois la pièce par cœur, et qu'au lieu du sujet, je les avois tous récités; cela m'y fit retourner encore une fois pour achever de retenir ce que je n'en savois [2] pas. Aussitôt un gentilhomme de la campagne [3] de mes amis, extraordinairement curieux de ces sortes d'ouvrages, m'écrivit, et me pria de lui mander ce que c'étoit que *le Cocu imaginaire*, parce

---

1. Nous n'avons trouvé cette première épître que dans un seul exemplaire daté de 1660 : c'est un de ceux qui sont à la Bibliothèque nationale. Elle manque aux trois autres exemplaires, en tout semblables entre eux, que nous avons vus de 1660. Il faut sans doute conclure de là et d'autres différences qu'offre par-ci par-là la composition typographique du volume qui a l'épître, qu'il s'est fait cette année deux éditions, ou deux tirages avec quelque remaniement pour le second. Cette singulière dédicace du contrefacteur à l'auteur est reproduite dans les éditions de 1662, 65, 66, 73, 75 A, 84 A. — Dans cette épître et la suivante, Molière est appelé *M. de Molier* par les éditions de 1660, 62, 65, 66 [a]; *M. de Molière* ou *M. Molière* par les suivantes.

2. *Avois*, pour *savois*, dans l'édition de 1660.

3. Les mots *de la campagne* sont omis dans les éditions de 1665 et de 1666, qui donnent par erreur, deux lignes plus bas, *de me mander*, pour *de lui mander*.

que, disoit-il, il n'avoit point vu de pièce dont le titre promit rien de si spirituel, si elle étoit traitée par un habile homme. Je lui envoyai aussitôt la pièce que j'avois retenue, pour lui montrer qu'il ne s'étoit pas trompé; et comme il ne l'avoit point vu[1] représenter, je crus à propos de lui envoyer les arguments de chaque scène, pour lui montrer que, quoique cette pièce fût admirable[2], l'auteur, en la représentant lui-même, y savoit encore faire découvrir de nouvelles beautés. Je n'oubliai pas de lui mander expressément, et même de le conjurer de n'en laisser rien sortir de ses mains; cependant, sans savoir comment cela s'est fait, j'en ai vu courir huit ou dix copies en cette ville, et j'ai su que quantité de gens étoient prêts de la faire mettre sous la presse; ce qui m'a mis dans une colère d'autant plus grande, que la plupart de ceux qui ont décrit cet ouvrage l'ont tellement défiguré, soit en y ajoutant, soit en y diminuant, que je ne l'ai pas trouvé reconnoissable; et comme il y alloit de votre gloire et de la mienne que l'on ne l'imprimât pas de la sorte, à cause des vers que vous avez faits, et de la prose que j'y ai ajoutée, j'ai cru qu'il falloit aller au-devant de ces Messieurs, qui impriment les gens malgré qu'ils en aient, et donner une copie qui fût[3] correcte (je puis parler ainsi, puisque je crois que vous trouverez votre pièce dans les formes). J'ai pourtant combattu longtemps avant que de la donner; mais enfin j'ai vu que c'étoit une nécessité que nous fussions imprimés, et je m'y suis résolu d'autant plus volontiers, que j'ai vu que cela ne vous pouvoit apporter aucun dommage, non plus qu'à votre troupe, puisque votre pièce a été jouée près de cinquante fois. Je suis,

MONSIEUR,

Votre très-humble serviteur ***.

A UN AMI[4].

MONSIEUR,

Vous ne vous êtes pas trompé dans votre pensée lorsque vous avez dit (avant que l'on le jouât) que si LE COCU IMAGINAIRE étoit

1. *Vue*, avec accord, dans toutes les éditions anciennes.
2. Soit admirable. (1665, 66, 73.) — L'édition de 1660 porte *fut*, pour *fust*, et, onze lignes plus loin, *imprima*, pour *imprimast*.
3. L'édition de 1660 a encore ici *fut* pour *fust*, et, trois lignes plus bas, *imprimé* au singulier.
4. Cette épître se trouve dans les deux éditions (ou tirages) de 1660, et dans

158 SGANARELLE OU LE COCU IMAGINAIRE.

traité par un habile homme, ce[1] devoit être une parfaitement belle pièce : c'est pourquoi je crois qu'il ne me sera pas difficile de vous faire tomber d'accord de la beauté de cette comédie, même avant que de l'avoir vue, quand je vous aurai dit qu'elle part de la plume de l'ingénieux auteur des *Précieuses ridicules*. Jugez après cela si ce ne doit pas être un ouvrage tout à fait galand et tout à fait spirituel, puisque ce sont deux choses que son auteur possède avantageusement. Elles y brillent aussi avec tant d'éclat, que cette pièce surpasse de beaucoup toutes celles qu'il a faites, quoique le sujet de ses *Précieuses ridicules* [2] soit tout à fait spirituel, et celui de son *Dépit amoureux* tout à fait galand. Mais vous en allez vous-même être juge dès que vous l'aurez lue, et je suis assuré que vous y trouverez quantité de vers qui ne se peuvent payer, que plus vous relirez, plus vous connoîtrez avoir été profondément pensés. En effet, le sens en est si mystérieux, qu'ils ne peuvent partir que d'un homme consommé dans les compagnies ; et j'ose même avancer que SGANARELLE n'a aucun mouvement jaloux, ni ne pousse aucuns sentiments que l'auteur n'ait peut-être ouïs lui-même de quantité de gens au plus fort de leur jalousie, tant ils sont exprimés naturellement : si bien que l'on peut dire que quand il veut mettre quelque chose au jour, il le lit premièrement dans le monde (s'il est permis de parler ainsi), ce qui ne se peut faire sans avoir un discernement aussi bon que lui, et aussi propre à choisir ce qui plaît. On ne doit donc pas s'étonner, après cela, si ses pièces ont une si extraordinaire réussite, puisque l'on n'y voit rien de forcé, que tout y est naturel, que tout y tombe sous le sens, et qu'enfin les plus spirituels confessent que les passions produiroient en eux les mêmes effets qu'ils produisent en ceux qu'il introduit sur la scène.

Je n'aurois jamais fait, si je prétendois vous dire tout ce qui rend recommandable l'auteur des *Précieuses ridicules* et du *Cocu imaginaire*. C'est ce qui fait que je ne vous en entretiendrai pas davantage, pour vous dire que quelques beautés que cette pièce vous fasse voir sur le papier, elle n'a pas encore tous les agréments que le théâtre donne d'ordinaire à ces sortes d'ouvrages. Je tâcherai toutefois de vous en faire voir quelque chose aux endroits où il sera nécessaire pour l'intelligence des vers et du sujet, quoiqu'il

toutes les autres éditions énumérées à la note 1 de la page 156. L'ami à qui elle s'adresse est, comme on va le voir, le gentilhomme campagnard dont il est parlé dans l'épître précédente, et à qui le titre de la pièce agréait tant.

1. Il y a ici, et deux fois ci-après, lignes 6 et 7, *se*, pour *ce*, dans l'édition de 1660.

2. *Ces*, pour *ses*, dans les éditions de 1660 et de 1662. — Quoique le sujet des *Précieuses ridicules*. (1675 A, 84 A.)

soit assez difficile de bien exprimer sur le papier ce que les poëtes appellent jeux de théâtre, qui sont de certains endroits où il faut que le corps et le visage jouent beaucoup, et qui dépendent plus du comédien que du poëte, consistant presque toujours dans l'action : c'est pourquoi je vous conseille de venir à Paris, pour voir représenter LE COCU IMAGINAIRE par son auteur, et vous verrez qu'il y fait des choses qui ne vous donneront pas moins d'admiration que vous aura donné[1] la lecture de cette pièce. Mais je ne m'aperçois pas que je vous viens de promettre de ne vous plus entretenir de l'esprit de cet auteur, puisque vous en découvrirez plus dans les vers que vous allez lire, que dans tous les discours que je vous en pourrois faire. Je sais bien que je vous ennuie, et je m'imagine vous voir passer les yeux avec chagrin par-dessus cette longue épître; mais prenez-vous-en à l'auteur.... Foin! je voudrois bien éviter ce mot d'auteur, car je crois qu'il se rencontre presque dans chaque ligne, et j'ai déjà été tenté plus de six fois de mettre MONSIEUR DE MOLIER en sa place. Prenez-vous-en donc à MONSIEUR DE MOLIER, puisque le voilà. Non, laissez-le là toutefois, et ne vous en prenez qu'à son esprit, qui m'a fait faire une lettre plus longue que je n'aurois voulu, sans toutefois avoir parlé d'autres personnes que de lui, et sans avoir dit le quart de ce que j'avois à dire à son avantage. Mais je finis, de peur que cette épître n'attire quelque maudisson[2] sur elle, et je gage que dans l'impatience où vous êtes, vous serez bien aise d'en voir la fin, et le commencement de cette pièce.

1. Que vous en aura donné. (1662-73.)
2. Sur cette vieille forme du mot *malédiction*, voyez le *Dictionnaire de M. Littré*; Voltaire l'a encore employée dans une lettre familière de 1764, et l'Académie l'a conservée, en lui donnant (à tort, comme le dit M. Littré) le genre masculin, dans toutes ses éditions (y compris la sixième de 1835). Nicot (1606) donne le mot sans en indiquer le genre; Furetière (1690) le fait, comme l'Académie, masculin.

ACTEURS.

GORGIBUS, bourgeois de Paris[1].
CÉLIE, sa fille[2].
LÉLIE, amant de Célie.
GROS-RENÉ, valet de Lélie.
SGANARELLE[3], bourgeois de Paris, et cocu imaginaire.
SA FEMME[4].
VILLEBREQUIN, père de Valère.
LA SUIVANTE de Célie.
UN PARENT de Sganarelle[5].

La scène est à Paris[6].

1. Les mots *de Paris*, ici et quatre lignes plus bas, ne sont pas dans l'édition de 1734.
2. CÉLIE, fille de Gorgibus. (1734.)
3. Personne n'a encore trouvé ce nom dans aucune pièce de théâtre antérieure au *Médecin volant* et à cette comédie de *Sganarelle*. « Ce qui est le plus à remarquer dans cette comédie, simple canevas italien, brodé d'excellents vers que faisait valoir davantage l'admirable jeu de l'acteur, c'est ce nouveau personnage introduit cette fois par Molière, et dont il semblait vouloir prendre désormais la figure. Mascarille avait fait son temps : valet de l'Étourdi et mystificateur hardi des Précieuses, Mascarille nous représente la jeunesse de Molière, qui s'en allait tantôt passée. A l'âge de trente-huit ans et plus, il lui fallait un caractère plus mûr, moins pétulant, moins moqueur. Sganarelle est dans ces conditions, et quoique Molière doive bientôt prendre son essor fort au delà de ces rôles à physionomies connues, revenant toujours les mêmes dans des actions différentes, il est certain que sa pensée était alors de s'approprier celui-ci et de le faire reparaître souvent; nous ne tarderons pas à le revoir. » (Bazin, *Notes historiques sur la vie de Molière*, p. 65.) — M. Fritsche remarque que le mot, d'après son étymologie italienne, signifie *le détrompé, le désabusé*. — Nous savons quel était le costume de Molière dans ce rôle. L'inventaire fait après son décès et publié par M. Eud. Soulié (*Recherches sur Molière*, p. 278) contient ceci : « Et encore un autre habit pour *le Cocu imaginaire*, haut-de-chausses, pourpoint et manteau, col et souliers, le tout de satin rouge cramoisi. »
4. LA FEMME de Sganarelle. (1734.)
5. UN PARENT de la femme de Sganarelle. (1734.)
6. La scène est dans une place publique. (1734.)

LE COCU IMAGINAIRE.

SGANARELLE

ou

LE COCU IMAGINAIRE.

COMÉDIE[1].

SCÈNE PREMIÈRE.

GORGIBUS, CÉLIE, SA SUIVANTE[2].

CÉLIE, *sortant toute éplorée, et son père la suivant*[3].
Ah[4] ! n'espérez jamais que mon cœur y consente.

---

1. Comédie, avec les arguments de chaque scène. (1660, 62, 65, 75 A, 84 A.) — Comédie représentée pour la première fois (*pour la première fois, à Paris*, dans les éditions de 1710, 18, 30) sur le théâtre du Petit-Bourbon, le 28ᵉ jour de mai 1660, par la troupe de Monsieur, frère unique du Roi. (1682.) — Les éditions de 1666, 73, 74, 94 B et 1734 ont simplement *Comédie*.

2. LA SUIVANTE de Célie. (1734.) — L'édition de 1734 a la même variante partout où se retrouve ce personnage.

3. Les mots : *et son père la suivant*, ont été supprimés dans l'édition de 1734.

4. ARGUMENT[a]. — Cette première scène, où Gorgibus entre avec sa fille, fait voir à l'auditeur que l'avarice est la passion la plus ordinaire aux vieillards, de même que l'amour est celle qui règne le plus souvent dans un jeune cœur, et principalement dans celui d'une fille ; car l'on y voit Gorgibus, malgré le choix qu'il avoit fait de Lélie pour son gendre, presser sa fille d'agréer un autre époux nommé Valère, incomparablement plus mal fait que Lélie, sans donner d'autre raison de ce changement sinon que le dernier est plus riche. L'on voit d'un autre côté que l'amour ne sort pas facilement du cœur d'une fille, quand une fois il en a su prendre : c'est ce qui fait un agréable combat dans cette scène entre le père et la fille, le père lui voulant persuader qu'il faut être obéissante, et lui proposant pour la devenir, au lieu de la lecture de

[a] Sur ces arguments des scènes, voyez ci-dessus, p. 147 et 148.

GORGIBUS.

Que marmottez-vous là, petite impertinente?
Vous prétendez choquer[1] ce que j'ai résolu?
Je n'aurai pas sur vous un pouvoir absolu?
Et par sottes raisons votre jeune cervelle 5
Voudroit régler ici[2] la raison paternelle?

Clélie, celle de quelques vieux livres qui marquent l'antiquité du bonhomme, et qui n'ont rien qui ne parût barbare, si l'on en comparoit le style à celui des ouvrages de l'illustre Sapho[a]. Mais que tout ce que son père lui dit la touche peu! Elle abandonneroit volontiers la lecture de toutes sortes de livres pour s'occuper à repasser sans cesse en son esprit les belles qualités de son amant, et les plaisirs dont jouissent deux personnes qui se marient quand ils s'aiment mutuellement; mais las! que ce cruel père lui donne sujet d'avoir bien de plus tristes pensées! il la presse si fort, que cette fille affligée n'a plus de recours qu'aux larmes, qui sont les armes ordinaires de son sexe, qui ne sont pas toutefois assez puissantes pour vaincre l'avarice de cet insensible père, qui la laisse tout éplorée[b]. Voici les vers de cette scène, qui vous feront voir ce que je vous viens de dire, mieux que je n'ai fait dans cette prose.

1. *Choquer*, lutter contre, résister à (ce que j'ai résolu). « Ce dessein, Dom Juan, ne choque point ce que je dis. » (*Dom Juan*, acte V, scène III.) Rotrou, cité par Auger, avait dit aussi dans sa tragi-comédie de *la Pèlerine amoureuse* (représentée en 1634, imprimée en 1637):

Dès lors que je la vis choquer votre dessein.
(Acte I, scène II.)

2. M. Thurot, membre de l'Institut, veut bien nous indiquer, dans un livre intitulé *l'Art de prononcer parfaitement la langue françoise, dédié à Mgr le duc de Bourgogne*, dont la première édition est de 1687[c], un passage fort curieux, en ce qu'il montre le soin que prenait Molière pour former ses acteurs, et, en outre, nous apprend une réforme qu'il réussit à introduire dans la prononciation théâtrale. L'ouvrage est anonyme, signé seulement des initiales J. H; mais l'auteur est un nommé J. Hindret, et son livre fut réimprimé en 1710. Il insiste sur la nécessité de prononcer *er* à la fin des mots, quand le mot suivant commence par une voyelle, comme un *é* fermé et non comme un *è* ouvert; il faut, par exemple, prononcer *achete-r-une maison*, tandis qu'il y a trente ans, dit-il, il était rare d'entendre les gens parlant en public ne point commettre la faute de prononcer *achetè-r-une....* Selon lui, cette réforme, qui est devenue générale au théâtre, est due à Molière, qui s'est préoccupé de cette règle, et « a pris soin de la faire valoir

[a] Mlle de Scudéry.
[b] Qui la laissa toute éplorée. (1662, 66, 73.) — Qui la laisse toute éplorée. (1675 A, 84 A.)
[c] En un seul volume et avec ce titre un peu différent: *l'Art de bien prononcer et de bien parler la langue françoise, dédié*, etc.

Qui de nous deux à l'autre a droit de faire loi?
A votre avis, qui mieux, ou de vous ou de moi,
O sotte, peut juger ce qui vous est utile?
Par la corbleu¹! gardez d'échauffer trop ma bile : 10
Vous pourriez éprouver, sans beaucoup de longueur,
Si mon bras sait encor montrer quelque vigueur.
Votre plus court sera, Madame la mutine,
D'accepter sans façons l'époux qu'on vous destine.
J'ignore, dites-vous, de quelle humeur il est, 15
Et dois auparavant consulter s'il vous plaît :
Informé du grand bien qui lui tombe en partage,
Dois-je prendre le soin d'en savoir davantage?
Et cet époux, ayant vingt mille bons ducats ²,
Pour être aimé de vous, doit-il manquer d'appas? 20
Allez, tel qu'il puisse être, avecque cette somme
Je vous suis caution qu'il est très-honnête homme.

CÉLIE.

Hélas!

GORGIBUS.

Eh bien ³, « hélas! » Que veut dire ceci?

en la faisant observer à ses acteurs, et en les désaccoutumant peu à peu de la mauvaise habitude qu'ils avoient contractée de jeunesse dans la prononciation de ces syllabes finales. Il a si bien corrigé le défaut de cette manière de prononcer, que nous ne voyons pas un homme de théâtre qui ne s'en soit entièrement défait, et qui ne prononce régulièrement les syllabes finales de nos infinitifs terminés en *er* : ce qui ne se faisoit pas, il y a trente ans, particulièrement parmi les comédiens de province*a*. » (Édition de 1710, tome II, p. 737.)

1. Par la morbleu! (1666, 74.)
2. « *Le ducat*, monnoie d'or et d'argent qui est battue dans les terres d'un duc, et qui vaut environ un écu en argent, et deux étant d'or. » (*Dictionnaire de Furetière*, 1690.) Il est probable qu'il s'agit du ducat d'or, valant de onze à douze francs.
3. Et bien. (1660, 62, 66ᵃ, 75 A, 84 A, 94 B.) — Hé bien. (1665, 66, 74, 82, 1734.)

a Nous aurions dû donner cette note, dès la première occasion, au tome I. Si nous ne la plaçons qu'ici, c'est qu'elle vient seulement de nous être communiquée.

Voyez le bel hélas ! qu'elle nous donne ici !
Hé ! que si la colère une fois me transporte, 25
Je vous ferai chanter hélas ! de belle sorte !
Voilà, voilà le fruit de ces empressements
Qu'on vous voit nuit et jour à lire vos romans :
De quolibets [1] d'amour votre tête est remplie,
Et vous parlez de Dieu bien moins que de Clélie. 30
Jetez-moi dans le feu tous ces méchants écrits [2],
Qui gâtent tous les jours tant de jeunes esprits.
Lisez-moi comme il faut, au lieu de ces sornettes,
Les *Quatrains* de Pybrac [3], et les doctes *Tablettes*

1. L'orthographe des éditions de 1660, 62, 65, 66*, 75 A, 84 A, 94 B est *colibets*.
2. Gorgibus n'était pas seul à croire que ces grands romans pouvaient avoir leurs dangers. Tallemant des Réaux dit, à propos de Mlle de Scudéry : « Déja les carmélites et les autres dévots et dévotes lui en veulent, parce qu'à leur goût c'est elle qui établit la galanterie, car les *Cartes de Tendre*, etc. et les *Portraits* ne viennent que de ses livres ; et combien de femmes ont eu l'ambition d'y avoir un caractère ! » (Tome VII, p. 63, note 1.) Il semble pourtant qu'il y ait ici comme la contre-partie de l'opinion sévère que Molière dans *les Précieuses* avait laissée percer, et la critique de la *Clélie* dans la bouche de ce bourgeois assez ridicule en devient presque l'éloge, comme l'admiration de Madelon au contraire en avait été la critique.
3. Guy du Faur, seigneur de Pybrac, quatrième fils de Pierre seigneur de Pujols, président au parlement de Toulouse, et de Causide Douce, dame de Pybrac. D'abord conseiller au parlement de Toulouse, l'un des ambassadeurs de Charles IX au concile de Trente, avocat général (1565) au parlement de Paris, chargé d'accompagner le duc d'Anjou en Pologne, devenu en 1577 président à mortier au parlement de Paris, il mourut à Paris en mai 1584, à l'âge de cinquante-six ans. Il a fait deux recueils de quatrains moraux, souvent réimprimés, plusieurs fois traduits en vers latins ou grecs [a]. Voici les titres de ces deux recueils : *Cinquante quatrains, contenant préceptes et enseignements utiles pour la vie de l'homme, composez à l'imitation de Phocylides, d'Epicharmus et autres anciens poëtes grecs, par le S. de Pyb., plus deux sonnets de l'invention dudit sieur. A Paris, chez Gilles Gorbin,*

[a] Ils ont aussi été mis en allemand par le célèbre Opitz. Cette traduction, d'après le *Dictionnaire de Moréri*, a été trois fois imprimée, à Francfort en 1628 et en 1644, et en cette dernière année à Amsterdam. — Le catalogue des Belles-lettres (1750) de la Bibliothèque nationale mentionne une autre version allemande des *Quatrains*, publiée à Berne en 1642 par Ant. Stettler : le volume, comme tant d'autres malheureusement, est aujourd'hui perdu ou du moins introuvable.

Du conseiller Matthieu[1], ouvrage de valeur, 35
1575, in-12.. — *Continuation des quatrains du seigneur de Pybrac*, 1576. Tous ces quatrains sont assez plats ; voici peut-être le meilleur ; c'est le L^e :

> Vois l'hypocrite avec sa triste mine :
> Tu le prendrois pour l'aîné des Catons ;
> Et cependant toute nuit, à tâtons,
> Il court, il va, pour tromper sa voisine.

Ce quatrain fait songer à *Tartuffe*. Cet autre (le XCIII^e), cité par Auger, était certainement bien hardi, d'un esprit de liberté plus parlementaire encore que gallican :

> Je hais ces mots de puissance absolue,
> De plein pouvoir, de propre mouvement :
> Aux saints décrets ils ont premièrement,
> Puis à nos lois la puissance tollue.

Du reste on ne voit pas trop quel profit Célie pourrait tirer de ce recueil moral ; presque tous les conseils qu'il contient s'adressent à l'homme, et non à la femme. — La *Correspondance littéraire* du 25 mars 1863, p. 145, cite à propos de ces vers le passage suivant des *Remarques critiques sur le Dictionnaire de Bayle* par l'abbé Joly, Paris, 1748, 2 volumes in-folio (anonymes), tome II, article *Racan*, p. 650 : « Voici ce qui donna occasion à Molière de composer ces vers. Étant à Toulouse, un descendant de Pybrac l'invita à l'aller voir à sa maison de campagne. Le poëte y fut reçu avec tant de politesse, que, pour lui en témoigner sa reconnoissance, il cita dans sa comédie de *Sganarelle* les *Quatrains de Pybrac*, qui l'engagèrent à y joindre quelques autres écrits de morale. C'est ce que M. le comte de Marigny-Pybrac, mort depuis quelques années dans un âge fort avancé, a raconté à un de mes amis. Au reste, les comédiens ne récitent plus ces vers qu'avec un ton ironique et moqueur, contre l'intention du poëte et même contre le véritable rôle de l'acteur. » L'abbé Joly a pu critiquer avec raison les comédiens, s'ils se trompaient à ce point sur l'esprit du rôle : Gorgibus est ridicule, il doit l'être par son sérieux, et ne saurait ici se moquer. Mais comment l'abbé Joly a-t-il pu croire en même temps que l'intention de Molière fût de faire tout de bon l'éloge des quatrains de Pybrac, et s'imaginer que son anecdote suffirait à le prouver ? Le premier éditeur de la pièce, qui l'avait vu représenter sous la direction même de Molière, savait évidemment quel sens ironique donnait à cet éloge le jeu, le caractère seul du personnage qui le débitait : il parle de *ces vieux livres*, comme on peut le voir dans l'*Argument* de la scène (p. 161, 162), d'une façon assez défavorable. La moquerie, chez le poëte, n'est pas douteuse ; tout ce que l'abbé Joly était en droit de recommander à l'acteur, était de ne pas pousser au delà d'une certaine exagération comique le ton convaincu, admiratif, qui doit évidemment être celui de l'*antique bonhomme*.

1. Pierre Matthieu, qui eut le titre de *conseiller* du Roi et d'historiographe de France, né en 1563 à Pesmes ou à Salins en Franche-Comté (ou, suivant Moréri, à Porentruy de l'autre côté de la frontière), mort à Toulouse en 1621, d'une maladie contractée au siège de Montauban, où il avait suivi le Roi. Il fut historiographe des rois Henri IV et Louis XIII et est auteur d'un grand nombre

Et plein de beaux dictons à réciter par cœur.
La *Guide des pécheurs* [1] est encore un bon livre :

d'ouvrages, entre autres de quelques tragédies [a]; le plus connu et le plus souvent réimprimé est intitulé : *Tablettes de la vie et de la mort*, à Troyes, 1616 [b]. Parmi ces quatrains, il y en a quelques-uns de bien tournés; voici, par exemple, le XLIX° de la seconde partie ou centurie :

> N'est-ce pas tout l'excès d'une folie insigne
> Voir un vieillard languir inutile à la cour,
> Contrefaire le jeune, et, tout blanc comme un cygne,
> Tirer le chariot de la mère d'Amour?

— Nous trouvons les mêmes recommandations au sujet des « *Quatrains* de Pybrac et des doctes *Tablettes* du conseiller Matthieu » dans un ouvrage fort antérieur de Sorel, intitulé *le Berger extravagant*, « où, ajoute le titre, parmi des fantaisies amoureuses on voit les impertinences des romans et de la poésie » (Paris, 1627, 3 vol. in-8); il a été réimprimé avec le titre nouveau de *l'Antiroman ou l'Histoire du berger Lysis, accompagnée de ses remarques, par Jean de la Lande, Poitevin* (Paris, 1633, quatre parties ou tomes en deux gros volumes in-8). Le fils « d'un marchand de soie qui demeuroit en la rue Saint-Denis » s'est brouillé la cervelle à force de lire *l'Astrée* et autres romans du même genre. Le curateur du jeune homme, un drapier, dit : « Pour le fils d'un bon bourgeois, il ne faut point qu'il lise autre chose que *les Ordonnances royaux*, ou *la Civilité puérile*, et *la Patience de Grisélidis*, pour se réjouir aux jours gras. Je le disois bien à Louis, mais il ne me vouloit pas croire; et j'avois beau lui commander qu'il apprît par cœur les *Quatrains* de Pybrac ou les *Tablettes* de Matthieu, pour nous les venir dire quelquefois au bout de la table quand il y auroit compagnie, il n'en vouloit point ouïr parler. » (Tome I de l'édition de 1627, p. 32 et 33.) — L'édition de 1734 donne le vers 35 ainsi :

> .... Et les doctes *Tablettes*
> Du conseiller Mathieu : l'ouvrage est de valeur.

Auger a adopté cette correction; mais quoi qu'il en dise, l'hiatus, après une pause si bien marquée par le sens et par l'hémistiche, pouvait n'avoir pas plus choqué Molière lui-même que celui qui fit de mémoire la première copie.

1. *La Guia de pecadores*, composée en 1555, l'œuvre la plus connue en France de Louis de Grenade, dominicain espagnol, né en 1505, mort en 1588, auteur d'un très-grand nombre d'ouvrages théologiques ou ascétiques. Il en avait paru deux traductions assez récentes : « 1° *La grande Guide des pécheurs pour les acheminer à la vertu, traduite sur l'espagnol du R. P. Louis de Grenade, par F. Simon Martin*, religieux minime, Paris, Jean Jost, 1651 ; 2° *la Guide des pécheurs..., traduite de nouveau en françois par M. Girard, conseiller du Roi en ses conseils*, Paris, Pierre le Petit, 1658. Ces deux tra-

[a] Voyez sa notice et des extraits de *Clytemnestre* ou *l'Adultère*, de *Vasthi*, et d'*Aman* au tome III des frères Parfaict, p. 435, 442, 485 et 488; voyez encore p. 469. *La Guisiade*, tragédie nouvelle, etc., 1589, a eu jusqu'à trois éditions la même année.

[b] L'édition de Paris, 1629, réunit les trois centuries qui avaient déjà paru séparément. Il y en a une jolie, à l'Arsenal, des deux premières (Lyon, 1610).

SCÈNE I.

C'est là qu'en peu de temps on apprend à bien vivre;
Et si vous n'aviez lu que ces moralités,
Vous sauriez un peu mieux suivre mes volontés. 40

CÉLIE.

Quoi? vous prétendez donc, mon père, que j'oublie
La constante amitié que je dois à Lélie?
J'aurois tort si, sans vous, je disposois de moi;
Mais vous-même à ses vœux engageâtes ma foi.

GORGIBUS.

Lui fût-elle engagée encore davantage, 45
Un autre est survenu dont le bien l'en dégage.
Lélie est fort bien fait; mais apprends qu'il n'est rien
Qui ne doive céder au soin d'avoir du bien;
Que l'or donné aux plus laids certain charme pour plaire,
Et que sans lui le reste est une triste affaire. 50
Valère, je crois bien, n'est pas de toi chéri;
Mais, s'il ne l'est amant, il le sera mari.
Plus que l'on ne le croit ce nom d'époux engage,
Et l'amour est souvent un fruit du mariage.
Mais suis-je pas bien fat[1] de vouloir raisonner 55
Où de droit absolu j'ai pouvoir d'ordonner?
Trêve donc, je vous prie, à vos impertinences;
Que je n'entende plus vos sottes doléances.
Ce gendre doit venir vous visiter ce soir:
Manquez un peu, manquez à le bien recevoir! 60
Si je ne vous lui vois faire fort bon visage,
Je vous.... Je ne veux pas en dire davantage.

---

ductions ont été plusieurs fois réimprimées. Elles n'étaient pas les premières : Brunet en indique plusieurs du seizième siècle; l'auteur de la seconde que nous venons de citer dit dans son avis *Au lecteur* que l'ouvrage « demeuroit.... obscurci dans la barbarie de notre langue de quatre-vingts ans; » et Regnier (*satire* XIII, vers 20) avait pu en mettre une entre les mains de l'hypocrite Macette :

    Elle lit saint Bernard, *la Guide des pécheurs.*

1. *Fat,* dans le sens du latin *fatuus,* sot. « Pourquoi est-ce qu'on dit

SCÈNE II[1].

CÉLIE, SA SUIVANTE.

LA SUIVANTE.

Quoi? refuser, Madame, avec cette rigueur,
Ce que tant d'autres gens voudroient de tout leur cœur!
A des offres d'hymen répondre par des larmes,   65

maintenant en commun proverbe : *Le monde n'est plus fat?* Fat est un vocable de Languegoth, et signifie non salé, sans sel, insipide, fade : par métaphore signifie fol, niais, dépourvu de sens, éventé de cerveau. Voudriez-vous dire.... que par ci-devant le monde eût été fat, maintenant seroit devenu sage? » (Rabelais, *Pantagruel*, prologue du livre V.)

1. ARGUMENT. — Qui comparera cette seconde scène à la première, confessera d'abord que l'auteur de cette pièce a un génie tout particulier pour les ouvrages de théâtre, et qu'il est du tout impossible que ses pièces ne réussissent pas, tant il sait bien de quelle manière il faut attacher l'esprit de l'auditeur. En effet, nous voyons qu'après avoir fait voir dans la scène précédente un père pédagogue, qui tâche de persuader à sa fille que la richesse est préférable à l'amour, il fait parler dans celle-ci (afin de divertir l'auditeur par la variété de la matière) une veuve suivante de Célie, et confidente tout ensemble[a], qui s'étonne de quoi sa maîtresse répond par des larmes à des offres d'hymen, et après avoir dit qu'elle ne feroit pas de même si l'on la vouloit marier, elle trouve moyen de décrire toutes les douceurs du mariage: ce qu'elle exécute si bien, qu'elle en fait naître l'envie à celles qui n'en ont pas tâté. Sa maîtresse, comme font d'ordinaire celles qui n'ont jamais été mariées, l'écoute avec attention, et ne recule le temps de jouir de ses douceurs que parce qu'elle les veut goûter avec Lélie, qu'elle aime parfaitement, et qu'elles se changent toutes en amertumes lorsque l'on les goûte avec une personne que l'on n'aime pas. C'est pourquoi elle montre à sa suivante le portrait de Lélie, pour la faire tomber d'accord de la bonne mine de ce galand, et du sujet qu'elle a de l'aimer. Vous m'objecterez peut-être que cette fille[b] le doit connoître, puisqu'elle demeure avec Célie, et que son père l'ayant promise à Lélie, cet amant étoit souvent venu voir sa maîtresse; mais je vous répondrai que Lélie étoit à la campagne devant qu'elle demeurât avec elle. Après cette disgression pour la justification de notre auteur, voyons quels effets ce portrait produit. Celle qui peu auparavant disoit qu'il ne falloit jamais rejeter des offres d'hymen, avoue que Célie a sujet d'aimer tendrement un homme si bien fait; et Célie, songeant qu'elle sera peut-être contrainte d'en épouser un autre, s'évanouit; sa confidente appelle du secours. Cependant qu'il en viendra, vous pouvez lire ces vers, qui vous le feront attendre sans impatience.

[a] *Toute ensemble*, dans l'édition originale.
[b] L'auteur de l'argument vient de nous apprendre que la suivante est veuve; mais il est probable qu'on ne disait pas plus alors une *femme suivante* qu'à présent une *fille de chambre*.

Et tarder tant à dire un oui si plein de charmes !
Hélas ! que ne veut-on aussi me marier?
Ce ne seroit pas moi qui se feroit prier[1] ;
Et loin qu'un pareil oui me donnât[2] de la peine,
Croyez que j'en dirois bien vite une douzaine. 70
Le précepteur qui fait répéter la leçon
A votre jeune frère a fort bonne raison
Lorsque, nous discourant des choses de la terre,
Il dit que la femelle est ainsi que le lierre,
Qui croît beau tant qu'à l'arbre il se tient bien serré, 75
Et ne profite point s'il en est séparé.
Il n'est rien de plus vrai, ma très-chère maîtresse,
Et je l'éprouve en moi, chétive pécheresse.
Le bon Dieu fasse paix à mon pauvre Martin !
Mais j'avois, lui vivant, le teint d'un chérubin, 80
L'embonpoint merveilleux, l'œil gai, l'âme contente ;
Et je suis maintenant[3] ma commère dolente.
Pendant cet heureux temps, passé comme un éclair,
Je me couchois sans feu dans le fort de l'hiver;
Sécher même les draps me sembloit ridicule · 85
Et je tremble à présent dedans la canicule.
Enfin il n'est rien tel, Madame, croyez-moi,
Que d'avoir un mari la nuit auprès de soi[4] ;
Ne fût-ce[5] que pour l'heur d'avoir qui vous salue
D'un *Dieu vous soit en aide !* alors qu'on éternue[6]. 90

1. *Se* s'employait ainsi avec la première et la seconde personne (voyez le *Lexique*) : VALÈRE. Je vous demande si ce n'est pas vous qui se nomme Sganarelle?... SGANARELLE.... C'est moi qui se nomme Sganarelle.
(*Le Médecin malgré lui,* acte I, scène v.)
2. Me donna. (1660.)
3. Et maintenant je suis. (1682, 1734.)
4. Un mari sert beaucoup la nuit auprès de soi. (1666, 73, 74.)
— Ce vers manque dans les éditions de 1662 et de 1665.
5. *Ne fusse* est l'orthographe de la plupart des éditions antérieures à 1734.
6. La Monnoie, dans une addition au *Ménagiana* (édition de 1729, tome III, p. 147), dit : « On pourroit faire un juste volume des endroits que Molière a

170 SGANARELLE OU LE COCU IMAGINAIRE.

CÉLIE.
Peux-tu me conseiller de commettre un forfait,
D'abandonner Lélie, et prendre ce mal-fait?
LA SUIVANTE.
Votre Lélie aussi n'est, ma foi, qu'une bête,
Puisque si hors de temps son voyage l'arrête ;
Et la grande longueur de son éloignement 95
Me le fait soupçonner de quelque changement.
CÉLIE, lui montrant le portrait de Lélie.
Ah! ne m'accable point par ce triste présage.
Vois attentivement les traits de ce visage :
Ils jurent à mon cœur d'éternelles ardeurs ;
Je veux croire, après tout, qu'ils ne sont pas menteurs,
Et comme c'est celui que l'art y représente [1],

imités soit des anciens, soit des modernes. » Puis il en cite plusieurs *échantillons*, et, entre autres, celui-ci (p. 153) à propos de ce passage de *Sganarelle* : *Sapi, se prendi moglie, che l'invernata te tenerà le rene calde, e la state fresco il stomaco; e poi quando ancora che strunuti, averai almeno chi te dirà : « Dio te aiuti!* » (Il Sabadino, *Novella* XXXIII.) « Sache, si tu prends femme, que l'hiver elle te tiendra les reins chauds, et l'été l'estomac frais, et puis, s'il t'arrive d'éternuer, tu auras au moins quelqu'un pour te dire : Dieu te bénisse! » — Ce passage est en effet dans un recueil de Nouvelles intitulées (du nom d'un lieu de bains, la Porretta, où elles furent composées) : *Porretane di M. Sabadino Bolognesa, dove si narra novelle settanta una*, etc. Venise, Merchio Sessa, 1531, p. 96 (nous en avons vu à l'Arsenal une édition avec gravures de MCCCCIIII; on croit que la 1re est de Bologne, 1483). Il serait bien possible toutefois que ce fût là une plaisanterie devenue populaire, et il est peu probable que Molière l'ait été chercher dans Sabadino.

1. Et que, comme c'est lui que l'art y représente. (1734.) — Auger adopte cette variante tout en convenant que toutes les éditions originales donnent :

Et comme c'est celui que l'art y représente.

Mais, dit-il, « ce vers n'offre absolument aucun sens et ne peut être de Molière. » — C'est aller bien loin, ce nous semble. Le vers est peut-être un peu obscur : quelque embarras dans l'expression est assez naturel avant la pâmoison ; mais il ne nous paraît pas inintelligible. « Et comme c'est celui, cet amant-là, dit-elle, qui est représenté, comme l'original du portrait est Lélie, il conserve, j'en suis sûr, étant tel que je le connais, une amitié constante à mes feux. » Il n'y a donc point lieu, croyons-nous, à changement ni à conjecture. S'il eût fallu en risquer une, celle-ci, que nous propose M. Desfeuilles, nous eût paru préférable à celle de 1734 : « Et que, comme est, etc. » *Comme est*, c'est-à-dire, tel que je le connais, vu ses sentiments, son caractère.

SCÈNE II.

Il conserve à mes feux une amitié constante.
LA SUIVANTE.
Il est vrai que ces traits marquent un digne amant,
Et que vous avez lieu de l'aimer tendrement.
CÉLIE.
Et cependant il faut.... Ah! soutiens-moi.
(Laissant tomber le portrait de Lélie.)
LA SUIVANTE.
Madame, 105
D'où vous pourroit venir...? Ah! bons Dieux! elle pâme[1].
Hé vite, holà quelqu'un!

SCÈNE III[2].

CÉLIE, LA SUIVANTE, SGANARELLE[3].

SGANARELLE.
Qu'est-ce donc? Me voilà.
LA SUIVANTE.
Ma maîtresse se meurt.
SGANARELLE.
Quoi? ce n'est que cela[4]?
Je croyois tout perdu, de crier de la sorte.
Mais approchons pourtant. Madame, êtes-vous morte?
Hays[5]! elle ne dit mot.

1. Auger a remarqué que cet évanouissement trop peu vraisemblable, comme le faux pas que fait Clarice dans *le Menteur*, est le fondement de toute la pièce, qui, sans cette pâmoison, n'existerait point.
2. ARGUMENT. — Cette scène est fort courte, et Sganarelle, comme un des plus proches voisins de Célie, accourt aux cris[a] de cette suivante, qui lui donne sa maîtresse à soutenir, cependant qu'elle va chercher encore du secours d'un autre côté, comme vous pouvez voir par ce qui suit.
3. CÉLIE, SGANARELLE, LA SUIVANTE de Célie. (1734.)
4. Quoi? n'est-ce que cela? (1662, 65, 66, 73, 74, 82, 94 B, 1734.)
5. Ouais? (1734.)

a *Au cris*, dans le texte de 1660. Faut-il lire *au cri* ou *aux cris*?

LA SUIVANTE.

Je vais faire venir
Quelqu'un pour l'emporter : veuillez la soutenir[1].

SCÈNE IV[2].

CÉLIE, SGANARELLE, sa Femme[3].

SGANARELLE, *en lui passant la main sur le sein*[4].
Elle est froide partout et je ne sais qu'en dire.
Approchons-nous pour voir si sa bouche respire.
Ma foi, je ne sais pas, mais j'y trouve encor, moi,   115
Quelque signe de vie.
     LA FEMME DE SGANARELLE, *regardant par la fenêtre*.
            Ah! qu'est-ce que je vois?
Mon mari dans ses bras...! Mais je m'en vais descendre :
Il me trahit sans doute, et je veux le surprendre.
            SGANARELLE.
Il faut se dépêcher de l'aller secourir.
Certes, elle auroit tort de se laisser mourir :   120
Aller en l'autre monde est très-grande sottise,
Tant que dans celui-ci l'on peut être de mise.
        (Il l'emporte avec un homme que la suivante amène[5].)

1.   Hélas! daignez me l'apporter[a].
   Il lui faut du vinaigre, et j'en cours apprêter. (1682.)
Cette variante est d'accord avec la modification apportée en 1682 au jeu qui termine la scène suivante : voyez ci-dessous, note 5.
   2. ARGUMENT. — Cette scène n'est pas plus longue que la précédente, et la femme de Sganarelle, regardant par la fenêtre, prend de la jalousie de son mari, à qui elle voit tenir une femme entre ses bras, et descend pour le surprendre, cependant qu'il aide à remporter Célie chez elle. Ce que vous pourrez voir en lisant ces vers.
   3. SCÈNE IV. CÉLIE, SGANARELLE, LA FEMME de Sganarelle. (1734.)
   4. *En passant la main sur le sein de Célie.* (1734.)
   5. Les derniers mots de ce jeu de scène ont été supprimés par les éditions

   [a] Nous n'avons pas besoin de faire remarquer que cette variante donne au vers deux syllabes de trop.

SCÈNE V[1].

La Femme de Sganarelle, seule.

Il s'est subitement éloigné de ces lieux,
Et sa fuite a trompé mon desir curieux ;
Mais de sa trahison je ne fais plus de doute[2],   125
Et le peu que j'ai vu me la découvre toute.
Je ne m'étonne plus de l'étrange froideur
Dont je le vois répondre à ma pudique[3] ardeur :
Il réserve, l'ingrat, ses caresses à d'autres,
Et nourrit leurs plaisirs par le jeûne des nôtres.   130
Voilà de nos maris le procédé commun :
Ce qui leur est permis leur devient importun.
Dans les commencements ce sont toutes merveilles ;
Ils témoignent pour nous des ardeurs non pareilles ;
Mais les traîtres bientôt se lassent de nos feux,   135
Et portent autre part ce qu'ils doivent chez eux.
Ah ! que j'ai de dépit que la loi n'autorise
A changer de mari comme on fait de chemise !

---

de 1682 et de 1734, dont la première donne simplement : *Il l'emporte*, et la seconde : *Il la porte chez elle.*

1. Argument. — L'auteur, qui, comme nous avons dit ci-dessus, sait tout à fait bien ménager l'esprit de son auditeur, après l'avoir diverti dans les deux précédentes scènes, dont la beauté consiste presque toute dans l'action, l'attache dans celle-ci par un raisonnement si juste, que l'on ne pourra qu'à peine se l'imaginer, si l'on en considère la matière. Mais il n'appartient qu'à des plumes comme la sienne à faire beaucoup de peu ; et voici, pour satisfaire votre curiosité, le sujet de cette scène. La femme de Sganarelle étant descendue, et n'ayant point trouvé son mari, fait éclater sa jalousie, mais d'une manière si surprenante et si extraordinaire, que quoique cette matière ait été fort souvent rebattue, jamais personne ne l'a traitée avec tant de succès, d'une manière si contraire à celle de toutes les autres femmes, qui n'ont recours qu'aux emportements en de semblables rencontres ; et comme il m'a été presque impossible de vous l'exprimer aussi bien que lui, ces vers vous en feront connaître la beauté.

2. Je ne suis plus en doute. (1682, 1734.)
3. *Publique*, pour *pudique*, dans les éditions de 1673 et de 1674.

Cela seroit commode ; et j'en sais telle¹ ici
Qui comme moi, ma foi, le voudroit bien aussi.   140
(En ramassant le portrait que Célie avoit laissé tomber.)
Mais quel est ce bijou que le sort me présente?
L'émail en est fort beau, la gravure charmante.
Ouvrons.

SCÈNE VI.

SGANARELLE et sa Femme².

SGANARELLE³.
On⁴ la croyoit morte, et ce n'étoit rien.

---

1. *Tel*, au masculin, est l'orthographe des éditions anciennes, jusqu'à celle de 1682 inclusivement. L'édition de 1692 est la première où nous ayons vu le féminin. Les éditions étrangères de 1675 A, 84 A et 94 B ont le masculin.

2. SGANARELLE, LA FEMME de Sganarelle. (1734.) — Cette édition corrige SA FEMME en LA FEMME de Sganarelle, ici et dans toute la suite de la pièce.

3. SGANARELLE, *se croyant seul*. (1734.)

4. ARGUMENT. — Quelques beautés que l'auteur ait fait voir dans la scène précédente, ne croyez pas qu'il soit de ceux qui souvent, après un beau début, donnent (pour parler vulgairement) du nez en terre, puisque plus vous avancerez dans la lecture de cette pièce, plus vous y découvrirez de beautés; et pour en être persuadé, il ne faut que jeter les yeux sur cette scène qui en fait le fondement. Célie, en s'évanouissant, ayant laissé tomber le portrait de son amant, la femme de Sganarelle le ramasse, et comme elle le considère attentivement, son mari ayant aidé à reporter Célie chez elle, rentre sur la scène et regarde par-dessus l'épaule de sa femme ce qu'elle considère ; et voyant ce portrait, commence d'entrer en quelque sorte de jalousie, lorsque sa femme s'avise de le sentir, ce qui confirme ses soupçons*a*, dans la pensée qu'il a qu'elle le baise; mais il ne doute bientôt plus qu'il est de la grande confrérie, quand il entend dire à sa femme qu'elle souhaiteroit d'avoir un époux d'une aussi bonne mine : c'est alors qu'en la surprenant, il lui arrache ce portrait *b*. Mais devant que de parler des discours qu'ils tiennent ensemble sur le sujet de leur jalousie, il est à propos de vous dire qu'il ne s'est jamais rien vu de si agréable que les postures de Sganarelle, quand il est derrière sa femme : son visage et ses gestes expriment si bien la jalousie, qu'il ne seroit pas nécessaire qu'il parlât pour paroître le plus jaloux de tous les hommes. Il reproche à sa femme son infidélité, et tâche à la persuader*c* qu'elle est d'autant plus coupable, qu'elle a un mari qui (soit

a Ces soupçons. (1660.)
b Il lui arrache le portrait. (1666, 73.)
c Et tâche de lui persuader. (1662, 65, 66, 73.)

SCÈNE VI.

Il n'en faut plus qu'autant¹ : elle se porte bien.
Mais j'aperçois ma femme.

SA FEMME².

O Ciel! c'est mignature³, 145
Et voilà d'un bel homme une vive peinture.

SGANARELLE, à part, et regardant sur l'épaule⁴ de sa femme.

Que considère-t-elle avec attention?
Ce portrait, mon honneur, ne nous dit rien de bon.
D'un fort vilain soupçon je me sens l'âme émue.

SA FEMME, sans l'apercevoir, continue⁵.

Jamais rien de plus beau ne s'offrit à ma vue; 150
Le travail plus que l'or s'en doit encor priser.
Hon⁶! que cela sent bon!

pour les qualités du corps, soit pour celles de l'esprit) est entièrement parfait. Sa femme, qui d'un autre côté croit avoir autant et plus de sujet que lui d'avoir martel en tête, s'emporte contre lui en lui redemandant son bijou; tellement que chacun croyant avoir raison, cette dispute donne un agréable divertissement à l'auditeur, à quoi Sganarelle contribue beaucoup par des gestes qui sont inimitables et qui ne se peuvent exprimer sur le papier. Sa femme étant lasse d'ouïr ses reproches, lui arrache le portrait qu'il lui avoit pris et s'enfuit, et Sganarelle court après elle. Vous auriez sujet de me quereller, si je ne vous envoyois pas les vers d'une scène qui fait le fondement de cette pièce : c'est pourquoi je satisfais à votre curiosité.

1. Génin traduit : *il ne s'en faut guère*, ce qui peut être le sens, mais ne rend pas compte de l'expression. Ne doit-on pas l'expliquer ainsi : *que son état s'améliore encore autant qu'il s'est déjà amélioré, elle se portera tout à fait bien?* Mais Auger affirme très-nettement avoir encore entendu employer ce tour dans un sens ironique, que les mots comportent très-naturellement, et que rend bien probable ici le ton d'indifférence narquoise qui a été tout d'abord celui de Sganarelle : voyez le vers 108. Voici la note d'Auger : « Dans plusieurs provinces on dit encore d'une personne parfaitement remise d'une maladie ou d'un accident : *Il ne lui en faut plus qu'autant.* C'est comme si l'on disait : *Elle est absolument dans le même état qu'auparavant; elle n'a plus qu'à recommencer.* Les femmes qui viennent d'accoucher et à qui l'on demande de leurs nouvelles, répondent comme les autres : *Il ne m'en faut plus qu'autant.* »

2. LA FEMME de Sganarelle, *se croyant seule*. (1734.)

3. L'édition de 1773 est la première qui ait l'orthographe *miniature;* les précédentes écrivent *mignature*. Voyez le *Lexique de Corneille*, au mot *Mignature*, tome XII, p. 88 des Œuvres.

4. Par-dessus l'épaule. (1773.)

5. LA FEMME de Sganarelle, *sans apercevoir son mari*. (1734.)

6. Ho! (1674, 82, 94 B.) — Oh! (1734.) — O! (1773.)

SGANARELLE, à part.

Ah! j'en tiens. Quoi? peste! le baiser!

SA FEMME poursuit[1].

Avouons qu'on doit être ravie
Quand d'un homme ainsi fait on se peut voir servie,
Et que s'il en contoit avec attention, 155
Le penchant seroit grand à la tentation.
Ah! que n'ai-je un mari d'une aussi bonne mine,
Au lieu de mon pelé, de mon rustre...!

SGANARELLE, lui arrachant le portrait.

Ah! mâtine!
Nous vous y surprenons en faute contre nous,
Et diffamant l'honneur de votre cher époux. 160
Donc, à votre calcul, ô ma trop digne femme,
Monsieur, tout bien compté, ne vaut pas bien Madame?
Et, de par Belzébut, qui vous puisse emporter!
Quel plus rare parti pourriez-vous souhaiter?
Peut-on trouver en moi[2] quelque chose à redire? 165
Cette taille, ce port que tout le monde admire,
Ce visage si propre à donner de l'amour,
Pour qui mille beautés soupirent nuit et jour;
Bref, en tout et partout, ma personne charmante
N'est donc pas un morceau dont vous soyez contente? 170
Et pour rassasier votre appétit gourmand,
Il faut à son mari[3] le ragoût d'un galand?

SA FEMME.

J'entends à demi-mot où va la raillerie.
Tu crois par ce moyen....

SGANARELLE.

A d'autres, je vous prie!

---

1. LA FEMME de Sganarelle *poursuit*. (1734.)
2. Qui peut trouver en moi. (1682.)
3. Il faut à son desir. (1674.) — Il faut joindre au mari. (1682, 1734.)

La chose est avérée, et je tiens dans mes mains 175
Un bon certificat du mal dont je me plains.

SA FEMME.

Mon courroux n'a déjà que trop de violence,
Sans le charger encor d'une nouvelle offense [1].
Écoute, ne crois pas retenir mon bijou,
Et songe un peu....

SGANARELLE.

Je songe à te rompre le cou. 180
Que ne puis-je, aussi bien que je tiens la copie,
Tenir l'original!

SA FEMME.

Pourquoi?

SGANARELLE.

Pour rien, mamie :
Doux objet de mes vœux, j'ai grand tort de crier,
Et mon front de vos dons vous doit remercier.

(Regardant le portrait de Lélie.)

Le voilà, le beau-fils, le mignon de couchette [2], 185
Le malheureux tison de ta flamme secrète,
Le drôle avec lequel...!

SA FEMME.

Avec lequel...? Poursuis.

SGANARELLE.

Avec lequel, te dis-je,... et j'en crève d'ennuis [3].

1. Auger rapproche de ce vers le vers du *Misanthrope* (scène 1re), où Molière a fait un emploi si heureux, mais assez différent, du même mot :

De protestations, d'offres et de serments
Vous chargez la fureur de vos embrassements.

2. *Mignon de couchette* est une expression que Molière semble avoir empruntée à Scarron, comme plusieurs autres de cette pièce. Dans le *Jodelet* ou *le Maître valet* (1645), Béatrix dit (acte III, scène VIII) :

Il s'en est donc allé le mignon de couchette?
(*Note d'Auger.*)

3. « Et j'en crève d'ennui », dans l'édition de 1734, qui, pour la rime, écrit au vers précédent *poursui*, sans *s*.

SA FEMME.

Que me veut donc par là conter[1] ce maître ivrogne?

SGANARELLE.

Tu ne m'entends que trop, Madame la carogne. 190
Sganarelle est un nom qu'on ne me dira plus,
Et l'on va m'appeler seigneur Corneillius[2].
J'en suis pour mon honneur; mais à toi qui me l'ôtes,
Je t'en ferai du moins pour un bras ou deux côtes.

SA FEMME.

Et tu m'oses tenir de semblables discours? 195

SGANARELLE.

Et tu m'oses jouer de ces diables de tours?

SA FEMME.

Et quels diables de tours? Parle donc sans rien feindre.

SGANARELLE.

Ah! cela ne vaut pas la peine de se plaindre!
D'un panache[3] de cerf sur le front me pourvoir,
Hélas! voilà vraiment un beau venez-y-voir[4]! 200

SA FEMME.

Donc, après m'avoir fait la plus sensible offense
Qui puisse d'une femme exciter la vengeance,
Tu prends d'un feint courroux le vain amusement
Pour prévenir l'effet de mon ressentiment?
D'un pareil procédé l'insolence est nouvelle: 205

---

1. Conter par là. (1662, 65, 66, 73, 74, 82, 1734.)
2. L'édition originale écrit ainsi ce nom; d'autres, *Cornelius*. — Nous trouvons la même plaisanterie dans un canevas italien, dont nous ne pouvons préciser la date, et que les frères Parfaict analysent assez longuement, *la Zerla* (la botte). « Arlequin dit au pédant : « Serviteur, seigneur Cornelio. — Je ne « m'appelle pas ainsi, répond-il, mais bien le docteur Balloard. » (*Histoire de l'ancien théâtre italien*, 1767, p. 210.)
3. Pennache. (1666.) — Pannache. (1684 A, 1694 B.)
4. « Voilà vraiment grand'chose, pour en faire tant de bruit! » On répondait ainsi à qui exagérait la rareté ou l'importance de quelque chose. « On dit populairement par mépris, et pour exténuer une chose qu'un autre voudrait faire valoir, *Voilà un beau venez-y-voir.* » (*Académie*.)

Celui qui fait l'offense est celui qui querelle¹.

SGANARELLE.

Eh! la bonne effrontée! A voir ce fier maintien,
Ne la croiroit-on pas une femme de bien?

SA FEMME.

Va, poursuis ton chemin², cajole tes maîtresses,
Adresse-leur tes vœux, et fais-leur des caresses ; 210
Mais rends-moi mon portrait sans te jouer de moi.

(Elle lui arrache le portrait et s'enfuit.)

SGANARELLE, courant après elle³.

Oui, tu crois m'échapper : je l'aurai malgré toi⁴.

SCÈNE VII⁵.

LÉLIE, GROS-RENÉ.

GROS-RENÉ.

Enfin, nous y voici. Mais, Monsieur, si je l'ose,
Je voudrois vous prier de me dire une chose.

---

1. Ce vers, dit Auger, rappelle celui du *Misanthrope* (acte IV, scène III) :
    C'est moi qui me viens plaindre, et c'est moi qu'on querelle....
2. Va, va, suis ton chemin. (1682.)
3. *Courant après elle* a été supprimé dans les éditions de 1682 et de 1734.
4. L'édition de 1734 coupe la comédie de *Sganarelle* en trois actes, en faisant de la scène VII la première du second acte, et de la scène XVIII la première du troisième. Il faut croire que les comédiens ont ainsi joué la pièce en trois actes, puisqu'en 1802 Gardy se savait bon gré de l'avoir réduite en un seul : voyez la *Notice*, p. 142, note 2. L'édition de 1773 n'a pas reproduit ces divisions. — « Ici, dit Auger, la scène reste vide. C'est une faute que Molière a faite trois fois dans cette pièce, et qu'il n'a plus faite dans aucune autre. »
5. ARGUMENT. — Lélie avoit déjà trop causé de trouble dans l'esprit de tous nos acteurs, pour ne pas venir faire paroître les siens sur la scène. En effet, il n'y arrive pas plus tôt, que l'on voit la tristesse peinte sur son visage. Il fait voir que de la campagne où il étoit, il s'est rendu au plus tôt à Paris, sur le bruit de l'hymen de Célie. Comme il est tout nouvellement arrivé, son valet le presse d'aller manger un morceau devant que d'aller apprendre des nouvelles de sa maîtresse; mais il n'y veut pas consentir; et voyant que son valet l'im-

LÉLIE.

Hé bien! parle.

GROS-RENÉ.

Avez-vous le diable dans le corps 215
Pour ne pas succomber à de pareils efforts?
Depuis huit jours entiers, avec vos longues traites,
Nous sommes à piquer de chiennes de mazettes,
De qui le train maudit nous a tant secoués,
Que je m'en sens pour moi tous les membres roués; 220
Sans préjudice encor d'un accident bien pire,
Qui m'afflige un endroit que je ne veux pas dire[1] :
Cependant, arrivé, vous sortez bien et beau,
Sans prendre de repos, ni manger un morceau.

LÉLIE.

Ce grand empressement n'est point digne[2] de blâme : 225

portune, il l'envoie manger, cependant qu'il va chercher à se délasser des fatigues de son voyage auprès de sa maîtresse. Remarquez, s'il vous plaît, ce que cette scène contient, et je vous ferai voir, en un autre endroit, que l'auteur a infiniment de l'esprit de l'avoir placée si à propos. Et pour vous en mieux faire ressouvenir, en voici les vers.

1. La même plaisanterie se trouve dans une petite ode de Pellisson; mais après cette facétie un peu hasardée pour un précieux et pour le *mourant* en titre de Mlle de Scudéry, le galant *Herminius-Acanthe* reparaît dans la suite des vers. Le titre de la pièce de Pellisson est : « Vers à M. Ménage faits en courant la poste. Origine de la poste. »

. . . .
Que ce fut d'un rude vilain
Que la poste eut son origine!
Il avoit trois plaques d'airain,
Mais autre part qu'à la poitrine.

Mais non, ne vous y trompez pas,
C'est d'un amant plein de tendresse
Qui ne pouvoit aller le pas,
Quand il alloit voir sa maîtresse.

Vous me direz en grand docteur
Qu'en ce point je ne suis qu'un âne,
Que Cyrus en fut inventeur;
Mais Cyrus alloit voir Mandane....

(*OEuvres diverses* de M. Pellisson de l'Académie françoise, Paris, Didot, 1735, tome I, p. 189.)

2. N'est pas digne. (1673, 74, 82, 94 B, 1734.)

De l'hymen de Célie on alarme mon âme ;
Tu sais que je l'adore ; et je veux être instruit,
Avant tout autre soin, de ce funeste bruit.

GROS-RENÉ.

Oui ; mais un bon repas vous seroit nécessaire,
Pour s'aller éclaircir, Monsieur, de cette affaire ;   230
Et votre cœur, sans doute, en deviendroit plus fort
Pour pouvoir résister aux attaques du sort.
J'en juge par moi-même ; et la moindre disgrâce,
Lorsque je suis à jeun, me saisit, me terrasse ;
Mais quand j'ai bien mangé, mon âme est ferme à tout,
Et les plus grands revers n'en viendroient pas à bout.
Croyez-moi, bourrez-vous, et sans réserve aucune,
Contre les coups que peut vous porter la fortune ;
Et, pour fermer chez vous l'entrée à la douleur,
De vingt verres de vin entourez votre cœur[1].   240

LÉLIE.

Je ne saurois manger.

GROS-RENÉ, à part ce demi-vers[2].

Si-fait bien moi, je meurs[3].
Votre dîné pourtant seroit prêt tout à l'heure.

---

1. Comme le remarque Auger, le parasite Curculio, dans Plaute (voyez la pièce de ce nom, vers 375), professe les mêmes principes ; avant toute grande entreprise, il faut manger et boire :

Atque aliquid prius obtrudamus, pernam, sumen, glandium.
Hæc sunt ventri stabilimenta : pane et assa bubula,
Poculum grande, aula magna ; ut satis consilia suppetant.

« Fourrons-nous d'abord quelque chose dans l'estomac, un jambon, une tetine, un ris de porc. Pour se consolider le ventre, il faut du pain, du bœuf rôti, large rasade, vaste marmite : cela donne des idées. »

2. GROS-RENÉ, *bas, à part*, dans l'édition de 1734, qui fait précéder le vers suivant du mot *Haut.*

3. *Moi, je mangerais bien, sur ma vie !* — Nous prenons le texte de cet hémistiche dans l'édition de 1682, copiée par celle de 1734. L'édition originale l'a dénaturé et allongé de cette façon :

Si ferai bien moi, je meure,

LÉLIE.

Tais-toi, je te l'ordonne.

GROS-RENÉ.

Ah! quel ordre inhumain!

LÉLIE.

J'ai de l'inquiétude, et non pas de la faim.

GROS-RENÉ.

Et moi, j'ai de la faim, et de l'inquiétude
De voir qu'un sot amour fait toute votre étude.

LÉLIE.

Laisse-moi m'informer de l'objet de mes vœux,
Et, sans m'importuner, va manger si tu veux.

GROS-RENÉ.

Je ne réplique point à ce qu'un maître ordonne.

SCÈNE VIII[1].

LÉLIE, seul.

Non, non, à trop de peur mon âme s'abandonne :
Le père m'a promis, et la fille a fait voir
Des preuves d'un amour qui soutient mon espoir.

à quoi une première correction, celle des éditions de 1666, de 1673 et de 1674 avait substitué :

Si ferai bien, je meure.

La meilleure manière de corriger n'eût-elle pas été :

Si ferai moi, je meure?

1. ARGUMENT. — Je ne vous dirai rien de cette scène, puisqu'elle ne contient que ces trois vers.

SCÈNE IX[1].

SGANARELLE, LÉLIE.

SGANARELLE[2].

Nous l'avons, et je puis voir à l'aise la trogne
Du malheureux pendard qui cause ma vergogne.
Il ne m'est point connu.

LÉLIE, à part.

Dieu! qu'aperçois-je ici? 255
Et si c'est mon portrait, que dois-je croire aussi?

SGANARELLE continue[3].

Ah! pauvre Sganarelle! à quelle destinée

---

1. ARGUMENT. — C'est ici que l'auteur fait voir qu'il ne sait pas moins bien représenter une pièce qu'il la sait composer, puisque l'on ne vit jamais rien de si bien joué que cette scène. Sganarelle ayant arraché à sa femme le portrait qu'elle lui venoit de reprendre, vient pour le considérer à loisir, lorsque Lélie, voyant que cette boîte ressembloit fort à celle où étoit le portrait qu'il avoit donné à sa maîtresse, s'approche de lui pour le regarder par-dessus son épaule, tellement que Sganarelle voyant qu'il n'a pas le loisir de considérer ce portrait comme il le voudroit bien, et que, de quelque côté qu'il se puisse tourner, il est obsédé par Lélie, et Lélie enfin de son côté ne doutant plus que ce ne soit son portrait, et impatient de savoir de qui Sganarelle peut l'avoir eu, s'enquiert[a] de lui comment il est tombé entre ses mains. Ce désir étonne Sganarelle; mais sa surprise cesse bientôt, lorsqu'après avoir bien examiné ce portrait il reconnoît que c'est celui de Lélie. Il lui dit qu'il sait bien le souci qui le tient, qu'il connoît bien que c'est son portrait, et le prie de cesser un amour qu'un mari peut trouver fort mauvais. Lélie lui demande s'il est mari de celle qui conservoit ce gage. Sganarelle lui dit qu'oui, et qu'il en est mari très-marri, qu'il en sait bien la cause, et qu'il va sur l'heure l'apprendre aux parents de sa femme. Et moi cependant je m'en vais vous apprendre les vers de cette scène. Il faut que vous preniez garde qu'un agréable malentendu est ce qui fait la beauté de cette scène, et que subsistant pendant le reste de la pièce entre les quatre principaux acteurs, qui sont Sganarelle, sa femme, Lélie, et sa maîtresse, qui ne s'entendent pas, il divertit merveilleusement l'auditeur, sans fatiguer son esprit, tant il naît naturellement, et tant sa conduite est admirable dans cette pièce.

2. SGANARELLE, *sans voir Lélie, et tenant dans ses mains le portrait.* (1734.)
3. SGANARELLE, *sans voir Lélie.* (1734.)

a Le mot est écrit *s'enquerre* dans le texte de 1660.

Ta réputation est-elle condamnée !
(Apercevant Lélie qui le regarde, il se retourne[1] d'un autre côté.)
Faut[2]....

LÉLIE, à part.

Ce gage ne peut[3], sans alarmer ma foi,
Être sorti des mains qui le tenoient de moi. 260

SGANARELLE[4].

Faut-il que désormais à deux doigts l'on te montre[5],
Qu'on te mette en chansons, et qu'en toute rencontre
On te rejette au nez le scandaleux affront
Qu'une femme mal née imprime sur ton front?

LÉLIE, à part.

Me trompé-je ?

SGANARELLE[6].

Ah ! truande, as-tu bien le courage 265
De m'avoir fait cocu dans la fleur de mon âge?
Et femme d'un mari qui peut passer pour beau,
Faut-il qu'un marmouset[7], un maudit étourneau...?

LÉLIE, à part, et regardant encore son portrait[8].

Je ne m'abuse point : c'est mon portrait lui-même.

SGANARELLE lui retourne le dos[9].

Cet homme est curieux.

LÉLIE, à part.

Ma surprise est extrême. 270

---

1. *Il se tourne.* (1734.)
2. Ce mot *faut* est placé avant le jeu de scène dans les éditions de 1682, de 1694 B et de 1734.
3. *Ce gage ne peut pas*, ce qui fait un vers de treize syllabes, dans les éditions de 1665, 66, 73, 74, 82, 92, 94 B, 97, 1710.
4. SGANARELLE, *à part.* (1734.)
5. A deux doigts on te montre. (1666, 73, 74, 82, 1734.)
6. SGANARELLE, *à part.* (1734.)
7. Le *Dictionnaire de Furetière* (1701), après avoir défini *marmouset* : « Figure d'homme mal peinte, mal faite, » ajoute : « on le dit aussi d'un homme mal bâti, » et cite ce passage.
8. LÉLIE, *à part, et regardant encore le portrait que tient Sganarelle.* (1734.)
9. *Lui tourne le dos.* (1662, 65, 66, 73, 74, 82, 1734.)

SCÈNE IX.

SGANARELLE.

A qui donc en a-t-il?

LÉLIE, à part.

Je le veux accoster.

(Haut.)
Puis-je...? Hé! de grâce, un mot[1].

SGANARELLE le fuit encore[2].

Que me veut-il conter?

LÉLIE.

Puis-je obtenir de vous de savoir l'aventure
Qui fait dedans vos mains trouver cette peinture[3]?

SGANARELLE, à part, et examinant le portrait qu'il tient
et Lélie[4].

D'où lui vient ce desir? Mais je m'avise ici....   275
Ah! ma foi, me voilà de son trouble éclairci!
Sa surprise à présent n'étonne plus mon âme :
C'est mon homme, ou plutôt c'est celui de ma femme.

LÉLIE.

Retirez-moi de peine, et dites d'où vous vient....

SGANARELLE.

Nous savons, Dieu merci, le souci qui vous tient.   280
Ce portrait qui vous fâche est votre ressemblance;
Il étoit en des mains de votre connoissance;
Et ce n'est pas un fait qui soit secret pour nous
Que les douces ardeurs de la dame et de vous.
Je ne sais pas si j'ai, dans sa galanterie,   285
L'honneur d'être connu de votre seigneurie;
Mais faites-moi celui de cesser désormais

---

1. Ces cinq derniers mots sont précédés de ceux-ci dans l'édition de 1734 : *Sganarelle veut s'éloigner.*
2. SGANARELLE, à part, s'éloignant encore. (1734.)
3. Qui fait dedans vos mains tenir cette peinture? (1674.)
4. *Qu'il tient de Lélie.* (1662, 65, 66, 73, 74, 82, 94 B.) — L'édition de 1734 ne donne ici que SGANARELLE, à part, et ajoute après le vers 275 : *Il examine Lélie et le portrait qu'il tient.*

Un amour qu'un mari peut trouver fort mauvais;
Et songez que les nœuds du sacré mariage....

LÉLIE.

Quoi? celle, dites-vous, dont vous tenez ce gage¹...? 290

SGANARELLE.

Est ma femme, et je suis son mari.

LÉLIE.

Son mari?

SGANARELLE.

Oui, son mari, vous dis-je, et mari très-marri²;
Vous en savez la cause, et je m'en vais l'apprendre
Sur l'heure à ses parents.

SCÈNE X[3].

LÉLIE, seul.

Ah! que viens-je d'entendre!

---

1. Quoi? celle, dites-vous, qui conservoit ce gage...? (1682.)

2. Ces allitérations étaient fort ordinaires et presque proverbiales. M. Littré, dans son *Dictionnaire*, au mot *Mari*, cite ce proverbe d'après Cotgrave (seizième siècle) : « Femme bonne qui a mauvais mari a bien souvent le cœur marri. »

3. ARGUMENT. — Lélie se plaint dans cette scène de l'infidélité de sa maîtresse, et l'outrage qu'elle lui fait ne l'abattant pas moins que les longs travaux de son voyage, le fait tomber en foiblesse. Plusieurs ont assez ridiculement repris cette scène, sans avoir, pour justifier leur impertinence, autre chose à dire sinon que l'infidélité d'une maîtresse n'étoit pas capable de faire évanouir un homme. D'autres ont dit encore que cet évanouissement étoit mal placé, et que l'on voyoit bien que l'auteur ne s'en étoit servi que pour faire naître l'incident qui paroit ensuite. Mais je répondrai en deux mots aux uns et aux autres. Et je dis d'abord aux premiers qu'ils n'ont pas bien considéré que l'auteur avoit préparé cet incident longtemps devant, et que l'infidélité de la maîtresse de Lélie n'est pas seule la cause de son évanouissement, qu'il en a encore deux puissantes raisons, dont l'une est les longs et pénibles travaux d'un voyage de huit jours qu'il avoit fait en poste, et l'autre qu'il n'avoit point mangé depuis son arrivée, comme l'auteur l'a découvert ci-devant aux auditeurs, en faisant que Gros-René le presse d'aller manger un morceau afin de pouvoir résister aux attaques du sort (et c'est pour cela que je vous ai prié de remarquer la scène qu'ils

SCÈNE X.   187

L'on¹ me l'avoit bien dit, et que c'étoit de tous   295
L'homme le plus mal fait qu'elle avoit pour époux.
Ah! quand mille serments de ta bouche infidèle
Ne m'auroient pas promis une flamme éternelle,
Le seul mépris d'un choix si bas et si honteux ²
Devoit bien soutenir l'intérêt de mes feux,   300
Ingrate, et quelque bien.... Mais ce³ sensible outrage,
Se mêlant aux travaux d'un assez long voyage,
Me donne tout à coup un choc si violent,
Que mon cœur devient foible, et mon corps chancelant.

font ensemble), tellement qu'il n'est pas impossible qu'un homme qui arrive d'un long voyage, qui n'a point mangé*a* depuis son arrivée, et qui apprend l'infidélité d'une maîtresse, s'évanouisse. Voilà ce que j'ai à dire aux premiers censeurs de cet incident miraculeux. Pour ce qui regarde les seconds, quoiqu'ils paroissent le reprendre avec plus de justice, je les confondrai encore plus tôt; et pour commencer à leur faire voir leur ignorance, je veux leur accorder que l'auteur n'a fait évanouir Lélie que pour donner lieu à l'incident qui suit; mais ne doivent-ils pas savoir que quand un auteur a un bel incident à insérer dans une pièce, s'il trouve des moyens vraisemblables pour le faire naître, il en doit d'autant être plus estimé que la chose est beaucoup difficile; et qu'au contraire, s'il ne le fait paroître que par des moyens erronés et tirés par la queue, il doit passer pour un ignorant, puisque c'est une des qualités la plus nécessaire à un auteur que de savoir inventer avec vraisemblance? C'est pourquoi, puisqu'il y a tant de possibilité et de vraisemblance dans l'évanouissement de Lélie, que l'on pourroit dire qu'il étoit absolument nécessaire qu'il s'évanouît, puisqu'il auroit paru peu amoureux si, étant arrivé à Paris, il s'étoit allé amuser à manger au lieu d'aller trouver sa maîtresse : ils condamnent des choses qu'ils devroient estimer, puisque la conduite de cet incident, avec toutes les préparations nécessaires, fait voir que l'auteur pense mûrement à ce qu'il fait, et que rien ne se peut égaler à la solidité de son esprit. Voilà quelle est ma pensée là-dessus; et pour vous montrer que les raisons que j'ai apportées sont vraies, vous n'avez qu'à lire ces vers.

1. *On*, dans les éditions de 1682 et de 1734.
2. Le mépris que tu devais faire du choix qu'on te proposait; ou peut-être: le mépris attaché à un pareil choix.
3. Par suite d'une faute d'impression, l'édition originale porte *se*, pour *ce*. *Ce* est du moins la leçon des éditions de 1675 A, 1682, 1684 A, 1694 B, 1734; celles de 1662, 1665, 1666, 1673, 1674 portent *le*.

a Qui n'a pas mangé. (1662, 66, 73.)

SCÈNE XI[1].

LÉLIE, LA FEMME DE SGANARELLE.

LA FEMME DE SGANARELLE, se tournant vers Lélie[2].
Malgré moi mon perfide.... Hélas! quel mal vous presse?
Je vous vois prêt, Monsieur, à tomber en foiblesse.

LÉLIE.
C'est un mal qui m'a pris assez subitement.

LA FEMME DE SGANARELLE.
Je crains ici pour vous[3] l'évanouissement :
Entrez dans cette salle, en attendant qu'il passe.

LÉLIE.
Pour un moment ou deux j'accepte cette grâce.   310

---

1. ARGUMENT. — Voyons si quelqu'un n'aura point de pitié de ce pauvre amant qui tombe en foiblesse. La femme de Sganarelle, en colère contre son mari de ce qu'il lui avoit emporté le bijou qu'elle avoit trouvé, sort de chez elle, et voyant Lélie qui commençoit à s'évanouir, le fait entrer dans sa salle, en attendant que son mal se passe. Jugez, après les transports de la jalousie de Sganarelle, de l'effet que cet incident doit produire, et s'il fut jamais rien de mieux imaginé. Vous pourrez lire les vers de cette scène, cependant que j'irai voir si Sganarelle a trouvé quelqu'un[a] des parents de sa femme.

2. LA FEMME de Sganarelle, *se croyant seule.* (1734.) — Après le premier hémistiche du vers suivant, on lit dans la même édition : *Apercevant Lélie.*

3. Ce mot *vous* manque dans les éditions de 1674 et de 1682, ce qui a amené celles de 1697-1733 à imprimer ainsi ce vers :

   Je crains ici beaucoup l'évanouissement.

[a] *Quelqu'uns*, avec une *s*, dans l'édition originale. Les éditions suivantes ont corrigé en *quelques-uns*.

SCÈNE XII[1].

SGANARELLE et le Parent de sa Femme[2].

LE PARENT.

D'un mari sur ce point j'approuve le souci;
Mais c'est prendre la chèvre[3] un peu bien vite aussi;
Et tout ce que de vous je viens d'ouïr contre elle
Ne conclut point, parent, qu'elle soit criminelle.
C'est un point délicat; et de pareils forfaits, 315
Sans les bien avérer, ne s'imputent jamais.

SGANARELLE.

C'est-à-dire qu'il faut toucher au doigt la chose.

LE PARENT.

Le trop de promptitude à l'erreur nous expose.
Qui sait comme en ses mains[4] ce portrait est venu,
Et si l'homme, après tout, lui peut être connu? 320

---

1. ARGUMENT. — Il faudroit avoir le pinceau de Poussin, le Brun et Mignard pour vous représenter avec quelle posture Sganarelle se fait admirer dans cette scène, où il paroît avec un parent de sa femme. L'on n'a jamais vu tenir de discours si naïfs, ni paroître avec un visage si niais, et l'on ne doit pas moins admirer l'auteur pour avoir fait cette pièce, que pour la manière dont il la représente. Jamais personne ne sut si bien démonter son visage, et l'on peut dire que dedans cette pièce il en change plus de vingt fois; mais comme c'est un divertissement que vous ne pouvez avoir, à moins que de venir à Paris voir représenter cet incomparable ouvrage, je ne vous en dirai pas davantage, pour passer aux choses dont je puis plus aisément vous faire part. Ce bon vieillard remontre à Sganarelle que le trop de promptitude expose souvent à l'erreur, que tout ce qui regarde l'honneur est délicat; ensuite il lui dit qu'il s'informe mieux comment ce portrait est tombé entre les mains de sa femme, et que s'il se trouve qu'elle soit criminelle, il sera le premier à punir son offense. Il se retire après cela. Comme je n'ai pu dans cette scène vous envoyer le portrait du visage de Sganarelle, en voici les vers.

2. SGANARELLE, UN PARENT de la femme de Sganarelle. (1734.)

3. « *Prendre la chèvre*, dit Furetière, c'est se fâcher, se mettre en colère légèrement; c'est *se cabrer*, qui vient aussi du mot *chèvre*. »

4. Sait-on comme en ses mains. (1682.)

Informez-vous-en donc¹; et si c'est ce qu'on pense,
Nous serons les premiers à punir son offense.

SCÈNE XIII².

SGANARELLE, seul.

On ne peut pas mieux dire. En effet, il est bon
D'aller tout doucement. Peut-être, sans raison,
Me suis-je en tête mis ces visions cornues, 325
Et les sueurs au front m'en sont trop tôt venues.
Par ce portrait enfin dont je suis alarmé
Mon déshonneur n'est pas tout à fait confirmé.
Tâchons donc par nos soins....

SCÈNE XIV³.

SGANARELLE, sa Femme, LÉLIE, sur la porte
de Sganarelle, en parlant à sa femme⁴.

SGANARELLE poursuit⁵.

Ah! que vois-je? Je meure,

---

1. Informez-vous-en mieux. (1682.)
2. ARGUMENT. — Sganarelle, pour ne point démentir son caractère, qui fait voir un homme facile à prendre toutes sortes d'impressions, croit facilement ce que le bonhomme lui dit, et commence à se persuader qu'il s'est trop tôt mis dans la tête des visions cornues, lorsque Lélie sortant de chez lui avec sa femme qui le conduit, le fait de nouveau rentrer en jalousie. Les vers qu'il dit dans cette scène vous feront mieux voir son caractère que je ne vous l'ai dépeint.
3. ARGUMENT. — Je ne vous dis rien de cette scène, et je vous laisse juger par ces vers de la surprise de Sganarelle.
4. SGANARELLE, LA FEMME de Sganarelle *sur la porte de sa maison, reconduisant Lélie*, LÉLIE. (1734.)
5. SGANARELLE, *à part, les voyant*. (1734.)

Il n'est plus question de portrait à cette heure :   330
Voici, ma foi, la chose en propre original.
    LA FEMME DE SGANARELLE à Lélie[1].
C'est par trop vous hâter, Monsieur ; et votre mal,
Si vous sortez sitôt, pourra bien vous reprendre.
    LÉLIE.
Non, non, je vous rends grâce, autant qu'on puisse rendre,
De l'obligeant secours[2] que vous m'avez prêté.   335
    SGANARELLE, à part.
La masque encore après lui fait civilité[3] !

SCÈNE XV[4].

SGANARELLE, LÉLIE.

    SGANARELLE, à part.
Il m'aperçoit. Voyons ce qu'il me pourra dire.
    LÉLIE, à part.
Ah ! mon âme s'émeut, et cet objet[5] m'inspire....
Mais je dois condamner cet injuste transport,
Et n'imputer mes maux qu'aux rigueurs de mon sort.   340
Envions seulement le bonheur de sa flamme.
    (Passant auprès de lui et le regardant[6].)
Oh ! trop heureux d'avoir une si belle femme !

1. Les mots *à Lélie* ont été supprimés par l'édition de 1734.
2.   Du secours obligeant. (1682, 1734.)
3. L'effrontée lui fait encore des politesses ! — Après ce vers, on lit dans l'édition de 1734 : *La femme de Sganarelle rentre dans sa maison.*
4. ARGUMENT. — Lélie donne, sans y penser, le change à Sganarelle dans cette scène, et ne le surprend pas moins que l'autre a tantôt fait en lui disant qu'il tenoit son portrait des mains de sa femme. Pour mieux juger de la surprise de Sganarelle, vous pouvez lire ces vers, dont le dernier est placé si à propos, que jamais pièce entière n'a fait tant d'éclat que ce vers seul [a].
5. Cet être, ce mari que voilà ; comparez les vers 510 et 524.
6. *En s'approchant de Sganarelle.* (1734.)

[a] Il est venu deux fois sous la plume de Mme de Sévigné : voyez le tome V de ses *Lettres*, p. 63, et le tome VII, p. 491.

SCÈNE XVI[1].

SGANARELLE, CÉLIE regardant aller Lélie[2].

SGANARELLE, sans voir Célie[3].
Ce n'est point s'expliquer en termes ambigus.
Cet étrange propos me rend aussi confus
Que s'il m'étoit venu des cornes à la tête. 345
(Il se tourne du côté que Lélie s'en vient d'en aller[4].)
Allez, ce procédé n'est point du tout honnête.

CÉLIE, à part[5].
Quoi? Lélie a paru tout à l'heure à mes yeux.
Qui pourroit[6] me cacher son retour en ces lieux?

1. ARGUMENT. — L'on peut dire que cette scène en contient deux, puisque Sganarelle fait une espèce de monologue[a], pendant que Célie, qui avoit vu sortir son amant d'avec lui, le conduit des yeux jusqu'à ce qu'elle l'ait perdu de vue, pour voir si elle ne s'est point trompée[b]. Sganarelle, de son côté, regarde aussi en aller Lélie, et fait voir le dépit qu'il a de ne lui avoir pas fait insulte, après l'assurance qu'il croit avoir d'être cocu de lui. Célie lui ayant laissé jeter la plus grande partie de son feu, s'en approche pour lui demander si celui qui lui vient de parler ne lui est pas connu; mais il lui répond avec sa naïveté ordinaire que c'est sa femme qui le connoît, et découvre peu à peu, mais d'une manière tout à fait agréable, que Lélie le déshonore. C'est ici que l'équivoque divertit merveilleusement l'auditeur, puisque Célie détestant la perfidie de son amant, jetant feu et flammes contre lui, et sortant à dessein de s'en venger, Sganarelle croit qu'elle prend sa défense, et qu'elle ne court à dessein de le punir que pour l'amour de lui. Comme les vers de cette scène donnent à l'auditeur un plaisir extraordinaire, il ne seroit pas juste de vous priver de ce contentement : c'est pourquoi en jetant les yeux sur les lignes suivantes, vous pourrez connoître que l'auteur sait parfaitement bien conduire un équivoque.

2. CÉLIE regardant par sa fenêtre aller Lélie. (1682.) — CÉLIE à sa fenêtre, voyant Lélie qui s'en va. (1734.)

3. SGANARELLE sans Célie. (1666, 73, 74, 82.) — SGANARELLE seul. (1734.)

4. Regardant le côté par où Lélie est sorti. (1734.)

5. A part en entrant. (1734.)

6. Qui, au sens neutre : Quoi, quel motif pourrait...?

[a] Monoloque. (1660.) — [b] Si elle ne s'étoit point trompée. (1666, 73.)

SCÈNE XVI.

SGANARELLE poursuit[1].

« Oh! trop heureux d'avoir une si belle femme! »
Malheureux bien plutôt de l'avoir, cette infâme, 350
Dont le coupable feu, trop bien vérifié,
Sans respect ni demi[2] nous a cocufié!

(*Célie approche peu à peu de lui, attend que son transport soit fini pour lui parler*[3].)

Mais je le laisse aller après un tel indice,
Et demeure les bras croisés comme un jocrisse[4]?
Ah! je devois du moins lui jeter son chapeau, 355
Lui ruer quelque pierre, ou crotter son manteau,
Et sur lui hautement, pour contenter ma rage,
Faire au larron d'honneur crier le voisinage[5].

---

1. SGANARELLE, *sans voir Célie.* (1734.)
2. Voyez, au tome I, le vers 60 du *Dépit amoureux* et la note.
3. L'édition de 1734 transporte cette indication après le vers 358, en la modifiant de la manière suivante : *Pendant le discours de Sganarelle, Célie s'approche peu à peu, et attend pour lui parler que son transport soit fini.*
4. « Si j'avois un mari, » dit aussi Martine dans *les Femmes savantes* (acte V, scène III) :

> Je voudrois qu'il se fît le maître du logis :
> Je ne l'aimerois point s'il faisoit le jocrisse.

Ce mot, dont on ignore l'origine, se trouve dans un auteur du seizième siècle que cite M. Littré. Il paraît avoir eu tout d'abord le sens que le théâtre moderne a consacré, celui de valet niais et maladroit. « *Jocrisse qui mène les poules pisser* (vulg.), un niais, un badin...; » tel est l'exemple qu'on trouve dans les *Curiosités françoises* d'Antoine Oudin, 1640, p. 284. Cette dénomination qui, selon la remarque de M. Louis Moland, devait avoir une si heureuse fortune au théâtre, était donc antérieure à Molière, et on la trouve assez souvent employée de son temps. Loret s'excuse ainsi de n'avoir pas reçu plus tôt une lettre qui lui était adressée :

> Mais par la paresse ou malice
> D'un certain malheureux Jocrice,
> Qui n'a pas bien fait son devoir,
> Je ne fais que la recevoir.

(*La Muse historique*, 23 février 1664.)

5. Dans le roman de *Francion* de Sorel, cité ici fort à propos par Aimé-Martin, un mari, qui a surpris un amant avec sa femme, dit : « Je me contentai de lui dire des injures, et le laissai encore aller sain et sauf. Oh! que j'en ai eu de regret, quand j'y ai songé! Je lui devois jeter son chapeau par les fenêtres, ou lui déchirer ses souliers. Mais quoi? je n'étois pas à moi en cet

CÉLIE[1].

Celui qui maintenant devers vous est venu,
Et qui vous a parlé, d'où vous est-il connu? 360

SGANARELLE.

Hélas! ce n'est pas moi qui le connoît[2], Madame;
C'est ma femme.

CÉLIE.

Quel trouble agite ainsi votre âme?

SGANARELLE.

Ne me condamnez point d'un deuil hors de saison,
Et laissez-moi pousser des soupirs à foison.

CÉLIE.

D'où vous peuvent venir ces douleurs non communes?

SGANARELLE.

Si je suis affligé, ce n'est pas pour des prunes;
Et je le donnerois à bien d'autres[3] qu'à moi
De se voir sans chagrin au point où je me voi.
Des maris malheureux vous voyez le modèle :
On dérobe l'honneur au pauvre Sganarelle; 370
Mais c'est peu que l'honneur dans mon affliction,
L'on me dérobe encor la réputation.

---

accident. » (*La Vraie histoire comique de Francion*, publiée sous le nom de Moulinet du Parc, les sept premiers livres en 1622, les cinq suivants en 1633; édition de M. É. Colombey, 1858, p. 332.) Auger remarque que ce trait se trouve aussi dans le *Pédant joué* de Cyrano (1654). Le paysan Gareau dit : « Moy qui ne veux pas qu'on me fasse des trogedies, si l'auoüas trouvé queuque ribaut licher le moruïau à ma femme, comme cet affront-là frape bian au cœur, peut-estre que dans le desespoir ie m'emporteroüas à jeter son chapiau par les frenestres, pis ce seret du scandale : tigué queuque gniais! » (Acte II, scène III.) — *Larron d'honneur* se trouvait déjà, comme nous l'apprend Auger, dans *le Marquis ridicule* ou *la Comtesse faite à la hâte* de Scarron (1656), acte III, scène II; Sganarelle répète le mot comme une sorte de composé, pouvant rimer avec *notre honneur* au vers 508.

1. CÉLIE, *à Sganarelle*. (1734.)

2. *Connoist*, à la troisième personne. (1660, 62, 65, 66, 66ᵃ, 73, 74, 82.) — *Connoy* ou *connoi*. (1675 A, 84 A, 94 B, 97, 1710.) — *Connois*. (1692, puis à partir de 1718.)

3. Le texte original (1660) et un bon nombre d'autres éditions anciennes (1662, 65, 66ᵃ, 75 A, 84 A, 94 B) ont le singulier : *à bien d'autre*.

SCÈNE XVI.

CÉLIE.

Comment?

SGANARELLE.

Ce damoiseau, parlant par révérence,
Me fait cocu, Madame, avec toute licence ;
Et j'ai su par mes yeux avérer aujourd'hui 375
Le commerce secret de ma femme et de lui.

CÉLIE.

Celui qui maintenant....

SGANARELLE.

Oui, oui, me déshonore :
Il adore ma femme, et ma femme l'adore.

CÉLIE.

Ah ! j'avois bien jugé que ce secret retour
Ne pouvoit me[1] couvrir que quelque lâche tour ; 380
Et j'ai tremblé d'abord, en le voyant paroître[2],
Par un pressentiment de ce qui devoit être.

SGANARELLE.

Vous prenez ma défense avec trop de bonté.
Tout le monde n'a pas la même charité ;
Et plusieurs qui tantôt ont appris mon martyre, 385
Bien loin d'y prendre part, n'en ont rien fait que rire.

CÉLIE.

Est-il rien de plus noir que ta lâche action,
Et peut-on lui trouver une punition ?
Dois-tu ne te pas croire indigne de la vie,
Après t'être souillé de cette perfidie ? 390
O Ciel ! est-il possible ?

SGANARELLE.

Il est trop vrai pour moi.

CÉLIE.

Ah ! traître ! scélérat ! âme double et sans foi !

---

1. *Te*, par erreur, pour *me*, dans l'édition de 1674.
2. *Parestre* ou *parêtre*, dans les éditions de 1666, 73, 74, 75 A, 82, 84 A, 94 B, 97.

SGANARELLE.

La bonne âme!

CÉLIE.

Non, non, l'enfer n'a point de gêne[1]
Qui ne soit pour ton crime une trop douce peine.

SGANARELLE.

Que voilà bien parler!

CÉLIE.

Avoir ainsi traité 395
Et la même innocence et la même bonté[2]!

SGANARELLE. Il soupire haut[3].

Hay!

CÉLIE.

Un cœur qui jamais n'a fait la moindre chose
A mérité[4] l'affront où ton mépris l'expose!

SGANARELLE.

Il est vrai.

CÉLIE.

Qui bien loin.... Mais c'est trop, et ce cœur
Ne sauroit y songer sans mourir de douleur. 400

SGANARELLE.

Ne vous fâchez pas tant[5], ma très-chère Madame :
Mon mal vous touche trop, et vous me percez l'âme.

CÉLIE.

Mais ne t'abuse pas jusqu'à te figurer
Qu'à des plaintes sans fruit j'en veuille demeurer :
Mon cœur, pour se venger, sait ce qu'il te faut faire, 405
Et j'y cours de ce pas; rien ne m'en peut distraire.

---

1. On sait que *gêne* et *gêner* gardaient souvent alors toute l'énergie de leur sens primitif et pouvaient être du style le plus noble : voyez de nombreux exemples dans les *Lexiques de Corneille* et *de Racine*, et le vers 1871 de *Dom Garcie*.
2. Et la même beauté! (1673, 74.) — L'innocence et la bonté même.
3. SGANARELLE *soupire haut.* (1734.)
4. A mériter. (1718, 30, 34.)
. Ne vous fâchez point tant. (1734.)

SCÈNE XVII[1].

SGANARELLE, seul.

Que le Ciel la préserve à jamais de danger!
Voyez quelle bonté de vouloir me venger!
En effet, son courroux, qu'excite ma disgrâce,
M'enseigne hautement ce qu'il faut que je fasse;   410
Et l'on ne doit jamais souffrir sans dire mot
De semblables affronts, à moins qu'être un vrai sot.
Courons donc le chercher, ce pendard qui m'affronte[2];
Montrons notre courage à venger notre honte.
Vous apprendrez, maroufle, à rire à nos dépens,   415
Et sans aucun respect faire cocus[3] les gens!
           (Il se retourne ayant fait trois ou quatre pas[4].)
Doucement, s'il vous plaît! Cet homme a bien la mine
D'avoir le sang bouillant et l'âme un peu mutine;

---

1. ARGUMENT. — Si j'avois tantôt besoin de ces excellents peintres que je vous ai nommés pour vous dépeindre le visage de Sganarelle, j'aurois maintenant besoin et de leur pinceau et de la plume des plus excellents orateurs pour vous décrire cette scène. Jamais il ne se vit rien de plus beau, jamais rien de mieux joué, et jamais vers ne furent si généralement estimés. Sganarelle joue seul cette scène, repassant dans son esprit tout ce que l'on peut dire d'un cocu et les raisons pour lesquelles il ne s'en doit pas mettre en peine, s'en démêle si bien, que son raisonnement pourroit en un besoin consoler ceux qui sont de ce nombre. Je vous envoie les vers de cette scène, afin que si vous connoissez quelqu'un en votre pays[a] qui soit de la confrérie dont Sganarelle se croit être, vous le pussiez[b] par là retirer de la mélancolie où il pourroit s'être plongé. (Voyez ci-après, p. 201, note 4, ce que l'auteur des arguments dit encore de cette scène.)

2. *Ce pendant qui m'affronte*, dans l'édition originale. Cette leçon fautive, reproduite par les textes de 1666[a] et de 1694 B, avec cette différence que *cependant* y est écrit en un seul mot, a été corrigée de deux manières dans les éditions suivantes : *cependant qu'il m'affronte* (1662, 65, 66, 74, 82) ; *ce pendart* ou *pendard qui m'affronte* (1675 A, 84 A, 1734). Nous avons adopté la seconde de ces leçons.

3. *Faire cocu*, sans accord, dans les textes de 1660, 75 A, 84 A, 94 B.

4. *Il revient après avoir fait quelques pas.* (1734.)

[a] *A votre pays*, dans l'édition de 1660.
[b] Il y a ainsi l'imparfait, peut-être par erreur, dans les textes de 1660, 65.

198 SGANARELLE OU LE COCU IMAGINAIRE.

Il pourroit bien[1], mettant affront dessus affront,
Charger de bois mon dos comme il a fait mon front.   420
Je hais de tout mon cœur les esprits colériques,
Et porte grand amour aux hommes pacifiques ;
Je ne suis point battant, de peur d'être battu,
Et l'humeur débonnaire est ma grande vertu.
Mais mon honneur me dit que d'une telle offense   425
Il faut absolument que je prenne vengeance.
Ma foi, laissons-le dire autant qu'il lui plaira :
Au diantre qui pourtant rien du tout en fera !
Quand j'aurai fait le brave, et qu'un fer, pour ma peine,
M'aura d'un vilain coup transpercé la bedaine,   430
Que par la ville ira le bruit de mon trépas,
Dites-moi, mon honneur, en serez-vous plus gras[2] ?
La bière est un séjour par trop mélancolique,
Et trop malsain pour ceux qui craignent la colique[3] ;
Et quant à moi, je trouve, ayant tout compassé,   435
Qu'il vaut mieux[4] être encor cocu que trépassé[5] :

1. Il pourra bien. (1666, 73, 74.)
2. Dans le roman de *Francion* déjà cité plus haut (p. 193, note 5), un jeune financier fait répondre à quelqu'un qui lui envoie un cartel : « Sans m'être battu, je lui demande la vie : il vaut mieux en faire ainsi, et prévenir le mal que de l'attendre. Il seroit bien temps d'implorer sa merci quand il m'auroit bien blessé ! » (Édition de M. É. Colombey, p. 287.)
3. « Cette plaisanterie, dit Auger, mauvaise même pour Sganarelle, est visiblement imitée de ce vers de Scarron dans *le Jodelet duelliste* :

La bière
Qu'on dit être un séjour mal sain et catherreux.... »
(Acte II, scène II : voyez ci-après, la note 5.)

4. Qu'il faut mieux. (1665, 66, 73, 74, 82, 94 B.)
5. Cette lutte entre l'amour-propre et la poltronnerie a été bien souvent mise sur la scène ; nous en citerons deux exemples. D'abord dans *le Jodelet duelliste*, pièce de Scarron, représentée en 1646, achevée d'imprimer pour la première fois le 15 mars 1647 (sous ce titre : *les Trois Dorothées* ou *le Jodelet souffleté*), Jodelet s'excite à venger son honneur offensé :

L'honneur, ô Jodelet, est un trésor bien cher !
Il faut, ô Jodelet, aujourd'hui bien chercher
Celui qui t'a fait niche avecque tant d'audace,
Et d'une seule main couvert toute ta face.

SCÈNE XVII.

Quel mal cela fait-il? la jambe en devient-elle
Plus tortue, après tout, et la taille moins belle?

Téméraire étranger, où te cacheras-tu?
Qui te peut dérober à Jodelet battu,
Jodelet, un démon irréconciliable,
Alors que l'on lui fait quelque affront reprochable?
Encor si coup de poing étoit le coup donné!
Mais las! c'est un soufflet, et des mieux assené....
Oh! qu'être homme d'honneur est une sotte chose,
Et qu'un simple soufflet de grands ennuis nous cause!
(Acte III, scène I; acte IV, scène VII.)

Il s'arme, et, quand il est prêt à se battre, il s'écrie:

Oui, tout homme vaillant doit être pitoyable,
Et j'ai pitié de toi, souffleteur misérable,
Puisque pour le soufflet que tu m'as appliqué
Tu dois être de moi mortellement piqué.
C'est la première fois qu'il m'avoit, que je sache,
L'impertinent qu'il est, donné sur la moustache;
De la façon pourtant qu'il s'en est acquitté,
Je le tiens en cela très-expérimenté.
Je crois que de sa vie il n'a fait autre chose;
Et nonobstant les maux que telle action cause,
Tout pauvre que je suis, je lui donnerois bien,
Pour souffleter ainsi, la moitié de mon bien.
Mais n'est-ce pas à l'homme une grande sottise
De s'aller battre armé de la seule chemise,
Si tant d'endroits en nous peuvent être percés
Par où l'on peut aller parmi les trépassés?
Le moindre coup au cœur est une sûre voie
Pour aller chez les morts; il est ainsi du foie;
Le roignon n'est pas sain quand il est entr'ouvert;
Le poumon n'agit point quand il est découvert;
Un artère coupé.... Dieux! ce penser me tue:
J'aimerois bien autant boire de la ciguë.
Un œil crevé.... Mon Dieu! que viens-je faire ici?
Que je suis un franc sot de m'hasarder ainsi!
Je n'aime point la mort, parce qu'elle est camuse;
Et sans considérer qui la veut ou refuse,
L'indiscrète qu'elle est, grippe, vousît ou non [a],
Pauvre, riche, poltron, vaillant, mauvais et bon.
Mais je suis trop avant pour reculer arrière;
C'est à faire en tous cas à rendre la rapière.
Donques bien loin de moi la peur et ses glaçons;
Je veux être de ceux qu'on dit mauvais garçons.
Mon cartel est reçu, je n'en fais point de doute:

---

[a] Voyez dans le *Dictionnaire de M. Littré*, à l'historique du mot *Vouloir*, un exemple de Froissard où *voulût ou non* se trouve pour *bon gré mal gré*, et une phrase de Calvin où il a employé, comme Scarron le fait encore en 1647, la forme *vousît-il ou non*.

Peste soit qui premier trouva l'invention
De s'affliger l'esprit de cette vision, 440
Et d'attacher l'honneur de l'homme le plus sage
Aux choses que peut faire une femme volage!
Puisqu'on tient à bon droit tout crime personnel,
Que fait là notre honneur pour être criminel?
Des actions d'autrui l'on nous donne le blâme. 445
Si nos femmes sans nous ont un commerce infâme,
Il faut que tout le mal tombe sur notre dos!
Elles font la sottise, et nous sommes les sots[1]!
C'est un vilain abus, et les gens de police
Nous devroient bien régler une telle injustice. 450

>Mon homme ne vient point; peut-être il me redoute.
>Hélas! plaise au Seigneur qu'il soit sot à tel point,
>Qu'il me tienne mauvais et ne se batte point!...
>(Acte V, scène 1.)

Mais ce qui suffirait pour prouver que, sans qu'il y ait imitation, une situation analogue amène à peu près inévitablement les mêmes idées, c'est le monologue célèbre de Falstaff, dans Shakspeare (*Henri IV*, Ire partie, scène xv[a]) : « .... Qu'ai-je besoin d'aller ainsi au-devant de qui ne s'adresse pas à moi? Allons, peu importe : l'honneur me porte en avant.... Oui, mais si l'honneur me porte dans l'autre monde quand je vais en avant? Après? Est-ce que l'honneur peut remettre une jambe? Non. Un bras? Non. Enlever les douleurs d'une blessure? Non. L'honneur n'entend donc rien à la chirurgie? Non. Qu'est-ce que l'honneur? Un mot. Qu'y a-t-il dans ce mot honneur? Un souffle. Le charmant bénéfice! Qui le possède, cet honneur? Celui qui est mort mercredi. Le sent-il? Non. L'entend-il? Non. Est-il donc chose insensible? Oui, pour les morts. Mais ne peut-il vivre avec les vivants? Non. Pourquoi? La médisance ne le permet pas. Aussi je n'en veux pas. L'honneur est un simple écusson, et ainsi finit mon catéchisme. » (*OEuvres complètes de W. Shakspeare*, traduction de Fr.-V. Hugo, tome XI, p. 302.)

1. *Sot* est mis ici à double entente; le jeu de mots se retrouve dans ce vers de *l'École des femmes* (acte I, scène I) que cite Auger :

>Épouser une sotte est pour n'être point sot;

il est suffisamment expliqué par ce passage du *Tartuffe* (acte II, scène II), que rappelle Génin :

>Elle? Elle n'en fera qu'un sot, je vous assure....
>.... Je dis qu'il en a l'encolure,
>Et que son ascendant, Monsieur, l'emportera
>Sur toute la vertu que votre fille aura.

[a] Dans les éditions où la pièce est divisée en actes, acte V, fin de la scène I.

N'avons-nous pas assez des autres accidents
Qui nous viennent happer en dépit de nos dents[1] ?
Les querelles, procès, faim, soif et maladie,
Troublent-ils pas assez le repos de la vie,
Sans s'aller, de surcroît, aviser sottement   455
De se faire un chagrin qui n'a nul fondement?
Moquons-nous de cela, méprisons les alarmes,
Et mettons sous nos pieds [2] les soupirs et les larmes.
Si ma femme a failli, qu'elle pleure bien fort;
Mais pourquoi moi pleurer, puisque je n'ai point tort?
En tout cas, ce qui peut m'ôter ma fâcherie,
C'est que je ne suis pas seul de ma confrérie :
Voir cajoler sa femme et n'en témoigner rien
Se pratique aujourd'hui par force gens de bien.
N'allons donc point chercher à faire une querelle   465
Pour un affront qui n'est que pure bagatelle.
L'on m'appellera sot de ne me venger pas;
Mais je le serois fort de courir au trépas.

(Mettant la main sur son estomac[3].)

Je me sens là pourtant remuer une bile
Qui veut me conseiller quelque action virile ;   470
Oui, le courroux me prend ; c'est trop être poltron :
Je veux résolùment me venger du larron.
Déjà pour commencer, dans l'ardeur qui m'enflamme,
Je vais dire partout qu'il couche avec ma femme [4].

---

1. « *Malgré lui, malgré ses dents*, façon de parler proverbiale, pour dire en dépit de lui, malgré qu'il en ait. » (*Dictionnaire de l'Académie*, 1694.)
2. *Sur nos pieds*, par une étrange erreur, dans l'édition de 1666².
3. *Mettant la main sur sa poitrine.* (1734.)
4. Neufvillaine a fait suivre la scène des lignes suivantes : « Avouez-moi maintenant la vérité : est-il pas vrai, Monsieur, que vous avez trouvé ces vers tout à fait beaux, que vous ne vous êtes pu empêcher de les relire encore une fois, et que vous demeurez d'accord que Paris a eu raison de nommer cette scène la belle scène. » — Voyez encore ci-après, p. 204, note 2.

SCÈNE XVIII[1].

GORGIBUS, CÉLIE, LA SUIVANTE[2].

CÉLIE.

Oui, je veux bien subir une si juste loi :   475
Mon père, disposez de mes vœux et de moi ;
Faites, quand vous voudrez, signer cet hyménée[3] ;
A suivre mon devoir je suis déterminée ;
Je prétends gourmander mes propres sentiments,
Et me soumettre en tout à vos commandements.   480

GORGIBUS.

Ah! voilà qui me plaît, de parler de la sorte.
Parbleu[4]! si grande joie à l'heure me transporte,
Que mes jambes sur l'heure en cabrioleroient[5],
Si nous n'étions point vus de gens qui s'en riroient.
Approche-toi de moi, viens çà que je t'embrasse :   485
Une telle[6] action n'a pas mauvaise grâce ;
Un père, quand il veut, peut sa fille baiser,
Sans que l'on ait sujet de s'en scandaliser.
Va, le contentement de te voir si bien née
Me fera rajeunir de dix fois une année.   490

1. ARGUMENT. — Célie n'ayant point trouvé de moyen plus propre pour punir son amant que d'épouser Valère, dit à son père qu'elle est prête de suivre en tout ses volontés, de quoi le bon vieillard témoigne être beaucoup satisfait, comme vous pouvez voir par ces vers.

2. LA SUIVANTE de Célie. (1734.)

3. *Cette hyménée*, au féminin, dans les éditions de 1660, 62, 65, 66, 66ᵃ et 73.

4. Parbieu! (1673, 74.)

5. En caprioleroient. (1734.)

6. *Telle* est la leçon de 1682 et des éditions suivantes (moins 1694 B). *Belle*, que donnent les textes antérieurs à 1682, paraît bien être une faute.

SCÈNE XIX[1].

CÉLIE, LA SUIVANTE[2].

LA SUIVANTE.

Ce changement m'étonne.

CÉLIE.

Et lorsque tu sauras
Par quel motif j'agis, tu m'en estimeras.

LA SUIVANTE.

Cela pourroit bien être.

CÉLIE.

Apprends[3] donc que Lélie
A pu blesser mon cœur par une perfidie;
Qu'il étoit en ces lieux sans....

LA SUIVANTE.

Mais il vient à nous. 495

SCÈNE XX[4].

CÉLIE, LÉLIE, LA SUIVANTE[5].

LÉLIE.

Avant que pour jamais je m'éloigne de vous,

1. ARGUMENT. — Vous pourrez, dans les cinq vers qui suivent, apprendre tout le sujet de cette scène.
2. CÉLIE, LA SUIVANTE de Célie. (1734.)
3. L'édition de 1682 porte *Après*, pour *Apprends*.
4. ARGUMENT. — Dans cette scène, Lélie, qui avoit fait dessein de s'en retourner, vient trouver Célie pour lui dire un éternel adieu, et se plaindre de son infidélité, dans la pensée qu'il a qu'elle est mariée à Sganarelle, lorsque Célie, qui croit avoir plus de lieu de se plaindre que lui, lui reproche de son côté sa perfidie, ce qui ne donne pas un médiocre contentement à l'auditeur, qui connoît l'innocence de l'un et de l'autre. Et comme vous la connoissez aussi, je crois que ces vers vous pourront divertir.
5. LÉLIE, CÉLIE, LA SUIVANTE. (1674, 82, 94 B.) — LÉLIE, CÉLIE, LA SUIVANTE de Célie. (1734.)

Je veux vous reprocher au moins en cette place....
####### CÉLIE.
Quoi? me parler encore? avez-vous cette audace?
####### LÉLIE.
Il est vrai qu'elle est grande; et votre choix est tel,
Qu'à vous rien reprocher je serois criminel. 500
Vivez, vivez contente, et bravez ma mémoire,
Avec le digne époux qui vous comble de gloire.
####### CÉLIE.
Oui, traître! j'y veux vivre; et mon plus grand desir,
Ce seroit que ton cœur en eût du déplaisir.
####### LÉLIE.
Qui rend donc contre moi ce courroux légitime? 505
####### CÉLIE.
Quoi? tu fais le surpris et demandes ton crime?

SCÈNE XXI.

CÉLIE, LÉLIE, SGANARELLE, LA SUIVANTE[1].

####### SGANARELLE entre armé.
Guerre[2], guerre mortelle à ce larron d'honneur

---

1. SGANARELLE, *armé de pied en cap*, LA SUIVANTE *de Célie.* (1734.) A la ligne suivante, l'édition de 1734 n'a pas les mots *entre armé.*

2. ARGUMENT. — Sganarelle, qui, comme vous avez vu dans la fin de la belle scène (puisqu'elle n'a point à présent d'autre nom dans Paris), a pris résolution de se venger de Lélie, vient pour cet effet dans cette scène armé de toutes pièces; et comme il ne l'aperçoit pas d'abord, il ne lui promet pas moins que la mort dès qu'il le rencontrera. Mais comme il est de ceux qui n'exterminent leurs ennemis que quand ils sont absents, aussitôt qu'il aperçoit Lélie, bien loin de lui passer l'épée au travers du corps, il ne lui fait que des révérences; et puis se retirant à quartier, il s'excite à faire quelque effort généreux et à le tuer par derrière; et se mettant après en colère contre lui-même[a] de ce que sa poltronnerie ne lui permet pas seulement de le regar-

[a] *Contre soi-même,* et, à la ligne suivante, *il se punit soi-même,* dans les éditions de 1662, 65, 66, 73.

SCÈNE XXI.

Qui sans miséricorde a souillé notre honneur !
CÉLIE, à Lélie [1].
Tourne, tourne les yeux sans me faire répondre.
LÉLIE.
Ah ! je vois....
CÉLIE.
Cet objet suffit pour te confondre.   510
LÉLIE.
Mais pour vous obliger bien plutôt à rougir.
SGANARELLE [2].
Ma colère à présent est en état d'agir ;
Dessus ses grands chevaux est monté mon courage ;
Et si je le rencontre, on verra du carnage [3].
Oui, j'ai juré sa mort ; rien ne peut l'empêcher [4] :   515
Où je le trouverai, je le veux dépêcher [5].
Au beau milieu du cœur il faut que je lui donne....

---

der entre deux yeux, il se punit lui-même de sa lâcheté par les coups et les soufflets qu'il se donne, et l'on peut dire que, quoique bien souvent l'on ait vu des scènes semblables, Sganarelle sait si bien animer cette action, qu'elle paroît nouvelle au théâtre. Cependant que Sganarelle se tourmente ainsi lui-même, Célie et son amant n'ont pas moins d'inquiétude que lui, et ne se reprochent que par des regards enflammés de courroux leur infidélité imaginaire, la colère, quand elle est montée jusqu'à l'excès, ne nous laissant pour l'ordinaire que le pouvoir de dire peu de paroles. Célie est le premier[a] qui, à la vue de Sganarelle, dit à son amant de jeter les yeux sur lui, et qu'il verra de quoi le faire ressouvenir de son crime ; mais comment y trouveroit-il de quoi le confondre, puisque c'est par là qu'il prétend la confondre elle-même ? Il se passe encore quantité de choses dans cette scène qui confirment les soupçons de l'un et de l'autre ; mais de peur de vous ennuyer trop longtemps par ma prose, j'ai recours aux vers que voici pour vous les expliquer.

— Pour *larron d'honneur*, qui termine le vers, voyez au vers 358.
1. CÉLIE, *à Lélie, lui montrant Sganarelle*. (1734.)
2. SGANARELLE, *à part*. (1734.)
3.   Et si je le rencontre, on va voir du carnage. (1682.)
4.   Rien ne peut m'empêcher. (1662, 65, 66, 73, 74, 82, 1734.)
5. L'édition de 1734 ajoute ici ce jeu de scène : *Tirant son épée à demi, il approche de Lélie.*

a Le premier est le texte de l'édition originale. — Ce masculin s'explique : *le premier des deux* ; il s'agit d'un homme et d'une femme. Les autres éditions ont le féminin : *la première*.

LÉLIE[1].

A qui donc en veut-on?

SGANARELLE.

Je n'en veux à personne.

LÉLIE.

Pourquoi ces armes-là?

SGANARELLE[2].

C'est un habillement
(A part.)
Que j'ai pris pour la pluie. Ah! quel contentement   520
J'aurois à le tuer! Prenons-en le courage.

LÉLIE[3].

Hay?

SGANARELLE, *se donnant des coups de poings*[4] *sur l'estomac et des
soufflets pour s'exciter*[5].

Je ne parle pas.
(A part.)
Ah! poltron dont j'enrage!
Lâche! vrai cœur de poule!

CÉLIE[6].

Il t'en doit dire assez,
Cet objet[7] dont tes yeux nous paroissent blessés.

LÉLIE.

Oui, je connois par là que vous êtes coupable   525
De l'infidélité la plus inexcusable
Qui jamais d'un amant puisse outrager la foi.

---

1. LÉLIE, *se retournant.* (1734.)
2. GROS-RENÉ, pour SGANARELLE, dans les éditions de 1662, 65, 66, 73.
3. LÉLIE, *se retournant encore.* (1734.)
4. *De poings* est ainsi au pluriel dans l'édition originale et dans celles de 1662, 65, 66ª, 75 A et 84 A ; *des poings*, dans le texte de 1694 B.
5. L'édition de 1682 place ce jeu de scène après les mots *Je ne parle pas*, avant l'indication *A part*. L'édition de 1734 le met après les mots *A part*, en le modifiant ainsi : *après s'être donné des soufflets pour s'exciter.*
6. CÉLIE, *à Lélie.* (1734.)
7. Sganarelle ; comparez le vers 338.

SCÈNE XXI.

SGANARELLE, à part.

Que n'ai-je un peu de cœur!

CÉLIE.

Ah! cesse devant moi,
Traître, de ce discours l'insolence cruelle!

SGANARELLE[1].

Sganarelle, tu vois qu'elle prend ta querelle : 530
Courage, mon enfant, sois un peu vigoureux;
Là, hardi! tâche à faire un effort généreux,
En le tuant tandis qu'il tourne le derrière.

LÉLIE, faisant deux ou trois pas sans dessein, fait retourner
Sganarelle qui s'approchoit pour le tuer.

Puisqu'un pareil discours émeut votre colère,
Je dois de votre cœur me montrer satisfait, 535
Et l'applaudir ici du beau choix qu'il a fait.

CÉLIE.

Oui, oui, mon choix est tel qu'on n'y peut rien reprendre.

LÉLIE.

Allez, vous faites bien de le vouloir défendre.

SGANARELLE.

Sans doute elle fait bien de défendre mes droits.
Cette action, Monsieur, n'est point selon les lois : 540
J'ai raison de m'en plaindre[2]; et si je n'étois sage,
On verroit arriver un étrange carnage.

LÉLIE.

D'où vous naît cette plainte, et quel chagrin brutal...?

SGANARELLE.

Suffit. Vous savez bien où le bois me fait mal[3];
Mais votre conscience et le soin de votre âme 545
Vous devroient mettre aux yeux que ma femme est ma
Et vouloir à ma barbe en faire votre bien   [femme,

---

1. SGANARELLE, à part. (1734.)
2. J'ai raison de me plaindre. (1666ª.)
3. Où le bât me fait mal. (1682, 94 B, 1734.) — Voyez ci-après, vers 610.

208 SGANARELLE OU LE COCU IMAGINAIRE.

Que ce n'est pas du tout agir en bon chrétien.

LÉLIE.

Un semblable soupçon est bas et ridicule.
Allez, dessus ce point n'ayez aucun scrupule : 550
Je sais qu'elle est à vous; et, bien loin de brûler....

CÉLIE.

Ah! qu'ici tu sais bien, traître, dissimuler!

LÉLIE.

Quoi ? me soupçonnez-vous d'avoir une pensée
De qui son âme ait lieu de se croire offensée[1]?
De cette lâcheté voulez-vous me noircir ? 555

CÉLIE.

Parle, parle à lui-même, il pourra t'éclaircir.

SGANARELLE[2].

Vous me défendez mieux que je ne saurois faire[3],
Et du biais qu'il faut vous prenez cette affaire[4].

1. Dont son âme ait sujet de se croire offensée? (1682.)
2. SGANARELLE, à Célie. (1734.)
3. Non, non, vous dites mieux que je ne saurois faire. (1682.)
4. Nous trouvons dans les notes que M. Soulié a bien voulu nous laisser, l'indication d'un passage qui présente une situation analogue; il se lit dans un petit livre fort rare (Bibliothèque de Versailles, E. 1768, e, in-12), ainsi intitulé : *Discours facétieux et très-récréatifs pour oster des esprits d'un chacun tout ennuy et inquiétude, augmenté de plusieurs prologues drolatiques non encore veus.* Roüan, MDCX, p. 150. Nous ne prétendons pas qu'il y ait ici imitation de la part de Molière; mais le passage n'en est pas moins curieux, quoiqu'il soit impossible de tout citer. Un soldat, en garnison à Pontoise, devient amoureux de la femme d'un cordonnier; celle-ci prévient son mari, et le cordonnier la force, comme le duc de Guise dans l'*Henri III* d'Alexandre Dumas, de donner rendez-vous chez elle au soldat. « Au jour qui fut assigné, le cordonnier se munit de bonnes armes, après s'être équipé de pied en cap, se tenant en la chambre en attendant que le soldat monteroit en haut avec sa femme. Donc quand icelui soldat sut à peu près l'heure que la cordonnière lui avoit dit que son mari n'y seroit pas, il vint promptement, et.... ils montèrent en la chambre, et ainsi qu'ils y entroient, le soldat lui demanda s'il n'y avoit personne dans le logis; et lui ayant répondu que non, il ferma l'huis de la chambre en jurant la mort et sang que le premier qui viendroit pour lui nuire, il lui fendroit la tête jusqu'aux épaules; et ayant dégainé une grande et large épée et mise sur la table, il aperçut le cordonnier en un coin de la chambre en l'équipage qu'avons dit, lequel étoit plus mort que vif de l'avoir entendu jurer de telle sorte, et n'osoit se mouvoir au-

SCÈNE XXII[1].

CÉLIE, LÉLIE, SGANARELLE, sa Femme, LA SUIVANTE[2].

LA FEMME DE SGANARELLE, à Célie[3].
Je ne suis point d'humeur à vouloir contre vous

cunement, tant il craignoit qu'étant connu, il ne l'eût tué; mais elle lui dit que c'étoient les armures de son mari, qu'il avoit accoutumé d'ainsi mettre et accommoder de peur qu'elles ne se gâtassent. » On devine le reste; et quand le soldat une fois parti, le cordonnier accable de reproches sa femme, elle lui répond : « Si j'ai fait une faute, ç'a été vous qui en avez été cause, car vous m'avez dit que je le fisse venir céans : de me défendre il m'eût été impossible, puisque vous-même, qui êtes homme et tout armé, n'avez osé faire aucune résistance, tant vous aviez peur de lui, et que, si ce n'eût été moi qui vous ai sauvé par mon invention, je crois qu'il ne vous eût pas laissé là de la façon qu'avez été. » Ce conte du reste est beaucoup plus ancien que ce recueil; car on le trouve avec quelques différences et plus de développements dans la quatrième des *Cent Nouvelles nouvelles*, où tout le monde peut le lire, et c'est ce qui nous a déterminé à donner ici de préférence un extrait du récit emprunté à l'introuvable petit volume signalé par M. E. Soulié.

1. ARGUMENT. — Dans la quatrième scène de cette pièce, la femme de Sganarelle, qui avoit pris de la jalousie en voyant Célie entre les bras de son mari, vient pour lui faire des reproches (ce qui fait voir la merveilleuse conduite de cet ouvrage). Jugez de la beauté qu'un agréable malentendu produit dans cette scène. Sganarelle croit que sa femme vient pour défendre son galant; sa femme croit qu'il aime Célie; Célie croit qu'elle vient ingénument se plaindre d'elle à cause qu'elle est avec Lélio, et lui en fait des reproches; et Lélie enfin ne sait ce qu'on lui vient conter, et croit toujours que Célie a épousé Sganarelle. Quoique cette scène donne un plaisir incroyable à l'auditeur, elle ne peut pas durer plus longtemps sans trop de confusion, et je gage que vous souhaitez déjà de voir comment toutes ces personnes sortiront de l'embarras où ils se rencontrent; mais je vous le donnerois bien à deviner en quatre coups, sans que vous en pussiez[a] venir à bout. Peut-être vous persuadez-vous qu'il va venir quelqu'un qui, sans y penser lui-même, les tirera de leur erreur; peut-être croyez-vous aussi qu'à force de s'animer les uns contre les autres, quelqu'un venant à se justifier leur fera voir à tous qu'ils s'abusent; mais ce n'est point tout cela, et l'auteur s'est servi d'un moyen dont personne ne s'est jamais avisé, et que vous pourrez savoir si vous lisez les vers de cette scène.

2. CÉLIE, LÉLIE, SGANARELLE, LA FEMME de Sganarelle, LA SUIVANTE de Célie. (1734.)

3. Les mots *à Célie* ne sont pas dans l'édition de 1734.

[a] Sans que vous en puissiez. (1665, 66.) Voyez ci-dessus, p. 197, note *b*.

Faire éclater, Madame, un esprit trop jaloux; 560
Mais je ne suis point dupe, et vois ce qui se passe.
Il est de certains feux de fort mauvaise grâce;
Et votre âme devroit prendre un meilleur emploi
Que de séduire un cœur qui doit n'être qu'à moi.

CÉLIE[1].

La déclaration est assez ingénue. 565

SGANARELLE, à sa femme.

L'on ne demandoit pas[2], carogne, ta venue :
Tu la viens quereller lorsqu'elle me défend,
Et tu trembles de peur qu'on t'ôte ton galand.

CÉLIE.

Allez, ne croyez pas que l'on en ait envie[3].

(Se tournant vers Lélie.)

Tu vois si c'est mensonge; et j'en suis fort ravie. 570

LÉLIE.

Que me veut-on conter?

LA SUIVANTE.

Ma foi, je ne sais pas
Quand on verra finir ce galimatias;
Déjà depuis longtemps je tâche à le comprendre[4],
Et si[5] plus je l'écoute, et moins je puis l'entendre :

---

1. Il est assez singulier que certains éditeurs modernes, à commencer par Aimé-Martin, aient mis le vers suivant dans la bouche de Lélie. M. Moland, pour justifier sans doute cette attribution, dit que « Lélie ne peut en effet prendre l'intervention de la femme de Sganarelle que pour une déclaration qu'elle lui fait. » Dans la bouche de Célie, à qui la femme de Sganarelle vient de s'adresser tout directement, ce vers a une expression de jalousie dédaigneuse, qui s'accorde mieux et avec les trois vers suivants prononcés par Sganarelle, et aussi avec le vers 569, où l'on retrouve le même sentiment exprimé par Célie :

    Allez, ne croyez pas que l'on en ait envie.

2. L'on ne demande pas. (1673, 74, 82, 1734.)
3. Que l'on en ait l'envie. (1666².)
4. Depuis assez longtems je tâche à le comprendre. (1682, 1734.)
5. Et cependant.

SCÈNE XXII.

Je vois bien à la fin que je m'en dois mêler. 575
(Allant se mettre entre Lélie et sa maîtresse¹.)
Répondez-moi par ordre, et me laissez parler.
(A Lélie.)
Vous, qu'est-ce qu'à son cœur peut reprocher le vôtre?

LÉLIE.

Que l'infidèle a pu me quitter pour un² autre;
Que lorsque, sur le bruit³ de son hymen fatal,
J'accours tout transporté d'un⁴ amour sans égal, 580
Dont l'ardeur résistoit à se croire oubliée,
Mon abord en ces lieux la trouve mariée.

LA SUIVANTE.

Mariée! à qui donc?

LÉLIE, montrant Sganarelle.
A lui.
LA SUIVANTE.
Comment, à lui?
LÉLIE.

Oui-da.
LA SUIVANTE.
Qui vous l'a dit?
LÉLIE.
C'est-lui-même, aujourd'hui.
LA SUIVANTE, à Sganarelle.

Est-il vrai?
SGANARELLE.
Moi? J'ai dit que c'étoit à ma femme⁵ 585
Que j'étois marié.

---

1. *Elle se met entre Lélie et sa maîtresse.* (1734.)
2. Le mot *un* est omis dans l'édition originale.
3. Et que quand, sur le bruit.... (1682.)
4. On pourrait être tenté d'écrire *d'une*, en faisant accorder *oubliée*, au vers suivant, avec *amour*. Voyez ci-après, vers 620 et 624.
5. *Que c'étoit ma femme*, ce qui fait un vers de onze syllabes et ne peut être que l'effet d'une omission, dans les éditions de 1666, 73, 74, 82, 94 B, 97. — *Que c'étoit là ma femme*, ce qui est une correction bien inintelligente, dans l'impression de 1692.

LÉLIE.
                            Dans un grand trouble d'âme
Tantôt de mon portrait je vous ai vu saisi¹.
                   SGANARELLE.
Il est vrai : le voilà.
                      LÉLIE².
                             Vous m'avez dit aussi
Que celle aux mains de qui vous aviez pris³ ce gage
Étoit liée à vous des nœuds du mariage.   590
                   SGANARELLE.
              (Montrant sa femme.)
Sans doute. Et je l'avois de ses mains arraché,
Et n'eusse pas sans lui découvert son péché.
             LA FEMME DE SGANARELLE.
Que me viens-tu conter par ta plainte importune ?
Je l'avois sous mes pieds rencontré par fortune ;
Et même, quand, après ton injuste courroux,   595
             (Montrant Lélie⁴.)
J'ai fait, dans sa foiblesse, entrer Monsieur chez nous,
Je n'ai pas reconnu les traits de sa peinture.
                      CÉLIE.
C'est moi qui du portrait ai causé l'aventure ;
Et je l'ai laissé choir en cette pâmoison
           (A Sganarelle.)
Qui m'a fait par vos soins remettre à la maison.   600
                  LA SUIVANTE.
Vous voyez que sans moi⁵ vous y seriez encore⁶,
Et vous aviez besoin de mon peu d'ellébore.

---

1.   Je vous ai vu tenant, tout troublé, mon portrait.
2 LÉLIE, à *Sganarelle*. (1734.)
3. Vous avez pris. (1662, 65, 66, 74, 82, 94 B, 1734.)
4. *Célie* pour *Lélie*, dans les éditions de 1662, 65, 66, 73.
5.   Vous le voyez, sans moi. (1682, 1734.)
6. Vous seriez tous encore dans votre erreur, votre embarras.

SCÈNE XXII.

SGANARELLE[1].

Prendrons-nous tout ceci pour de l'argent comptant?
Mon front l'a, sur mon âme, eu bien chaude pourtant!

SA FEMME[2].

Ma crainte toutefois n'est pas trop dissipée;   605
Et doux que soit le mal, je crains d'être trompée[3].

SGANARELLE[4].

Hé! mutuellement croyons-nous gens de bien:
Je risque plus du mien que tu ne fais du tien;
Accepte sans façon le marché qu'on propose[5].

SA FEMME.

Soit. Mais gare le bois[6] si j'apprends quelque chose!   610

CÉLIE, à Lélie, après avoir parlé bas ensemble.

Ah! Dieux! s'il est ainsi, qu'est-ce donc que j'ai fait?
Je dois de mon courroux appréhender l'effet:
Oui, vous croyant sans foi, j'ai pris, pour ma vengeance,
Le malheureux secours de mon obéissance;
Et depuis un moment mon cœur vient d'accepter   615
Un hymen que toujours j'eus lieu de rebuter;
J'ai promis à mon père; et ce qui me désole....
Mais je le vois venir.

LÉLIE.

Il me tiendra parole.

---

1. SGANARELLE, à part. (1734.)
2. LA FEMME de Sganarelle, ici et sept lignes plus loin, dans l'édition de 1734.
3. Ce vers dont le sens ne se présente peut-être pas assez clairement à l'esprit, signifie: *quelque doux qu'il soit d'être trompée* (en pareil cas), *je crains de l'être. Doux que soit le mal....* est une ellipse dont l'usage est à regretter. (*Note d'Auger.*)
4. SGANARELLE, à sa femme. (1734.)
5. Le parti qu'on propose. (1682.)
6. Est-il nécessaire d'avertir, avec Auger, que c'est l'injure du *panache de cerf* (vers 199) que la femme de Sganarelle rappelle ici à son jaloux? — Voyez aussi le vers 544.

SCÈNE XXIII[1].

CÉLIE, LÉLIE, GORGIBUS, SGANARELLE,
sa Femme, la Suivante[2].

LÉLIE.

Monsieur, vous me voyez en ces lieux de retour
Brûlant des mêmes feux, et mon ardente amour 620
Verra, comme je crois, la promesse accomplie
Qui me donna l'espoir de l'hymen de Célie.

GORGIBUS.

Monsieur, que je revois en ces lieux de retour
Brûlant des mêmes feux, et dont l'ardente amour
Verra, que vous croyez, la promesse accomplie 625
Qui vous donna[3] l'espoir de l'hymen de Célie,
Très-humble serviteur à Votre Seigneurie[4].

LÉLIE.

Quoi? Monsieur, est-ce ainsi qu'on trahit mon espoir?

GORGIBUS.

Oui, Monsieur, c'est ainsi que je fais mon devoir :
Ma fille en suit les lois.

CÉLIE.

     Mon devoir m'intéresse, 630
Mon père, à dégager vers lui votre promesse.

---

1. ARGUMENT. — Lélie, dans cette scène, demande l'effet de sa parole à Gorgibus. Gorgibus lui refuse sa fille, et Célie ne se résout qu'à peine d'obéir à son père, comme vous pouvez voir en lisant.

2. GORGIBUS, CÉLIE, LÉLIE, SGANARELLE, LA FEMME de Sganarelle, LA SUIVANTE de Célie. (1734.)

3. Qui vous donne. (1666, 73, 74, 82, 1734.)

4. « Voilà, dit Bret, le seul exemple chez Molière de trois rimes féminines de suite. » Aimé-Martin a raison de trouver ce redoublement très-expressif. Gorgibus, après avoir repris à sa manière les quatre vers précédents, tout le petit couplet du beau diseur de *quolibets d'amour*, y répond finalement par un vers qui, sur le même ton de moquerie, fait encore écho à ceux qu'il a répétés.

SCÈNE XXIII.

GORGIBUS.

Est-ce répondre en fille à mes commandements?
Tu te démens bien tôt de tes bons sentiments!
Pour Valère tantôt.... Mais j'aperçois son père :
Il vient assurément pour conclure l'affaire.   635

SCÈNE DERNIÈRE[1].

CÉLIE, LÉLIE, GORGIBUS, SGANARELLE,
sa Femme, VILLEBREQUIN, la Suivante[2].

GORGIBUS.

Qui vous amène ici, seigneur Villebrequin?

VILLEBREQUIN.

Un secret[3] important, que j'ai su ce matin,
Qui rompt absolument ma parole donnée.
Mon fils, dont votre fille acceptoit l'hyménée,
Sous des liens cachés trompant[4] les yeux de tous,   640
Vit, depuis quatre mois, avec Lise en époux;
Et comme des parents le bien et la naissance
M'ôtent tout le pouvoir d'en casser[5] l'alliance,
Je vous viens....

GORGIBUS.

Brisons là. Si, sans votre congé,
Valère votre fils ailleurs s'est engagé,   645

---

1. ARGUMENT. — La joie que Célie avoit eue en apprenant que son amant ne lui étoit pas infidèle eût été de courte durée, si le père de Valère ne fût pas venu à temps pour les retirer tous deux de peine. Vous pourrez voir, dans le reste des vers de cette pièce, que voici, le sujet qui le fait venir.
2. VILLEBREQUIN, GORGIBUS, CÉLIE, LÉLIE, SGANARELLE, LA FEMME de Sganarelle, LA SUIVANTE de Célie. (1734.)
3. *Segret* est l'orthographe de l'édition originale.
4. *Trompans*, avec le signe du pluriel, dans les éditions de 1660, 62, 65, 66, 66ᴬ, 73, 74, 82, 92 et 97.
5. De casser. (1673, 74, 82, 1734.)

Je ne vous puis celer que ma fille Célie
Dès longtemps par moi-même est promise à Lélie;
Et que, riche en vertus, son retour aujourd'hui
M'empêche d'agréer un autre époux que lui.

VILLEBREQUIN.
Un tel choix me plaît fort.

LÉLIE.
      Et cette juste envie[1] 650
D'un bonheur éternel va couronner ma vie.

GORGIBUS.
Allons choisir le jour pour se donner la foi[2].

SGANARELLE[3].
A-t-on mieux cru jamais être cocu que moi?
Vous voyez[4] qu'en ce fait la plus forte apparence
Peut jeter dans l'esprit une fausse créance. 655
De cet exemple-ci ressouvenez-vous bien;
Et, quand vous verriez tout, ne croyez jamais rien.

FIN DE SGANARELLE[5].

1. Ceci doit s'adresser à Gorgibus : cette juste envie que vous avez de tenir votre parole.

2. A propos de ce dénoûment et du blâme de Voltaire, Auger développe un peu longuement quelques réflexions fort justes qu'on peut lire au tome II, p. 136, 137 de son édition. « L'imperfection, dit-il, n'en est point choquante, parce que, l'action ayant été très-légèrement nouée, peu de chose doit suffire pour la dénouer, » etc.

3. SGANARELLE, seul. (1734.)

4. Vous croyez. (1662, 65, 66, 73, 74.)

5. Neufvillaine clôt en ces termes ses arguments et ses remarques : « Sans mentir, Monsieur, vous me devez être bien obligé de tant de belles choses que je vous envoie, et tous les melons de votre jardin ne sont pas suffisants pour me payer de la peine d'avoir retenu pour l'amour de vous toute[a] cette pièce par cœur. Mais j'oubliois de vous dire une chose à l'avantage de son auteur, qui est que comme je n'ai eu cette pièce que je vous envoie que par effort de mémoire, il peut s'y être coulé quantité de mots les uns pour les autres, bien qu'ils signifient la même chose; et comme ceux de l'auteur peuvent être plus significatifs, je vous prie de m'imputer toutes les fautes de cette nature que vous y trouverez, et je vous conjure avec tous les curieux de France de venir voir représenter cette pièce comme un des plus beaux ouvrages et un des mieux joués qui ait jamais paru sur la scène. »

[a] Ce mot toute a été omis dans les éditions de 1666 et de 1673.

DOM GARCIE DE NAVARRE

OU

LE PRINCE JALOUX

COMÉDIE

PAR J.-B. P. MOLIÈRE

REPRÉSENTÉE POUR LA PREMIÈRE FOIS LE QUATRIÈME FÉVRIER 1661

SUR LE THÉÂTRE DE LA SALLE DU PALAIS-ROYAL

PAR LA

TROUPE DE MONSIEUR, FRÈRE UNIQUE DU ROI

NOTICE.

Rien n'est mieux constaté que la chute de cette pièce. Nous avons d'abord sur ce point le témoignage, suspect, il est vrai, d'un ennemi; l'auteur des *Nouvelles nouvelles* s'exprime ainsi : « Le peu de succès qu'a eu son *Dom Garcie* ou *le Prince jaloux* m'a fait oublier de vous en parler en son rang; mais je crois qu'il suffit de vous dire que c'étoit une pièce sérieuse et qu'il en avoit le premier rôle, pour vous faire connoître que l'on ne s'y devoit pas beaucoup divertir [1]. » Mais une preuve plus sûre que cette affirmation malveillante, c'est d'abord le petit nombre des représentations et la faiblesse des recettes [2]; c'est aussi que la Grange et Vinot, dans la Préface placée en tête de l'édition de 1682, ne nomment même pas parmi les comédies de Molière représentées en 1661, ce *Dom Garcie* dont ils allaient être les premiers éditeurs.

Ce qui n'est guère moins douteux que cette chute, c'est l'importance que Molière paraît avoir d'abord attachée à sa pièce.

Après la démolition du théâtre du Petit-Bourbon, il venait, grâce à la bienveillance du Roi et de Monsieur, d'être mis en possession de la salle du Palais-Royal, la plus belle qui existât alors. Il devait tenir à ce que la première pièce nouvelle qu'il y risquerait fût un succès éclatant, qui vînt confirmer ses succès antérieurs et justifier la protection du Roi et de Monsieur. Le nouveau théâtre fut ouvert le 20 janvier 1661, et *Dom Garcie* représenté le 4 février suivant. Si l'on se rappelle que la troupe ne jouait habituellement que trois fois par semaine,

1. *Nouvelles nouvelles* (1663), troisième partie, p. 230.
2. Voyez plus loin, p. 221.

c'était presque une pièce d'inauguration, et il semble évident par là que Molière avait compté sur un succès.

Cette comédie était écrite depuis longtemps déjà, il la lisait même, disaient ses ennemis, dans le dessein de s'assurer d'avance des prôneurs; et Somaize, dans ses *Véritables précieuses*, en parle comme s'il en avait entendu la lecture, même avant la première représentation des *Précieuses ridicules*, qui eut lieu le 18 novembre 1659. Il fait dire au POËTE, au sujet de cette dernière pièce, qu'il prétend copiée sur celle de l'abbé de Pure : « Je ne pus m'empêcher de lui en dire mon sentiment chez un marquis de mes amis, qui loge au quartier du Louvre, où il la lut, avec son *Dom Garcie*, avant que l'on la jouât. ISCARIE. Ce que vous nous dites est furieusement incroyable ; car il me souvient bien que dans ces *Précieuses* il improuve ceux qui lisent leurs pièces avant qu'on les représente, et par là vous me diriez qu'il s'est tourné lui-même en ridicule. LE POËTE. Il est vrai que je n'aurois pas pensé qu'il eût brigué comme il fait; mais je sais de bonne part qu'il a tiré des limbes son *Dépit amoureux* à force de coups de chapeau et d'offrir des loges à deux pistoles. LE BARON. C'est assez parler de sa méthode, et puisque vous avez ouï lire son *Dom Garcie*, dites-nous un peu ce que c'est. LE POËTE. Ma foi, si nous consultons son dessein, il a prétendu faire une pièce sérieuse; mais si nous en consultons le sens commun, c'est une fort méchante comédie, car l'on y compte plus d'incidents que dans son *Étourdi*[1]. »

On voit que Somaize cherche au moins à se dédommager du succès des *Précieuses*, en prévenant le public, autant qu'il dépend de lui, contre *Dom Garcie*, plus d'un an avant la représentation de cette dernière pièce.

Mais un fait plus important, et que nous avons déjà eu l'oc-

---

1. Voyez *les Véritables précieuses*, réimprimées à la suite du *Dictionnaire des Précieuses*, dans le recueil dû à M. Livet[a], scène VII, p. 27 du tome II. Comme le remarque M. Livet, ce passage prouve au moins que *Dom Garcie* « était depuis longtemps connu, puisque *les Véritables précieuses* de Somaize étaient imprimées le 7 janvier 1660. »

[a] Indiqué ci-dessus, p. 7, note 2.

casion de signaler dans la *Notice* du *Cocu imaginaire*, c'est que Molière, habituellement assez indifférent au sort de ses ouvrages ailleurs qu'à la scène, semble avoir voulu, par exception, s'assurer un privilége pour *Dom Garcie* huit mois avant la première représentation. C'est du moins ce qu'on peut conclure d'un privilége enregistré seulement le 27 octobre 1662, mais daté du 31 mai 1660, pour l'impression de *l'Étourdi*, du *Dépit amoureux*, du *Cocu imaginaire* et enfin de *Dom Garcie*[1]. Entre l'obtention et l'enregistrement du privilége, cette dernière pièce avait été représentée sans succès. On voit donc que, soit avant la représentation de *Dom Garcie*, soit après sa chute, Molière comptait bien faire imprimer sa pièce. On va voir qu'il eut aussi quelque peine à se résigner au mauvais succès de cette comédie au théâtre, et qu'à la ville, comme à la cour, il essaya de faire casser le premier arrêt qui lui avait été si défavorable.

Voici les représentations et les recettes :

Vendredi 4 février (1661), *Dom Garcie*, pièce nouvelle de M. de Molière, *Gorgibus dans le sac*..................	600tt
Dimanche 6, *idem*................................	500
Mardi 8, *Dom Garcie*, *Plan-Plan*.................	168
Vendredi 11, *idem*...............................	426
Dimanche 13, *Dom Garcie*, *le Cocu*...............	720
Mardi 15, *idem*..................................	400
Jeudi 17, *Dom Garcie* et une petite comédie........	70

Cette brusque diminution dans les recettes détermina sans doute la Comédie à ne point s'obstiner. Ce qui toutefois semble encore prouver que Molière était bien loin de regarder cette chute comme définitive, c'est que lui, toujours fort délicat dans ces questions d'argent, et qui paraît n'avoir jamais abusé, à l'égard de ses camarades, de sa qualité d'auteur et de chef de la troupe, consentit à recevoir 550tt pour ces sept représentations, c'est-à-dire près du cinquième de la recette totale. Ce qui prouve encore mieux la même illusion de sa part, c'est qu'il tenta d'en appeler à la cour du jugement de la ville : ce fut seulement, il est vrai, au bout d'un an et demi.

---

1. Voyez la *Notice* de *Sganarelle*, p. 152-154 du présent volume.

« Vendredi, 29ᵉ septembre (1662). Joué au Palais-Royal *le Prince jaloux* pour le Roi[1]. »

Molière reçut-il de ce côté un accueil plus encourageant? On ne peut guère en douter; car ce fut à peu près à cette date, moins d'un mois après cette représentation pour le Roi, que Molière, le 18 octobre 1662, parut songer sérieusement à faire imprimer sa pièce par les deux libraires Barbin et Quinet, et « leur fit transport, par un mot de sa main, » du privilége obtenu précédemment pour *Dom Garcie*, et qu'il avait laissé dormir sans en faire usage pendant plus de deux années[2]. En outre, nous trouvons, l'année suivante, ces deux autres indications :

« Le samedi, 29ᵉ septembre (1663), la troupe est partie, par ordre de Monsieur le Prince, pour Chantilly. On a joué *l'École des femmes*, *la Critique*, LE PRINCE JALOUX OU DOM GARCIE, *l'École des maris*, *l'Étourdi* et le *Dépit amoureux*. Le retour a été le vendredi 5ᵉ octobre. Reçu 1800ᵗᵗ. Partagé et payé les frais du voyage. . . . 125ᵗᵗ 8ˢ (c'est-à-dire, les frais de voyage prélevés, la part de chaque comédien, pour les six pièces représentées, a été de 125ᵗᵗ 8ˢ). »

« Le jeudi, 11ᵉ octobre (1663), la troupe est partie par ordre du Roi pour Versailles. On a joué *le Prince jaloux* ou *Dom Garcie*, *Sertorius*, *l'École des maris*, *les Fâcheux*, *l'Impromptu* dit, à cause de la nouveauté et du lieu, *de Versailles*, le *Dépit amoureux*, et encore une fois *le Prince jaloux*. Pour le tout, reçu de M. Bontemps, premier valet de chambre, sur la cassette, 3300ᵗᵗ. Partagé 231ᵗᵗ. Le retour a été le mardi 23ᵉ octobre. »

Ainsi donc, quatre représentations à la cour contre sept seulement à la ville : cette proportion qui était loin d'être la proportion habituelle, semble bien prouver que la cour, c'est-

---

1. *Registre de la Grange*. On peut se demander si cette représentation pour le Roi eut lieu dans la salle destinée au public, et si c'était le Roi cette fois qui venait chez les comédiens, comme il le fit encore quelquefois pour les deux autres troupes de l'Hôtel de Bourgogne et du Marais. Il y avait une autre salle de spectacle dans le Palais-Royal. Toutes deux avaient été construites par Richelieu.

2. Voyez encore ce privilége, ci-dessus, p. 152.

à-dire le Roi lui-même, ainsi que le prince de Condé, avaient montré une certaine faveur pour la comédie de Molière; car si Louis XIV avait laissé percer quelque impression défavorable, les courtisans n'eussent pas manqué de renchérir sur les dispositions du maître, et de faire bien sentir à Molière que la condamnation de la pièce était désormais irrévocable. Qu'on voie là, de la part du Roi, une preuve de goût et le sentiment des beautés réelles qui éclatent encore dans cette œuvre imparfaite, ou qu'on y suppose une sorte de générosité bienveillante et le désir de consoler le grand poëte, mortifié d'une chute qui réjouissait ses ennemis, cette approbation indulgente, quel qu'en soit le motif, fait honneur à Louis XIV.

On peut croire que ce fut là ce qui enhardit Molière à essayer de faire agréer sa pièce au public de Paris, surtout avec l'aide de *l'Impromptu de Versailles*, qui n'avait été encore représenté qu'une fois à la cour.

Dimanche 4ᵉ novembre (1663), *le Prince jaloux*, *l'Impromptu de Versailles*................................ 1090ᵗᵇ
Mardi 6ᵉ novembre, *idem*....................... 660

Les recettes sont assez élevées pour le temps; il faut attribuer sans doute ce succès apparent à *l'Impromptu* seul; pour *Dom Garcie*, ce second essai doit avoir été aussi malheureux que le premier; car il fut le dernier. Molière mit sa pièce au rebut : elle ne reparut plus à la scène, et ne fut imprimée que neuf ans après sa mort.

On ne saurait attribuer principalement, ce nous semble, cet échec si marqué ni au désir de faire expier au poëte les quatre éclatants succès qu'il avait obtenus, ni aux défauts très-réels de la pièce. Mais il paraît évident, d'après ce qui est dit dans les *Nouvelles nouvelles*, qu'on était décidé d'avance à lui refuser toute espèce de talent pour le genre noble, soit comme auteur, soit surtout comme comédien.

Quant au premier point, c'est au lecteur à décider si cette tragi-comédie n'était pas après tout fort supérieure à plusieurs pièces du même genre qui obtinrent à cette époque des succès assez inexplicables, si elle ne présentait pas le même genre d'intérêt romanesque qui faisait alors la vogue de quelques pièces de Thomas Corneille, et si la grâce harmonieuse de

Quinault ne se retrouvait point, par exemple, dans ces vers de *Dom Garcie*, au sujet de l'expression, vraie ou affectée, des sentiments d'amour :

> .... Que la différence est connue aisément
> De toutes ces faveurs qu'on fait avec étude
> A celles où du cœur fait pencher l'habitude !
> Dans les unes toujours on paroît se forcer ;
> Mais les autres, hélas ! se font sans y penser,
> Semblables à ces eaux si pures et si belles
> Qui coulent sans effort des sources naturelles[1].

Sans prétendre faire de *Dom Garcie* un chef-d'œuvre, il suffit de rappeler ici qu'une portion assez notable des vers a pu passer, avec de légers changements, dans *le Misanthrope*, pour prouver que ce n'était pas du moins une œuvre vulgaire. Malheureusement pour cette pièce, le mérite de Molière comme poëte comique était déjà trop bien établi pour qu'on le supposât capable de réussir dans le genre noble. Toute malveillance intéressée, toute jalousie mise à part, le public hésite toujours à reconnaître au même homme deux supériorités différentes ; et quand l'une d'elles au moins est bien constatée, c'est en général une raison suffisante pour lui contester l'autre.

Mais c'était surtout au comédien que l'on contestait le mérite de réussir dans les deux genres ; et cette prévention, qu'elle fût ou non fondée, nous semble ici plus concevable. La scène retentissait encore des éclats de rire qu'avaient soulevés le marquis de Mascarille et le Sganarelle du *Cocu imaginaire*, et il était assez naturel d'identifier le comédien avec ces personnages qu'il avait créés aux applaudissements de tous, même de ses ennemis, pour que le souvenir de ces rôles bouffons poursuivît le spectateur, et le dominât à son insu, quand il voyait reparaître le valet Mascarille et le bourgeois Sganarelle sous les nobles traits du prince de Navarre. Un comédien habitué à exceller dans les rôles sérieux, et qui se risque par exception dans les rôles comiques, n'est exposé qu'à l'inconvénient de paraître froid et peu plaisant ; l'acteur comique qui s'élève aux rôles sérieux s'expose à un danger

1. Vers 78-84.

beaucoup plus grave, celui de paraître ridicule. Que devient le prestige de son personnage digne et sérieux, si une intonation malheureuse vient rappeler trop aisément aux auditeurs les succès qu'il a obtenus dans un autre genre? Nous ne pouvons savoir si, dans les rôles tragiques qu'il s'obstinait à jouer, Molière était réellement inférieur aux acteurs contemporains qu'on était habitué à applaudir dans les mêmes rôles; mais ce qui paraît certain, c'est qu'il y était autre, qu'il prétendait rompre avec les habitudes consacrées, et comme cela suffirait pour expliquer la chute de *Dom Garcie*, c'est un point sur lequel on nous permettra d'insister.

Molière avait déjà annoncé cette intention de réforme, en faisant critiquer par le Marquis des *Précieuses* ses camarades et lui, comme « des ignorants *qui récitent comme l'on parle;* ils ne savent pas faire ronfler les vers, et s'arrêter au bel endroit : et le moyen de connoître où est le beau vers, si le comédien ne s'y arrête, et ne nous avertit par là qu'il faut faire le brouhaha[1]? »

Mais c'est surtout dans *l'Impromptu de Versailles* que cette critique de la déclamation ampoulée, alors en vogue, se marque par une suite de personnalités très-vives contre les comédiens de l'Hôtel de Bourgogne. Molière y traçait (scène 1re) le plan d'une petite comédie, où un poëte, habitué à la façon de réciter à la mode (et Molière déclare qu'il se serait chargé de ce rôle), viendrait apporter une pièce à des « comédiens nouvellement arrivés de la campagne, » à la troupe de Molière, pour mieux dire. Avant de leur confier l'interprétation de son chef-d'œuvre, le poëte aurait voulu les essayer; là-dessus un des comédiens lui aurait récité quelques vers de *Nicomède*, « le plus naturellement qui lui auroit été possible. » Et le poëte se serait récrié : « Comment? vous appelez cela réciter? C'est se railler : il faut dire les choses avec emphase. Écoutez-moi. » Et il contrefaisait dans le même rôle le tragédien Montfleury. « Mais, Monsieur, aurait répondu le comédien, il me semble qu'un roi qui s'entretient tout seul avec son capitaine des gardes, parle un peu plus humainement, et ne prend guère ce ton de démoniaque. — Vous ne savez ce que c'est.

---

1. *Les Précieuses ridicules*, scène x, ci-dessus, p. 93.

Allez-vous-en réciter comme vous faites, vous verrez si vous ferez faire aucun *ah!* » Et Molière passait en revue les principaux acteurs de l'Hôtel, les parodiant tous, à l'exception de Floridor, personnellement aimé du Roi. Il n'y a pas là seulement toute une théorie nouvelle, qui devait choquer des habitudes invétérées et provoquer bien des contradictions; il y a aussi une rancune personnelle contre les déclamateurs emphatiques qu'on opposait toujours à Molière, et, pour dire toute notre pensée, un souvenir de son échec comme acteur dans *Dom Garcie*, une protestation contre les sévérités dont il était l'objet, dans ce rôle comme dans les autres rôles sérieux.

Si cette conjecture semblait trop hasardée, nous prierions le lecteur de se rappeler un détail que nous avons donné plus haut (p. 223), et qui a ici son importance : c'est que quand Molière, deux ans après l'insuccès de *Dom Garcie*, essaya d'appeler de ce premier jugement et remit sa pièce à la scène, il fit coïncider cette reprise précisément avec les première et seconde représentations de *l'Impromptu de Versailles* : c'était y joindre comme une apologie du genre qu'il avait adopté, et une critique du genre contraire. Cette intention ne nous semble pas contestable.

Nous n'avons pas à examiner si ce goût pour la simplicité extrême et pour le naturel était bien compatible avec le système de déclamation approprié aux personnages de notre ancienne tragédie, et si des rôles nécessairement un peu conventionnels ne réclamaient pas aussi une certaine convention dans la manière de les réciter. Nous prétendons encore moins que, même ses innovations une fois admises, Molière n'eût pas quelques défauts réels qui les compromettaient dans l'application. Mais ce qui n'est nullement prouvé pour nous, c'est que Molière, comme acteur tragique, fût vraiment aussi faible que le jugeaient les contemporains, et que, dans ce débat entre le public et lui, ce ne fût pas le public qui eût tort. Ce qui est encore plus douteux, c'est que, dans ce rôle de Dom Garcie, écrit d'un style franc, sobre, et n'ayant, en général, rien d'emphatique, Molière n'ait pu déployer ses qualités habituelles, et c'est ici que nous devons placer une observation, très-judicieuse, selon nous, dont nous sommes redevables à l'éminent artiste, souvent consulté par nous, M. Fr. Regnier.

NOTICE.

S'il est une tradition consacrée au théâtre et que M. Fr. Regnier, au début de sa carrière dramatique, a pu recueillir auprès de quelques vieux comédiens, c'est celle qui atteste la supériorité de Molière dans le rôle d'Alceste du *Misanthrope*[1]. Or le rôle du prince Dom Garcie se retrouve en partie dans celui d'Alceste. Doit-on supposer que si Molière avait été si faible dans le premier, il se serait montré supérieur dans le second?

A cette observation importante on peut ajouter que les préventions d'un public habitué à voir Molière exceller dans les rôles plaisants, cessaient d'être défavorables au grand comédien, quand le rôle de Dom Garcie, devenu celui d'Alceste, se trouvait, dans *le Misanthrope*, mêlé à des incidents de comédie. Peut-être ont-elles contribué aussi à prêter au personnage d'Alceste un caractère qui n'était pas, selon nous, dans l'intention de l'auteur, une nuance de ridicule que Molière ne voulait sans doute pas lui donner. Cette façon de comprendre ce rôle, qui a longtemps prévalu, et qui a donné lieu à bien des discussions, n'est plus celle de notre temps : ce qui nous frappe surtout dans le personnage d'Alceste, c'est cette probité mâle et aussi cette tendresse douloureuse et mal récompensée qui commande la sympathie. C'était bien ainsi, croyons-nous, que Molière et son ami Boileau comprenaient Alceste[2],

---

[1]. Une institution permanente, comme celle du Théâtre-Français depuis Louis XIV, doit conserver, ce nous semble, des traditions plus sûres qu'elles ne le sont ailleurs : elles y sont d'abord entretenues et ravivées par l'interprétation continue des mêmes chefs-d'œuvre et les comparaisons qu'elle provoque; et de plus il n'est pas indifférent de remarquer que la longévité extraordinaire de quelques comédiens célèbres, fort soucieux des traditions de ce genre, peut leur donner aussi un caractère sérieux d'authenticité. Ainsi un homme de notre temps a pu consulter des gens qui avaient connu Préville, soit au théâtre, soit au Conservatoire. Préville, à son tour, avait pu recueillir les souvenirs de ceux qui avaient connu Baron; Baron enfin avait été l'élève et le camarade de Molière.

[2]. Nous ne devons pas anticiper sur ce que nous aurons à dire à propos du *Misanthrope;* mais nous devons au moins justifier provisoirement ce que nous avançons ici au sujet de Molière et de Boileau. Il y a dans *le Misanthrope* une personne sage, donnée comme

et si l'interprétation contraire a longtemps prévalu, peut-être doit-elle son origine à l'impression première, à cette obstination du public à vouloir retrouver partout chez Molière l'auteur ou l'acteur comique, à cette prévention enfin qui aurait ainsi modifié dans le préjugé commun le caractère du rôle d'Alceste, après avoir nui cruellement à Molière dans celui de Dom Garcie.

En attendant qu'il prît cette revanche d'Alceste, Molière céda aux démonstrations du public mécontent, et abandonna, sans doute à partir de la reprise de 1663, le rôle du prince jaloux. Nous savons le fait par de Villiers, l'auteur probable des *Nouvelles nouvelles* que nous avons citées au commencement de cette *Notice*[1], un bien misérable adversaire du poëte, dont nous rapporterons néanmoins encore un autre jugement, non qu'il soit pour lui-même à relever, mais parce qu'il nous

un modèle de bon sens et d'honnêteté : c'est Éliante. Quel jugement porte-t-elle d'Alceste?

> Dans ses façons d'agir il est fort singulier,
> Mais j'en fais, je l'avoue, un cas particulier;
> Et la sincérité dont son âme se pique
> A quelque chose en soi de noble et d'héroïque :
> C'est une vertu rare au siècle d'aujourd'hui,
> Et je la voudrois voir partout comme chez lui.
>
> (Acte IV, scène 1.)

Qu'on pèse bien tous les termes de ce jugement. Pour nous, c'est celui de Molière lui-même. Maintenant il y a une scène, une seule, où la situation d'Alceste, et non le personnage, fait rire; c'est celle d'un honnête homme obligé d'être franc et qui veut rester poli, la scène du *sonnet*. Or Boileau dit dans une de ses lettres (au marquis de Mimeure, 4 août 1706, édition Berriat-Saint-Prix, tome IV, p. 125 et 126) : « .... Je jouai (*dans cette occasion*) le vrai personnage du Misanthrope dans Molière, ou plutôt j'y jouai mon propre personnage, le chagrin de ce misanthrope contre les méchants vers ayant été, comme Molière me l'a confessé plusieurs fois lui-même, copié sur mon modèle. » Peut-on croire que si Molière avait voulu dans cette scène donner à Alceste le moindre vernis de ridicule, il aurait été dire à son ami : c'est vous que j'ai voulu peindre? Et doit-on penser aussi qu'en ce cas Boileau se serait plu à se reconnaître dans ce portrait, et à le rappeler avec une satisfaction que nous trouvons très-légitime?

1. Voyez notre tome I, p. 388, note 1.

donne quelques indications sur la distribution de la pièce, les seules que nous ayons rencontrées. Voici ce que dit Villiers par la bouche de deux des personnages (si cette ombre de comédie a des personnages) de sa *Réponse à l'Impromptu de Versailles*[1]. « ARISTE.... Il (*le Peintre*[2]) se croit le plus grand comédien du monde. ORPHISE. Il est si grand comédien, qu'il a été contraint de donner le rôle du prince jaloux à un autre, parce que l'on ne le pouvoit souffrir dans cette comédie, qu'il devoit mieux jouer que toutes les autres, à cause qu'il en est auteur.... ARISTE. L'on pourroit encore contrefaire ce gros porteur de chaise des *Précieuses* (*sans doute du Parc : voyez ci-dessus*, p. 38, *note* 2) lorsqu'il joue un rôle sérieux. ORPHISE. Ce seroit quelque chose de bien divertissant : on ne peut le voir sans rire, et il n'y eut que lui qui fît faire le brouhaha au *Prince jaloux*. ARISTE. A propos du *Prince jaloux*, que dites-vous de celle qui en joue la première amante? Le Peintre dit qu'il faut de gros hommes pour faire les rois dans les autres troupes[3]; mais dans la sienne il ne faut que de vieilles femmes pour jouer les premiers rôles, puisqu'une jeune personne bien faite n'auroit pas bonne grâce. » (Scène v, p. 321, 323 et 324 du tome II de M. V. Fournel.) A qui Molière confia-t-il son rôle de Dom Garcie? A la Grange, s'il le quitta (ce qui paraît tout à fait improbable) dès les premières représentations ? Plus tard à la Thorillière, ou plutôt à Brécourt, l'un et l'autre venus du Marais dans la troupe en juin 1662? On ne peut former à cet égard que des conjectures. Mais c'est bien, comme le pense aussi M. Moland, à Madeleine Béjart que paraît s'appliquer la désobligeante remarque faite sur l'âge de l'actrice qui fut chargée du principal rôle de femme : elle joua donc Done Elvire. La belle Marquise ne fut sans doute pas fâchée de se montrer sous l'habit de cavalier

---

1. Ou *la Vengeance des marquis*, jouée, d'après M. V. Fournel, qui l'a réimprimée dans ses *Contemporains de Molière*, en novembre 1663, et insérée en 1664 dans le volume intitulé *les Diversités galantes*.

2. C'est, dans cette pièce comme dans celle de Boursault, dont le titre au moins (*le Portrait du Peintre*) est bien connu, Molière qui est ainsi désigné.

3. Voyez *l'Impromptu de Versailles*, scène 1.

de Done Ignès ; et son mari du Parc pouvait convenir au personnage de Dom Lope, l'amant rebuté d'Élise.

Le plus grand intérêt du *Prince jaloux* est aujourd'hui pour nous d'avoir été comme une première et imparfaite ébauche d'un immortel chef-d'œuvre. C'est bien déjà le type que consacrera Molière dans *le Misanthrope*, et qu'il indiquait lui-même en donnant d'abord pour second titre à cette dernière pièce celui de *l'Atrabilaire amoureux*[1]. Seulement Alceste n'a que trop raison d'être jaloux ; Dom Garcie a tort de l'être, ou du moins l'auteur semble le condamner par la bouche de sa fidèle et irréprochable Done Elvire, si différente de Célimène. C'est ici qu'il faut dire un mot de la pièce italienne d'où Molière a tiré la sienne, et des modifications qu'il a fait subir aux principaux personnages de l'auteur original.

Les commentateurs parlent d'une pièce espagnole sur le même sujet, et dont la pièce italienne ne serait que l'imitation. Existe-t-elle? c'est possible ; mais nous n'avons pu la découvrir. Le savant traducteur de Ticknor, M. Magnabal, consulté par nous, nous a dit ne point la connaître. M. Antoine de la Tour, si versé dans la littérature espagnole, a bien voulu écrire en Espagne et consulter les personnes les plus compétentes : ces obligeantes recherches ont été vaines. Mais lors même qu'on arriverait à trouver une pièce espagnole sur le même sujet (et il est difficile de croire qu'en Espagne comme en France ce type du jaloux n'ait pas souvent été traité avec des analogies inévitables, et que le sujet seul amène sans qu'il y ait imitation), encore faudrait-il prouver la priorité de la pièce espagnole. Il est probable qu'au temps de la domination espagnole en Italie, cet échange entre les deux littératures s'est trop souvent produit, pour ne pas rendre la question d'antériorité aussi embarrassante qu'elle l'est parfois pour nous quand il s'agit de déterminer lequel, au dix-septième siècle, des deux théâtres contemporains, celui de Molière ou celui de Dominique, a été l'imitateur de l'autre. La pièce italienne n'est pas d'ailleurs assez remarquable, malgré quelques

---

1. Nous avons trouvé ce titre dans le privilége enregistré par la Compagnie des libraires, et nous avons cité ce passage, ci-dessus, p. 148, note 2.

traits heureux, que nous signalerons dans notre commentaire, pour rendre cette question bien intéressante.

Elle est d'un auteur assez peu célèbre, André Cicognini, que Tiraboschi ne mentionne dans son histoire de la littérature italienne, que pour dire qu'il eut le premier l'idée d'introduire les ariettes dans les drames[1]. Goldoni, dans ses *Mémoires*, en parle avec une certaine estime : « Parmi les auteurs comiques que je lisais et que je relisais très-souvent, dit-il en parlant de ses premières lectures, Cicognini était celui que je préférais. Cet auteur florentin, très-peu connu dans la république des lettres, avait fait plusieurs comédies d'intrigue, mêlées de pathétique larmoyant et de comique trivial; on y trouvait cependant beaucoup d'intérêt, et il avait l'art de ménager la suspension et de plaire par le dénoûment. Je m'y attachai infiniment; je l'étudiai beaucoup, et à l'âge de huit ans j'eus la témérité de crayonner une comédie. J'en fis la première confidence à ma bonne, qui la trouva charmante[2]. » Malheureusement Goldoni ne nous dit point s'il a relu depuis Cicognini, ou s'il en juge seulement d'après son impression d'enfance, au temps où il prenait sa bonne pour confidente de ses essais dramatiques.

La lecture de la pièce qui répond à notre *Dom Garcie de Navarre* ne justifierait pas tout à fait, sans la démentir absolument, l'admiration précoce de Goldoni pour Cicognini. Cette comédie est intitulée : *le Gelosie fortunate del prencipe Rodrigo, opera di Giacinto Andrea Cicognini, Fiorentino*[3]. Elle est, en trois actes, en prose, avec un prologue en vers, entre l'Amour et la Jalousie, *Prologo per musica*. Le fond est à peu près le même que celui de la pièce de Molière, quoique la disposition des scènes soit différente : elles sont, en général,

---

1. *Giacinto Andrea Cicognini Fiorentino, di cui dicesi che fosse il primo che introducesse l'ariette ne' drammi, usandole la prima volta nel suo Giasone.* (*Storia della letteratura italiana*, tome VIII, 1795, p. 399, 400.)

2. *Mémoires de M. Goldoni*, Paris, 1787, tome I, p. 11.

3. L'édition dont nous nous sommes servi est de Venise, 1661. Mais il y en avait eu une au moins auparavant, dont M. Moland (tome II, p. 127) donne la date, Pérouse, 1654. Celle-ci serait en cinq actes.

fort longues, mal liées entre elles, avec des changements de scène et de décoration dans l'intérieur des actes : il semble que la pièce entière, où le dialogue est souvent coupé en exclamations alternatives entre l'amant et l'amante, et comme taillé déjà en duos de colère ou d'amour, soit un opéra qui attend les vers et la musique. Le langage est souvent plat et prétentieux à la fois. L'héroïne est une femme guerrière, qui brandit son épée pour les combats ; elle sait l'escrime, et en donne la preuve dans un duel avec son amant. Ce type d'amazone, mis à la mode par l'Arioste et par le Tasse, pourrait porter à penser que, pour ce personnage au moins, la pièce est bien d'origine italienne. Le prince jaloux de Cicognini n'est qu'un maniaque, jaloux sans motif suffisant, une espèce de fou furieux, qui n'a d'autre mérite que de se rendre parfaitement justice dans ses moments lucides : « Je suis, dit-il, un démon qui règne, ou un roi possédé du démon[1]. » On peut se faire du reste une idée suffisante de la pièce par l'analyse, très-développée et entremêlée de scènes traduites, qu'en donne Cailhava[2]. Nous devons dire toutefois que Cailhava ne traduit pas toujours exactement, ou traduit sur un texte un peu différent du nôtre. Il y a, par exemple, dans la pièce de Cicognini, deux personnages accessoires et censés amusants, Cortadiglio et le philosophe Teobaldo, qui sont devenus chez Cailhava Arlequin et Pantalon. Les traits les plus choquants de l'original italien sont souvent adoucis dans la traduction : elle pourrait bien être, du reste, la simple reproduction de celle qui parut, avec le texte, en 1717, quand la Comédie-Italienne remit la pièce à la scène, sans doute en la modifiant un peu[3].

1. Page 104.
2. *De l'Art de la comédie*, 1786, tome II, p. 72-92.
3. Nous trouvons la mention de cette traduction dans les *Recherches sur les théâtres de France*, par de Beauchamps, 1735, tome III, p. 270 : *Il Principe geloso o le Fortunate gelosie di Rodrigo, re di Valenza*. « *Le Prince jaloux*, tragi-comédie en cinq actes, par Lelio, jouée le 30° mai 1717, dédiée à M. le duc de Noailles, à présent maréchal de France, traduite par le sieur Bernard, et imprimée chez Briasson. » On voit qu'ici la pièce est en cinq actes (et c'est ainsi que la donne Cailhava), au lieu que dans l'original italien que nous avons sous les yeux, elle est en trois actes, fort longs, il

Des deux personnages principaux, fort singuliers, de la pièce italienne, Molière a su faire au moins deux personnages raisonnables, Done Elvire, qui intéresse et qui touche, et Dom Garcie, dont, chez lui, la jalousie n'est pas celle d'un frénétique : Molière la motive mieux, trop bien, peut-on dire, pour l'effet général ; car le vice principal de ce rôle, c'est que la jalousie du prince est souvent assez concevable, et l'on ne comprend pas trop que sa maîtresse ait le droit de s'en montrer si offensée. Il semble même que Molière ait bien senti ce défaut, en transportant dans *le Misanthrope* une partie du rôle de Dom Garcie, et en mettant Alceste aux prises, non plus avec une maîtresse injustement soupçonnée comme Done Elvire, mais avec une coquette qui le trompe véritablement.

est vrai, et qu'on pouvait d'ailleurs couper comme on le voulait, les scènes ne se suivant pas toujours, les personnages entrant et sortant sans se voir : l'auteur italien ne paraît pas soupçonner cette règle qu'on observait déjà rigoureusement en France, de ne laisser jamais dans un acte le théâtre vide.

Dom Garcie a paru d'abord au commencement du tome VII de l'édition de 1682, intitulé, ainsi que le tome VIII : *Les OEuvres posthumes...*, *imprimées pour la première fois en* 1682. Le titre est :

DOM GARCIE
DE NAVARRE
OU
LE PRINCE JALOUX,
COMEDIE.
PAR J. B. P. MOLIERE.
Representée pour la premiere fois, le quatriéme Fevrier 1661, sur le Theastre de la Salle du Palais Royal.
Par la Trouppe de Monsieur,
Frere unique du Roy.

Nous n'avons eu à relever pour le texte, avec quelques variantes nées de fautes typographiques qui sont échappées aux éditeurs de 1682, qu'un petit nombre de différences introduites par l'édition de 1734, et passées de là dans les éditions plus récentes.

Pour le privilége, obtenu dès 1660, voyez ci-dessus la *Notice*, p. 220 et 221, et la *Notice* de *Sganarelle*, p. 152 et 153.

SOMMAIRE

DE

DOM GARCIE DE NAVARRE OU LE PRINCE JALOUX,

PAR VOLTAIRE.

Molière joua le rôle de Dom Garcie, et ce fut par cette pièce qu'il apprit qu'il n'avait point de talent pour le sérieux, comme acteur[1]. La pièce et le jeu de Molière furent très-mal reçus. Cette pièce, imitée de l'espagnol[2], n'a jamais été rejouée depuis sa chute. La réputation naissante de Molière souffrit beaucoup de cette disgrâce, et ses ennemis triomphèrent quelque temps. *Dom Garcie* ne fut imprimé qu'après la mort de l'auteur.

1. Voyez la *Notice*, ci-dessus, p. 224 et suivantes.
2. Voyez ci-dessus, p. 230.

PERSONNAGES[1].

DOM GARCIE, prince de Navarre, amant d'Elvire[2].

ELVIRE[3], princesse de Léon.

ÉLISE[4], confidente d'Elvire[5].

DOM ALPHONSE, prince de Léon, cru prince de Castille, sous le nom de DOM SYLVE.

IGNÈS[6], comtesse, amante de Dom Sylve, aimée par Mauregat[7], usurpateur de l'État de Léon.

DOM ALVAR, confident de Dom Garcie, amant d'Élise.

DOM LOPE[8], autre confident de Dom Garcie, amant rebuté[9] d'Élise.

DOM PÈDRE, écuyer d'Ignès[10].

1. ACTEURS, au lieu de PERSONNAGES, dans l'édition de 1734. — LES PERSONNAGES, dans celle de 1694 B.

2. Amant de Done Elvire. (1734.)

3. D. ELVIRE. (1694 B.) — DONE ELVIRE. (1734.)

4. Les noms de Dom Alphonse et de Done Ignès précèdent celui d'Élise dans l'édition de 1734.

5. Confidente de Done Elvire. (1734.)

6. DONE IGNÈS. (1734.)

7. L'édition de 1734 écrit ce nom avec un accent : *Maurégat.*

8. Les éditions de 1682, 1684 A et 1697 écrivent ici, ici seulement, ce nom avec une *s* : LOPES; celles de 1710 et de 1718 mettent en outre un accent : LOPÉS.

9. Le mot *rebuté* a été supprimé dans l'édition de 1734.

10. L'édition de 1734 ajoute à la liste des personnages : UN PAGE de Done Elvire; voyez ci-après, p. 252, note 1.

La scène est dans Astorgue, ville d'Espagne,
dans le royaume de Léon.

DOM GARCIE DE NAVARRE.

DOM GARCIE DE NAVARRE

OU

LE PRINCE JALOUX.

COMÉDIE[1].

ACTE I.

SCÈNE PREMIÈRE.

DONE ELVIRE, ÉLISE.

DONE ELVIRE.
Non, ce n'est point un choix qui pour ces deux amants
Sut régler de mon cœur les secrets sentiments ;
Et le Prince n'a point dans tout ce qu'il peut être
Ce qui fit préférer l'amour qu'il fait paroître.
Dom Sylve, comme lui, fit briller à mes yeux 5
Toutes les qualités d'un héros glorieux ;
Même éclat de vertus, joint à même naissance,

---

1. Dans l'édition de 1734 la pièce est intitulée : DOM (Don, ici et partout ailleurs dans celle de 1773) GARCIE DE NAVARRE OU LE PRINCE JALOUX, COMÉDIE HÉROÏQUE. Nous avons reproduit complétement plus haut, à la page 234, le titre donné par l'édition de 1682, la première où *Dom Garcie* a été imprimé.

Me parloit en tous deux pour cette préférence ;
Et je serois encore à nommer le vainqueur,
Si le mérite seul prenoit droit sur un cœur : 10
Mais ces chaînes du ciel qui tombent sur nos âmes
Décidèrent en moi le destin de leurs flammes ;
Et toute mon estime, égale entre les deux,
Laissa vers Dom Garcie entraîner tous mes vœux.

ÉLISE.

Cet amour que pour lui votre astre vous inspire 15
N'a sur vos actions pris que bien peu d'empire,
Puisque nos yeux, Madame, ont pu longtemps douter
Qui de ces deux amants vous vouliez mieux traiter.

DONE ELVIRE.

De ces nobles rivaux l'amoureuse poursuite
A de fâcheux combats, Élise, m'a réduite. 20
Quand je regardois l'un, rien ne me reprochoit
Le tendre mouvement où mon âme penchoit ;
Mais je me l'imputois à beaucoup d'injustice
Quand de l'autre à mes yeux s'offroit le sacrifice ;
Et Dom Sylve, après tout, dans ses soins amoureux 25
Me sembloit mériter un destin plus heureux.
Je m'opposois encor ce qu'au sang de Castille
Du feu roi de Léon semble devoir la fille,
Et la longue amitié qui d'un étroit lien
Joignit les intérêts de son père et du mien. 30
Ainsi, plus dans mon âme un autre prenoit place,
Plus de tous ses respects je plaignois la disgrâce ;
Ma pitié, complaisante à ses brûlants soupirs,
D'un dehors favorable amusoit ses desirs,
Et vouloit réparer, par ce foible avantage, 35
Ce qu'au fond de mon cœur je lui faisois d'outrage.

ÉLISE.

Mais son premier amour, que vous avez appris,
Doit de cette contrainte affranchir vos esprits ;

Et puisqu'avant ses[1] soins, où pour vous il s'engage,
Done Ignès de son cœur avoit reçu l'hommage,   40
Et que, par des liens aussi fermes que doux,
L'amitié vous unit, cette comtesse et vous,
Son secret révélé vous est une matière
A donner à vos vœux liberté toute entière;
Et vous pouvez, sans crainte, à cet amant confus   45
D'un devoir d'amitié couvrir tous vos refus.

DONE ELVIRE.

Il est vrai que j'ai lieu de chérir la nouvelle
Qui m'apprit que Dom Sylve étoit un infidèle,
Puisque par ses ardeurs mon cœur tyrannisé
Contre elles à présent se voit autorisé,   50
Qu'il en peut justement combattre les hommages,
Et, sans scrupule, ailleurs donner tous ses suffrages;
Mais enfin quelle joie en peut prendre ce cœur,
Si d'une autre contrainte il souffre la rigueur,
Si d'un prince jaloux l'éternelle foiblesse   55
Reçoit indignement les soins de ma tendresse,
Et semble préparer, dans mon juste courroux,
Un éclat à briser tout commerce entre nous?

ÉLISE.

Mais si de votre bouche il n'a point su sa gloire,
Est-ce un crime pour lui[2] que de n'oser la croire?   60

1. *Ses* est le texte de 1682; dans les éditions postérieures, *ces*, leçon peut-être préférable.
2. Est-ce crime pour lui. (1694 B.) — Dans la pièce italienne, le prince jaloux n'a point cette excuse pour sa jalousie. Delmira, dès la première scène, parle de sa passion pour Rodrigo, en son absence, il est vrai, mais dans des termes assez vifs pour faire supposer que le prince a dû deviner au moins quelque chose de cet amour, et est peu excusable de n'y pas croire. Sans mêler à cet aveu de sa passion cette réserve et cette dignité que l'on peut remarquer ici dans la pièce française, elle dit à ses dames : *Oh Dio! amo Rodrigo, m'ama Rodrigo; un sol arbitrio regge i nostri cuori; son gemelli il desiderio dell' uno ed il voler dell' altro; respira Rodrigo solo quell' aure che respirò Delmira; e nell' idea di Delmira si nutriscono solo quei pensieri che prima nacquero nella mente di Rodrigo : in somma, un' anima sola serve di spirito*

Et ce qui d'un rival a pu flatter les feux
L'autorise-t-il pas à douter de vos vœux?
DONE ELVIRE.
Non, non, de cette sombre et lâche jalousie
Rien ne peut excuser l'étrange frénésie;
Et par mes actions je l'ai trop informé 65
Qu'il peut bien se flatter du bonheur d'être aimé.
Sans employer la langue, il est des interprètes
Qui parlent clairement des atteintes secrètes :
Un soupir, un regard, une simple rougeur,
Un silence est assez pour expliquer un cœur; 70
Tout parle dans l'amour; et sur cette matière
Le moindre jour doit être une grande lumière,
Puisque chez notre sexe, où l'honneur est puissant,
On ne montre jamais tout ce que l'on ressent.
J'ai voulu, je l'avoue, ajuster ma conduite, 75
Et voir d'un œil égal l'un et l'autre mérite;
Mais que contre ses vœux on combat vainement,
Et que la différence est connue aisément
De toutes ces faveurs qu'on fait avec étude,
A celles où du cœur fait pencher l'habitude ! 80
Dans les unes toujours on paroît se forcer ;
Mais les autres, hélas ! se font sans y penser,

a due viventi, innanima due petti, avviva due cuori. Ma, etc. Autre différence : Dom Garcie, comme Done Elvire le rappelle plus loin, lui a rendu un service qui suffirait pour motiver la reconnaissance et l'amour de la princesse, en la sauvant de la tyrannie de l'usurpateur Mauregat; tandis que Rodrigo a enlevé au roi d'Aragon sa sœur Delmira, dont on lui refusait la main, et la retient prisonnière dans ses États, ce que Delmira du reste paraît lui avoir pardonné très-aisément. Enfin, dès la seconde scène, quand on entend le canon qui annonce la paix conclue entre les deux rois, Delmira s'imagine que la ville est attaquée, et elle saisit une épée pour défendre son fiancé Rodrigo contre le roi son frère, qui vient la délivrer. « Aux armes ! aux armes ! » s'écrie-t-elle. Molière a très-bien fait sans doute de laisser à l'auteur italien l'honneur de ces inventions. Si Done Elvire est beaucoup plus intéressante que Delmira, la jalousie de Dom Garcie est aussi beaucoup mieux motivée. Mais c'est précisément parce qu'elle est plus concevable, et même parfois assez naturelle, que l'indignation d'Elvire en le voyant douter de son amour nous laisse assez froids.

ACTE I, SCÈNE I.

Semblables à ces eaux si pures et si belles,
Qui coulent sans effort des sources naturelles.
Ma pitié pour Dom Sylve avoit beau l'émouvoir, 85
J'en trahissois les soins¹ sans m'en apercevoir;
Et mes regards au Prince, en un pareil martyre,
En disoient toujours plus que je n'en voulois dire.

ÉLISE.

Enfin, si les soupçons de cet illustre amant,
Puisque vous le voulez, n'ont point de fondement, 90
Pour le moins font-ils foi d'une âme bien atteinte,
Et d'autres chériroient ce qui fait votre plainte.
De jaloux mouvements² doivent être odieux,
S'ils partent d'un amour qui déplaise à nos yeux³;
Mais tout ce qu'un amant nous peut montrer d'alarmes
Doit, lorsque nous l'aimons, avoir pour nous des charmes :
C'est par là que son feu se peut mieux exprimer;
Et plus il est jaloux, plus nous devons l'aimer.
Ainsi, puisqu'en votre âme un prince magnanime....

DONE ELVIRE.

Ah! ne m'avancez point cette étrange maxime. 100
Partout la jalousie est un monstre odieux :
Rien n'en peut adoucir les traits injurieux;
Et plus l'amour est cher qui lui donne naissance,
Plus on doit ressentir les coups de cette offense.
Voir un prince emporté, qui perd à tous moments 105
Le respect que l'amour inspire aux vrais amants;
Qui, dans les soins jaloux où son âme se noie,
Querelle également mon chagrin et ma joie,

---

1. Ce passage est obscur; pourrait-on l'expliquer ainsi : Ma pitié pour Dom Sylve avait beau émouvoir, inquiéter le prince Dom Garcie, mes regards démentaient sans cesse les témoignages même que je m'efforçais de donner de cette pitié, tandis qu'au prince ils en disaient toujours plus que je n'en voulais dire?
2.   Des jaloux mouvements. (1718.)
3.   Qui déplaît à nos yeux. (1734.)

Et dans tous mes regards ne peut rien remarquer
Qu'en faveur d'un rival il ne veuille expliquer : 110
Non, non, par ces soupçons je suis trop offensée;
Et sans déguisement je te dis ma pensée :
Le prince Dom Garcie est cher à mes desirs;
Il peut d'un cœur illustre échauffer les soupirs;
Au milieu de Léon on a vu son courage 115
Me donner de sa flamme un noble témoignage,
Braver en ma faveur des périls les plus grands[1],
M'enlever aux desseins de nos lâches tyrans,
Et dans ces murs forcés[2] mettre ma destinée
A couvert des horreurs d'un indigne hyménée; 120
Et je ne cèle point que j'aurois de l'ennui
Que la gloire en fût due à quelque autre qu'à lui;
Car un cœur amoureux prend un plaisir extrême
A se voir redevable, Élise, à ce qu'il aime,
Et sa flamme timide ose mieux éclater, 125
Lorsqu'en favorisant elle croit s'acquitter.
Oui, j'aime qu'un secours, qui hasarde sa tête[3],
Semble à sa passion donner droit de conquête;
J'aime que mon péril m'ait jetée en ses mains;
Et si les bruits communs ne sont pas des bruits vains, 130
Si la bonté du Ciel nous ramène mon frère,
Les vœux les plus ardents que mon cœur puisse faire,
C'est que son bras encor sur un perfide sang
Puisse aider à ce frère à reprendre son rang,
Et par d'heureux succès d'une haute vaillance, 135
Mériter tous les soins de sa reconnoissance;

1. Braver en ma faveur les périls les plus grands. (1710, 18, 34.)
2. Forcés par lui, que son courage a forcés.
3. Qui met au hasard, en péril la tête du prince : voyez le *Dictionnaire de M. Littré*.

L'exemple est dangereux et hasarde nos vies.
(Corneille, *Nicomède*, 1651, acte IV, scène II, vers 1231.)

Mais, avec tout cela, s'il pousse mon courroux,
S'il ne purge ses feux de leurs transports jaloux
Et ne les range aux lois que je lui veux prescrire,
C'est inutilement qu'il prétend Done Elvire : 140
L'hymen ne peut nous joindre, et j'abhorre des nœuds
Qui deviendroient sans doute un enfer pour tous deux.

ÉLISE.

Bien que l'on pût avoir des sentiments tout autres[1],
C'est au Prince, Madame, à se régler aux vôtres ;
Et dans votre billet ils sont si bien marqués, 145
Que quand il les verra de la sorte expliqués[2]....

DONE ELVIRE.

Je n'y veux point, Élise, employer cette lettre :
C'est un soin qu'à ma bouche il me vaut mieux commettre.
La faveur d'un écrit laisse aux mains d'un amant
Des témoins trop constants de notre attachement. 150
Ainsi donc empêchez qu'au Prince on ne la livre.

ÉLISE.

Toutes vos volontés sont des lois qu'on doit suivre.
J'admire cependant que le Ciel ait jeté
Dans le goût des esprits tant de diversité,
Et que ce que les uns regardent comme outrage 155
Soit vu par d'autres yeux sous un autre visage[3].
Pour moi, je trouverois mon sort tout à fait doux,
Si j'avois un amant qui pût être jaloux ;
Je saurois m'applaudir de son inquiétude ;

---

1.   Des sentiments tous autres. (1710, 18.)
2. Ce vers a été omis dans l'édition de 1694 B.
3. Montaigne a pris souvent *visage* dans le sens d'*aspect* en parlant des choses. Voici entre autres un exemple cité par M. Littré : « Notre âme regarde la chose d'un autre œil, et se la représente par un autre visage. » (*Essais*, livre I, chapitre XXXVII, vers la fin.) Et Molière lui-même a dit : « De quel œil, à votre avis, pensez-vous que je puisse voir cet amas d'actions indignes, dont on a peine aux yeux du monde d'adoucir le mauvais visage? » (*Dom Juan* ou *le Festin de pierre*, acte IV, scène IV.)

Et ce qui pour mon âme est souvent un peu rude, 160
C'est de voir Dom Alvar ne prendre aucun souci.

DONE ELVIRE.

Nous ne le croyions pas si proche : le voici.

SCÈNE II.

DONE ELVIRE, DOM ALVAR, ÉLISE.

DONE ELVIRE.

Votre retour surprend : qu'avez-vous à m'apprendre?
Dom Alphonse vient-il? a-t-on lieu de l'attendre[1]?

DOM ALVAR.

Oui, Madame; et ce frère en Castille élevé 165
De rentrer dans ses droits voit le temps arrivé.
Jusqu'ici Dom Louis, qui vit à sa prudence
Par le feu Roi mourant commettre son enfance,
A caché ses destins aux yeux de tout l'État,
Pour l'ôter aux fureurs du traître Mauregat; 170
Et bien que le tyran, depuis sa lâche audace,
L'ait souvent demandé pour lui rendre sa place,
Jamais son zèle ardent n'a pris de sûreté
A l'appas dangereux de sa fausse équité.
Mais, les peuples émus par cette violence 175
Que vous a voulu faire une injuste puissance[2],
Ce généreux vieillard a cru qu'il étoit temps
D'éprouver le succès d'un espoir de vingt ans :
Il a tenté Léon, et ses fidèles trames
Des grands comme du peuple ont pratiqué les âmes[3], 180

---

1. A-t-on lieu de l'entendre? (1718.)
2. Ordinairement cette tournure (*du participe absolu*), qui a un caractère particulier de vivacité, ne comprend qu'un petit nombre de mots; ici elle renferme deux vers tout entiers. (*Note d'Auger.*)
3. Le dernier mot de ce vers manque dans l'édition de 1682.

ACTE I, SCÈNE II.

Tandis que la Castille armoit dix mille bras
Pour redonner ce prince aux vœux de ses États;
Il fait auparavant semer sa renommée,
Et ne veut le montrer qu'en tête d'une armée,
Que tout prêt à lancer le foudre punisseur[1]   185
Sous qui doit succomber un lâche ravisseur.
On investit Léon, et Dom Sylve en personne
Commande le secours que son père vous donne.

DONE ELVIRE.

Un secours si puissant doit flatter notre espoir;
Mais je crains que mon frère y puisse trop devoir[2].   190

DOM ALVAR.

Mais, Madame, admirez que, malgré la tempête
Que votre usurpateur oit gronder sur sa tête[3],
Tous les bruits de Léon annoncent pour certain

---

1. *Punisseur* est dans le *Trésor de Nicot* (1606), mais ensuite il ne se trouve, au dix-septième siècle, ni dans Furetière, ni dans le *Dictionnaire de l'Académie*. Il n'est dans ce dernier dictionnaire que depuis l'édition de 1835. Corneille avait dit pourtant dans *Pompée*, acte IV, scène IV, vers 1400 :

Le foudre punisseur que je vois en tes mains.

Mais peut-être l'expression fut-elle critiquée, car il mit plus tard le *foudre souhaité*. Voltaire blâme avec raison cette substitution (supposé qu'elle ne soit due qu'à quelque scrupule de puriste, car *souhaité* n'a en soi aucun rapport de sens avec *punisseur*, et répond bien d'ailleurs au sentiment qui domine dans le passage); mais il s'est trompé en donnant *punisseur* comme un néologisme dû à Corneille : « *Punisseur*, dit-il, était un beau terme qui manquait à notre langue. » C'est au contraire un mot assez souvent employé bien avant Corneille. A. d'Aubigné (*les Tragiques*, livre III, édition de M. Lalanne, 1857, p. 149) nous montre *le vaillant Josué punisseur très-sévère*. Voyez dans le *Dictionnaire de M. Littré* d'autres exemples du seizième siècle.

2. On peut ne pas saisir tout de suite la pensée ou plutôt le sentiment que ce vers renferme. Elvire craint que son frère ne soit trop redevable au secours de la Castille, parce que alors sa main pourrait bien être donnée à Dom Sylve, comme prix d'un tel service. (*Note d'Auger.*)

3. Que votre usurpateur voit gronder sur sa tête. (1697, 1734.) — L'emploi du verbe *ouïr* au présent de l'indicatif était devenu rare au temps de Molière. Le plus récent exemple que cite M. Littré est de Descartes (*Méditation* IIIe, paragraphe 7) : « Si j'ois maintenant quelque bruit, si je vois le soleil. » Mais on en trouve d'autres dans une pièce qui se maintint longtemps au théâtre,

Qu'à la comtesse Ignès il va donner la main.

DONE ELVIRE.

Il cherche dans l'hymen de cette illustre fille 195
L'appui du grand crédit où se voit sa famille.
Je ne reçois rien d'elle, et j'en suis en souci ;
Mais son cœur au tyran fut toujours endurci.

ÉLISE.

De trop puissants motifs d'honneur et de tendresse
Opposent ses refus aux nœuds dont on la presse 200
Pour....

DOM ALVAR.

Le Prince entre ici.

SCÈNE III.

DOM GARCIE, DONE ELVIRE, DOM ALVAR, ÉLISE.

DOM GARCIE.

Je viens m'intéresser,
Madame, au doux espoir qu'il vous vient d'annoncer.
Ce frère qui menace un tyran plein de crimes,
Flatte de mon amour les transports légitimes :
Son sort offre à mon bras des périls glorieux 205
Dont je puis faire hommage à l'éclat de vos yeux,
Et par eux[1] m'acquérir, si le Ciel m'est propice,

Pyrame et Thisbé (1617) de Théophile, et notamment dans un vers remarquable par lui-même et par l'analogie qu'il présente avec un trait bien souvent cité de Delille[a] :

On n'oit que le silence, on ne voit rien que l'ombre.
(Acte IV, scène 1re.)

1. *Par eux,* par ces glorieux périls. Auger trouve cette construction barbare : c'est simplement un archaïsme, assez usité alors, même en prose. Génin cite, à propos d'un autre passage de Molière (*Lexique*, p. 127), cette phrase de

a   Il ne voit que la nuit, n'entend que le silence.
(Chant IV de *l'Imagination*.)

La gloire d'un revers¹ que vous doit sa justice,
Qui va faire à vos pieds choir l'infidélité,
Et rendre à votre sang toute sa dignité.   210
Mais ce qui plus me plaît d'une attente² si chère,
C'est que pour être roi, le Ciel vous rend ce frère,
Et qu'ainsi mon amour peut éclater au moins
Sans qu'à d'autres motifs on impute ses soins,
Et qu'il soit soupçonné que dans votre personne   215
Il cherche à me gagner les droits d'une couronne.
Oui, tout mon cœur voudroit montrer aux yeux de tous³
Qu'il ne regarde en vous autre chose que vous ;
Et cent fois, si je puis le dire sans offense,
Ses vœux se sont armés contre votre naissance ;   220
Leur chaleur indiscrète a d'un destin plus bas
Souhaité le partage à vos divins appas,
Afin que de ce cœur le noble sacrifice
Pût du Ciel envers vous réparer l'injustice,
Et votre sort tenir des mains de mon amour   225
Tout ce qu'il doit au sang dont vous tenez le jour.
Mais puisque enfin les Cieux de tout ce juste hommage
A mes feux prévenus dérobent l'avantage,

Bossuet : « On a peine à placer Osymanduas, dont nous voyons de si magnifiques monuments dans Diodore, et de si belles marques de *ses* combats. » (*Discours sur l'histoire universelle*, 3ᵉ partie, chapitre III, dernier alinéa.)

1. D'un changement, d'un retour de fortune, d'un *revers prospère*, comme il est dit au vers 1540.
2. *Atteinte*, dans l'édition de 1682.
3. Ce sentiment si noble et si tendre reparaît, avec quelques-unes de ces expressions et de ces rimes, dans *le Misanthrope*, acte IV, scène III (Alceste à Célimène) :

>   Oui, je voudrois qu'aucun ne vous trouvât aimable,
>   Que vous fussiez réduite en un sort misérable,
>   Que le Ciel en naissant ne vous eût donné rien,
>   Que vous n'eussiez ni rang, ni naissance, ni bien,
>   Afin que de mon cœur l'éclatant sacrifice
>   Vous pût d'un pareil sort réparer l'injustice,
>   Et que j'eusse la joie et la gloire en ce jour
>   De vous voir tenir tout des mains de mon amour.

248   DOM GARCIE DE NAVARRE.

Trouvez bon que ces feux prennent un peu d'espoir
Sur la mort que mon bras s'apprête à faire voir[1],   230
Et qu'ils osent briguer par d'illustres services
D'un frère et d'un État les suffrages propices.

DONE ELVIRE.

Je sais que vous pouvez, Prince, en vengeant nos droits
Faire par[2] votre amour parler cent beaux exploits;
Mais ce n'est pas assez, pour le prix qu'il espère,   235
Que l'aveu d'un État et la faveur d'un frère;
Done Elvire n'est pas au bout de cet effort,
Et je vous vois à vaincre un obstacle plus fort.

DOM GARCIE.

Oui, Madame, j'entends ce que vous voulez dire :
Je sais bien que pour vous mon cœur en vain soupire ;
Et l'obstacle puissant qui s'oppose à mes feux,
Sans que vous le nommiez, n'est pas secret pour eux.

DONE ELVIRE.

Souvent on entend mal ce qu'on croit bien entendre,
Et par trop de chaleur, Prince, on se peut méprendre ;
Mais puisqu'il faut parler, desirez-vous savoir   245
Quand vous pourrez me plaire, et prendre quelque espoir?

DOM GARCIE.

Ce me sera, Madame, une faveur extrême.

DONE ELVIRE.

Quand vous saurez m'aimer comme il faut que l'on aime[3].

DOM GARCIE.

Et que peut-on, hélas ! observer sous les cieux
Qui ne cède à l'ardeur que m'inspirent vos yeux?   250

DONE ELVIRE.

Quand votre passion ne fera rien paroître

---

1. La mort du tyran Mauregat.
2. Auger a corrigé *par* en *pour*, qui, ce semble, serait en effet préférable.
3.   Non, vous ne m'aimez point comme il faut que l'on aime.
            (*Le Misanthrope*, acte IV, scène III, Célimène à Alceste.)

ACTE I, SCÈNE III.

Dont se puisse indigner celle qui l'a fait naître.
DOM GARCIE.
C'est là son plus grand soin.
DONE ELVIRE.
Quand tous ses mouvements
Ne prendront point de moi de trop bas sentiments.
DOM GARCIE.
Ils vous révèrent trop.
DONE ELVIRE.
Quand d'un injuste ombrage 255
Votre raison saura me réparer l'outrage[1],
Et que vous bannirez enfin ce monstre affreux
Qui de son noir venin empoisonne vos feux,
Cette jalouse humeur dont l'importun caprice
Aux vœux que vous m'offrez rend un mauvais office, 260
S'oppose à leur attente, et contre eux, à tous coups,
Arme les mouvements de mon juste courroux.
DOM GARCIE.
Ah! Madame, il est vrai, quelque effort que je fasse,
Qu'un peu de jalousie en mon cœur trouve place,
Et qu'un rival, absent de vos divins appas, 265
Au repos de ce cœur vient livrer des combats.
Soit caprice ou raison, j'ai toujours la croyance
Que votre âme en ces lieux souffre de son absence,
Et que malgré mes soins, vos soupirs amoureux
Vont trouver à tous coups ce rival trop heureux. 270
Mais si de tels soupçons ont de quoi vous déplaire,
Il vous est bien facile, hélas! de m'y soustraire;
Et leur bannissement, dont j'accepte la loi[2],
Dépend bien plus de vous qu'il ne dépend de moi.
Oui, c'est vous qui pouvez, par deux mots pleins de flamme,

1. *Réparer* est construit de même dans ce vers de Rotrou, que cite Auger :
   Le jour veut de la nuit me réparer l'outrage.
   (*Dom Bernard de Cabrère*, 1647, acte II, scène II.)
2. Auquel je me soumets, auquel je consens.

Contre la jalousie armer toute mon âme,
Et des pleines clartés d'un glorieux espoir
Dissiper les horreurs que ce monstre y fait choir.
Daignez donc étouffer le doute qui m'accable,
Et faites qu'un aveu d'une bouche adorable 280
Me donne l'assurance, au fort de tant d'assauts,
Que je ne puis trouver dans le peu que je vaux.

DONE ELVIRE.

Prince, de vos soupçons la tyrannie est grande :
Au moindre mot qu'il dit, un cœur veut qu'on l'entende,
Et n'aime pas ces feux dont l'importunité 285
Demande qu'on s'explique[1] avec tant de clarté[2].
Le premier mouvement qui découvre notre âme
Doit d'un amant discret satisfaire la flamme;
Et c'est à s'en dédire autoriser nos vœux
Que vouloir plus avant pousser de tels aveux. 290
Je ne dis point quel choix, s'il m'étoit volontaire[3],
Entre Dom Sylve et vous mon âme pourroit faire;
Mais vouloir vous contraindre à n'être point jaloux
Auroit dit quelque chose à tout autre que vous;
Et je croyois cet ordre un assez doux langage, 295
Pour n'avoir pas besoin d'en dire davantage.

---

1. Demande qu'on explique. (1694 B.)
2.   Avec plus de clarté. (1734.)
3. Si j'en étais encore maîtresse. — Il semble que le langage de Done Elvire n'est pas tout à fait exempt de coquetterie et même d'obscurité. Quelle que soit la réserve que lui imposent les convenances, il faut avouer qu'elle ne dit rien qui doive dissiper absolument les doutes de Dom Garcie, beaucoup plus douloureux pour lui qu'ils ne sont injurieux pour elle. Il est assez curieux que, dans cette pièce composée déjà au temps des *Précieuses*, Molière se soit conformé au cérémonial établi par les romans du jour, et que Dom Garcie ne réussisse pas tout à fait à tirer d'Elvire « cet aveu qui fait tant de peine ». Au moins dans la pièce italienne, Delmira, en reprochant à Rodrigo sa jalousie, ne lui laisse-t-elle aucune excuse, car elle exprime ses propres sentiments en des termes dont le défaut n'est point de manquer de clarté : *Caro mio Rodrigo, adorato mio sposo, delitie di questo mio cuore, di questo seno, seno che racchiude l'anima di Delmira, vi amo, vi bramo, vi sospiro, vi ambisco, vi supplico, vi adoro*, etc. (Acte I, scène VI.)

Cependant votre amour n'est pas encor content :
Il demande un aveu qui soit plus éclatant ;
Pour l'ôter de scrupule, il me faut à vous-même,
En des termes exprès, dire que je vous aime ; 300
Et peut-être qu'encor, pour vous en assurer,
Vous vous obstineriez à m'en faire jurer.

DOM GARCIE.

Hé bien ! Madame, hé bien ! je suis trop téméraire :
De tout ce qui vous plaît je dois me satisfaire.
Je ne demande point de plus grande clarté ; 305
Je crois que vous avez pour moi quelque bonté,
Que d'un peu de pitié mon feu vous sollicite,
Et je me vois heureux plus que je ne mérite.
C'en est fait, je renonce à mes soupçons jaloux.
L'arrêt qui les condamne[1] est un arrêt bien doux, 310
Et je reçois la loi qu'il daigne me prescrire
Pour affranchir mon cœur de leur injuste empire.

DONE ELVIRE.

Vous promettez beaucoup, Prince ; et je doute fort
Si vous pourrez sur vous faire ce grand effort.

DOM GARCIE.

Ah ! Madame, il suffit, pour me rendre croyable, 315
Que ce qu'on vous promet doit être inviolable,
Et que l'heur d'obéir à sa divinité
Ouvre aux plus grands efforts trop de facilité[2].
Que le Ciel me déclare une éternelle guerre,
Que je tombe à vos pieds d'un éclat de tonnerre, 320
Ou, pour périr encor par de plus rudes coups[3],
Puissé-je voir sur moi fondre votre courroux,
Si jamais mon amour descend à la foiblesse
De manquer aux devoirs d'une telle promesse,

1. L'arrêt qui me condamne. (1694 B.)
2. Ouvre aux plus grands efforts de la facilité. (1694 B.)
3. Par des plus rudes coups. (1694 B.)

Si jamais dans mon âme aucun jaloux transport 325
Fait...!
(Dom Pèdre apporte un billet[1].)

DONE ELVIRE.

J'en étois en peine, et tu m'obliges fort.
Que le courrier attende. A ces regards qu'il jette,
Vois-je pas que déjà cet écrit l'inquiète?
Prodigieux effet de son tempérament!
Qui vous arrête, Prince, au milieu du serment? 330

DOM GARCIE.

J'ai cru que vous aviez quelque secret ensemble,
Et je ne voulois pas l'interrompre.

DONE ELVIRE.

Il me semble
Que vous me répondez d'un ton fort altéré;
Je vous vois tout à coup le visage égaré :
Ce changement soudain a lieu de me surprendre; 335
D'où peut-il provenir? le pourroit-on apprendre?

DOM GARCIE.

D'un mal qui tout à coup vient d'attaquer mon cœur.

DONE ELVIRE.

Souvent plus qu'on ne croit ces maux ont de rigueur,
Et quelque prompt secours vous seroit nécessaire.
Mais encor, dites-moi, vous prend-il d'ordinaire? 340

DOM GARCIE.

Parfois.

1. L'édition de 1734 supprime cette indication, et fait de ce qui suit la scène IV, ayant pour personnages : D. ELVIRE, D. GARCIE, D. ALVAR, ÉLISE, UN PAGE, *présentant un billet à D. Elvire.* Après le premier hémistiche du vers 327, la scène est de nouveau coupée dans l'édition de 1734, de la manière suivante :

SCÈNE V.

D. ELVIRE, D. GARCIE, D. ALVAR, ÉLISE.

D. ELVIRE, *bas, à part.*
A ces regards qu'il jette, etc.

La même édition fait précéder le vers 330 du mot *Haut.*

ACTE I, SCÈNE III.

DONE ELVIRE.

Ah! prince foible! Hé bien! par cet écrit
Guérissez-le, ce mal : il n'est que dans l'esprit[1].

DOM GARCIE.

Par cet écrit, Madame? Ah! ma main le refuse :
Je vois votre pensée, et de quoi l'on m'accuse.
Si....

DONE ELVIRE.

Lisez-le, vous dis-je, et satisfaites-vous.

DOM GARCIE.

Pour me traiter après de foible, de jaloux?
Non, non. Je dois ici vous rendre un témoignage
Qu'à mon cœur cet écrit n'a point donné d'ombrage;
Et bien que vos bontés m'en laissent le pouvoir,
Pour me justifier, je ne veux point le voir.

DONE ELVIRE.

Si vous vous obstinez à cette résistance,
J'aurois tort de vouloir vous faire violence;
Et c'est assez enfin que vous avoir pressé
De voir de quelle main ce billet m'est tracé.

DOM GARCIE.

Ma volonté toujours vous doit être soumise[2] :
Si c'est votre plaisir que pour vous je le lise,
Je consens volontiers à prendre cet emploi.

DONE ELVIRE.

Oui, oui, Prince, tenez : vous le lirez pour moi.

DOM GARCIE.

C'est pour vous obéir, au moins, et je puis dire....

---

1. Il n'est pas dans l'esprit. (1718.)
2. Dans la pièce de Cicognini, la jalousie du prince est éveillée, non point par un billet adressé à la princesse, mais par une lettre qu'elle écrit à une amie absente; et Rodrigo, s'efforçant de dissimuler sa jalousie, fait les mêmes façons que Dom Garcie pour prendre la lettre, qu'il brûle de lire. *La prendo per farvi servitio.* Et Delmira lui répond ironiquement : *Lo ricevo a sommo favore. Leggete hormai.* (Acte II, scène II.)

DONE ELVIRE.

C'est ce que vous voudrez : dépêchez-vous de lire. 360

DOM GARCIE.

Il est de Done Ignès, à ce que je connoi.

DONE ELVIRE.

Oui. Je m'en réjouis et pour vous et pour moi.

DOM GARCIE lit.

« Malgré l'effort d'un long mépris,
« Le tyran toujours m'aime, et depuis votre absence,
« Vers moi, pour me porter au dessein qu'il a pris, 365
« Il semble avoir tourné toute sa violence[1],
  « Dont il poursuit l'alliance[2]
  « De vous et de son fils.

« Ceux qui sur moi peuvent avoir empire,
« Par de lâches motifs qu'un faux honneur inspire 370
  « Approuvent tous cet indigne lien.
« J'ignore encor par où finira mon martyre[3];
« Mais je mourrai plutôt que de consentir rien[4].

---

1. Toute la violence. (1718.) — La correction est presque nécessaire.
2. Dont il poursuivoit l'alliance. (1734.)
3. Ce vers manque dans l'édition de 1734, et aussi dans celle de 1773.
4. Ce mot *rien*, que la mesure, la rime et le sens rendent plus que probable, manque, par suite de quelque accident typographique, dans l'édition de 1682, et n'a été imprimé pour la première fois que dans celle de 1734. Quelques impressions intermédiaires se sont ingéniées pour corriger le vice de versification produit par cette lacune. Dans celle de 1684 A, le dernier mot du vers précédent a été écrit *martyr*, sans *e*, pour rimer avec *consentir*. Celle de 1733, plus hardie, a ajouté un vers de son cru au texte de Molière, et supprimé le mot *de* avant *consentir*:

> Mais je mourrai plutôt que consentir
> *A leur tyrannique désir.*
> Puissiez-vous jouir, belle Elvire, etc.

Les autres éditions se sont peu inquiétées qu'il y eût ou non un vers de onze pieds, sauf celle de 1718, qui a écrit :

> Mais je mourrai plutôt qu'y consentir.

Celle de 1694 B avait déjà ajouté le mot *y*:

> Mais je mourrai plutôt que d'y consentir.

ACTE I, SCÈNE III.

« Puissiez-vous jouir, belle Elvire,
« D'un destin plus doux que le mien ! 375
« Done Ignès. »
(Il continue[1].)
Dans la haute vertu son âme est affermie.

DONE ELVIRE.

Je vais faire réponse à cette illustre amie.
Cependant apprenez, Prince, à vous mieux armer
Contre ce qui prend droit de vous trop alarmer.
J'ai calmé votre trouble avec cette lumière, 380
Et la chose a passé d'une douce manière;
Mais, à n'en point mentir, il seroit des moments
Où je pourrois entrer dans d'autres sentiments[2].

DOM GARCIE.

Hé quoi ! vous croyez donc... ?

DONE ELVIRE.

Je crois ce qu'il faut croire.
Adieu : de mes avis conservez la mémoire; 385
Et s'il est vrai pour moi que votre amour soit grand,
Donnez-en à mon cœur les preuves qu'il prétend.

DOM GARCIE.

Croyez que désormais c'est toute mon envie[3],
Et qu'avant qu'y manquer[4] je veux perdre la vie.

1. Les mots : *Il continue*, ont été supprimés par l'éditeur de 1734.
2. Où je pourrois entrer en d'autres sentiments. (1734.)
3. C'est là tout mon envie. (1694 B.)
Cette leçon impossible provient sans doute d'une faute d'impression de l'édition de 1684 A :
C'est *tout* mon envie.
4. Et qu'avant d'y manquer. (1734.)

FIN DU PREMIER ACTE.

ACTE II.

SCÈNE PREMIÈRE.
ELISE, DOM LOPE.

ÉLISE.

Tout ce que fait le Prince, à parler franchement, 390
N'est pas ce qui me donne un grand étonnement;
Car que d'un noble amour une âme bien saisie
En pousse les transports jusqu'à la jalousie,
Que de doutes fréquents ses vœux soient traversés,
Il est fort naturel, et je l'approuve assez. 395
Mais ce qui me surprend, Dom Lope, c'est d'entendre
Que vous lui préparez les soupçons qu'il doit prendre,
Que votre âme les forme, et qu'il n'est en ces lieux
Fâcheux que par vos soins, jaloux que par vos yeux.
Encore un coup, Dom Lope, une âme bien éprise 400
Des soupçons qu'elle prend ne me rend point surprise;
Mais qu'on ait sans amour tous les soins d'un jaloux,
C'est une nouveauté qui n'appartient qu'à vous.

DOM LOPE.

Que sur cette conduite à son aise l'on glose.
Chacun règle la sienne au but qu'il se propose; 405
Et rebuté par vous des soins de mon amour,
Je songe auprès du Prince à bien faire ma cour[1].

---

1. Est-ce bien là pourtant le moyen le plus sûr de faire sa cour, même à un jaloux? Iago, dans Shakespeare, a de tout autres motifs et beaucoup plus vraisemblables, en excitant la jalousie d'Othello: il veut satisfaire sa haine contre son général. Narcisse en a d'autres aussi dans Racine, quand il anime

ÉLISE.

Mais savez-vous qu'enfin il fera mal la sienne,
S'il faut qu'en cette humeur votre esprit l'entretienne?

DOM LOPE.

Et quand, charmante Élise, a-t-on vu, s'il vous plaît, 410
Qu'on cherche auprès des grands que son propre intérêt[1],
Qu'un parfait courtisan veuille charger leur suite
D'un censeur des défauts qu'on trouve en leur conduite,
Et s'aille inquiéter si son discours leur nuit,
Pourvu que sa fortune en tire quelque fruit? 415
Tout ce qu'on fait ne va qu'à se mettre en leur grâce :
Par la plus courte voie on y cherche une place;
Et les plus prompts moyens de gagner leur faveur,
C'est de flatter toujours le foible de leur cœur,
D'applaudir en aveugle à ce qu'ils veulent faire, 420
Et n'appuyer jamais ce qui peut leur déplaire :
C'est là le vrai secret d'être bien auprès d'eux.
Les utiles conseils font passer pour fâcheux,
Et vous laissent toujours hors de la confidence
Où vous jette d'abord l'adroite complaisance. 425
Enfin on voit partout que l'art des courtisans
Ne tend qu'à profiter des foiblesses des grands,
A nourrir leurs erreurs, et jamais dans leur âme

---

la fureur de Néron contre Britannicus : il sert ainsi les intérêts de sa propre ambition. Quelque disposition que Dom Garcie ait à être jaloux, ce sentiment n'en est pas moins pour lui une torture atroce, et il est douteux qu'il en puisse savoir gré à celui qui la lui fait éprouver. Ce type singulier de courtisan se retrouve dans l'original italien, mais avec une nuance différente. C'est un certain Cortadiglio, qui porte au Roi une manchette d'homme trouvée dans la chambre de Delmira, où de plus il s'était mis aux écoutes, *per poter*, dit-il, *con maggior fondamento assassinar la pace di Sua Maestà, ed impossessarmi della sua gratia* (acte I, scène III). Il est vrai que c'est un personnage burlesque, et il paraît que dans la pièce, telle que l'avait vue ou lue Cailhava (voyez ses *Études sur Molière*, p. 50 et 51), ce rôle était celui de l'Arlequin : il semble en effet que l'auteur italien en ait voulu faire une espèce de brouillon grotesque et maladroit, encore plus qu'un odieux et perfide délateur.

1. Autre chose que son propre intérêt.

Ne porter les avis des choses qu'on y blâme[1].

ÉLISE.

Ces maximes un temps leur peuvent succéder[2] ; 430
Mais il est des revers qu'on doit appréhender ;
Et dans l'esprit des grands, qu'on tâche de surprendre,
Un rayon de lumière à la fin peut descendre,
Qui sur tous ces flatteurs venge équitablement
Ce qu'a fait à leur gloire un long aveuglement. 435
Cependant je dirai que votre âme s'explique
Un peu bien librement sur votre politique ;
Et ses nobles motifs, au Prince rapportés,
Serviroient assez mal vos assiduités.

DOM LOPE.

Outre que je pourrois désavouer sans blâme 440
Ces libres vérités sur quoi s'ouvre mon âme,
Je sais fort bien qu'Élise a l'esprit trop discret
Pour aller divulguer cet entretien secret.
Qu'ai-je dit, après tout, que sans moi l'on ne sache ?
Et dans mon procédé que faut-il que je cache ? 445
On peut craindre une chute avec quelque raison,
Quand on met en usage ou ruse ou trahison ;
Mais qu'ai-je à redouter, moi, qui partout n'avance
Que les soins approuvés d'un peu de complaisance,
Et qui suis seulement par d'utiles leçons 450
La pente qu'a le Prince à de jaloux soupçons ?
Son âme semble en vivre, et je mets mon étude
A trouver des raisons à son inquiétude,
A voir de tous côtés s'il ne se passe rien

---

1. Auger rapproche de ce passage ces deux vers du *Misanthrope* (acte II, scène IV, Alceste à Célimène) :

> Et l'on a tort ici de nourrir dans votre âme
> Ce grand attachement aux défauts qu'on y blâme.

2. Réussir.

A fournir le sujet d'un secret entretien ; 455
Et quand je puis venir, enflé d'une nouvelle,
Donner à son repos une atteinte mortelle,
C'est lors que plus il m'aime, et je vois sa raison
D'une audience avide avaler ce poison[1],
Et m'en remercier comme d'une victoire 460
Qui combleroit ses jours de bonheur et de gloire.
Mais mon rival paroît : je vous laisse tous deux ;
Et bien que je renonce à l'espoir de vos vœux[2],

1. Génin dit à propos de ce vers, au mot *Audience* de son *Lexique de Molière* : « *Avaler d'une audience* est une expression inadmissible, et qui touche au galimatias. Les Latins, plus hardis que nous, disaient bien :

*Pugnas et exactos tyrannos
Densum humeris bibit aure vulgus*[a] ;

mais le français ne souffre pas l'image d'un homme qui avale par l'oreille. » D'abord, peut-être serait-il bon de se demander si le français a tort ou raison de ne pas le souffrir; en outre, ici, il ne s'agit pas *d'une oreille qui avale :* le terme abstrait *d'audience*, au sens d'attention, atténue ce que l'image peut avoir de trop hardi pour notre timidité; enfin l'on peut dire que le mot *avaler* se prenait, conformément à son étymologie, dans le sens général de faire descendre (surtout en soi), beaucoup plus que dans le sens précis et particulier de manger ou de boire, que Furetière, dans son *Dictionnaire* (1690), mentionne seulement parmi les sens dérivés : « Avaler se dit *encore* du boire et du manger qu'on fait descendre par le gosier dans l'estomac. » Lamartine, bien plus hardiment, fait dire à Jocelyn, à propos des bruits charmants et confus que multiplie autour de lui une soirée de jeunesse, de printemps, et de fête au village :

Mon âme s'en troubloit; mon oreille ravie
Buvait languissamment ces prémices de vie.
(*Jocelyn*, première époque, 1er mai.)

On peut critiquer ce complément de *buvait ;* quant au vers de Molière, il nous paraît excellent.

2. A l'espoir que vos vœux soient pour moi, que vous me puissiez jamais vouloir quelque bien. On préférerait lire *mes vœux*, comme au vers 947 :

Je ne puis renoncer à l'espoir de mes vœux ;

mais l'expression se retrouve ailleurs dans la pièce : *Il vous faut*, dit Done Elvire à Dom Garcie (vers 1384) :

A mes vœux pour jamais renoncer de vous-même ;

et Dom Garcie dit encore un peu plus loin (vers 1494) :

Si j'ai pu renoncer à l'espoir de ses vœux.

[a] Horace, *ode* XIII du livre II, vers 31 et 32.

J'aurois un peu de peine à voir qu'en ma présence
Il reçût des effets de quelque préférence, 465
Et je veux, si je puis, m'épargner ce souci.

ÉLISE.

Tout amant de bon sens en doit user ainsi.

SCÈNE II.

DOM ALVAR, ÉLISE.

DOM ALVAR.

Enfin nous apprenons que le roi de Navarre
Pour les desirs du Prince aujourd'hui se déclare;
Et qu'un nouveau renfort de troupes nous attend 470
Pour le fameux service où son amour prétend.
Je suis surpris, pour moi, qu'avec tant de vitesse
On ait fait avancer.... Mais....

SCÈNE III.

DOM GARCIE, ÉLISE, DOM ALVAR.

DOM GARCIE.

Que fait la Princesse[1]?

ÉLISE.

Quelques lettres, Seigneur ; je le présume ainsi.
Mais elle va savoir que vous êtes ici. 475

---

1. « Que fait là la Princesse ? » par erreur, dans l'édition de 1682 et dans celles qui la copient habituellement, ainsi que dans les impressions étrangères de 1684 A et de 1694 B.

SCÈNE IV.

DOM GARCIE, seul.

J'attendrai qu'elle ait fait¹. Près de souffrir sa vue,
D'un trouble tout nouveau je me sens l'âme émue ;
Et la crainte, mêlée à mon ressentiment,
Jette par tout mon corps un soudain tremblement.
Prince, prends garde au moins qu'un aveugle caprice
Ne te conduise ici dans quelque précipice,
Et que de ton esprit les désordres puissans
Ne donnent un peu trop au rapport de tes sens² :
Consulte ta raison, prends sa clarté pour guide ;
Vois si de tes soupçons l'apparence est solide ; 485
Ne démens pas leur voix ; mais aussi garde bien
Que pour les croire trop, ils ne t'imposent rien,
Qu'à tes premiers transports ils n'osent trop permettre,
Et relis posément cette moitié de lettre³.
Ha ! qu'est-ce que mon cœur, trop digne de pitié, 490
Ne voudroit pas donner pour son autre moitié ?
Mais, après tout, que dis-je ? il suffit bien de l'une,
Et n'en voilà que trop pour voir mon infortune.

« Quoique votre rival....
« Vous devez toutefois vous.... 495
« Et vous avez en vous à....
« L'obstacle le plus grand....
« Je chéris tendrement ce....

---

1. L'édition de 1734 ne fait commencer la scène IV qu'après ce premier hémistiche.
2.   Ne donnent un peu plus au rapport de tes sens. (1694 B.)
3. Cette idée d'une moitié de lettre se trouve dans la pièce de Cicognini, acte I, scène VII. Auger rappelle ici le parti ingénieux que Voltaire a su tirer d'une idée semblable dans son conte de *Zadig*, chapitre IV.

« Pour me tirer des mains de....
« Son amour, ses devoirs....   500
« Mais il m'est odieux, avec....¹

« Otez donc à vos feux ce....
« Méritez les regards que l'on....
« Et lorsqu'on vous oblige....
« Ne vous obstinez point à.... »   505

Oui, mon sort par ces mots est assez éclairci ;
Son cœur, comme sa main, se fait connoître ici ;
Et les sens imparfaits de cet écrit funeste
Pour s'expliquer à moi n'ont pas besoin du reste.
Toutefois, dans l'abord agissons doucement ;   510
Couvrons à l'infidèle un vif ressentiment ;
Et de ce que je tiens ne donnant point d'indice,
Confondons son esprit par son propre artifice.
La voici : ma raison, renferme mes transports,
Et rends-toi pour un temps maîtresse du dehors². 515

1. Cette ligne a été omise dans l'édition de 1684 A.
2. Dans ces sortes de monologues, que Corneille finit par blâmer, mais après avoir fort contribué à les mettre à la mode, il semble assez naturel, cette forme conventionnelle une fois admise, que quand l'âme se dédouble ainsi, elle s'adresse à sa passion, et lui dise, comme Émilie dans *Cinna* (acte I, scène II) :

> Tout beau, ma passion, deviens un peu moins forte ;

ou parle d'elle comme le cardinal de Retz est arrivé à le faire en analysant une de ses délibérations intérieures (tome II, p. 37) : « Je permis à mes sens de se laisser chatouiller par le titre de chef de parti, que j'avois toujours honoré dans les *Vies de Plutarque*. » Mais ici c'est la raison qui s'apostrophe elle-même à la seconde personne, ce qui est assez subtil.

SCÈNE V.

DONE ELVIRE, DOM GARCIE.

DONE ELVIRE.

Vous avez bien voulu que je vous fisse attendre ?

DOM GARCIE [1].

Ha ! qu'elle cache bien !

DONE ELVIRE.

On vient de nous apprendre
Que le Roi votre père approuve vos projets,
Et veut bien que son fils nous rende nos sujets ;
Et mon âme en a pris une allégresse extrême.   520

DOM GARCIE.

Oui, Madame, et mon cœur s'en réjouit de même ;
Mais....

DONE ELVIRE.

Le tyran sans doute aura peine à parer
Les foudres que partout il entend murmurer ;
Et j'ose me flatter que le même courage
Qui put bien me soustraire à sa brutale rage,   525
Et dans les murs d'Astorgue, arrachés de ses mains [2],
Me faire un sûr asile à braver ses desseins,
Pourra, de tout Léon achevant la conquête,
Sous ses nobles efforts faire choir cette tête.

DOM GARCIE.

Le succès en pourra parler dans quelques jours.   530
Mais, de grâce, passons à quelque autre discours.
Puis-je, sans trop oser, vous prier de me dire
A qui vous avez pris, Madame, soin d'écrire,
Depuis que le destin nous a conduits ici ?

---

1. D. Garcie, *bas, à part.* (1734.)
2. *Arraché*, au singulier, dans l'édition de 1734.

DONE ELVIRE.

Pourquoi cette demande, et d'où vient ce souci ? 535

DOM GARCIE.

D'un desir curieux de pure fantaisie.

DONE ELVIRE.

La curiosité naît de la jalousie.

DOM GARCIE.

Non, ce n'est rien du tout de ce que vous pensez :
Vos ordres de ce mal me défendent assez.

DONE ELVIRE.

Sans chercher plus avant quel intérêt vous presse, 540
J'ai deux fois à Léon écrit à la Comtesse,
Et deux fois au marquis Dom Louis à Burgos.
Avec cette réponse êtes-vous en repos ?

DOM GARCIE.

Vous n'avez point écrit à quelque autre personne,
Madame ?

DONE ELVIRE.

Non, sans doute, et ce discours m'étonne. 545

DOM GARCIE.

De grâce, songez bien avant que d'assurer :
En manquant de mémoire, on peut se parjurer.

DONE ELVIRE.

Ma bouche sur ce point ne peut être parjure.

DOM GARCIE.

Elle a dit toutefois une haute imposture.

DONE ELVIRE.

Prince !

DOM GARCIE.

Madame ?

DONE ELVIRE.

O Ciel ! quel est ce mouvement[1] ? 550

---

1. D'où vient donc, je vous prie, un tel emportement?
(*Le Misanthrope*, acte IV, scène III, Célimène à Alceste.)

Et tout ce qui suit jusqu'au vers 568 (exclusivement) a été, avec quelques

ACTE II, SCÈNE V.

Avez-vous, dites-moi, perdu le jugement?
DOM GARCIE.
Oui, oui, je l'ai perdu, lorsque dans votre vue
J'ai pris, pour mon malheur, le poison qui me tue,
Et que j'ai cru trouver quelque sincérité
Dans les traîtres appas dont je fus enchanté.   555
DONE ELVIRE.
De quelle trahison pouvez-vous donc vous plaindre?
DOM GARCIE.
Ah! que ce cœur est double et sait bien l'art de feindre!
Mais tous moyens de fuir lui vont être soustraits[1].
Jetez ici les yeux, et connoissez vos traits :
Sans avoir vu le reste, il m'est assez facile   560
De découvrir pour qui vous employez ce style[2].
DONE ELVIRE.
Voilà donc le sujet qui vous trouble l'esprit?
DOM GARCIE.
Vous ne rougissez pas en voyant cet écrit?
DONE ELVIRE.
L'innocence à rougir n'est point accoutumée[3].
DOM GARCIE.
Il est vrai qu'en ces lieux on la voit opprimée.   565

---

légers changements, que nous relevons en note, transporté dans la même scène du *Misanthrope* (acte IV, scène III, entre Célimène et Alceste) : « On sait, dit Auger, que la situation est semblable, et qu'Alceste, comme ici Dom Garcie, tient dans ses mains un billet qui dépose contre la fidélité de Célimène, avec cette différence qu'il est réellement trompé par sa maîtresse, tandis que le prince de Navarre n'est la dupe que de sa jalousie et d'un indice équivoque. »

1. Mais pour le mettre à bout j'ai des moyens tous prêts.
(*Le Misanthrope*, scène indiquée.)

2. Ce billet découvert suffit pour vous confondre,
Et contre ce témoin on n'a rien à répondre.
(*Ibidem.*)

3. Et par quelle raison faut-il que j'en rougisse?
(*Ibidem.*)

266 DOM GARCIE DE NAVARRE.

Ce billet démenti pour n'avoir point de seing[1]....
            DONE ELVIRE.
Pourquoi le démentir, puisqu'il est de ma main[2]?
            DOM GARCIE.
Encore est-ce beaucoup que, de franchise pure,
Vous demeuriez d'accord que c'est votre écriture ;
Mais ce sera, sans doute, et j'en serois garant, 570
Un billet qu'on envoie à quelque indifférent;
Ou du moins, ce qu'il a de tendresse évidente
Sera pour une amie ou pour quelque parente[3].
            DONE ELVIRE.
Non, c'est pour un amant que ma main l'a formé,
Et j'ajoute de plus, pour un amant aimé. 575
            DOM GARCIE.
Et je puis, ô perfide !...
            DONE ELVIRE.
                    Arrêtez, prince indigne,
De ce lâche transport l'égarement insigne.
Bien que de vous mon cœur ne prenne point de loi,
Et ne doive en ces lieux aucun compte qu'à soi,
Je veux bien me purger, pour votre seul supplice, 580
Du crime que m'impose un insolent caprice.
Vous serez éclairci, n'en doutez nullement;
J'ai ma défense prête en ce même moment;

---

1. Quoi? vous joignez ici l'audace à l'artifice?
   Le désavoûrez-vous pour n'avoir point de seing?
            (*Le Misanthrope*, scène indiquée.)

2. Pourquoi désavouer un billet de ma main ?
            (*Ibidem*.)

3. Ce qui est ici une ironie amère devient dans *le Misanthrope* un mouvement de sensibilité touchante :

   De grâce, montrez-moi, je serai satisfait,
   Qu'on peut pour une femme expliquer ce billet.

Et Célimène répond avec le même sentiment de fierté blessée, mais avec beaucoup moins de sincérité qu'Elvire :

   Non, il est pour Oronte, et je veux qu'on le croie.

ACTE II, SCÈNE V. 267

Vous allez recevoir une pleine lumière ;
Mon innocence ici paroîtra toute entière ; 585
Et je veux, vous mettant juge en votre intérêt,
Vous faire prononcer vous-même votre arrêt.

DOM GARCIE.

Ce sont propos obscurs, qu'on ne sauroit comprendre.

DONE ELVIRE.

Bientôt à vos dépens vous me pourrez entendre.
Élise, holà !

SCÈNE VI.

DOM GARCIE, DONE ELVIRE, ÉLISE.

ÉLISE.

Madame.

DONE ELVIRE[1].

Observez bien au moins 590
Si j'ose à vous tromper employer quelques soins,
Si par un seul coup d'œil, ou geste qui l'instruise,
Je cherche de ce coup à parer la surprise.
Le billet que tantôt ma main avoit tracé[2],
Répondez promptement, où l'avez-vous laissé ? 595

ÉLISE.

Madame, j'ai sujet de m'avouer coupable :
Je ne sais comme il est demeuré sur ma table ;
Mais on vient de m'apprendre en ce même moment
Que Dom Lope, venant dans mon appartement,
Par une liberté qu'on lui voit se permettre, 600
A fureté partout et trouvé cette lettre.
Comme il la déplioit, Léonor a voulu
S'en saisir promptement avant qu'il eût rien lu ;

---

1. D. Elvire à D. Garcie. (1734.)
2. Ce vers est précédé des mots à Élise dans l'édition de 1734.

Et se jetant sur lui, la lettre contestée
En deux justes moitiés dans leurs mains est restée ; 605
Et Dom Lope aussitôt prenant un prompt essor [1],
A dérobé la sienne aux soins de Léonor.

DONE ELVIRE.

Avez-vous ici l'autre ?

ÉLISE.

Oui, la voilà, Madame.

DONE ELVIRE.

Donnez. Nous allons voir qui mérite le blâme [2].
Avec votre moitié rassemblez celle-ci. 610
Lisez, et hautement : je veux l'entendre aussi.

DOM GARCIE.

« Au prince Dom Garcie. » Ah !

DONE ELVIRE.

Achevez de lire :
Votre âme pour ce mot ne doit pas s'interdire.

DOM GARCIE lit.

« Quoique votre rival, Prince, alarme votre âme,
« Vous devez toutefois vous craindre plus que lui ; 615
« Et vous avez en vous à détruire aujourd'hui
« L'obstacle le plus grand que trouve votre flamme.

« Je chéris tendrement ce qu'a fait Dom Garcie
« Pour me tirer des mains de nos fiers ravisseurs ;
« Son amour, ses devoirs ont pour moi des douceurs ;
« Mais il m'est odieux, avec sa jalousie.

« Otez donc à vos feux ce qu'ils en font paroître ;
« Méritez les regards que l'on jette sur eux ;

---

1. *Effort*, pour *essor*, évidemment par erreur, dans les éditions de 1682, 1697 et 1710, et dans celles de 1684 A et 1694 B.
2. Les mots *Nous allons voir....* sont précédés, dans l'édition de 1734, de l'indication : *à D. Garcie.*

« Et lorsqu'on vous oblige à vous tenir heureux,
« Ne vous obstinez point à ne pas vouloir l'être. » 625

DONE ELVIRE.

Hé bien! que dites-vous?

DOM GARCIE.

Ha! Madame, je dis
Qu'à cet objet mes sens demeurent interdits,
Que je vois dans ma plainte une horrible injustice,
Et qu'il n'est point pour moi d'assez cruel supplice.

DONE ELVIRE.

Il suffit. Apprenez que si j'ai souhaité 630
Qu'à vos yeux cet écrit pût être présenté,
C'est pour le démentir, et cent fois me dédire
De tout ce que pour vous vous y venez de lire.
Adieu, Prince.

DOM GARCIE.

Madame, hélas! où fuyez-vous?

DONE ELVIRE.

Où vous ne serez point, trop odieux jaloux. 635

DOM GARCIE.

Ha! Madame, excusez un amant misérable,
Qu'un sort prodigieux a fait vers vous coupable,
Et qui, bien qu'il vous cause un courroux si puissant,
Eût été plus blâmable à rester innocent.
Car enfin peut-il être une âme bien atteinte 640
Dont l'espoir le plus doux ne soit mêlé de crainte?
Et pourriez-vous penser que mon cœur eût aimé,
Si ce billet fatal ne l'eût point alarmé,
S'il n'avoit point frémi des coups de cette foudre,
Dont je me figurois tout mon bonheur en poudre? 645
Vous-même dites-moi si cet événement
N'eût pas dans mon erreur jeté tout autre amant,
Si d'une preuve, hélas! qui me sembloit si claire,
Je pouvois démentir....

DONE ELVIRE.

Oui, vous le pouviez faire ;
Et dans mes sentiments, assez bien déclarés, 650
Vos doutes rencontroient des garants assurés :
Vous n'aviez rien à craindre ; et d'autres, sur ce gage,
Auroient du monde entier bravé le témoignage.

DOM GARCIE.

Moins on mérite un bien qu'on nous fait espérer,
Plus notre âme a de peine à pouvoir s'assurer ; 655
Un sort trop plein de gloire à nos yeux est fragile,
Et nous laisse aux soupçons une pente facile.
Pour moi, qui crois si peu mériter vos bontés,
J'ai douté du bonheur de mes témérités [1] ;
J'ai cru que dans ces lieux rangés sous ma puissance, 660
Votre âme se forçoit à quelque complaisance,
Que déguisant pour moi votre sévérité....

DONE ELVIRE.

Et je pourrois descendre à cette lâcheté !
Moi prendre le parti d'une honteuse feinte !
Agir par les motifs d'une servile crainte ! 665
Trahir mes sentiments ! et, pour être en vos mains [2],
D'un masque de faveur vous couvrir mes dédains !
La gloire sur mon cœur auroit si peu d'empire !
Vous pouvez le penser, et vous me l'osez dire !
Apprenez que ce cœur ne sait point s'abaisser, 670
Qu'il n'est rien sous les cieux qui puisse l'y forcer ;
Et s'il vous a fait voir, par une erreur insigne,
Des marques de bonté dont vous n'étiez pas digne,

1. Moins on mérite un bien, moins on l'ose espérer ;
Nos vœux sur des discours ont peine à s'assurer ;
On soupçonne aisément un sort tout plein de gloire,
Et l'on veut en jouir avant que de le croire.
Pour moi, qui crois si peu mériter vos bontés,
Je doute du bonheur de mes témérités.
(*Tartuffe*, acte IV, scène v, Tartuffe à Elmire.)

2. Parce que je me vois en vos mains.

Qu'il saura bien montrer, malgré votre pouvoir,
La haine que pour vous il se résout d'avoir, 675
Braver votre furie, et vous faire connoître
Qu'il n'a point été lâche, et ne veut jamais l'être.

DOM GARCIE.

Hé bien ! je suis coupable, et ne m'en défends pas ;
Mais je demande grâce à vos divins appas[1] :

1. Ce dernier grand couplet de la scène (à partir du vers 679) et le dialogue qui le suit ont été repris ainsi, en vers libres, par Molière, pour la fin de la scène vi de l'acte II d'*Amphitryon* :

JUPITER.

. . . .
Mais mon cœur vous demande grâce :
Pour vous la demander je me jette à genoux,
Et la demande au nom de la plus vive flamme,
Du plus tendre amour dont une âme
Puisse jamais brûler pour vous.
Si votre cœur, charmante Alcmène,
Me refuse la grâce où j'ose recourir,
Il faut qu'une atteinte soudaine
M'arrache, en me faisant mourir,
Aux dures rigueurs d'une peine
Que je ne saurois plus souffrir.
Oui, cet état me désespère :
Alcmène, ne présumez pas
Qu'aimant comme je fais vos célestes appas,
Je puisse vivre un jour avec votre colère.
Déjà de ces moments la barbare longueur
Fait sous des atteintes mortelles
Succomber tout mon triste cœur ;
Et de mille vautours les blessures cruelles
N'ont rien de comparable à ma vive douleur.
Alcmène, vous n'avez qu'à me le déclarer :
S'il n'est point de pardon que je doive espérer,
Cette épée aussitôt, par un coup favorable,
Va percer à vos yeux le cœur d'un misérable,
Ce cœur, ce traître cœur trop digne d'expirer,
Puisqu'il a pu fâcher un objet adorable :
Heureux, en descendant au ténébreux séjour,
Si de votre courroux mon trépas vous ramène,
Et ne laisse en votre âme, après ce triste jour,
Aucune impression de haine
Au souvenir de mon amour!
C'est tout ce que j'attends pour faveur souveraine.

ALCMÈNE.

Ah ! trop cruel époux !

JUPITER.

Dites, parlez, Alcmène.

ALCMÈNE.

Faut-il encor pour vous conserver des bontés

Je la demande au nom de la plus vive flamme 680
Dont jamais deux beaux yeux aient fait brûler une âme.
Que si votre courroux ne peut être apaisé,
Si mon crime est trop grand pour se voir excusé,
Si vous ne regardez ni l'amour qui le cause,
Ni le vif repentir que mon cœur vous expose, 685
Il faut qu'un coup heureux, en me faisant mourir,

Et vous voir m'outrager par tant d'indignités?
JUPITER.
Quelque ressentiment qu'un outrage nous cause,
Tient-il contre un remords d'un cœur bien enflammé?
ALCMÈNE.
Un cœur bien plein de flamme à mille morts s'expose,
Plutôt que de vouloir fâcher l'objet aimé.
JUPITER.
Plus on aime quelqu'un moins on trouve de peine....
ALCMÈNE.
Non, ne m'en parlez point, vous méritez ma haine.
JUPITER.
Vous me haïssez donc?
ALCMÈNE.
J'y fais tout mon effort,
Et j'ai dépit de voir que toute votre offense
Ne puisse de mon cœur jusqu'à cette vengeance
Faire encore aller le transport.
JUPITER.
Mais pourquoi cette violence,
Puisque pour vous venger je vous offre ma mort?
Prononcez-en l'arrêt, et j'obéis sur l'heure.
ALCMÈNE.
Qui ne sauroit haïr peut-il vouloir qu'on meure?
JUPITER.
Et moi, je ne puis vivre à moins que vous quittiez
Cette colère qui m'accable,
Et que vous m'accordiez le pardon favorable
Que je vous demande à vos pieds.
Résolvez ici l'un des deux,
Ou de punir ou bien d'absoudre.
ALCMÈNE.
Hélas! ce que je puis résoudre
Paroit bien plus que je ne veux.
Pour vouloir soutenir le courroux qu'on me donne,
Mon cœur a trop su me trahir :
Dire qu'on ne sauroit haïr,
N'est-ce pas dire qu'on pardonne?
JUPITER.
Ah! belle Alcmène, il faut que comblé d'allégresse....
ALCMÈNE.
Laissez : je me veux mal de mon trop de foiblesse.

M'arrache à des tourments que je ne puis souffrir.
Non, ne présumez pas qu'ayant su vous déplaire,
Je puisse vivre une heure avec votre colère.
Déjà de ce moment la barbare longueur 690
Sous ses cuisants remords fait succomber mon cœur,
Et de mille vautours les blessures cruelles
N'ont rien de comparable à ses douleurs mortelles.
Madame, vous n'avez qu'à me le déclarer :
S'il n'est point de pardon que je doive espérer, 695
Cette épée aussitôt, par un coup favorable,
Va percer, à vos yeux, le cœur d'un misérable,
Ce cœur, ce traître cœur, dont les perplexités
Ont si fort outragé vos extrêmes bontés :
Trop heureux, en mourant, si ce coup légitime 700
Efface en votre esprit l'image de mon crime,
Et ne laisse aucuns traits de votre aversion
Au foible souvenir de mon affection !
C'est l'unique faveur que demande ma flamme.
                DONE ELVIRE.
Ha ! Prince trop cruel !
                DOM GARCIE.
            Dites, parlez, Madame. 705
                DONE ELVIRE.
Faut-il encor pour vous conserver des bontés,
Et vous voir m'outrager par tant d'indignités ?
                DOM GARCIE.
Un cœur ne peut jamais outrager quand il aime ;
Et ce que fait l'amour, il l'excuse lui-même.
                DONE ELVIRE.
L'amour n'excuse point de tels emportements. 710
                DOM GARCIE.
Tout ce qu'il a d'ardeur passe en ses mouvements ;
Et plus il devient fort, plus il trouve de peine....
                DONE ELVIRE.
Non, ne m'en parlez point, vous méritez ma haine.

DOM GARCIE.
Vous me haïssez donc?

DONE ELVIRE.
J'y veux tâcher, au moins ;
Mais, hélas! je crains bien que j'y perde mes soins, 715
Et que tout le courroux qu'excite votre offense
Ne puisse jusque-là faire aller ma vengeance.

DOM GARCIE.
D'un supplice si grand ne tentez point l'effort,
Puisque pour vous venger je vous offre ma mort :
Prononcez-en l'arrêt, et j'obéis sur l'heure. 720

DONE ELVIRE.
Qui ne sauroit haïr ne peut vouloir qu'on meure.

DOM GARCIE.
Et moi, je ne puis vivre à moins que vos bontés
Accordent un pardon à mes témérités.
Résolvez l'un des deux, de punir ou d'absoudre.

DONE ELVIRE.
Hélas! j'ai trop fait voir ce que je puis résoudre. 725
Par l'aveu d'un pardon n'est-ce pas se trahir,
Que dire au criminel qu'on ne le[1] peut haïr?

DOM GARCIE.
Ah! c'en est trop : souffrez, adorable Princesse....

DONE ELVIRE.
Laissez : je me veux mal d'une telle foiblesse[2].

1. *Lui*, pour *le*, dans l'édition de 1694 B.
2. Célimène dit de même à Alceste (acte IV, scène III) :

Je suis sotte et veux mal à ma simplicité
De conserver encor pour vous quelque bonté.

Ces soupçons du Prince au sujet d'une lettre dechirée, l'indignation d'Elvire en se voyant injustement soupçonnée, sa justification, et enfin la réconciliation des deux amants, tout cela se trouve dans la pièce italienne (acte I). Seulement la lettre dont un fragment a été dérobé par Cortadiglio est une lettre que la suivante de Delmira, s'étant blessée à la main droite, a prié sa maîtresse d'écrire pour elle à son fiancé Florante; et comme la suivante s'appelle

DOM GARCIE[1].

Enfin je suis....

SCÈNE VII.

DOM LOPE, DOM GARCIE.

DOM LOPE.
Seigneur, je viens vous informer 730
D'un secret dont vos feux ont droit de s'alarmer.
DOM GARCIE.
Ne me viens point parler de secret ni d'alarme
Dans les doux mouvements du transport qui me charme.
Après ce qu'à mes yeux on vient de présenter,
Il n'est point de soupçons que je doive écouter, 735
Et d'un divin objet la bonté sans pareille
A tous ces vains rapports doit fermer mon oreille :
Ne m'en fais plus.
DOM LOPE.
Seigneur, je veux ce qu'il vous plaît :
Mes soins en tout ceci n'ont que votre intérêt.
J'ai cru que le secret que je viens de surprendre, 740
Méritoit bien qu'en hâte on vous le vînt apprendre;
Mais puisque vous voulez que je n'en touche rien,
Je vous dirai, Seigneur, pour changer d'entretien,
Que déjà dans Léon on voit chaque famille
Lever le masque au bruit des troupes de Castille, 745
Et que surtout le peuple y fait pour son vrai roi
Un éclat à donner au tyran de l'effroi.

Delia, les premières lettres de la signature se trouvant sur le fragment remis au Roi, confirment encore ses soupçons par l'identité qu'ils semblent présenter avec la signature de *Delmira*.

1. D. GARCIE, *seul*. (1734.)

DOM GARCIE.

La Castille du moins n'aura pas la victoire
Sans que nous essayions¹ d'en partager la gloire ;
Et nos troupes aussi peuvent être en état 750
D'imprimer quelque crainte au cœur de Mauregat.
Mais quel est ce secret dont tu voulois m'instruire?
Voyons un peu.

DOM LOPE.

Seigneur, je n'ai rien à vous dire².

DOM GARCIE.

Va, va, parle, mon cœur t'en donne le pouvoir.

DOM LOPE.

Vos paroles, Seigneur, m'en ont trop fait savoir ; 755
Et puisque mes avis ont de quoi vous déplaire,
Je saurai désormais trouver l'art de me taire.

DOM GARCIE.

Enfin, je veux savoir la chose absolument.

DOM LOPE.

Je ne réplique point à ce commandement.
Mais, Seigneur, en ce lieu le devoir de mon zèle 760
Trahiroit le secret d'une telle nouvelle.

---

1. *Essayons*, sans *i*, dans les éditions de 1682, 84 A et 94 B. Celle de 1697 et les suivantes écrivent *essayions*.

2. Cette réserve affectée de Dom Lope, après qu'il a dit tout ce qu'il fallait pour jeter le trouble dans l'âme de Dom Garcie, rappelle le perfide silence d'Iago après les mots terribles : « Je n'aime pas cela, » et son refus hypocrite de les expliquer à Othello (acte III, scène III). Il y a aussi quelque chose de semblable dans la scène IV de l'acte IV de *Britannicus*, entre Néron et Narcisse :

NÉRON.

Narcisse, c'est assez; je reconnois ce soin,
Et ne souhaite pas que vous alliez plus loin.

NARCISSE.

Quoi ? pour Britannicus votre haine affoiblie
Me défend... ?

NÉRON.

Oui, Narcisse, on nous réconcilie.

NARCISSE.

Je me garderai bien de vous en détourner,
Seigneur. Mais....

Sortons pour vous l'apprendre; et, sans rien embrasser[1],
Vous-même vous verrez ce qu'on en doit penser[2].

1. Sans embrasser d'avance aucune opinion.
2.   Ce qu'on doit en penser. (1718.)

FIN DU SECOND ACTE.

ACTE III.

SCÈNE PREMIERE.

DONE ELVIRE, ÉLISE.

DONE ELVIRE.

Élise, que dis-tu de l'étrange foiblesse
Que vient de témoigner le cœur d'une princesse ? 765
Que dis-tu de me voir tomber si promptement
De toute la chaleur de mon ressentiment,
Et malgré tant d'éclat, relâcher mon courage
Au pardon trop honteux[1] d'un si cruel outrage ?

ÉLISE.

Moi, je dis que d'un cœur que nous pouvons chérir 770
Une injure sans doute est bien dure à souffrir ;
Mais que s'il n'en est point qui davantage irrite,
Il n'en est point aussi qu'on pardonne si vite,
Et qu'un coupable aimé triomphe à nos genoux
De tous les prompts transports du plus bouillant courroux, 775
D'autant plus aisément, Madame, quand l'offense
Dans un excès d'amour peut trouver sa naissance.
Ainsi, quelque dépit que l'on vous ait causé,
Je ne m'étonne point de le voir apaisé ;
Et je sais quel pouvoir, malgré votre menace, 780
A de pareils forfaits donnera toujours grâce.

DONE ELVIRE.

Ah ! sache, quelque ardeur qui m'impose des lois,

---

1. *Trop heureux,* pour *trop honteux,* dans l'édition de 1694 B.

ACTE III, SCÈNE I.

Que mon front a rougi pour la dernière fois,
Et que si désormais on pousse ma colère,
Il n'est point de retour qu'il faille qu'on espère. 785
Quand je pourrois reprendre un tendre sentiment,
C'est assez contre lui que l'éclat d'un serment ;
Car enfin un esprit qu'un peu d'orgueil inspire
Trouve beaucoup de honte à se pouvoir dédire,
Et souvent, aux dépens d'un pénible combat, 790
Fait sur ses propres vœux un illustre attentat[1],
S'obstine par honneur, et n'a rien qu'il n'immole
A la noble fierté de tenir sa parole.
Ainsi dans le pardon que l'on vient d'obtenir
Ne prends point de clartés pour régler l'avenir ; 795
Et quoi qu'à mes destins la fortune prépare,
Crois que je ne puis être au prince de Navarre
Que de ces noirs accès qui troublent sa raison
Il n'ait fait éclater l'entière guérison,
Et réduit tout mon cœur, que ce mal persécute, 800
A n'en plus redouter l'affront d'une rechute.

ÉLISE.

Mais quel affront nous fait le transport d'un jaloux?

DONE ELVIRE.

En est-il un qui soit plus digne de courroux[2]?
Et puisque notre cœur fait un effort extrême
Lorsqu'il se peut résoudre[3] à confesser qu'il aime, 805

---

1. L'expression emphatique de ce vers paraît avoir été empruntée par Molière à Corneille, qui, dans sa comédie héroïque de *Dom Sanche d'Aragon*, fait dire à la reine de Castille (acte I, scène II) :

    Je m'impose à vos yeux la plus dure des gênes,
    Et fais dessus moi-même un illustre attentat
    Pour me sacrifier au repos de l'État.
                (*Note d'Auger.*)

2. Les huit vers suivants sont, avec quelques variantes, que nous notons, dans *le Misanthrope*, acte IV, scène III (Célimène à Alceste).
3.   Lorsqu'il peut se résoudre....
                (*Le Misanthrope*, scène indiquée.)

Puisque l'honneur du sexe, en tout temps rigoureux,
Oppose un fort obstacle à de pareils aveux[1],
L'amant qui voit pour lui franchir un tel obstacle
Doit-il impunément douter de cet oracle?
Et n'est-il pas coupable alors qu'il ne croit pas   810
Ce qu'on ne dit jamais qu'après de grands combats[2]?

ÉLISE.

Moi, je tiens que toujours un peu de défiance
En ces occasions n'a rien qui nous offense,
Et qu'il est dangereux qu'un cœur qu'on a charmé
Soit trop persuadé, Madame, d'être aimé,   815
Si....

DONE ELVIRE.

N'en disputons plus : chacun a sa pensée.
C'est un scrupule enfin dont mon âme est blessée ;
Et contre mes desirs, je sens je ne sais quoi
Me prédire un éclat entre le Prince et moi,
Qui malgré ce qu'on doit aux vertus dont il brille....
Mais, ô Ciel! en ces lieux Dom Sylve de Castille!
Ah! Seigneur, par quel sort vous vois-je maintenant[3]?

---

1. Puisque l'honneur du sexe, ennemi de nos feux,
    S'oppose fortement à de pareils aveux.
    (*Le Misanthrope*, scène indiquée.)
2. Et n'est-il pas coupable en ne s'assurant pas
    A ce qu'on ne dit point qu'après de grands combats?
    (*Ibidem.*)

3. L'éditeur de 1734 fait de ce vers le premier de la scène II, à laquelle il donne pour personnages : D. ELVIRE, D. ALPHONSE *cru D. Sylve*, ÉLISE. Dans toute la suite de la pièce, D. *Alphonse* remplace D. *Sylve* dans la même édition de 1734, qui, en tête des scènes où ce personnage figure, l'appelle toujours D. ALPHONSE *cru D. Sylve*.

SCÈNE II.

DOM SYLVE, DONE ELVIRE, ÉLISE.

DOM SYLVE.

Je sais que mon abord, Madame, est surprenant,
Et qu'être sans éclat entré dans cette ville,
Dont l'ordre d'un rival rend l'accès difficile, 825
Qu'avoir pu me soustraire aux yeux de ses soldats,
C'est un événement que vous n'attendiez pas.
Mais si j'ai dans ces lieux franchi quelques obstacles,
L'ardeur de vous revoir peut bien d'autres miracles.
Tout mon cœur a senti par de trop rudes coups 830
Le rigoureux destin d'être éloigné de vous ;
Et je n'ai pu nier au tourment qui le tue
Quelques moments secrets d'une si chère vue.
Je viens vous dire donc que je rends grâce aux Cieux
De vous voir hors des mains d'un tyran odieux. 835
Mais parmi les douceurs d'une telle aventure,
Ce qui m'est un sujet d'éternelle torture,
C'est de voir qu'à mon bras les rigueurs de mon sort
Ont envié l'honneur de cet illustre effort,
Et fait à mon rival, avec trop d'injustice, 840
Offrir les doux périls d'un si fameux service.
Oui, Madame, j'avois, pour rompre vos liens,
Des sentiments sans doute aussi beaux que les siens ;
Et je pouvois pour vous gagner cette victoire,
Si le Ciel n'eût voulu m'en dérober la gloire. 845

DONE ELVIRE.

Je sais, Seigneur, je sais que vous avez un cœur
Qui des plus grands périls vous peut rendre vainqueur ;
Et je ne doute point que ce généreux zèle,
Dont la chaleur vous pousse à venger ma querelle,

N'eût, contre les efforts d'un indigne projet, 850
Pu faire en ma faveur tout ce qu'un autre a fait.
Mais, sans cette action dont vous étiez capable,
Mon sort à la Castille est assez redevable :
On sait ce qu'en ami plein d'ardeur et de foi
Le comte votre père a fait pour le feu Roi. 855
Après l'avoir aidé jusqu'à l'heure dernière,
Il donne en ses États un asile à mon frère ;
Quatre lustres entiers il y cache son sort
Aux barbares fureurs de quelque lâche effort,
Et pour rendre à son front l'éclat d'une couronne, 860
Contre nos ravisseurs vous marchez en personne :
N'êtes-vous pas content? et ces soins généreux
Ne m'attachent-ils point par d'assez puissants nœuds?
Quoi? votre âme, Seigneur, seroit-elle obstinée
A vouloir asservir toute ma destinée, 865
Et faut-il que jamais il ne tombe sur nous
L'ombre d'un seul bienfait, qu'il ne vienne de vous?
Ah! souffrez, dans les maux où mon destin m'expose,
Qu'aux soins¹ d'un autre aussi je doive quelque chose ;
Et ne vous plaignez point de voir un autre bras 870
Acquérir de la gloire où le vôtre n'est pas.

DOM SYLVE.

Oui, Madame, mon cœur doit cesser de s'en plaindre :
Avec trop de raison vous voulez m'y contraindre ;
Et c'est injustement qu'on se plaint d'un malheur,
Quand un autre plus grand s'offre à notre douleur. 875
Ce secours d'un rival m'est un cruel martyre ;
Mais, hélas! de mes maux² ce n'est pas là le pire :
Le coup, le rude coup dont je suis atterré,
C'est de me voir par vous ce rival préféré³.

1. *Qu'au soin*, au singulier, dans l'édition de 1734.
2. Les éditions de 1697 et de 1710 ont remplacé *maux* par *mains*.
3. C'est de me voir partout ce rival préféré. (1697, 1710, 18.)

ACTE III, SCÈNE II.

Oui, je ne vois que trop que ses feux pleins de gloire 880
Sur les miens dans votre âme emportent la victoire;
Et cette occasion de servir vos appas,
Cet avantage offert de signaler son bras,
Cet éclatant exploit qui vous fut salutaire,
N'est que le pur effet du bonheur de vous plaire, 885
Que le secret pouvoir d'un astre merveilleux,
Qui fait tomber la gloire où s'attachent[1] vos vœux.
Ainsi tous mes efforts ne seront que fumée.
Contre vos fiers tyrans je conduis une armée;
Mais je marche en tremblant à cet illustre emploi, 890
Assuré que vos vœux ne seront pas pour moi,
Et que s'ils sont suivis, la fortune prépare
L'heur des plus beaux succès aux soins de la Navarre.
Ah! Madame, faut-il me voir précipité
De l'espoir glorieux dont je m'étois flatté? 895
Et ne puis-je savoir quels crimes on m'impute,
Pour avoir mérité cette effroyable chute?

DONE ELVIRE.

Ne me demandez rien avant que regarder
Ce qu'à mes sentiments vous devez demander;
Et sur cette froideur qui semble vous confondre 900
Répondez-vous, Seigneur, ce que je puis répondre.
Car enfin tous vos soins ne sauroient ignorer
Quels secrets de votre âme on m'a su déclarer;
Et je la crois, cette âme, et trop noble et trop haute,
Pour vouloir m'obliger à commettre une faute. 905
Vous-même dites-vous s'il est de l'équité
De me voir couronner une infidélité,
Si vous pouviez m'offrir[2] sans beaucoup d'injustice
Un cœur à d'autres yeux offert en sacrifice,
Vous plaindre avec raison et blâmer mes refus, 910

---

1. *S'attache*, au singulier, dans les éditions de 1697, de 1710 et de 1718.
2. Si vous pouvez m'offrir. (1734.)

Lorsqu'ils veulent d'un crime affranchir vos vertus.
Oui, Seigneur, c'est un crime; et les premières flammes
Ont des droits si sacrés sur les illustres âmes,
Qu'il faut perdre grandeurs et renoncer au jour,
Plutôt que de pencher vers un second amour[1]. 915
J'ai pour vous cette ardeur que peut prendre l'estime
Pour un courage haut, pour un cœur magnanime;
Mais n'exigez de moi que ce que je vous dois,
Et soutenez l'honneur de votre premier choix.
Malgré vos feux nouveaux, voyez quelle tendresse 920
Vous conserve le cœur de l'aimable comtesse,
Ce que pour un ingrat (car vous l'êtes, Seigneur)
Elle a d'un choix constant refusé de[2] bonheur,
Quel mépris généreux, dans son ardeur extrême,
Elle a fait de l'éclat que donne un diadème; 925
Voyez combien d'efforts pour vous elle a bravés,
Et rendez à son cœur ce que vous lui devez.

DOM SYLVE.

Ah! Madame, à mes yeux n'offrez point son mérite:
Il n'est que trop présent à l'ingrat qui la quitte;
Et si mon cœur vous dit ce que pour elle il sent, 930
J'ai peur qu'il ne soit pas envers vous innocent.
Oui, ce cœur l'ose plaindre, et ne suit pas sans peine
L'impérieux effort de l'amour qui l'entraîne.
Aucun espoir pour vous n'a flatté mes desirs
Qui ne m'ait arraché pour elle des soupirs, 935
Qui n'ait dans ses douceurs fait jeter à mon âme
Quelques tristes regards vers sa première flamme,
Se reprocher l'effet de vos divins attraits,

---

1.   Et les premières flammes
S'établissent des droits si sacrés sur les âmes,
Qu'il faut perdre fortune et renoncer au jour,
Plutôt que de brûler des feux d'un autre amour.
(*Les Femmes savantes*, acte IV, scène II, Armande à Clitandre.)

2. Il y a *le*, pour *de*, dans les éditions de 1682, 84 A, 94 B, 97, 1710, 34.

Et mêler des remords à mes plus chers souhaits.
J'ai fait plus que cela, puisqu'il vous faut tout dire : 940
Oui, j'ai voulu sur moi vous ôter votre empire,
Sortir de votre chaîne, et rejeter mon cœur
Sous le joug innocent de son premier vainqueur.
Mais après mes efforts, ma constance abattue
Voit un cours nécessaire à ce mal qui me tue ; 945
Et dût être mon sort à jamais malheureux,
Je ne puis renoncer à l'espoir de mes vœux ;
Je ne saurois souffrir l'épouvantable idée
De vous voir par un autre à mes yeux possédée ;
Et le flambeau du jour, qui m'offre vos appas, 950
Doit avant cet hymen éclairer mon trépas.
Je sais que je trahis une princesse aimable ;
Mais, Madame, après tout, mon cœur est-il coupable ?
Et le fort ascendant que prend votre beauté
Laisse-t-il aux esprits aucune liberté ? 955
Hélas ! je suis ici bien plus à plaindre qu'elle :
Son cœur, en me perdant, ne perd qu'un infidèle ;
D'un pareil déplaisir on se peut consoler ;
Mais moi, par un malheur qui ne peut s'égaler,
J'ai celui de quitter une aimable personne, 960
Et tous les maux encor que mon amour me donne.

DONE ELVIRE.

Vous n'avez que les maux que vous voulez avoir,
Et toujours notre cœur est en notre pouvoir :
Il peut bien quelquefois montrer quelque foiblesse ;
Mais enfin sur nos sens la raison, la maîtresse[1].... 965

1. Mais enfin sur nos sens la raison est maîtresse. (1697, 1710, 18, 34.)

SCÈNE III.

DOM GARCIE, DONE ELVIRE, DOM SYLVE.

DOM GARCIE.

Madame, mon abord, comme je connois bien,
Assez mal à propos trouble votre entretien[1];
Et mes pas en ce lieu, s'il faut que je le die,
Ne croyoient pas trouver si bonne compagnie.

DONE ELVIRE.

Cette vue, en effet, surprend au dernier point ; 970
Et de même que vous, je ne l'attendois point.

DOM GARCIE.

Oui, Madame, je crois que de cette visite,
Comme vous l'assurez, vous n'étiez point instruite.
Mais, Seigneur, vous deviez nous faire au moins l'honneur[2]
De nous donner avis de ce rare bonheur, 975
Et nous mettre en état, sans nous vouloir surprendre,
De vous rendre en ces lieux ce qu'on voudroit vous rendre.

DOM SYLVE.

Les héroïques soins vous occupent si fort,
Que de vous en tirer, Seigneur, j'aurois eu tort ;
Et des grands conquérants les sublimes pensées 980
Sont aux civilités avec peine abaissées.

DOM GARCIE.

Mais les grands conquérants, dont on vante les soins,
Loin d'aimer le secret, affectent les témoins.
Leur âme, dès l'enfance à la gloire élevée,
Les fait dans leurs projets aller tête levée, 985

---

1. Vous ne m'attendiez pas, Madame, et je vois bien
  Que mon abord ici trouble votre entretien.
  (Racine, *Andromaque*, acte IV, scène v.)

2. Ce vers est précédé de l'indication *à Dom Sylve* dans l'édition de 1734.

Et s'appuyant toujours sur des hauts sentiments,
Ne s'abaisse jamais à des déguisements.
Ne commettez-vous point vos vertus héroïques
En passant dans ces lieux par des sourdes pratiques ?
Et ne craignez-vous point qu'on puisse, aux yeux de tous,
Trouver cette action trop indigne de vous ?

DOM SYLVE.

Je ne sais si quelqu'un blâmera ma conduite,
Au secret que j'ai fait d'une telle visite ;
Mais je sais qu'aux projets qui veulent la clarté,
Prince, je n'ai jamais cherché l'obscurité ; 995
Et quand j'aurai sur vous à faire une entreprise,
Vous n'aurez pas sujet de blâmer la surprise :
Il ne tiendra qu'à vous de vous en garantir,
Et l'on prendra le soin de vous en avertir.
Cependant demeurons aux termes ordinaires, 1000
Remettons nos débats après d'autres affaires ;
Et d'un sang un peu chaud réprimant les bouillons,
N'oublions pas tous deux devant qui nous parlons.

DONE ELVIRE[1].

Prince, vous avez tort ; et sa visite est telle,
Que vous....

DOM GARCIE.

   Ah ! c'en est trop que prendre sa querelle,
Madame, et votre esprit devroit feindre un peu mieux,
Lorsqu'il veut ignorer sa venue en ces lieux :
Cette chaleur si prompte à vouloir la défendre
Persuade assez mal qu'elle ait pu vous surprendre.

DONE ELVIRE.

Quoi que vous soupçonniez, il m'importe si peu, 1010
Que j'aurois du regret d'en faire un désaveu.

DOM GARCIE.

Poussez donc jusqu'au bout cet orgueil héroïque,

---

1. D. ELVIRE, à D. Garcie. (1734.)

Et que sans hésiter tout votre cœur s'explique :
C'est au déguisement donner trop de crédit.
Ne désavouez rien, puisque vous l'avez dit. 1015
Tranchez, tranchez le mot, forcez toute contrainte,
Dites que de ses feux vous ressentez l'atteinte,
Que pour vous sa présence a des charmes si doux....

DONE ELVIRE.

Et si je veux l'aimer, m'en empêcherez-vous ?
Avez-vous sur mon cœur quelque empire à prétendre ?
Et pour régler mes vœux, ai-je votre ordre à prendre ?
Sachez que trop d'orgueil a pu vous décevoir,
Si votre cœur sur moi s'est cru quelque pouvoir ;
Et que mes sentiments sont d'une âme trop grande,
Pour vouloir les cacher, lorsqu'on me les demande. 1025
Je ne vous dirai point si le Comte est aimé ;
Mais apprenez de moi qu'il est fort estimé,
Que ses hautes vertus, pour qui je m'intéresse,
Méritent mieux que vous les vœux d'une princesse,
Que je garde aux ardeurs, aux soins qu'il me fait voir,
Tout le ressentiment[1] qu'une âme puisse avoir,
Et que si des destins la fatale puissance
M'ôte la liberté d'être sa récompense,
Au moins est-il en moi de promettre à ses vœux
Qu'on ne me verra point le butin de vos feux ; 1035
Et sans vous amuser d'une attente frivole,
C'est à quoi je m'engage, et je tiendrai parole.
Voilà mon cœur ouvert, puisque vous le voulez,
Et mes vrais sentiments à vos yeux étalés :
Êtes-vous satisfait ? et mon âme attaquée 1040
S'est-elle, à votre avis, assez bien expliquée ?
Voyez, pour vous ôter tout lieu de soupçonner,

---

1. *Ressentiment*, comme l'on sait, avait primitivement et a longtemps gardé la double acception de souvenir, soit du bien soit du mal, soit du bienfait soit de l'injure.

S'il reste quelque jour encore à vous donner.
Cependant, si vos soins s'attachent à me plaire[1],
Songez que votre bras, Comte, m'est nécessaire,　1045
Et d'un capricieux quels que soient les transports,
Qu'à punir nos tyrans il doit tous ses efforts ;
Fermez l'oreille enfin à toute sa furie ;
Et pour vous y porter, c'est moi qui vous en prie.

SCÈNE IV.

DOM GARCIE, DOM SYLVE.

DOM GARCIE.

Tout vous rit, et votre âme, en cette occasion,　1050
Jouit superbement de ma confusion.
Il vous est doux de voir un aveu plein de gloire
Sur les feux d'un rival marquer votre victoire ;
Mais c'est à votre joie un surcroît sans égal,
D'en avoir pour témoins les yeux de ce rival ;　1055
Et mes prétentions hautement étouffées
A vos vœux triomphants sont d'illustres trophées.
Goûtez à pleins transports ce bonheur éclatant ;
Mais sachez qu'on n'est pas encore où l'on prétend[2].
La fureur qui m'anime a de trop justes causes,　1060
Et l'on verra peut-être arriver bien des choses.
Un désespoir va loin quand il est échappé,
Et tout est pardonnable à qui se voit trompé.
Si l'ingrate à mes yeux, pour flatter votre flamme,
A jamais n'être à moi vient d'engager son âme,　1065
Je saurai bien trouver, dans mon juste courroux,
Les moyens d'empêcher qu'elle ne soit à vous.

1. L'édition de 1734 fait précéder ce vers de l'indication à *Dom Sylve*.
2. Je montrerai, dit Tartuffe (acte IV, scène VII),

　Qu'on n'est pas où l'on pense en me faisant injure.

DOM SYLVE.

Cet obstacle n'est pas ce qui me met en peine.
Nous verrons quelle attente en tout cas sera vaine;
Et chacun, de ses feux pourra par sa valeur 1070
Ou défendre la gloire, ou venger le malheur.
Mais comme, entre rivaux, l'âme la plus posée
A des termes d'aigreur trouve une pente aisée,
Et que je ne veux point qu'un pareil entretien
Puisse trop échauffer votre esprit et le mien[1], 1075
Prince, affranchissez-moi[2] d'une gêne secrète,
Et me donnez moyen de faire ma retraite.

DOM GARCIE.

Non, non, ne craignez point qu'on pousse votre esprit
A violer ici l'ordre qu'on vous prescrit.
Quelque juste fureur qui me presse et vous flatte, 1080
Je sais, Comte, je sais quand il faut qu'elle éclate.
Ces lieux vous sont ouverts : oui, sortez-en, sortez
Glorieux des douceurs que vous en remportez;
Mais, encore une fois, apprenez que ma tête
Peut seule dans vos mains mettre votre conquête. 1085

DOM SYLVE.

Quand nous en serons là, le sort en notre bras
De tous nos intérêts vuidera les débats[3].

FIN DU TROISIÈME ACTE.

---

1. Dans le *Misanthrope* (acte III, scène IV), Arsinoé dit à Célimène :

    Brisons, Madame, un pareil entretien;
    Il pousseroit trop loin votre esprit et le mien.

2. *Affranchissez-vous*, dans l'édition de 1684 A. Cette faute s'explique par une erreur typographique de 1682, qui porte *voy*, pour *moy* (*affranchissez-voy*).

3. Dans la pièce de Cicognini, le roi Rodrigo, averti par Cortadiglio, surprend auprès de Delmira le frère de celle-ci, don Pietro, qu'il ne connaît pas. Quand don Pietro s'est retiré, Rodrigo accable sa maîtresse de reproches; elle répond par des démentis répétés à tous ses reproches, qui, cette fois, il faut l'avouer, semblent assez bien justifiés par ce qu'il vient de voir, et elle s'écrie :

ACTE IV.

SCÈNE PREMIÈRE.

DONE ELVIRE, DOM ALVAR.

DONE ELVIRE.

Retournez, Dom Alvar, et perdez l'espérance
De me persuader l'oubli de cette offense.
Cette plaie en mon cœur ne sauroit se guérir, 1090
Et les soins qu'on en prend ne font rien que l'aigrir.
A quelques faux respects croit-il que je défère?
Non, non : il a poussé trop avant ma colère;
Et son vain repentir, qui porte ici vos pas,
Sollicite un pardon que vous n'obtiendrez pas. 1095

DOM ALVAR.

Madame, il fait pitié. Jamais cœur, que je pense,
Par un plus vif remords n'expia son offense;
Et si dans sa douleur vous le considériez,
Il toucheroit votre âme, et vous l'excuseriez.

« Moi aussi, je sais manier une épée; allons, franc jeu, et sans avantage d'armes! » Cailhava dit[a], et il semble bien en effet, qu'elle s'arme d'une épée, probablement celle qu'elle brandissait déjà au premier acte (voyez ci-dessus, p. 240, fin de la note). De son côté, Rodrigo met l'épée à la main. Don Pietro accourt, se fait reconnaître, et pour cacher généreusement la confusion de Rodrigo, Delmira affirme qu'elle repassait avec lui une leçon d'escrime : « Vous y mettez bien de l'emportement, » lui dit son frère. Suit une série de concetti échangés entre Rodrigo et Delmira, de phrases à double sens, où, sous des termes empruntés à l'escrime, l'une reproche à son amant sa jalousie et l'autre se justifie. Ces deux scènes bizarres sont la IVe et la Ve de l'acte II.

[a] *De l'Art de la Comédie*, tome II p. 78.

On sait bien que le Prince est dans un âge à suivre
Les premiers mouvements où son âme se livre,
Et qu'en un sang bouillant toutes les passions
Ne laissent guère place à des réflexions.
Dom Lope, prévenu d'une fausse lumière,
De l'erreur de son maître a fourni la matière. 1105
Un bruit assez confus, dont le zèle indiscret
A de l'abord du Comte éventé le secret,
Vous avoit mise aussi de cette intelligence
Qui dans ces lieux gardés a donné sa présence[1].
Le Prince a cru l'avis, et son amour séduit, 1110
Sur une fausse alarme, a fait tout ce grand bruit.
Mais d'une telle erreur son âme est revenue :
Votre innocence enfin lui vient d'être connue,
Et Dom Lope qu'il chasse est un visible effet
Du vif remords qu'il sent de l'éclat qu'il a fait. 1115

DONE ELVIRE.

Ah! c'est trop promptement qu'il croit mon innocence ;
Il n'en a pas encore une entière assurance :
Dites-lui, dites-lui qu'il doit bien tout peser,
Et ne se hâter point, de peur de s'abuser.

DOM ALVAR.

Madame, il sait trop bien....

DONE ELVIRE.

Mais, Dom Alvar, de grâce,
N'étendons pas plus loin un discours qui me lasse :
Il réveille un chagrin qui vient à contre-temps
En troubler dans mon cœur d'autres plus importants.
Oui, d'un trop grand malheur la surprise me presse,
Et le bruit du trépas de l'illustre Comtesse 1125
Doit s'emparer si bien de tout mon déplaisir,
Qu'aucun autre souci n'a droit de me saisir.

1. De cette sorte de complot qui a amené, rendu possible sa présence dans Astorgue ou dans ce palais.

DOM ALVAR.

Madame, ce peut être une fausse nouvelle ;
Mais mon retour au Prince en porte une cruelle.

DONE ELVIRE.

De quelque grand ennui qu'il puisse être agité, 1130
Il en aura toujours moins qu'il n'a mérité.

SCÈNE II.

DONE ELVIRE, ÉLISE.

ÉLISE.

J'attendois qu'il sortît, Madame, pour vous dire
Ce qui veut maintenant[1] que votre âme respire,
Puisque votre chagrin, dans un moment d'ici,
Du sort de Done Ignès peut se voir éclairci. 1135
Un inconnu qui vient pour cette confidence
Vous fait par un des siens demander audience.

DONE ELVIRE.

Élise, il faut le voir : qu'il vienne promptement.

ÉLISE.

Mais il veut n'être vu que de vous seulement ;
Et par cet envoyé, Madame, il sollicite 1140
Qu'il puisse sans témoins vous rendre sa visite.

DONE ELVIRE.

Hé bien ! nous serons seuls, et je vais l'ordonner,
Tandis que tu prendras le soin de l'amener.
Que mon impatience en ce moment est forte !
O destins, est-ce joie ou douleur qu'on m'apporte ? 1145

---

1. Ce qu'il veut maintenant. (1682.) — Ce qu'il faut maintenant. (1734.) Aucune de ces leçons n'a de sens. Nous adoptons la correction d'Auger, qui est certainement la plus naturelle qu'on pût faire.

SCÈNE III.

DOM PÈDRE, ÉLISE.

ÉLISE.

Où...?

DOM PÈDRE.

Si vous me cherchez, Madame, me voici.

ÉLISE.

En quel lieu votre maître...?

DOM PÈDRE.

Il est proche d'ici :
Le ferai-je venir?

ÉLISE.

Dites-lui qu'il s'avance,
Assuré qu'on l'attend avec impatience,
Et qu'il ne se verra d'aucuns yeux éclairé[1]. 1150
Je ne sais quel secret en doit être auguré[2] :
Tant de précautions[3] qu'il affecte de prendre....
Mais le voici déjà.

---

1. « Les plus notables hommes, que j'aie jugé par les apparences externes (car, pour les juger à ma mode, il les faudroit éclairer de plus près), ce sont été.... » (Montaigne, livre II, chapitre XVII, vers la fin.) — *Éclairer* dans le sens d'*épier*, *observer*, *surveiller*, se trouve déjà dans *l'Étourdi* (acte I, scène IV, vers 171); il est encore dans *Tartuffe* (acte III, scène III) :

> J'ai voulu vous parler en secret d'une affaire,
> Et suis bien aise ici qu'aucun ne nous éclaire.

2. Ce vers est précédé de l'indication *seul* dans l'édition de 1734; celle de 1773 a corrigé, comme il le fallait, ce *seul* en *seule*.

3. *Précaution*, au singulier, dans les impressions de 1697, 1710, 33.

SCÈNE IV.

DONE IGNÈS, ÉLISE[1].

ÉLISE.

Seigneur, pour vous attendre
On a fait.... Mais que vois-je? Ha! Madame, mes yeux....

DONE IGNÈS, en habit de cavalier[2].

Ne me découvrez point, Élise, dans ces lieux, 1155
Et laissez respirer ma triste destinée
Sous une feinte mort que je me suis donnée.
C'est elle qui m'arrache à tous mes fiers tyrans,
Car je puis sous ce nom comprendre mes parents.
J'ai par elle évité cet hymen redoutable, 1160
Pour qui j'aurois souffert une mort véritable;
Et sous cet équipage et le bruit de ma mort
Il faut cacher à tous le secret de mon sort,
Pour me voir à l'abri de l'injuste poursuite
Qui pourroit dans ces lieux persécuter ma fuite. 1165

ÉLISE.

Ma surprise en public eût trahi vos desirs;
Mais allez là dedans étouffer des soupirs,
Et des charmants transports d'une pleine allégresse
Saisir à votre aspect le cœur de la Princesse.
Vous la trouverez seule : elle-même a pris soin 1170
Que votre abord fût libre et n'eût aucun témoin.
Vois-je pas Dom Alvar[3]?

---

1. D. Ignès, *déguisée en homme;* Élise. (1734.)
2. Ce déguisement est dans la pièce italienne, acte II, scène vi. — Les mots *en habit de cavalier* ont été supprimés dans l'édition de 1734.
3. L'édition de 1734 transporte cet hémistiche au commencement de la scène v.

SCÈNE V.

DOM ALVAR, ÉLISE.

DOM ALVAR.

Le Prince me renvoie
Vous prier que pour lui votre crédit s'emploie.
De ses jours, belle Élise, on doit n'espérer rien,
S'il n'obtient par vos soins un moment d'entretien; 1175
Son âme a des transports.... Mais le voici lui-même.

SCÈNE VI.

DOM GARCIE, DOM ALVAR, ÉLISE.

DOM GARCIE.

Ah! sois un peu sensible à ma disgrâce extrême,
Élise, et prends pitié d'un cœur infortuné,
Qu'aux plus vives douleurs tu vois abandonné.

ÉLISE.

C'est avec d'autres yeux que ne fait la Princesse, 1180
Seigneur, que je verrois le tourment qui vous presse;
Mais nous avons¹ du Ciel ou du tempérament
Que nous jugeons de tout chacun diversement.
Et puisqu'elle vous blâme, et que sa fantaisie
Lui fait un monstre affreux de votre jalousie, 1185
Je serois complaisant, et voudrois m'efforcer
De cacher à ses yeux ce qui peut les blesser.
Un amant suit sans doute une utile méthode,
S'il fait qu'à notre humeur la sienne s'accommode;

---

1. *Nous avons*, nous tenons.

Et cent devoirs font moins que ces ajustements[1]   1190
Qui font croire en deux cœurs les mêmes sentiments :
L'art de ces deux rapports[2] fortement les assemble,
Et nous n'aimons rien tant que ce qui nous ressemble.

DOM GARCIE.

Je le sais; mais, hélas! les destins inhumains
S'opposent à l'effet de ces justes desseins,   1195
Et, malgré tous mes soins, viennent toujours me tendre
Un piége dont mon cœur ne sauroit se défendre.
Ce n'est pas que l'ingrate aux yeux de mon rival
N'ait fait contre mes feux un aveu trop fatal,
Et témoigné pour lui des excès de tendresse   1200
Dont le cruel objet[3] me reviendra sans cesse.
Mais comme trop d'ardeur enfin m'avoit séduit
Quand j'ai cru qu'en ces lieux elle l'ait introduit[4],
D'un trop cuisant ennui je sentirois l'atteinte
A lui laisser sur moi quelque sujet de plainte.   1205
Oui, je veux faire au moins, si je m'en vois quitté,
Que ce soit de son cœur pure infidélité;

1. La Bruyère, qu'Auger cite ici à propos, a employé de même *ajuster* :
« Il est souvent plus court et plus utile de cadrer aux autres que de faire que
les autres s'ajustent à nous. » (*De la société et de la conversation*, § 48.)

2. *De ces deux rapports* est le texte de toutes les éditions. Ne faut-il pas lire :
de ces doux rapports?

3. Dont la cruelle idée.... C'est ainsi que la Fontaine a employé *objet* pour
image offerte aux yeux :
.... Ses jambes de fuseaux,
Dont il voyoit l'objet se perdre dans les eaux.
(*Fable* ix du livre VI.)

4. Elle l'eût introduit. (1718, 34.) Il est probable, en effet, que Molière a
dû préférer ici la forme la plus conditionnelle. — Pour l'emploi, fréquent alors,
du subjonctif après *croire*, *prétendre*, etc., voyez les *Lexiques*. Voici des exemples de Molière :
Cette lettre, Monsieur, qu'avecque cette boëte
On prétend qu'ait reçue Isabelle de vous....
(*L'École des maris*, acte II, scène v.)

On diroit que ce démon
Se plaise à me braver, et me l'aille conduire....
(*L'Étourdi*, acte V, scène I, vers 1695.)

Et venant m'excuser d'un trait de promptitude,
Dérober tout prétexte à son ingratitude.
ÉLISE.
Laissez un peu de temps à son ressentiment; 1210
Et ne la voyez point, Seigneur, si promptement.
DOM GARCIE.
Ah! si tu me chéris, obtiens que je la voie :
C'est une liberté qu'il faut qu'elle m'octroie;
Je ne pars point d'ici, qu'au moins son fier dédain....
ÉLISE.
De grâce, différez l'effet de ce dessein. 1215
DOM GARCIE.
Non, ne m'oppose point une excuse frivole.
ÉLISE[1].
Il faut que ce soit elle, avec une parole,
Qui trouve les moyens de le faire en aller.
Demeurez donc, Seigneur : je m'en vais lui parler[2].
DOM GARCIE.
Dis-lui que j'ai d'abord banni de ma présence 1220
Celui dont les avis ont causé mon offense,
Que Dom Lope jamais....

SCÈNE VII.

DOM GARCIE, DOM ALVAR.

DOM GARCIE[3].
    Que vois-je, ô justes Cieux!
Faut-il que je m'assure au rapport de mes yeux?
Ah! sans doute ils me sont des témoins trop fidèles,

---

1. ÉLISE, à part. (1734.)
2. Ce vers est précédé de l'indication à Dom Garcie dans l'édition de 1734.
3. D. GARCIE, regardant par la porte qu'Élise a laissée entr'ouverte. (1734.)

ACTE IV, SCÈNE VII.

Voilà le comble affreux de mes peines mortelles, 1225
Voici le coup fatal qui devoit m'accabler;
Et quand par des soupçons je me sentois troubler,
C'étoit, c'étoit le ciel, dont la sourde menace
Présageoit à mon cœur cette horrible disgrâce.

DOM ALVAR.

Qu'avez-vous vu, Seigneur, qui vous puisse émouvoir?

DOM GARCIE.

J'ai vu ce que mon âme a peine à concevoir;
Et le renversement de toute la nature
Ne m'étonneroit pas comme cette aventure.
C'en est fait.... Le destin.... Je ne saurois parler.

DOM ALVAR.

Seigneur, que votre esprit tâche à se rappeler. 1235

DOM GARCIE.

J'ai vu.... Vengeance, ô Ciel!

DOM ALVAR.

      Quelle atteinte soudaine...?

DOM GARCIE.

J'en mourrai, Dom Alvar, la chose est bien certaine.

DOM ALVAR.

Mais, Seigneur, qui pourroit...?

DOM GARCIE.

      Ah! tout est ruiné;
Je suis, je suis trahi, je suis assassiné :
Un homme.... Sans mourir te le puis-je bien dire? 1240
Un homme dans les bras de l'infidèle Elvire[1].

---

1. Molière n'a presque rien eu à changer aux douze vers précédents (1230-1241) pour les transporter dans *le Misanthrope* (acte IV, scène II, entre Alceste, Éliante, Philinte) :

    ÉLIANTE.
Qu'est-ce donc? qu'avez-vous qui vous puisse émouvoir?
    ALCESTE.
J'ai ce que sans mourir je ne puis concevoir;
Et le déchaînement de toute la nature

DOM ALVAR.

Ah! Seigneur! la Princesse est vertueuse au point[1]....

DOM GARCIE.

Ah! sur ce que j'ai vu ne me contestez point[2],
Dom Alvar : c'en est trop que soutenir sa gloire,
Lorsque mes yeux font foi d'une action si noire.   1245

DOM ALVAR.

Seigneur, nos passions nous font prendre souvent
Pour chose véritable un objet décevant.
Et de croire qu'une âme à la vertu nourrie
Se puisse....

> Ne m'accableroit pas comme cette aventure.
> C'en est fait.... Mon amour.... Je ne saurois parler.
> ÉLIANTE.
> Que votre esprit un peu tâche à se rappeler.
> ALCESTE.
> O juste Ciel, faut-il qu'on joigne à tant de grâces
> Les vices odieux des âmes les plus basses!
> ÉLIANTE.
> Mais encor qui vous peut...?
> ALCESTE.
>   Ah! tout est ruiné;
> Je suis, je suis trahi, je suis assassiné :
> Célimène.... Eût-on pu croire cette nouvelle?
> Célimène me trompe et n'est qu'une infidèle.

Auger fait remarquer que deux vers de ce passage sont à peu près empruntés à une tragédie de Rotrou, *le Bélissaire*, qui est de 1643 :

> Le foudre, ce vengeur des querelles des Cieux,
> Grondant à mon oreille et tombant à mes yeux,
> Ni le commun débris de toute la nature
> Ne m'étonneroit pas comme cette aventure.
>   (Acte IV, scène VIII.)

Ces réminiscences, assez insignifiantes d'ailleurs, devaient être toutes naturelles et presque toujours involontaires chez un comédien dont la mémoire était remplie de souvenirs de ce genre.

1. Le mouvement de la scène correspondante dans *le Misanthrope* est le même, si les expressions sont différentes. Philinte, comme ici Dom Alvar, fait quelques objections à Alceste, qui les écarte avec colère :

> Monsieur, encore un coup, laissez-moi, s'il vous plaît,

et le dernier vers de la scène est devenu, avec l'emphase de moins :

> La voici. Mon courroux redouble à cette approche.

2. Ne me conteste point. (1734.)

DOM GARCIE.

Dom Alvar, laissez-moi, je vous prie :
Un conseiller me choque en cette occasion,   1250
Et je ne prends avis que de ma passion.

DOM ALVAR[1].

Il ne faut rien répondre à cet esprit farouche.

DOM GARCIE.

Ah! que sensiblement cette atteinte me touche!
Mais il faut voir qui c'est, et de ma main punir....
La voici. Ma fureur, te peux-tu retenir?   1255

SCÈNE VIII.

DONE ELVIRE, DOM GARCIE, DOM ALVAR.

DONE ELVIRE.

Hé bien! que voulez-vous? et quel espoir de grâce,
Après vos procédés, peut flatter votre audace?
Osez-vous à mes yeux encor vous présenter,
Et que me direz-vous que je doive écouter?

DOM GARCIE[2].

Que toutes les horreurs dont une âme est capable   1260
A vos déloyautés n'ont rien de comparable,
Que le sort, les démons, et le Ciel en courroux,
N'ont jamais rien produit de si méchant que vous.

DONE ELVIRE.

Ah! vraiment, j'attendois l'excuse d'un outrage;
Mais, à ce que je vois, c'est un autre langage.   1265

DOM GARCIE.

Oui, oui, c'en est un autre; et vous n'attendiez pas

---

1. D. Alvar, à part. (1734.)
2. Les quatre vers suivants sont textuellement reproduits dans *le Misanthrope* (acte IV, scène III, entre Célimène et Alceste). Presque tous les vers que cette scène met dans la bouche de Dom Garcie se retrouvent dans le rôle d'Alceste.

Que j'eusse découvert[1] le traître dans vos bras,
Qu'un funeste hasard par la porte entr'ouverte
Eût offert à mes yeux votre honte et ma perte.
Est-ce l'heureux amant sur ses pas revenu,   1270
Ou quelque autre rival qui m'étoit inconnu?
O Ciel! donne à mon cœur des forces suffisantes
Pour pouvoir supporter des douleurs si cuisantes[2]!
Rougissez maintenant : vous en avez raison,
Et le masque est levé de votre trahison[3].   1275
Voilà ce que marquoient les troubles de mon âme :
Ce n'étoit pas en vain que s'alarmoit ma flamme;
Par ces fréquents soupçons, qu'on trouvoit odieux,
Je cherchois le malheur qu'ont rencontré mes yeux;
Et malgré tous vos soins et votre adresse à feindre, 1280
Mon astre me disoit[4] ce que j'avois à craindre.
Mais ne présumez pas que sans être vengé
Je souffre le dépit de me voir outragé.
Je sais que sur les vœux on n'a point de puissance[5],
Que l'amour veut partout naître sans dépendance, 1285
Que jamais par la force on n'entra dans un cœur,
Et que toute âme est libre à nommer son vainqueur :
Aussi ne trouverois-je aucun sujet de plainte,
Si pour moi votre bouche avoit parlé sans feinte;

---

1. Vous ne vous attendiez pas à ce que je pourrais avoir découvert, au hasard qui m'a fait découvrir....

2. Toute la suite du couplet (vers 1274-1301) est dans *le Misanthrope* (même scène III de l'acte IV), avec quelques changements que nous indiquons en note sous chaque vers.

3.   Rougissez bien plutôt : vous en avez raison,
    Et j'ai de sûrs témoins de votre trahison.
            (*Le Misanthrope*, scène indiquée.)

4. Mon âme me disoit.... (1710, 18.) Cet *astre* cependant, dans la bouche de ce prince romanesque (il en parle encore au vers 1626 et sans doute aussi aux vers 1228 et 1229), paraît plus naturel que dans celle d'Alceste. Voyez en outre le vers 15, et les vers 11 et 1869.

5.   Je sais que sur les cœurs on n'a point de puissance. (1718.)

ACTE IV, SCÈNE VIII.

Et son arrêt livrant mon espoir à la mort[1], 1290
Mon cœur n'auroit eu droit de s'en prendre qu'au sort.
Mais d'un aveu trompeur voir ma flamme applaudie,
C'est une trahison, c'est une perfidie,
Qui ne sauroit trouver de trop grands châtiments,
Et je puis tout permettre à mes ressentiments. 1295
Non, non, n'espérez rien après un tel outrage[2] :
Je ne suis plus à moi ; je suis tout à la rage ;
Trahi de tous côtés, mis dans un triste état,
Il faut que mon amour se venge avec éclat,
Qu'ici j'immole tout à ma fureur extrême, 1300
Et que mon désespoir achève par moi-même[3].

DONE ELVIRE.

Assez paisiblement vous a-t-on écouté ?
Et pourrai-je à mon tour parler en liberté ?

DOM GARCIE.

Et par quels beaux discours, que l'artifice inspire...?

DONE ELVIRE.

Si vous avez encor quelque chose à me dire, 1305
Vous pouvez l'ajouter : je suis prête à l'ouïr ;
Sinon, faites au moins que je puisse jouir
De deux ou trois moments de paisible audience.

DOM GARCIE.

Hé bien ! j'écoute. O Ciel, quelle est ma patience !

DONE ELVIRE.

Je force ma colère, et veux, sans nulle aigreur, 1310
Répondre à ce discours si rempli de fureur.

---

1.   Et, rejetant mes vœux dès le premier abord.
                (*Le Misanthrope*, scène indiquée.)
2.   Oui, oui, redoutez tout après un tel outrage.
                (*Ibidem.*)
3.   Percé du coup mortel dont vous m'assassinez,
    Mes sens par la raison ne sont plus gouvernés,
    Je cède aux mouvements d'une juste colère,
    Et je ne réponds pas de ce que je puis faire.
                (*Ibidem.*)

DOM GARCIE.
C'est que vous voyez bien....
DONE ELVIRE.
Ah! j'ai prêté l'oreille
Autant qu'il vous a plu : rendez-moi la pareille.
J'admire mon destin, et jamais sous les cieux
Il ne fut rien, je crois, de si prodigieux, 1315
Rien dont la nouveauté soit plus inconcevable,
Et rien que la raison rende moins supportable.
Je me vois un amant qui, sans se rebuter,
Applique tous ses soins à me persécuter,
Qui dans tout cet amour[1] que sa bouche m'exprime 1320
Ne conserve pour moi nul sentiment d'estime.
Rien au fond de ce cœur qu'ont pu blesser mes yeux
Qui fasse droit au sang que j'ai reçu des Cieux,
Et de mes actions défende l'innocence
Contre le moindre effort d'une fausse apparence! 1325
Oui, je vois[2].... Ah! surtout ne m'interrompez point.
Je vois, dis-je, mon sort malheureux à ce point,
Qu'un cœur qui dit qu'il m'aime, et qui doit faire croire
Que, quand tout l'univers douteroit de ma gloire,
Il voudroit contre tous en être le garant, 1330
Est celui qui s'en fait l'ennemi le plus grand.
On ne voit échapper aux soins que prend sa flamme
Aucune occasion de soupçonner mon âme.
Mais c'est peu des soupçons : il en fait des éclats
Que, sans être blessé, l'amour ne souffre pas. 1335
Loin d'agir en amant, qui, plus que la mort même,
Appréhende toujours d'offenser ce qu'il aime,
Qui se plaint doucement, et cherche avec respect

---

1. Qui dans tout son amour. (1734.)
2. Oui, je vous.... (1684 A, 94 B, 1718.) — L'édition de 1734 fait suivre les mots : « Oui, je vois.... », de cette indication : *Dom Garcie montre de l'impatience pour parler.*

ACTE IV, SCÈNE VIII.

A pouvoir s'éclaircir de ce qu'il croit suspect,
A toute extrémité dans ses doutes il passe, 1340
Et ce n'est que fureur, qu'injure et que menace.
Cependant aujourd'hui je veux fermer les yeux
Sur tout ce qui devroit me le rendre odieux,
Et lui donner moyen, par une bonté pure,
De tirer son salut d'une nouvelle injure. 1345
Ce grand emportement qu'il m'a fallu souffrir
Part de ce qu'à vos yeux le hasard vient d'offrir :
J'aurois tort de vouloir démentir votre vue,
Et votre âme sans doute a dû paroître émue.

DOM GARCIE.

Et n'est-ce pas...?

DONE ELVIRE.

Encore un peu d'attention, 1350
Et vous allez savoir ma résolution.
Il faut que de nous deux le destin s'accomplisse.
Vous êtes maintenant sur un grand précipice ;
Et ce que votre cœur pourra délibérer
Va vous y faire choir, ou bien vous en tirer. 1355
Si, malgré cet objet qui vous a pu surprendre,
Prince, vous me rendez ce que vous devez rendre
Et ne demandez point d'autre preuve que moi
Pour condamner l'erreur du trouble où je vous voi,
Si de vos sentiments la prompte déférence 1360
Veut sur ma seule foi croire mon innocence
Et de tous vos soupçons démentir le crédit
Pour croire aveuglément ce que mon cœur vous dit,
Cette soumission, cette marque d'estime,
Du passé dans ce cœur efface tout le crime : 1365
Je rétracte à l'instant ce qu'un juste courroux
M'a fait dans la chaleur prononcer contre vous ;
Et si je puis un jour choisir ma destinée
Sans choquer les devoirs du rang où je suis née,

Mon honneur, satisfait par ce respect soudain, 1370
Promet à votre amour et mes vœux et ma main.
Mais prêtez bien l'oreille à ce que je vais dire :
Si cet offre[1] sur vous obtient si peu d'empire,
Que vous me refusiez de me faire entre nous
Un sacrifice entier de vos soupçons jaloux, 1375
S'il ne vous suffit pas de toute l'assurance
Que vous peuvent donner mon cœur et ma naissance,
Et que de votre esprit les ombrages puissants
Forcent mon innocence à convaincre vos sens
Et porter à vos yeux l'éclatant témoignage 1380
D'une vertu sincère à qui l'on fait outrage,
Je suis prête à le faire, et vous serez content ;
Mais il vous faut de moi détacher à l'instant,
A mes vœux pour jamais renoncer de vous-même ;
Et j'atteste du Ciel la puissance suprême 1385
Que, quoi que le destin puisse ordonner de nous,
Je choisirai plutôt d'être à la mort qu'à vous.
Voilà dans ces deux choix de quoi vous satisfaire :
Avisez[2] maintenant celui qui peut vous plaire.

DOM GARCIE.

Juste Ciel ! jamais rien peut-il être inventé 1390
Avec plus d'artifice et de déloyauté[3] ?

---

1. L'édition de 1734 est la première qui corrige ici *cet offre* en *cette offre*, et au vers 1401, *D'un offre* en *D'une offre*. Jusqu'à la publication du *Dictionnaire de Richelet* (1680), le genre de ce mot a beaucoup varié, dit M. Marty-Laveaux : voyez sa Remarque, tome II, p. 127 du *Lexique de Corneille*.

2. Voyez, examinez. Malherbe a dit de même dans une lettre à Peiresc (1609, tome III, p. 106) : « Le Roi aviseroit ce qu'il y devroit répondre ; » et dans sa traduction de l'*Épître* XVI de Sénèque (tome II, p. 322) : « Épluchez-vous bien, fouillez-vous partout, et ne laissez rien où vous ne regardiez ; surtout avisez (*le texte :* « illud ante omnia vide.... ») si vous n'apprenez plutôt à philosopher qu'à vivre. »

3. Ciel, rien de plus cruel peut-il être inventé ?
   Et jamais cœur fut-il de la sorte traité ?
   (*Le Misanthrope*, acte IV, scène III.)

Tout ce que des enfers la malice étudie
A-t-il rien de si noir que cette perfidie?
Et peut-elle trouver dans toute sa rigueur
Un plus cruel moyen d'embarrasser un cœur[1]? 1395
Ah! que vous savez bien ici contre moi-même,
Ingrate, vous servir de ma foiblesse extrême,
Et ménager pour vous l'effort prodigieux
De ce fatal amour né de vos traîtres yeux!
Parce qu'on est surprise et qu'on manque d'excuse, 1400
D'un offre[2] de pardon on emprunte la ruse.
Votre feinte douceur forge un amusement
Pour divertir l'effet de mon ressentiment,
Et par le nœud subtil du choix qu'elle embarrasse,
Veut soustraire un perfide au coup qui le menace; 1405
Oui, vos dextérités veulent me détourner
D'un éclaircissement qui vous doit condamner;
Et votre âme, feignant une innocence entière,
Ne s'offre à m'en donner une pleine lumière
Qu'à des conditions qu'après d'ardents souhaits 1410
Vous pensez que mon cœur n'acceptera jamais.
Mais vous serez trompée en me croyant surprendre:
Oui, oui, je prétends voir ce qui doit vous défendre,
Et quel fameux prodige, accusant ma fureur,
Peut de ce que j'ai vu justifier l'horreur. 1415

DONE ELVIRE.

Songez que par ce choix vous allez vous prescrire
De ne plus rien prétendre au cœur de Done Elvire.

DOM GARCIE.

Soit: je souscris à tout, et mes vœux aussi bien,
En l'état où je suis, ne prétendent plus rien.

---

1. Les quatre vers suivants sont dans *le Misanthrope* (même scène), avec l'unique substitution de *perfide* à *ingrate*, au second vers, et d'*excès* à *effort*, au troisième.

2. Voyez ci-dessus le vers 1373 et la note qui s'y rapporte.

DONE ELVIRE.

Vous vous repentirez de l'éclat que vous faites. 1420

DOM GARCIE.

Non, non, tous ces discours sont de vaines défaites ;
Et c'est moi bien plutôt qui dois vous avertir
Que quelque autre dans peu se pourra repentir :
Le traître, quel qu'il soit, n'aura pas l'avantage
De dérober sa vie à l'effort de ma rage. 1425

DONE ELVIRE.

Ah! c'est trop en souffrir, et mon cœur irrité
Ne doit plus conserver une sotte bonté :
Abandonnons l'ingrat à son propre caprice,
Et puisqu'il veut périr, consentons qu'il périsse.
Élise.... A cet éclat vous voulez me forcer[1] ; 1430
Mais je vous apprendrai que c'est trop m'offenser.

(Élise entre.)

Faites un peu sortir la personne chérie....
Allez, vous m'entendez : dites que je l'en prie.

DOM GARCIE.

Et je puis...

DONE ELVIRE.

Attendez, vous serez satisfait.

ÉLISE[2].

Voici de son jaloux sans doute un nouveau trait[3]. 1435

---

1. Devant les mots : « A cet éclat », l'édition de 1734 ajoute l'indication : *à Dom Garcie;* après le vers 1431, elle supprime les mots *Élise entre*, et coupe la scène de la manière suivante :

SCÈNE IX.

D. ELVIRE, D. GARCIE, ÉLISE, D. ALVAR.

D. ELVIRE *à Élise.*

Faites un peu sortir....

2. ÉLISE, *à part en sortant.* (1734.)
3. Nous ne pouvons que nous associer à l'observation d'Auger à propos de cette situation, qui du moins a inspiré à Molière une scène déjà admirable dans *Dom Garcie* et qui le sera plus encore dans *le Misanthrope* : « Il est certain que Dom Garcie, entrant en fureur à la vue de sa maîtresse qui embrasse ten-

ACTE IV, SCÈNE VIII.

DONE ELVIRE.

Prenez garde qu'au moins cette noble colère
Dans la même fierté jusqu'au bout persévère ;
Et surtout désormais songez bien à quel prix
Vous avez voulu voir vos soupçons éclaircis.
Voici, grâces au Ciel, ce qui les a fait naître,   1440
Ces soupçons obligeants que l'on me fait paroître.
Voyez bien ce visage, et si de Done Ignès
Vos yeux au même instant n'y connoissent les traits.

drement un homme, n'est pas ce qu'on appelle un jaloux, mais un amant justement irrité de l'outrage fait à sa tendresse et à son amour-propre. » (Tome II de l'édition d'Auger, p. 218.) — Cailhava a donné la traduction de la scène de l'auteur italien (*de l'Art de la comédie*, 1786, tome II, p. 83 et suivantes); mais ou sa traduction est faite d'après un texte un peu différent du nôtre, ou il a cru devoir adoucir, supprimer même quelques-unes des injures les plus grossières que le roi Rodrigo vomit contre Delmira : *E che vuoi che io dica, perfida? Che il tuo appartamento è un postribolo? Sarà poco* (acte II, scène xx). Il semble pourtant que c'est déjà bien assez ; et la scène, fort longue, continue sur le même ton de la part de Rodrigo. Un peu plus loin, Cailhava traduit ainsi (p. 86) : « Et que m'aurais-tu pu répondre?... M'aurais-tu dit que ce Don Céliodoro s'est introduit sous mon nom, que tu l'as reçu, croyant qu'il fût Don Rodrigue? » Il y a dans le texte : *E che potevi tu rispondere?... Vorrei forse dire che fosti tradita, e che Celidoro ti fosse condotto in letto, creduto da te per Rodrigo?* Et quand Delmira lui a prouvé que la personne qu'il a vue avec elle, est une femme, une parente, elle n'est guère plus délicate que lui dans ses expressions : *E per haver raccolto una mia cognata, m'acquistai poc' anzi appresso di te nome di venale e di meretrice?... Hor resta, amante impazzito, geloso, irrationabile, huomo disumanato, demonio corpo di carne*, etc. Malgré tout, on peut encore souscrire au jugement d'Auger (p. 231) : « La scène (*fin de la scène* xx) où Delmire, avant de se justifier, jure à Rodrigue que, s'il la réduit à cette humiliante nécessité, il la perd pour jamais, cette scène offre de grandes beautés, que n'obscurcit pas entièrement la foule des traits de déclamation et de mauvais goût dont elle est remplie. Molière, qui l'a purgée de ces défauts, en a fidèlement suivi la progression et le mouvement. »

SCÈNE IX[1].

DOM GARCIE, DONE ELVIRE, DONE IGNÈS, DOM ALVAR, ÉLISE.

DOM GARCIE.

O Ciel!

DONE ELVIRE.

Si la fureur dont votre âme est émue
Vous trouble jusque-là l'usage de la vue, 1445
Vous avez d'autres yeux à pouvoir consulter
Qui ne vous laisseront aucun lieu de douter.
Sa mort est une adresse au besoin inventée,
Pour fuir l'autorité qui l'a persécutée;
Et sous un tel habit, elle cachoit son sort, 1450
Pour mieux jouir du fruit de cette feinte mort.
Madame, pardonnez, s'il faut que je consente[2]
A trahir vos secrets et tromper votre attente :
Je me vois exposée à sa témérité;
Toutes mes actions n'ont plus de liberté; 1455
Et mon honneur en butte aux soupçons qu'il peut prendre
Est réduit à toute heure aux soins de se défendre.
Nos doux embrassements, qu'a surpris ce jaloux,
De cent indignités m'ont fait souffrir les coups.
Oui, voilà le sujet d'une fureur si prompte, 1460

---

1. L'édition de 1734 coupe la scène quatre vers plus haut, et de cette façon:

SCÈNE X (voyez la note du vers 1430).

D. ELVIRE, D. GARCIE, D. IGNÈS, déguisée en homme, ÉLISE, D. ALVAR.

D. ELVIRE à D. Garcie, en lui montrant D. Ignès.
Voici, grâces au Ciel....

2. Ce vers est précédé de l'indication : à D. Ignès, dans l'édition de 1734, qui fait suivre le vers 1461 de celle-ci : à D. Garcie.

Et l'assuré témoin qu'on produit de ma honte.
Jouissez à cette heure en tyran absolu
De l'éclaircissement que vous avez voulu;
Mais sachez que j'aurai sans cesse la mémoire
De l'outrage sanglant qu'on a fait à ma gloire; 1465
Et si je puis jamais oublier mes serments,
Tombent sur moi du Ciel les plus grands châtiments!
Qu'un tonnerre éclatant mette ma tête en poudre,
Lorsqu'à souffrir vos feux je pourrai me résoudre!
Allons, Madame, allons, ôtons-nous de ces lieux, 1470
Qu'infectent les regards d'un monstre furieux;
Fuyons-en promptement l'atteinte envenimée,
Évitons les effets de sa rage animée,
Et ne faisons des vœux, dans nos justes desseins,
Que pour nous voir bientôt affranchir de ses mains. 1475

DONE IGNÈS[1].

Seigneur, de vos soupçons l'injuste violence
A la même vertu[2] vient de faire une offense[3].

DOM GARCIE.

Quelles tristes clartés dissipent mon erreur[4],
Enveloppent mes sens d'une profonde horreur,
Et ne laissent plus voir à mon âme abattue 1480
Que l'effroyable objet d'un remords qui me tue!
Ah! Dom Alvar, je vois que vous avez raison;
Mais l'enfer dans mon cœur a soufflé son poison;
Et par un trait fatal d'une rigueur extrême[5],
Mon plus grand ennemi se rencontre en moi-même. 1485
Que me sert-il d'aimer du plus ardent amour
Qu'une âme consumée ait jamais mis au jour,

1. D. Ignès à D. Garcie. (1734.)
2. A la vertu même.
3. L'édition de 1734 fait de ce qui suit une scène à part, ayant pour personnages : D. Garcie, D. Alvar.
4.   Quelles tristes clartés, dissipant mon erreur. (1734.)
5.   Et par un trait fatal de sa rigueur extrême. (1710, 18.)

Si par ses mouvements[1], qui font toute ma peine,
Cet amour à tous coups se rend digne de haine?
Il faut, il faut venger par mon juste trépas   1490
L'outrage que j'ai fait à ses divins appas.
Aussi bien quel conseil aujourd'hui puis-je suivre?
Ah! j'ai perdu l'objet pour qui j'aimois à vivre :
Si j'ai pu renoncer à l'espoir de ses vœux[2],
Renoncer à la vie est beaucoup moins fâcheux.   1495

DOM ALVAR.

Seigneur....

DOM GARCIE.

            Non, Dom Alvar, ma mort est nécessaire :
Il n'est soins ni raisons qui m'en puissent distraire.
Mais il faut que mon sort en se précipitant
Rende à cette princesse un service éclatant;
Et je veux me chercher dans cette illustre envie   1500
Les moyens glorieux de sortir de la vie,
Faire par un grand coup, qui signale ma foi,
Qu'en expirant pour elle, elle ait regret à moi,
Et qu'elle puisse dire, en se voyant vengée :
« C'est par son trop d'amour qu'il m'avoit outragée. » 1505
Il faut que de ma main un illustre attentat
Porte une mort trop due au sein de Mauregat,
Que j'aille prévenir par une belle audace
Le coup dont la Castille avec bruit le menace;
Et j'aurai des douceurs[3] dans mon instant fatal   1510
De ravir cette gloire à l'espoir d'un rival.

DOM ALVAR.

Un service, Seigneur, de cette conséquence

---

1. Si par ces mouvements. (1773.)
2. « A l'objet de ses vœux », évidemment par erreur, dans les éditions de 1710 et de 1718.
3. Et j'aurai la douceur. (1734.)

Auroit bien le pouvoir d'effacer votre offense ;
Mais hasarder....
    DOM GARCIE.
    Allons, par un juste devoir,
Faire à ce noble effort servir mon désespoir. 1515

FIN DU QUATRIÈME ACTE.

ACTE V.

SCÈNE PREMIÈRE.

DOM ALVAR, ÉLISE.

DOM ALVAR.

Oui, jamais il ne fut de si rude surprise :
Il venoit de former cette haute entreprise ;
A l'avide desir d'immoler Mauregat
De son prompt désespoir il tournoit tout l'éclat ;
Ses soins précipités vouloient à son courage
De cette juste mort assurer l'avantage,
Y chercher son pardon, et prévenir l'ennui
Qu'un rival partageât cette gloire avec lui ;
Il sortoit de ces murs, quand un bruit trop fidèle
Est venu lui porter la fâcheuse nouvelle
Que ce même rival, qu'il vouloit prévenir,
A remporté l'honneur qu'il pensoit obtenir,
L'a prévenu lui-même en immolant le traître,
Et pousse dans ce jour[1] Dom Alphonse à paroître,
Qui d'un si prompt succès va goûter la douceur,
Et vient prendre en ces lieux la princesse sa sœur.
Et, ce qui n'a pas peine à gagner la croyance,
On entend publier que c'est la récompense
Dont il prétend payer le service éclatant
Du bras qui lui fait jour au trône qui l'attend.

---

1. Et poussé dans ce jour. (1718, 34.)

ÉLISE.

Oui, Donc Elvire a su ces nouvelles semées,
Et du vieux Dom Louis les trouve confirmées,
Qui vient de lui mander que Léon dans ce jour
De Dom Alphonse et d'elle attend l'heureux retour,
Et que c'est là qu'on doit, par un revers prospère, 1540
Lui voir prendre un époux de la main de ce frère :
Dans ce peu qu'il en dit, il donne assez à voir
Que Dom Sylve est l'époux qu'elle doit recevoir.

DOM ALVAR.

Ce coup au cœur du Prince....

ÉLISE.

Est sans doute bien rude,
Et je le trouve à plaindre en son inquiétude. 1545
Son intérêt pourtant, si j'en ai bien jugé,
Est encor cher au cœur qu'il a tant outragé ;
Et je n'ai point connu qu'à ce succès qu'on vante,
La Princesse ait fait voir une âme fort contente
De ce frère qui vient et de la lettre aussi. 1550
Mais....

SCÈNE II.

DONE ELVIRE, DOM ALVAR, ÉLISE, DONE IGNÈS [1].

DONE ELVIRE.

Faites, Dom Alvar, venir le Prince ici.
Souffrez que devant vous je lui parle, Madame,
Sur cet événement dont on surprend mon âme ;
Et ne m'accusez point d'un trop prompt changement,
Si je perds contre lui tout mon ressentiment. 1555

---

1. D. ELVIRE, D. IGNÈS *déguisée en homme*, ÉLISE, D. ALVAR. (1734.)

Sa disgrâce imprévue a pris droit de l'éteindre :
Sans lui laisser ma haine, il est assez à plaindre,
Et le Ciel, qui l'expose à ce trait de rigueur,
N'a que trop bien servi les serments de mon cœur.
Un éclatant arrêt de ma gloire outragée   1560
A jamais n'être à lui me tenoit engagée ;
Mais quand par les destins il est exécuté,
J'y vois pour son amour trop de sévérité ;
Et le triste succès de tout ce qu'il m'adresse[1],
M'efface son offense et lui rend ma tendresse.   1565
Oui, mon cœur, trop vengé par de si rudes coups,
Laisse à leur cruauté désarmer son courroux,
Et cherche maintenant, par un soin pitoyable[2],
A consoler le sort d'un amant misérable ;
Et je crois que sa flamme a bien pu mériter   1570
Cette compassion que je lui veux prêter.

DONE IGNÈS.

Madame, on auroit tort de trouver à redire
Aux tendres sentiments qu'on voit qu'il vous inspire :
Ce qu'il a fait pour vous.... Il vient, et sa pâleur
De ce coup surprenant marque assez la douleur.   1575

---

1. De tout ce qu'il fait en vue de moi.
2. En lui témoignant quelque pitié.
>   Lui donner de la sorte un conseil charitable,
>   C'est être ambassadeur et tendre et pitoyable.
>   (Corneille, *Nicomède*, vers 940.)

— Voyez aussi un exemple de Scarron cité plus haut, p. 199.

SCÈNE III.

DOM GARCIE, DONE ELVIRE, DONE IGNÈS[1], ÉLISE.

DOM GARCIE.

Madame, avec quel front faut-il que je m'avance,
Quand je viens vous offrir l'odieuse présence... ?

DONE ELVIRE.

Prince, ne parlons plus de mon ressentiment :
Votre sort dans mon âme a fait du changement,
Et par le triste état où sa rigueur vous jette   1580
Ma colère est éteinte, et notre paix est faite.
Oui, bien que votre amour ait mérité les coups
Que fait sur lui du Ciel éclater le courroux,
Bien que ses noirs soupçons aient offensé ma gloire
Par des indignités qu'on auroit peine à croire,   1585
J'avouerai toutefois que je plains son malheur
Jusqu'à voir nos succès avec quelque douleur,
Que je hais les faveurs de ce fameux service
Lorsqu'on veut de mon cœur lui faire un sacrifice,
Et voudrois bien pouvoir racheter les moments   1590
Où le sort contre vous n'armoit que mes serments.
Mais enfin vous savez comme nos destinées
Aux intérêts publics sont toujours enchaînées,
Et que l'ordre des Cieux, pour disposer de moi,
Dans mon frère qui vient me va montrer mon roi.   1595
Cédez comme moi, Prince, à cette violence
Où la grandeur soumet celles de ma naissance ;
Et si de votre amour les déplaisirs sont grands,
Qu'il se fasse un secours de la part que j'y prends,

---

1. D. IGNÈS *déguisée en homme.* (1734.)

Et ne se serve point contre un coup qui l'étonne 1600
Du pouvoir qu'en ces lieux votre valeur vous donne :
Ce vous seroit sans doute un indigne transport
De vouloir dans vos maux lutter contre le sort;
Et lorsque c'est en vain qu'on s'oppose à sa rage,
La soumission prompte est grandeur de courage. 1605
Ne résistez donc point à ses coups éclatants,
Ouvrez les murs d'Astorgue au frère que j'attends,
Laissez-moi rendre aux droits qu'il peut sur moi prétendre
Ce que mon triste cœur a résolu de rendre ;
Et ce fatal hommage, où mes vœux sont forcés, 1610
Peut-être n'ira pas si loin que vous pensez.

DOM GARCIE.

C'est faire voir, Madame, une bonté trop rare,
Que vouloir adoucir le coup qu'on me prépare :
Sur moi sans de tels soins vous pouvez laisser choir
Le foudre rigoureux de tout votre devoir. 1615
En l'état où je suis je n'ai rien à vous dire :
J'ai mérité du sort tout ce qu'il a de pire ;
Et je sais, quelques maux qu'il me faille endurer,
Que je me suis ôté le droit d'en murmurer.
Par où pourrois-je, hélas! dans ma vaste disgrâce, 1620
Vers vous de quelque plainte autoriser l'audace?
Mon amour s'est rendu mille fois odieux;
Il n'a fait qu'outrager vos attraits glorieux ;
Et lorsque par un juste et fameux sacrifice
Mon bras à votre sang cherche à rendre un service, 1625
Mon astre m'abandonne au déplaisir fatal
De me voir prévenu par le bras d'un rival.
Madame, après cela je n'ai rien à prétendre,
Je suis digne du coup[1] que l'on me fait attendre,
Et je le vois venir sans oser contre lui 1630

---

1. Je suis digne d'un coup. (1734.)

ACTE V, SCÈNE III.

Tenter de votre cœur le favorable appui.
Ce qui peut me rester dans mon malheur extrême,
C'est de chercher alors mon remède en moi-même,
Et faire que ma mort, propice à mes desirs,
Affranchisse mon cœur de tous ses déplaisirs. 1635
Oui, bientôt dans ces lieux Dom Alphonse doit être,
Et déjà mon rival commence de paroître ;
De Léon vers ces murs il semble avoir volé,
Pour recevoir le prix du tyran immolé.
Ne craignez point du tout qu'aucune résistance 1640
Fasse valoir ici ce que j'ai de puissance :
Il n'est effort humain que pour vous conserver,
Si vous y consentiez, je ne pusse braver ;
Mais ce n'est pas à moi, dont on hait la mémoire,
A pouvoir espérer cet aveu plein de gloire ; 1645
Et je ne voudrois pas, par des efforts trop vains,
Jeter le moindre obstacle à vos justes desseins.
Non, je ne contrains point vos sentiments, Madame :
Je vais en liberté laisser toute votre âme,
Ouvrir les murs d'Astorgue à cet heureux vainqueur, 1650
Et subir de mon sort la dernière rigueur.

SCÈNE IV.

DONE ELVIRE, DONE IGNÈS[1], ÉLISE.

DONE ELVIRE.

Madame, au désespoir où son destin l'expose
De tous mes déplaisirs n'imputez pas la cause :
Vous me rendrez justice en croyant que mon cœur[2]

---

1. D. Ignès *déguisée en homme.* (1734.)
2.   De tous mes déplaisirs n'imputez point la cause :
    Vous me rendez justice en croyant que mon cœur. (1734.)

Fait de vos intérêts sa plus vive douleur, 1655
Que bien plus que l'amour l'amitié m'est sensible,
Et que si je me plains d'une disgrâce horrible,
C'est de voir que du Ciel le funeste courroux
Ait pris chez moi les traits qu'il lance contre vous,
Et rendu mes regards coupables d'une flamme 1660
Qui traite indignement les bontés de votre âme.

DONE IGNÈS.

C'est un événement dont sans doute vos yeux
N'ont point pour moi, Madame, à quereller les Cieux.
Si les foibles attraits qu'étale mon visage
M'exposoient au destin de souffrir un volage, 1665
Le Ciel ne pouvoit mieux m'adoucir de tels coups,
Quand pour m'ôter ce cœur il s'est servi de vous ;
Et mon front ne doit point rougir d'une inconstance
Qui de vos traits aux miens marque la différence.
Si pour ce changement je pousse des soupirs, 1670
Ils viennent de le voir fatal à vos desirs ;
Et dans cette douleur que l'amitié m'excite
Je m'accuse pour vous de mon peu de mérite,
Qui n'a pu retenir un cœur dont les tributs
Causent un si grand trouble à vos vœux combattus. 1675

DONE ELVIRE.

Accusez-vous plutôt de l'injuste silence
Qui m'a de vos deux cœurs caché l'intelligence.
Ce secret, plus tôt su, peut-être à toutes deux
Nous auroit épargné des troubles si fâcheux ;
Et mes justes froideurs, des desirs d'un volage 1680
Au point de leur naissance ayant banni l'hommage,
Eussent pu renvoyer....

DONE IGNÈS.

Madame, le voici.

DONE ELVIRE.

Sans rencontrer ses yeux vous pouvez être ici :

ACTE V, SCÈNE IV.

Ne sortez point, Madame, et dans un tel martyre
Veuillez être témoin de ce que je vais dire. 1685

DONE IGNÈS.

Madame, j'y consens, quoique je sache bien
Qu'on fuiroit en ma place un pareil entretien.

DONE ELVIRE.

Son succès[1], si le Ciel seconde ma pensée,
Madame, n'aura rien dont vous soyez blessée.

SCÈNE V.

DOM SYLVE, DONE ELVIRE, DONE IGNÈS[2].

DONE ELVIRE.

Avant que vous parliez, je demande instamment 1690
Que vous daigniez, Seigneur, m'écouter un moment.
Déjà la renommée a jusqu'à nos oreilles
Porté de votre bras les soudaines merveilles;
Et j'admire avec tous comme en si peu de temps
Il donne à nos destins ces succès éclatants. 1695
Je sais bien qu'un bienfait de cette conséquence
Ne sauroit demander trop de reconnoissance,
Et qu'on doit toute chose à l'exploit immortel
Qui replace mon frère au trône paternel.
Mais quoi que de son cœur vous offrent les hommages,
Usez en généreux de tous vos avantages,
Et ne permettez pas que ce coup glorieux
Jette sur moi, Seigneur, un joug impérieux[3],

---

1. Le résultat qu'il aura : voyez ci-dessus, le vers 1564.
2. D. ALPHONSE *cru* D. *Sylve*, D. ELVIRE, D. IGNÈS *déguisée en homme.* (1734.)
3. Corneille avait dit dans *Don Sanche d'Aragon* (acte I, scène II) :

> Le rang que nous tenons, jaloux de notre gloire,
> Souvent dans un tel choix nous défend de nous croire,
> Jette sur nos desirs un joug impérieux....

MOLIÈRE. II 21

Que votre amour, qui sait quel intérêt m'anime,
S'obstine à triompher d'un refus légitime, 1705
Et veuille que ce frère, où l'on va m'exposer¹,
Commence d'être roi pour me tyranniser.
Léon a d'autres prix, dont en cette occurrence
Il peut mieux honorer votre haute vaillance ;
Et c'est à vos vertus faire un présent trop bas, 1710
Que vous donner un cœur qui ne se donne pas².
Peut-on être jamais satisfait en soi-même,
Lorsque par la contrainte on obtient ce qu'on aime?
C'est un triste avantage, et l'amant généreux
A ces conditions refuse d'être heureux ; 1715
Il ne veut rien devoir à cette violence
Qu'exercent sur nos cœurs les droits de la naissance,
Et pour l'objet qu'il aime est toujours trop zélé,
Pour souffrir qu'en victime il lui soit immolé.
Ce n'est pas que ce cœur au mérite d'un autre 1720

1. Quelques-uns ont blâmé *l'Amphitryon où l'on dîne*, quoique, dans cette phrase, *où*, signifiant *chez lequel*, emporte une idée de lieu. Ici Molière dit : *un frère où l'on va m'exposer*, ce qui est encore plus hardi, ou, si l'on veut, plus irrégulier. (*Note d'Auger.*) — Ce qui nous choque dans ce vers, ce n'est pas l'emploi, fréquent alors, d'*où* pour *à qui*, mais plutôt le sens insolite donné à *exposer*. « Ce frère où l'on va m'exposer », pour dire, « au pouvoir de qui l'on va me remettre », est une façon de parler peu nette ; « exposer à quelqu'un, » comme à un péril, est un tour étrange.

2. Auger rapproche de ce passage un vers de Racine qui fait dire à Xipharès :

Vivons ou périssons dignes de Mithridate ;
Et songeons bien plutôt, quelque amour qui nous flatte,
A défendre du joug et nous et nos États,
Qu'à contraindre des cœurs qui ne se donnent pas.
(*Mithridate*, acte I, scène III.)

Le sentiment exprimé dans les vers suivants se retrouve dans ceux qu'Henriette adresse à Trissotin (*les Femmes savantes*, acte V, scène I) :

Laissez-moi, je vous prie, à mon aveuglement,
Et ne vous servez point de cette violence
Que pour vous on veut faire à mon obéissance.
Quand on est honnête homme, on ne veut rien devoir
A ce que des parents ont sur nous de pouvoir,
On répugne à se faire immoler ce qu'on aime,
Et l'on veut n'obtenir un cœur que de lui-même.

Prétende réserver ce qu'il refuse au vôtre :
Non, Seigneur, j'en réponds, et vous donne ma foi
Que personne jamais n'aura pouvoir sur moi,
Qu'une sainte retraite à toute autre poursuite....

DOM SYLVE.

J'ai de votre discours assez souffert la suite, 1725
Madame ; et par deux mots je vous l'eusse épargné[1],
Si votre fausse alarme eût sur vous moins gagné.
Je sais qu'un bruit commun, qui partout se fait croire,
De la mort du tyran me veut donner la gloire ;
Mais le seul peuple enfin, comme on nous fait savoir,
Laissant par Dom Louis échauffer son devoir,
A remporté l'honneur de cet acte héroïque
Dont mon nom est chargé par la rumeur publique ;
Et ce qui d'un tel bruit a fourni le sujet,
C'est que, pour appuyer son illustre projet, 1735
Dom Louis fit semer, par une feinte utile,
Que, secondé des miens, j'avois saisi la ville ;
Et par cette nouvelle, il a poussé les bras
Qui d'un usurpateur ont hâté le trépas :
Par son zèle prudent il a su tout conduire, 1740
Et c'est par un des siens qu'il vient de m'en instruire.
Mais dans le même instant un secret m'est appris,
Qui va vous étonner autant qu'il m'a surpris.
Vous attendez un frère, et Léon son vrai maître :
A vos yeux maintenant le Ciel le fait paroître. 1745
Oui, je suis Dom Alphonse, et mon sort conservé,
Et sous le nom du sang de Castille élevé[2],
Est un fameux effet de l'amitié sincère

---

1. Je nous l'eusse épargné. (1684 A.)
2. C'est-à-dire le destin, le bonheur que j'ai eu d'être conservé et élevé est un fameux effet.... — « Un sort.... conservé et élevé sous le nom d'un sang offre sans contredit, comme dit Auger, un des plus singuliers abus de la métonymie. »

Qui fut entre son prince et le roi notre père :
Dom Louis du secret a toutes les clartés, 1750
Et doit aux yeux de tous prouver ces vérités.
D'autres soins maintenant occupent ma pensée,
Non qu'à votre sujet elle soit traversée,
Que ma flamme querelle un tel événement
Et qu'en mon cœur le frère importune l'amant : 1755
Mes feux par ce secret ont reçu sans murmure
Le changement qu'en eux a prescrit la nature ;
Et le sang qui nous joint m'a si bien détaché
De l'amour dont pour vous mon cœur étoit touché,
Qu'il ne respire plus, pour faveur souveraine, 1760
Que les chères douceurs de sa première chaîne
Et le moyen de rendre à l'adorable Ignès
Ce que de ses bontés a mérité l'excès.
Mais son sort incertain rend le mien misérable,
Et si ce qu'on en dit se trouvoit véritable, 1765
En vain Léon m'appelle et le trône m'attend :
La couronne n'a rien à me rendre content,
Et je n'en veux l'éclat que pour goûter la joie
D'en couronner l'objet où le Ciel me renvoie,
Et pouvoir réparer par ces justes tributs 1770
L'outrage que j'ai fait à ses rares vertus.
Madame, c'est de vous que j'ai raison d'attendre
Ce que de son destin mon âme peut apprendre :
Instruisez-m'en, de grâce, et par votre discours
Hâtez mon désespoir ou le bien de mes jours. 1775

DONE ELVIRE.

Ne vous étonnez pas si je tarde à répondre,
Seigneur : ces nouveautés ont droit de me confondre.
Je n'entreprendrai point de dire à votre amour
Si Done Ignès est morte ou respire le jour ;
Mais par ce cavalier, l'un de ses plus fidèles, 1780
Vous en pourrez sans doute apprendre des nouvelles.

ACTE V, SCÈNE V.

DOM SYLVE OU DOM ALPHONSE [1].

Ah! Madame, il m'est doux en ces perplexités
De voir ici briller vos célestes beautés.
Mais vous, avec quels yeux verrez-vous un volage,
Dont le crime...?

DONE IGNÈS.

Ah! gardez de me faire un outrage,
Et de vous hasarder à dire que vers moi
Un cœur dont je fais cas ait pu manquer de foi;
J'en refuse l'idée, et l'excuse me blesse :
Rien n'a pu m'offenser auprès de la Princesse;
Et tout ce que d'ardeur elle vous a causé   1790
Par un si haut mérite est assez excusé.
Cette flamme vers moi ne vous rend point coupable,
Et dans le noble orgueil dont je me sens capable,
Sachez, si vous l'étiez, que ce seroit en vain
Que vous présumeriez de fléchir mon dédain,   1795
Et qu'il n'est repentir, ni suprême puissance,
Qui gagnât sur mon cœur d'oublier cette offense.

DONE ELVIRE.

Mon frère (d'un tel nom souffrez-moi la douceur),
De quel ravissement comblez-vous une sœur!
Que j'aime votre choix et bénis l'aventure   1800
Qui vous fait couronner une amitié si pure!
Et de deux nobles cœurs que j'aime tendrement....

---

1. D. ALPHONSE, *reconnoissant D. Ignès.* (1734.)

SCÈNE VI.

DOM GARCIE, DONE ELVIRE, DONE IGNÈS, DOM SYLVE, ÉLISE[1].

DOM GARCIE.

De grâce, cachez-moi votre contentement,
Madame, et me laissez mourir dans la croyance
Que le devoir vous fait un peu de violence.
Je sais que de vos vœux vous pouvez disposer,
Et mon dessein n'est pas de leur rien opposer :
Vous le voyez assez, et quelle obéissance
De vos commandements m'arrache la puissance.
Mais je vous avouerai que cette gayeté[2]
Surprend au dépourvu toute ma fermeté,
Et qu'un pareil objet dans mon âme fait naître
Un transport dont j'ai peur que je ne sois pas maître;
Et je me punirois, s'il m'avoit pu tirer
De ce respect soumis où je veux demeurer.

---

1. SCÈNE DERNIERE.
D. Garcie, D. Elvire, D. Ignès *déguisée en homme*, D. Alphonse cru *D. Sylve,* Élise. (1734.)

2. L'*e* muet de *gaieté* n'étant pas marqué dans la prononciation, ne peut compter aujourd'hui pour une syllabe. Toutefois, au seizième siècle, il semble qu'on e prononçait; au moins le mot compte-t-il en vers pour trois syllabes :

Cache tes gayetés et ton ris à ta fille.
(A. d'Aubigné, *les Tragiques*, livre II, p. 123.)

Molière l'a fait encore ailleurs de trois syllabes :

Et l'on donne grâce aisément
A ce dont on n'est pas le maître.
Mais que de gayeté de cœur....
(*Amphitryon*, acte II, scène vi.)

C'est là en effet la prononciation conforme à l'orthographe de *gayeté;* le mot est écrit ainsi dans le *Dictionnaire françois-latin* de Robert Estienne (1549), dans les *Dictionnaires de Furetière* (1690), *de l'Académie* (1694, 1718).

Oui, vos commandements ont prescrit à mon âme
De souffrir sans éclat le malheur de ma flamme :
Cet ordre sur mon cœur doit être tout-puissant,
Et je prétends mourir en vous obéissant.
Mais encore une fois la joie où je vous treuve   1820
M'expose à la rigueur d'une trop rude épreuve,
Et l'âme la plus sage, en ces occasions,
Répond malaisément de ces émotions[1].
Madame, épargnez-moi cette cruelle atteinte ;
Donnez-moi, par pitié, deux moments de contrainte, 1825
Et quoi que d'un rival vous inspirent les soins,
N'en rendez pas mes yeux les malheureux témoins :
C'est la moindre faveur qu'on peut, je crois, prétendre,
Lorsque dans ma disgrâce un amant peut descendre.
Je ne l'exige pas, Madame, pour longtemps,   1830
Et bientôt mon départ rendra vos vœux contents.
Je vais où de ses feux mon âme consumée
N'apprendra votre hymen que par la renommée :
Ce n'est pas un spectacle où je doive courir ;
Madame, sans le voir, j'en saurai bien mourir.   1835

DONE IGNÈS.

Seigneur, permettez-moi de blâmer votre plainte.
De vos maux la Princesse a su paroître atteinte ;
Et cette joie encor, de quoi vous murmurez,
Ne lui vient que des biens qui vous sont préparés ;
Elle goûte un succès à vos desirs prospère,   1840
Et dans votre rival elle trouve son frère :
C'est Dom Alphonse enfin, dont on a tant parlé,
Et ce fameux secret vient d'être dévoilé.

DOM SYLVE OU DOM ALPHONSE[2].

Mon cœur, grâces au Ciel, après un long martyre,

---

1. De ses émotions. (1694 B, 1734.)
2. Ici encore et avant le vers 1874, l'édition de 1734 n'appelle ce personnage que D. ALPHONSE.

Seigneur, sans vous rien prendre, a tout ce qu'il desire,
Et goûte d'autant mieux son bonheur[1] en ce jour,
Qu'il se voit en état de servir votre amour.

DOM GARCIE.

Hélas! cette bonté, Seigneur, doit me confondre :
A mes plus chers desirs elle daigne répondre ;
Le coup que je craignois, le Ciel l'a détourné,   1850
Et tout autre que moi se verroit fortuné ;
Mais ces douces clartés d'un secret favorable
Vers l'objet adoré me découvrent coupable,
Et tombé de nouveau dans ces traîtres soupçons
Sur quoi l'on m'a tant fait d'inutiles leçons,   1855
Et par qui mon ardeur, si souvent odieuse,
Doit perdre tout espoir d'être jamais heureuse.
Oui, l'on doit me haïr avec trop de raison :
Moi-même je me trouve indigne de pardon ;
Et quelque heureux succès que le sort me présente,
La mort, la seule mort est toute mon attente.

DONE ELVIRE.

Non, non : de ce transport le soumis mouvement,
Prince, jette en mon âme un plus doux sentiment.
Par lui de mes serments je me sens détachée ;
Vos plaintes, vos respects, vos douleurs m'ont touchée :
J'y vois partout briller un excès d'amitié,
Et votre maladie est digne de pitié.
Je vois, Prince, je vois qu'on doit quelque indulgence
Aux défauts où du ciel fait pencher l'influence ;
Et pour tout dire enfin, jaloux ou non jaloux[2],   1870
Mon roi, sans me gêner[3], peut me donner à vous.

---

1. Son honneur. (1718.) — Cette erreur a été causée sans doute par cette faute d'impression de l'édition de 1710 : *honheur*, pour *bonheur*.

2. *O geloso o non geloso, sarà Rodrigo l'anima mia* est aussi le dernier mot de Delmira au dénoûment de la comédie italienne.

3. Sans me faire violence. — « Ah ! que vous me gênez ! » dit Pyrrhus à

DOM GARCIE.

Ciel, dans l'excès des biens que cet aveu m'octroie,
Rends capable mon cœur de supporter sa joie!

DOM SYLVE OU DOM ALPHONSE.

Je veux que cet hymen, après nos vains débats,
Seigneur, joigne à jamais nos cœurs et nos États. 1875.
Mais ici le temps presse, et Léon nous appelle :
Allons dans nos plaisirs satisfaire son zèle,
Et par notre présence et nos soins différents
Donner le dernier coup au parti des tyrans.

Andromaque dans la tragédie de Racine (vers 343), qui est de 1667. Le sens primitif de *torturer, mettre à la gehenne*[a] est encore plus marqué dans ces vers de Corneille, où Médée, évoquant les Furies, leur dit :

> Sortez de vos cachots avec les mêmes flammes
> Et les mêmes tourments dont vous gênez les âmes.
> (*Médée*, acte I, scène IV.)

[a] Voyez ci-dessus, le vers 393 de *Sganarelle*.

FIN DU CINQUIÈME ET DERNIER ACTE.

L'ÉCOLE DES MARIS

COMÉDIE

REPRÉSENTÉE POUR LA PREMIÈRE FOIS

A PARIS, SUR LE THÉÂTRE DU PALAIS-ROYAL

LE 24ᵉ JUIN 1661

PAR LA

TROUPE DE MONSIEUR, FRÈRE UNIQUE DU ROI

NOTICE.

La dernière représentation de *Dom Garcie* en 1661 avait eu lieu le 17 février[1]. Le 24 juin suivant, *l'École des maris* paraissait sur la scène et y obtenait un succès éclatant. L'usage était alors de réserver pour l'hiver les pièces sérieuses; les comédies se jouaient d'ordinaire en été. Molière ne put toutefois se conformer à cette habitude; il n'avait guère à représenter que ses propres œuvres, et il semble qu'il les ait jouées indifféremment pendant les diverses saisons. Cette fois, la représentation de sa nouvelle pièce pendant une saison qui semblerait, aujourd'hui encore, peu favorable, ne l'empêcha pas d'obtenir un succès qui se poursuivit jusqu'à la première représentation des *Fâcheux*, le 4 novembre suivant.

Molière avait besoin de ce nouveau triomphe, non-seulement pour effacer la mauvaise impression de *Dom Garcie* inaugurant par une chute ce théâtre du Palais-Royal où le Roi venait de l'installer, mais aussi pour soutenir son théâtre, et faire vivre sa troupe. Pendant les quatre mois qui s'étaient écoulés entre la chute de *Dom Garcie* et le triomphe de *l'École des maris*, il y avait eu relâche, du vendredi 1er avril au lundi 25, pour les vacances de Pâques, puis du vendredi 27 mai au dimanche 12 juin, pour le jubilé. Le théâtre du Palais-Royal avait donc été en réalité fermé près d'un mois et demi sur quatre, et comme on ne jouait guère que trois fois par semaine, on voit que pendant toute cette période Molière n'avait pu donner qu'un assez petit nombre de représentations.

Le souvenir de cette époque vraiment critique pour le poëte comme pour sa troupe semble être resté pénible pour son

---

[1]. Voyez ci-dessus, p. 221.

fidèle compagnon, la Grange. Nous avons remarqué[1] que dans la préface-notice placée en tête de l'édition de 1682, il ne dit pas un mot de *Dom Garcie*. Un petit détail que nous trouvons dans son registre indiquerait presque que dès le milieu de 1661 il tâchait de l'oublier. En annonçant la première représentation de *l'École des maris*, il met à la marge : « 5ᵉ pièce nouvelle de Monsʳ Molière. » Il ne voulait se rappeler, à ce qu'il semble, parmi les pièces antérieures, que *l'Étourdi*, le *Dépit amoureux*, les *Précieuses* et le *Cocu imaginaire*.

Nous transcrivons ici, d'après son registre, la liste des représentations :

Vendredi 24ᵉ juin, *Tyran d'Égypte*[2], avec la 1ʳᵉ représentation de *l'École des maris*.	410 ᵗᵗ
Dimanche 26ᵉ juin, *idem*.	650
Mardi 28ᵉ juin, *Huon de Bordeaux* et *idem*.	701
Mercredi 29ᵉ, *idem*.	760
Vendredi 1ᵉʳ juillet, *Huon de Bordeaux*, *École des maris*.	750
Dimanche 3ᵉ, *idem*.	812
Mardi 5ᵉ, *idem*.	805
Vendredi 8ᵉ, *idem*, 15 loges de louées.	1131
Dimanche 10ᵒ, *idem*, 11 loges.	1132
Samedi 9ᵉ on avoit joué *l'École des maris* chez Mme de la Trimouille[3] pour Mademoiselle : reçu.	220

Le lundi 11ᵉ juillet la troupe est partie de Paris pour aller à Vaux pour M. Foucquet, surintendant, pour *l'École des maris*.

Le mercredi 13ᵉ juillet, à Fontainebleau, *l'École des maris* et le *Cocu*, devant le Roi.

Et le même soir on a joué chez Madame la Surintendante la même chose.

Le jeudi 14ᵉ, M. le marquis de Richelieu[4] arrêta la troupe pour

---

1. *Notice* de *Dom Garcie*, ci-dessus, p. 219.
2. Nous ne savons quel était l'auteur de cette pièce, non plus que d'*Huon de Bordeaux*. Nous ne les trouvons mentionnées ni dans le *Dictionnaire des théâtres* des frères Parfaict, ni dans celui de Léris.
3. Sœur de Turenne : voyez les *Lettres de Mme de Sévigné*, tome IV, p. 257 et note 15.
4. Frère puîné de l'héritier du Cardinal.

jouer *l'École des maris* devant les filles de la Reine, entre lesquelles étoit Mlle de la Motte d'Argencourt[1]. Il donna à la troupe 80 pistoles d'or, ci. . . . . 880 ᵗᵇ
Monsieur le Surintendant donna. 1500
La troupe revint à Paris la nuit, arriva à Essone le vendredi 15ᵉ à la pointe du jour, et arriva au Palais-Royal pour jouer *Huon de Bordeaux* et *l'École des maris* qu'on avoit affichés. Il y avoit 9 loges louées. 857
Dimanche 17ᵉ juillet, *idem*. 920
Mardi 19ᵉ, *idem*. 800
Vendredi 22ᵉ, *Huon* et *l'École des maris*. 888
Dimanche 24ᵉ juillet, *idem*. 420
Lundi 25ᵉ, *idem*. 346
Mardi 26ᵉ juillet, *le Menteur* et *idem*. 500
Jeudi 28ᵉ, *idem*. 393
Vendredi 29ᵉ juillet, *Nicomède* et *l'École des maris*. . . 483
Dimanche 31ᵉ, *idem*. 550
Mardi 2ᵉ août, *Héraclius* et *l'École des maris*. 357
Vendredi 5ᵉ août, *idem*. 482
Dimanche 7ᵉ août, *idem*. 605
Mardi 9ᵉ août, *Héraclius* et *l'École des maris*. 500
Mercredi 10ᵉ août, *idem*. 425
Vendredi 12ᵉ, *idem*. 299
Dimanche 14ᵉ août, *idem*. 241
Lundi 15ᵉ août la troupe est partie pour aller à Vaux-le-Vicomte pour Monsieur le Surintendant, et a joué *les Fâcheux*[2] devant le Roi, dans le jardin, et est revenue le samedi 20ᵉ dudit mois. Reçu[3]. . . . .

1. Pourquoi, parmi les filles de la Reine auxquelles le marquis de Richelieu donne la comédie, la Grange nomme-t-il Mlle de la Motte d'Argencourt seule? C'est ce que s'expliqueront très-bien les lecteurs qui sont au fait de la chronique scandaleuse du temps[a]. Ce qui est curieux ici, c'est, sur un registre qui était le registre particulier de la Grange et non celui du théâtre, tout à la fois la petite malice d'enregistrer ce fait pour lui seul et le soin prudent de n'y ajouter aucun commentaire.

2. La Grange ajoute ici en marge : « 6ᵉ pièce de M. de Molière. » On voit que décidément il se refuse à compter *Dom Garcie*.

3. La somme est restée en blanc.

[a] Voyez tome VII, p. 233, des *Historiettes* de Tallemant des Réaux, une note de M. Paulin Paris; et la note 6 de M. Paul Boiteau à la page 290 de son édition de l'*Histoire amoureuse des Gaules*.

Le dimanche 21ᵉ août, joué à Paris le *Nicomède* et *l'École des maris*. . . . . 420 ᵗᵗ

Le mardi 23ᵉ, la troupe est partie pour Fontainebleau, et a joué *les Fâcheux* deux fois; la 1ʳᵉ fois le 25ᵉ, jour de saint Louis. Reçu [1] . . . .

Vendredi 2ᵉ septembre, à Paris, *Rodogune* et *l'École des maris*. 400

Dimanche 4ᵉ, *idem*. 280
Mardi 6ᵉ, *l'École des maris* et *le Cocu imaginaire*. . . . 231
Vendredi 9ᵉ septembre, *l'Héritier ridicule* [2] et *l'École des maris*. 183

Dimanche 11ᵉ septembre, le *Dépit amoureux* et *l'École des maris*. 260

(*Interruption*, non expliquée, du vendredi 16 septembre au dimanche 9 octobre.)

Mardi 11ᵉ octobre, *Jodelet* et *l'École des maris*. 200
Vendredi 14ᵉ, *Visionnaires* et *l'École des maris*. 250
Dimanche 16ᵉ, *idem* [3]. 630
Mardi 18ᵉ, *idem*. 306
Vendredi 21ᵉ, *Jodelet maître* et *l'École des maris*. . . . 210
Dimanche 23ᵉ, *idem*. 488

Les Fâcheux sont représentés en public le vendredi 4 novembre, et leur succès interrompt celui de *l'École des maris*, qui est pourtant jouée plusieurs fois encore *en visite* jusqu'à la fin de l'année 1661.

Le samedi 26ᵈ (novembre), on joua chez Monsieur *les Fâcheux* et *l'École des maris*. Reçu 275ᵗᵗ ou 25 louis d'or, mis entre les mains de Mme Béjard pour M. de Molière sur *les Fâcheux*.

Mardi 6ᵉ décembre, joué chez M. l'abbé de Richelieu [4] *l'École des maris*. . . . . 550 ᵗᵗ

Mercredi 28ᵉ, *l'École des maris* et *les Fâcheux* devant le Roi [5].

1. Même observation qu'à la note précédente. — 2. Par Scarron.
3. On lit ici à la marge du registre : « Donné aux capucins 7 livres 10 sols [a]. »
4. Frère cadet du duc, et du marquis chez qui Molière avait été en visite le 14 juillet précédent.
5. Il semble que le Roi soit venu cette fois au théâtre même.

[a] « La charité, qui couvre une multitude de péchés, est fort en usage entre les comédiens; ils en donnent des marques assez visibles; ils font des aumônes et particulières et générales, et les troupes de Paris prennent de leur mouvement des boîtes de plusieurs hôpitaux et maisons religieuses, qu'on leur ouvre tous les mois. » (Chappuzeau, *le Théâtre françois*, livre III, p. 133 et 134.)

NOTICE.

Au commencement de l'année suivante, nous trouvons marquée la visite suivante :

Mardi 14ᵉ février (1662), *les Visionnaires* et *l'École des maris*, visite de *l'École des maris* chez Mme d'Equevilly [1], 220 ᵗᵗ.

Et à la marge de cette dernière mention, on lit :

Mariage de M. de Molière au sortir de la visite.

On voit que de toute façon c'est une époque dans la vie de Molière [2].

La date du 24 juin, que l'édition de 1682 assigne à la première représentation, a donné lieu de la part des frères Parfaict [3] à une objection que Bazin déjà a bien aisément réfutée [4], mais que nous devons signaler. Loret, dans sa *Muse historique* du 17 juin 1661, raconte la représentation de la pièce donnée à Vaux chez le surintendant Foucquet, et dont la Grange, comme on l'a vu plus haut, parle également dans son registre. Loret dit que Foucquet donna aux « personnes

---

1. Celle que Tallemant des Réaux a mise dans ses *Historiettes* (tome V, p. 104 et suivantes).
2. On peut croire qu'à partir de ce moment le public s'attacha à saisir les moindres traits qui, dans les rôles d'Ariste et de Léonor, pouvaient s'appliquer au poëte et à sa jeune femme. — Nous n'avons pas à discuter ici la contradiction qui existe entre la date assignée par la Grange au mariage de Molière, et la date du lundi 20 février que porte l'acte de mariage reproduit par M. Jal (*Dictionnaire critique*, article *Molière*). Il ne peut s'agir de la signature du contrat : elle avait déjà eu lieu dès le 23 janvier (voyez les *Recherches sur Molière*, de M. Eud. Soulié, p. 57). M. Jal croit que la Grange a simplement voulu dire que ce fut après cette représentation de *l'École des maris* que Molière annonça à ses camarades le jour prochain de son mariage, fixé au lundi suivant. Il avait à leur présenter celle qui désormais devait leur être associée. A Pâques de l'année précédente, comme nous l'apprend le *Registre de la Grange*, Molière avait obtenu une seconde part d'acteur, pour lui, ou pour sa femme, s'il venait à se marier.
3. Voyez leur tome IX, p. 40.
4. *Notes historiques sur la vie de Molière*, p. 78 et 79.

royales », c'est-à-dire à la reine d'Angleterre, à Monsieur et à Madame, le plaisir d'une comédie :

> Savoir *l'École des maris*,
> Charme à présent de tout Paris,
> Pièce nouvelle et fort prisée
> Que sieur *Molier* a composée,
> Sujet si riant et si beau,
> Qu'il fallut qu'à Fontainebleau
> Cette troupe, ayant la pratique
> Du sérieux et du comique,
> Pour Reines et Roi contenter
> L'allât encor représenter.

Comment, ont remarqué les frères Parfaict, Loret eût-il parlé à la date du 17 juin d'une pièce, *charme à présent de tout Paris*, si elle n'avait été représentée que le 24 ? Ils en concluent que la date du 24 est une faute d'impression, et qu'il faut lire le 4 juin. C'est en effet la date qu'a adoptée Aimé-Martin dans la première note de son commentaire[1]. Bret croit avoir, lui, de bonnes raisons pour préférer le 14. Les détails si précis que donne le registre de la Grange ne laissent pourtant aucun doute sur cette date du 24 juin ; et pour faire justice d'ailleurs de cette objection fondée sur la lettre de Loret, il eût suffi de lire celle-ci jusqu'à la fin. C'est ce dont Bazin s'est avisé le premier, et il a pu couper court à toute discussion. Il y a bien en tête : *Lettre.... du 17 juin*[2] ; mais Loret, selon son usage, en la terminant, date son épître en deux mauvais vers, qui sont pour cette lettre :

> Écrit le seize de juillet,
> Sur un fauteuil assez mollet.

Il est donc tout naturel que le 16 juillet il pût dire que la pièce charmait *à présent tout Paris*, puisqu'alors elle comptait déjà onze représentations sur le théâtre du Palais-Royal.

L'auteur des *Nouvelles nouvelles* est obligé de convenir du

1. A tort marquée d'un B, comme si elle était de Bret.
2. Ce n'est pas seulement cette lettre, mais toutes celles du mois de juillet (sauf la dernière) qui, par la faute de l'imprimeur, portent la fausse indication de *juin*. Auger ne s'y était pas trompé ; car il donne la bonne date, sans tenir aucun compte des inutiles conjectures des frères Parfaict et de Bret, qu'il avait certainement lus.

succès de la pièce[1]; mais le jugement qu'il en porte paraîtra bien singulier : « *L'École des maris....* est encore un de ces tableaux des choses que l'on voit le plus fréquemment arriver dans le monde, ce qui a fait qu'elle n'a pas été moins suivie que les précédentes (*comédies*). Les vers en sont moins bons que ceux du *Cocu imaginaire*, mais le sujet en est tout à fait bien conduit, et si cette pièce avoit eu cinq actes, elle pourroit tenir rang dans la postérité après *le Menteur* et *les Visionnaires*[2]. » Malheureusement elle n'a que trois actes, et il en résulte qu'elle ne peut même être placée après *le Menteur* et *les Visionnaires*, qui, pour de Villiers, sont, à ce qu'il paraît, sur la même ligne.

C'est aux *Adelphes* de Térence que Molière a emprunté l'idée première de *l'École des maris :* dans cette pièce, imitée d'ailleurs de Ménandre, le poëte latin introduit deux frères qui ont, sur l'éducation à donner à leurs enfants, des principes tout opposés : l'un croit qu'on ne saurait être trop indulgent pour la jeunesse, l'autre qu'on doit se montrer sévère et ne rien lui passer. Mais la ressemblance entre les deux pièces, ancienne et moderne, se borne là. D'abord, dans *les Adelphes*, c'est sur deux jeunes garçons que se fait cette double épreuve; et de plus elle aboutit à peu près au même résultat: les deux jeunes gens tournent assez mal. Puis Térence n'a pas opposé un sage comme l'Ariste de Molière à un sot comme Sganarelle, et il semble avoir voulu montrer que les deux systèmes ont à peu près les mêmes inconvénients. Baron, en imitant plus tard *les Adelphes*, a intitulé sa pièce *l'École des pères*[3], et ce titre suffirait pour indiquer que l'intérêt de la pièce antique est fort différent de celui qui fait le fond de *l'École des maris*. On voit que les obligations de Molière à l'égard de Térence se réduisent à bien peu de chose; et l'on pourrait même dou-

1. Il appelle Molière (p. 219) « ce fameux auteur de *l'École des maris* ».
2. *Nouvelles nouvelles*, 3e partie, 1663, p. 228.
3. Elle fut d'abord représentée en janvier 1705 sous le titre même de la pièce latine; et, disent les frères Parfaict (tome XIV, p. 347), « elle n'a été imprimée qu'après la mort de M. Baron, sous le titre de *l'École des pères.* »

ter qu'il lui eût emprunté l'idée de ce contraste, au lieu de l'aller chercher dans l'observation du monde réel, si quelques imitations de détail, fort rares d'ailleurs, ne prouvaient que Molière, en composant sa pièce, s'est souvenu du poëte latin.

Le même contraste entre deux frères, l'un indulgent pour les jeunes gens, l'autre sévère, et à qui cette sévérité réussit beaucoup moins qu'à l'autre son indulgence, se trouve dans une comédie de Larivey, *les Esprits*[1], imitée elle-même ou plutôt traduite, comme ses autres pièces, de l'italien.

Riccoboni, qui a oublié de signaler cet emprunt, assez insignifiant d'ailleurs, ne manque pas, en revanche, de réclamer pour l'Italie l'idée principale du second acte de *l'École des maris*; et cette fois du moins ses réclamations sont assez fondées[2]. Dans la pièce de Molière, Isabelle ne trouve d'autre moyen de faire savoir à Valère qu'elle s'est aperçue de son amour pour elle, que de le faire tancer par son tuteur Sganarelle, lequel s'acquitte avec plaisir de cette commission. Dans la troisième nouvelle de la troisième journée du *Décaméron*, Boccace raconte l'histoire d'une femme mariée qui s'est éprise d'un jeune gentilhomme; celui-ci ne s'est point aperçu de l'amour qu'il inspire; pour le lui faire connaître, la femme, au confessionnal même, prie le moine qui vient de recevoir l'aveu de ses fautes, d'avertir ce jeune homme d'avoir à cesser les poursuites dont elle se dit l'objet. Le moine, que l'auteur italien représente comme un personnage à la fois fort cupide et assez sot, se charge d'adresser au jeune homme des remontrances; il lui porte même une ceinture et une bourse que la dame se plaint d'avoir reçues de son persécuteur, et qui ne sont, de la part de la dame, qu'un cadeau déguisé. Le jeune homme, ainsi averti, répond à ces avances[3]. Boccace affirme que cette histoire est arrivée à Florence quelques années

---

1. Les frères Parfaict en ont donné l'analyse, tome III, p. 409 et suivantes.

2. Voyez ses *Observations sur la comédie et sur le génie de Molière* (1736), p. 157-165.

3. La Fontaine a imité ce récit de Boccace dans un de ses contes (publié en 1685, le troisième du livre V), *la Confidente sans le savoir ou le Stratagème*. Seulement au confesseur il a substitué une respectable matrone.

avant le moment où il écrit : les parents de la dame existent encore, dit-il, et c'est pour cela qu'il ne la nommera point. On peut ne voir là qu'un procédé littéraire ; mais, quoi qu'il en soit, l'anecdote était passée dans le domaine commun longtemps avant Molière, et Lope de Véga en avait déjà fait usage avant lui dans *la Discreta enamorada.*

Lope de Véga a imaginé une situation qui offre quelque analogie avec celle de *l'Avare* de Molière : c'est celle d'un vieillard amoureux d'une jeune fille, et qui prétend l'épouser ; mais celle-ci aime le fils de ce vieillard, et, ce qui est assez choquant, c'est au père qu'elle s'adresse pour faire savoir sa passion au jeune homme. Elle feint de consentir à son union avec le vieux capitaine Bernardo, lui demande seulement un délai d'un mois, et lui fait la même fausse confidence que la dame florentine à son confesseur dans Boccace. Le père, irrité, accable de reproches son fils, qui tombe aux genoux de sa future belle-mère ; celle-ci, en signe de pardon, lui donne sa main à baiser ; le jeune homme lui dit que ce n'est pas assez, qu'il voudrait bien l'embrasser. Rien ne sera plus facile : la jeune fille le prévient qu'elle va faire semblant de tomber, et, en la relevant, il trouvera aisément moyen de lui donner un baiser ; c'est ce qui arrive. Il y a peut-être là l'idée de la scène où Isabelle, dans Molière, donne sa main à baiser à Valère, derrière Sganarelle[1]. Mais au moins, chez lui, ce n'est ni un confesseur comme dans Boccace, ni un père comme dans Lope de Véga, qui joue ce rôle ridicule[2] ; et, quoique la scène de *l'École des maris* ait

---

1. Acte II, scène IX.
2. Quant à la valeur littéraire de l'œuvre espagnole, comparée par Riccoboni (à l'endroit cité) à celle de Molière, nous ne pouvions mieux faire que de nous adresser au savant littérateur qui avait bien voulu nous aider de ses recherches au sujet du prétendu *Dom Garcie* espagnol. A la prière de M. Ad. Regnier, M. Antoine de Latour a eu l'extrême obligeance de lire les deux pièces, la pièce de Molière et celle de Lope de Véga. Nous croyons devoir citer un passage de sa réponse à M. Regnier, où il raconte ce qu'il appelle son *désenchantement* : « J'avais relu d'avance *l'École des maris*, et je me promettais un vrai régal de la comparaison. Mais en quoi une charmante comédie, où Molière est déjà tout entier, peut-elle être com-

paru un peu risquée, on conviendra que l'auteur français s'est montré plus scrupuleux sur les convenances que ses deux devanciers ultramontains.

parée à une sotte, ennuyeuse et désagréable pièce, que je m'étonne de rencontrer dans un choix qui passe pour avoir été fait avec goût[a]? Je me demande comment Riccoboni a pu insister, comme il le fait, sur la comparaison. En cherchant bien, et quand on veut, de parti pris, arriver à un résultat quelconque, il n'est pas impossible de reconnaître qu'il y a dans *la Discreta* une certaine Fenisa qui se sert aussi de son vieux prétendu, qui n'est pas son tuteur, pour avertir un jeune galant qu'elle aime la première. Mais cette idée, à peine indiquée, s'éteint dans le brouillard d'une intrigue qui n'a rien de commun avec celle de *l'École des maris*. Action et personnages, tout est différent. Rien de l'heureux contraste des deux tuteurs, rien de celui des deux pupilles. Aucune analogie dans les deux fables; aucune leçon morale ne sort de l'œuvre espagnole. Une fille qui joue sa mère, un fils qui joue son père, et le père et la mère aussi ridicules l'un que l'autre. Pas même de jolis détails, rien, en un mot, qui soit digne de Lope de Véga. Si j'eusse lu *la Discreta* pour mon compte et sans préoccupation de comparaison aucune, je crois d'abord que je ne serais pas allé au bout, et, en tout cas, rien dans cette comédie, absolument rien, ne m'eût fait souvenir de *l'École des maris*. Pas un mot de l'œuvre de Molière ne se trouve dans *la Discreta*. Pas même un mot qui sente l'Espagne. » — Nous trouvons dans les documents que M. Humbert nous a communiqués, la mention d'un passage emprunté à l'*Histoire de la littérature et de l'art dramatiques en Espagne* par M. de Schack[b], Berlin, 1845, tome II, p. 685, et d'où il résulterait que Molière s'est encore inspiré d'une autre pièce de Lope de Véga, *el Mayor imposible*; et d'un autre côté, M. Louandre, dans sa Notice de *l'École des maris*, signale une comédie de Moreto, *No puede ser guardar una muger*, d'où Molière aurait peut-être tiré quelque chose. Nous nous sommes encore adressé sur ce point à M. de Latour, et voici sa réponse : « J'ai lu avec grand soin, et j'ajoute avec un vrai plaisir, les deux nouvelles comédies sur lesquelles vous avez bien voulu me consulter, *el Mayor imposible* de Lope de Véga et *No puede ser....* de Moreto, et il me paraît évident que

---

[a] M. de Latour parle de la collection publiée à Madrid par M. Rivadeneyra, sous le titre de *Biblioteca de autores españoles*. La Discreta enamorada est dans le tome I de Lope de Véga (1853); el Mayor imposible, dans le tome II (1855); No puede ser guardar una muger, dans le tome unique de Moreto (1856).

[b] Voyez une note de M. Viguier, au tome IV du *Corneille*, p. 292.

Enfin, pour ne rien omettre, devons-nous mentionner une petite pièce en un acte, en vers, par Dorimond, comédien de Mademoiselle, *la Femme industrieuse?* Elle parait avoir été jouée avant *l'École des maris* [1]. Cette circonstance peut seule nous excuser d'en tenir compte ; car la pièce est d'une pla-

Molière, en écrivant *l'École des maris*, ne s'est souvenu ni de l'une ni de l'autre. Je serais même tenté de croire qu'il ne les avait pas lues. A vrai dire, ces deux comédies n'en font qu'une. Celle de Moreto n'est qu'une reproduction plus moderne de celle de Lope de Véga, ce que les Espagnols appellent une *refundicion*. Moreto était coutumier du fait, et on n'a guère le courage de le lui reprocher, quand on sait que, par ce procédé cavalier, il a fait d'un drame énergique mais très-inégal de Tirso de Molina, un des chefs-d'œuvre de la scène espagnole, *el Valiente justiciero*. Dans le cas actuel, il a pris à Lope de Véga l'idée, le cadre, le plan et la suite des scènes de sa comédie, tout enfin, excepté le détail courant et les noms des personnages. Sous ce titre *No puede ser..., el Mayor imposible* est devenu une pièce plus régulière, mais en perdant beaucoup de sa grâce et de son aisance première, et à tout prendre, je préfère encore l'œuvre touffue, trop souvent affectée, négligée, subtile du maître, à la comédie plus étudiée et plus correcte du disciple. Les deux comédies étant, dans le fond, identiques, présentent, on devait s'y attendre, le développement d'une même idée, dont l'expression revient souvent comme une sorte de refrain, et qui est qu'une femme ne saurait être bien gardée si elle ne se garde elle-même. C'est bien sans doute aussi la moralité qui ressort de *l'École des maris*, mais ce rapprochement est le seul qui se puisse faire entre la comédie française et les deux ouvrages espagnols. »

1. Le privilége placé en tête de *la Femme industrieuse* est commun à plusieurs pièces : « Par grâce et privilége du Roi, donné à Paris le 26ᵉ mars 1661, signé par le Roi en son conseil, DE FAYES, il est permis au sieur Dorimond, comédien de Mademoiselle, de faire imprimer les pièces de théâtre par lui composées et représentées par la troupe de Mademoiselle à Paris, par tel imprimeur et libraire qu'il voudra, etc. » Cette troupe, qui ne parait pas avoir joué longtemps, au moins à Paris, occupait, en 1661, selon les frères Parfaict (*Histoire du Théâtre françois*, tome IX, p. 2), un théâtre situé sur l'emplacement d'une vieille et « grande maison à porte cochère, » rue des Quatre-Vents, « la première à main droite, en entrant par le bas de la rue de Condé. » Il semblerait, aux termes du privilége, que *la Femme industrieuse* avait été déjà jouée à la date du 26 mars 1661 ; Loret, d'autre part, annonce les

titude, et parfois d'une grossièreté rare. Mais la donnée que nous venons de signaler s'y retrouve : Isabelle, femme du Capitan, pour faire connaître son amour à Léandre, qui ne l'a jamais vue, charge le Docteur, précepteur de Léandre, d'avertir celui-ci qu'elle s'est aperçue de son amour et qu'elle s'en trouve offensée. Mais c'est faire trop d'honneur à Dorimond que de supposer que Molière ait pu lui emprunter quelque chose.

Nous dirons cependant, à ce propos, que nous n'avons pas été bien éloigné, un moment, d'attribuer à Dorimond un honneur qui, toute vérification faite, ne paraît pas lui appartenir. On a dit que *l'École des maris* était la première pièce qui ait pris ce nom d'*École*, depuis si répété comme titre de pièce de théâtre, et l'on y a vu la preuve des préoccupations de moraliste que Molière portait dans la comédie. Il nous semblait toutefois que la gaieté même avec laquelle Molière fait allusion au titre de sa pièce[1] pouvait faire douter qu'il y eût attaché une aussi haute signification; et nous n'aurions pas été autrement surpris qu'il eût été devancé à cet égard; nous ne nous refusions même pas à croire que cette fois c'était bien Dorimond qui lui avait donné l'exemple, en écrivant *l'École des cocus* ou *la Précaution inutile*. Le privilége de cette pièce est en effet daté du 12 avril 1661, par conséquent antérieur à *l'École des maris*. Mais le titre d'*École des cocus* n'est mentionné que dans le privilége imprimé, au commencement d'août, en tête du volume de Dorimond; il ne se trouvait sûrement pas, nous en avons la preuve, dans l'original officiel du privilége obtenu en avril pour *la Précaution inutile*,

débuts de la troupe dès le 1ᵉʳ janvier[a]; la pièce imprimée, dans un des deux exemplaires de l'Arsenal, est suivie d'un dernier feuillet (pouvant, il est vrai, avoir été détaché, par le relieur, de quelque autre pièce de Dorimond), qui porte le même privilége général, et de plus un achevé d'imprimer du 22 avril; cette dernière date lui assurerait une antériorité d'au moins deux mois sur la pièce de Molière.

1. Voyez les deux derniers vers.

[a] Une troupe toute nouvelle
Qui se dit à MADEMOISELLE,
Qu'on attendoit de longue main,
Joue au faubourg de Saint-Germain.

et présenté le 10 août à l'enregistrement du syndicat des libraires. Il est donc certain qu'entre l'obtention de ce privilége en avril et l'achevé d'imprimer, qui est du 6 août 1661, c'est-à-dire postérieur de six semaines au succès de *l'École des maris*, Dorimond a cru pouvoir ajouter ce premier titre à sa pièce; et il faut reconnaître que Molière est probablement le premier qui ait employé cette dénomination devenue depuis si fréquente [1].

L'École des maris est une des pièces de Molière le plus souvent représentées à toutes les époques [2]. Il semble toutefois

1. Le vrai titre d'ailleurs de la farce de Dorimond, celui qui répond tout à fait au sujet, est certainement le second : *la Précaution inutile;* et l'intérêt seul qu'il avait à piquer la curiosité du public en parodiant le titre d'une pièce en vogue, a pu l'engager à cette petite supercherie, si même c'en est une que l'addition d'un nouveau titre au privilége imprimé. Molière assurément ne songea pas à s'en plaindre. Les frères Parfaict ont sans doute voulu s'en tenir à la date de l'achevé d'imprimer, car ils ont eu soin, dans leur histoire chronologique, de placer l'analyse de la pièce de Dorimond après leur notice de *l'École des maris*. Peut-être, car leur exactitude était grande, avaient-ils compulsé le registre des libraires, et pris connaissance de cet extrait de privilége que nous y avons relevé, et qui nous paraît décisif : « Le 10 août 1661 (15 *jours seulement avant l'enregistrement de* l'École des maris). — Gabriel Quinet, marchand libraire en cette ville, a présenté un privilége, obtenu sous le nom du sieur Dorimond, pour l'impression d'un recueil de six petites comédies qu'il a composées, qui sont intitulées : *les Amours de Trapolin, l'Inconstance punie, l'Amant de sa femme,* LA PRÉCAUTION INUTILE, *la Femme industrieuse et le Festin de pierre;* ledit privilége est pour le temps de sept années, en date du .... [a] jour d'avril 1661; ledit Dorimond a fait transport dudit privilége au sieur Quinet et associés. »

2. Le *Registre de la Grange* contient sur le voyage de la cour à Chambord, de septembre 1669, la note suivante : « On y a joué, entre plusieurs comédies, le *Pourceaugnac* pour la première fois. » Une lettre de la Rochefoucauld, datée de Chambord, du 24 de ce mois, nous apprend que l'une des pièces représentées fut *l'École des maris*, que « Molière *la* joua, » dit-il, le 23.

[a] Le quantième est resté en blanc.

que, sous Louis XV, cette comédie, tout en continuant d'être jouée assez régulièrement, ait eu un peu moins de succès que quelques autres. Nous croyons trouver dans la notice placée en tête du Molière de 1725[1] l'explication de ce fait, aussi bien que du discrédit relatif où étaient tombées alors plusieurs des pièces de notre grand comique, sinon auprès des littérateurs, du moins auprès d'une portion du public : « [*L'École des maris*] a perdu quelque chose de son premier agrément, parce que les modes ayant souvent changé depuis ce temps-là, on est obligé dans la représentation de retrancher plusieurs vers où *Molière* raille plaisamment la manière de s'habiller alors, ce que l'on peut voir dans la première scène du premier acte ; et comme les acteurs sur les habits desquels ces railleries réfléchissent ne suivent plus cette mode, elles porteroient à faux, si on ne les retranchoit pas (p. XXII). » Cet usage de jouer les rôles de Molière avec le costume moderne a dû avoir d'autres conséquences plus graves que le retranchement de quelques vers ; le contraste entre le costume des acteurs et les mœurs, les usages, les ridicules même, dont les comédies de Molière étaient l'image, a dû contribuer à les vieillir encore aux yeux du gros public ; et cet anachronisme bizarre n'a certes pas été sans influence sur le succès médiocre qu'elles obtenaient alors, et dont se plaignent souvent les critiques du temps.

Un fait assez singulier et que nous ne nous chargeons pas d'expliquer, c'est que, pendant la Révolution, de 1789 à 1799, c'est la pièce le plus souvent jouée de tout le répertoire de Molière, soit sur le *Théâtre de la Nation*, soit sur le *Théâtre de la République*. Sous le premier Empire, une seule pièce de Molière atteint un chiffre plus élevé de représentations, c'est *le Médecin malgré lui*; sous la Restauration, une seule aussi, c'est *le Tartuffe*; sous le gouvernement de Juillet, le *Dépit amoureux* (réduit en deux actes), *le Tartuffe*, et enfin *l'Avare*, sont joués un plus grand nombre de fois ; enfin, sous le second Empire, il n'y a pas moins de treize pièces de Molière plus souvent jouées que *l'École des maris*. Après avoir

---

[1] Amsterdam, chez Pierre Brunel. Cette notice est attribuée à la Martinière : voyez notre tome I, p. XXIII, note *b*.

subi à cette date une interruption de plusieurs années, elle est reprise en 1859; et en 1867 nous trouvons la note suivante sur les registres de la Comédie : Le 8 juin, « le roi de Prusse, Guillaume Ier, a vu jouer le troisième acte de *l'École des maris* et le premier acte de *Mademoiselle de Belle-Isle*. Sa Majesté, obligée de se rendre au bal de l'Hôtel de Ville, a exprimé ses regrets de ne pouvoir demeurer plus longtemps. M. de Bismarck accompagnait Sa Majesté. »

On sait par qui, lors de la création, furent tenus les principaux rôles. Molière jouait Sganarelle[1]. « De l'Espy, qui ne promettoit rien que de très-médiocre, parut inimitable dans *l'École des maris* », dit Guéret[2]. Le seul rôle que le vieux de l'Espy, le frère de Jodelet, pût remplir, était évidemment celui d'Ariste. Quant aux personnages de Valère et d'Isabelle, on ne peut guère douter qu'ils ne fussent joués par la Grange et par Mlle de Brie, que nous voyons plus tard encore en possession de ces deux rôles. Pour les autres personnages, on ne saurait former que des conjectures[3].

---

1. Cela peut se conclure du nom et de l'importance du rôle, et même du costume que portait Molière, et qui a été inventorié ainsi (on remarquera l'antique escarcelle) : « Un.... habit pour *l'École des maris*, consistant en haut-de-chausses, pourpoint, manteau, col, escarcelle et ceinture, le tout de satin couleur de musc » (sorte de couleur brune, dont se trouva être aussi le plus bel habit de ville de Molière) : voyez les *Recherches sur Molière* de M. Eud. Soulié, p. 278.
2. Dans *la Promenade de Saint-Cloud*, à la suite du tome II des *Mémoires de Bruys*, 1751, p. 212.
3. On ne peut guère admettre celle d'Aimé-Martin, attribuant tout d'abord le rôle de Léonor à Armande Béjart : il ne paraît pas qu'elle soit montée sur la scène avant son mariage; elle ne figure sur le *Registre de la Grange* qu'à partir de juin 1662[a]. M. Moland, après avoir fait la même remarque, suppose avec vraisemblance que ce rôle fut donné à Mlle du Parc; mais, au départ de celle-ci, à Pâques 1667, il put bien être pris par la femme de Molière, puisque, comme

[a] La date précise de son entrée dans la troupe n'est pas constatée par le registre; mais elle devait remonter au mariage même : voyez ci-dessus, p. 337, fin de la note 2.

La distribution de la pièce était, en 1685 [1] :

DAMOISELLES.

ISABELLE.	de Brie.
LÉONOR	Guérin (*la veuve remariée de Molière*).
LISETTE.	Guiot ou la Grange.

HOMMES.

VALÈRE	la Grange.
SGANARELLE.	Rosimont.
ARISTE.	Hubert.
ERGASTE.	Guérin.
LE COMMISSAIRE.	Dauvilliers.
LE NOTAIRE.	Beauval.

Voici maintenant comme elle a été distribuée à trois dates différentes depuis la Révolution (nous ne mentionnons pas les rôles du Commissaire et du Notaire, qui se réduisent à quelques mots) :

	1808.	1826.	1842.
SGANARELLE	Grandménil.	Guiaud.	Provost.
ARISTE...	Lacave.	Saint-Aulaire.	Mainvielle.
VALÈRE...	Armand.	Menjaud.	Mirecour.
ERGASTE...	Thénard.	Dailly.	Dailly.
ISABELLE..	Mmes Rose Dupuis.	Brocard.	Anaïs.
LÉONOR...	Gros.	Menjaud.	Garrique.
LISETTE...	Desbrosses.	Thénard.	August. Brohan.

La distribution actuelle est la suivante :

SGANARELLE	MM. Thiron.
ARISTE.	Chéry.
VALÈRE.	Delaunay.
ERGASTE.	Coquelin.
ISABELLE.	Mmes Croizette.
LÉONOR.	Lloyd.
LISETTE.	Dinah Félix.

on va le voir, il était tenu par elle en 1685. — Le *Peste soit du gros bœuf!* du vers 374 s'adressait sans doute à Gros-René (du Parc).

1. *Répertoire des comédies françoises qui se peuvent jouer* (à la cour) en 1685. Bibliothèque nationale, manuscrits français, n° 2509, f° 25, verso [a].

[a] Voyez notre tome I, p. 558.

Pour la mise en scène, au temps de Louis XIV, nous reproduisons ici la maigre indication du manuscrit de la Bibliothèque nationale que nous avons coutume de citer : « [Le] théâtre est des maison et fenêtre. Il faut un flambeau, une robe longue, une écritoire et du papier [1]. »

Voici le titre de la première édition :

L'ESCOLE
DES
MARIS,
COMEDIE,
DE I. B. P. MOLIERE.
*REPRESENTEE SVR LE
Theatre du Palais Royal.*
A PARIS,
Chez CLAUDE BARBIN, dans la
grad'Salle (*sic*) du Palais, au Signe
de la Croix.
M. DC. LXI.
AVEC PRIVILEGE DV ROY.

C'est un in-12, composé de 6 feuillets non paginés, de 65 pages numérotées, et de 2 derniers feuillets non chiffrés.

L'achevé d'imprimer de cette première édition est du 20 août 1661. Le privilége, donné pour sept ans à Jean-Baptiste Pocquelin de Moliers, est du 9 juillet de la même année. « Ledit sieur de Moliers a cédé et transporté son privilége à Charles de Sercy, marchand libraire à Paris... ; et ledit de Sercy a associé audit privilége Guillaume de Luyne, Jean Guignard, Claude Barbin et Gabriel Quinet, aussi marchands libraires.... » Nous le trouvons enregistré, à la date du 26 août suivant, dans un registre qui paraît avoir été tenu pour la chambre syndicale des libraires[2] : « Guillaume de Luyne, dit le re-

1. *Mémoire de plusieurs décorations qui servent aux pièces contenues en ce présent livre, commencé par* Laurent Mahelot *et continué par* Michel Laurent *en l'année* 1673. (Bibliothèque nationale, manuscrits français, n° 24330, p. 13 de la seconde partie[a].)

2. Bibliothèque nationale, manuscrits français, n° 21945 : nous l'avons déjà cité ci-dessus, p. 148 et p. 152.

[a] Voyez notre tome I, p. 559, et ci-dessus, p. 144, note 1.

gistre, marchand libraire en cette ville, a présenté un privilége de Sa Majesté obtenu sous le nom de Jean-Baptiste Pocquelin de Molières, comédien de la troupe de Monsieur le duc d'Orléans, pour l'impression d'une pièce de théâtre intitulée *l'École des maris;* ledit privilége est pour le temps de sept années, en date du 9⁰ juillet 1661. Ledit de Molières en a fait transport au sieur de Luyne. »

Molière s'était hâté cette fois; l'obtention du privilége suivait de quinze jours à peu près la première représentation. Il est daté de Fontainebleau, où la cour se trouvait alors, et où Molière allait quatre jours plus tard (le 13 juillet) représenter *l'École des maris* devant le Roi. Voici les considérants remarquables que Molière y a fait insérer :

« .... Notre amé *Jean-Baptiste Pocquelin de Moliers, comédien de la troupe de notre très-cher et très-amé frère unique le duc d'Orléans,* Nous a fait exposer qu'il auroit depuis peu composé pour notre divertissement une pièce de théâtre en trois actes, intitulée *l'École des maris,* qu'il desireroit faire imprimer; mais parce qu'il seroit arrivé qu'en ayant ci-devant composé quelques autres, aucunes d'icelles auroient été prises et transcrites par des particuliers, qui les auroient fait imprimer, vendre et débiter en vertu des lettres de priviléges qu'ils auroient surprises en notre grande chancellerie à son préjudice et dommage; pour raison de quoi il y auroit eu instance en notre conseil, jugée à l'encontre d'un nommé Ribou, libraire imprimeur, en faveur de l'exposant, lequel craignant que celle-ci ne lui soit pareillement prise, et que par ce moyen il ne soit privé du fruit qu'il en pourroit retirer[1], Nous auroit requis lui accorder nos Lettres avec les défenses sur ce nécessaires. A ces causes.... »

Dans certains exemplaires de l'édition originale, « on voit, dit M. Moland, une gravure représentant le fameux jeu de scène du second acte, lorsqu'Isabelle fait semblant d'em-

---

1. Voyez ci-dessus, p. 147 et suivantes, la *Notice* de *Sganarelle*. L'intérêt de ce privilége et les conclusions à en tirer n'avaient pas échappé à Auger : voyez sa *Notice* de *l'École des maris*, p. 359, note 1.

brasser Sganarelle et donne sa main à baiser à Valère. » N'aurait-ce point aussi été là le sujet de ce « tableau de *l'École des maris* » que Molière avait conservé jusqu'à sa mort, dont M. Soulié a pu suivre la trace jusqu'en 1738, et qu'il ne désespère pas de retrouver[1] ?

Dibdin[2] dit que *l'École des maris* a été imitée par Sedley dans *the Mulberry garden*, qui est de 1668 et eut un grand succès.

1. Voyez les *Recherches sur Molière*, p. 90.
2. *Histoire complète du théâtre*, tome IV, p. 184.

SOMMAIRE

DE *L'ÉCOLE DES MARIS*, PAR VOLTAIRE.

Il y a grande apparence que Molière avait au moins les canevas de ces premières pièces déjà préparés, puisqu'elles se succédèrent en si peu de temps.

L'École des maris affermit pour jamais la réputation de Molière. C'est une pièce de caractère et d'intrigue. Quand il n'aurait fait que ce seul ouvrage, il eût pu passer pour un excellent auteur comique.

On a dit que *l'École des maris* était une copie des *Adelphes* de Térence : si cela était, Molière eût plus mérité l'éloge d'avoir fait passer en France le bon goût de l'ancienne Rome, que le reproche d'avoir dérobé sa pièce; mais les *Adelphes* ont fourni tout au plus l'idée de *l'École des maris*. Il y a dans les *Adelphes* deux vieillards de différente humeur, qui donnent chacun une éducation différente aux enfants qu'ils élèvent; il y a de même dans *l'École des maris* deux tuteurs, dont l'un est sévère et l'autre indulgent : voilà toute la ressemblance. Il n'y a presque point d'intrigue dans les *Adelphes*; celle de *l'École des maris* est fine, intéressante et comique. Une des femmes de la pièce de Térence, qui devrait faire le personnage le plus intéressant, ne paraît sur le théâtre que pour accoucher[1]. L'Isabelle de Molière occupe presque toujours la scène avec esprit et avec grâce, et mêle quelquefois de la bienséance même dans les tours qu'elle joue à son tuteur. Le dénoûment des *Adelphes* n'a nulle vraisemblance : il n'est point dans la nature qu'un vieillard qui a été soixante ans chagrin, sévère et avare, devienne tout à coup gai, complaisant et libéral. Le dénoûment de *l'École des maris* est

---

1. Elle ne paraît pas du tout sur le théâtre : on entend seulement sa voix du dehors (vers 487 et 488). (*Note de Beuchot.*)

le meilleur de toutes les pièces de Molière : il est vraisemblable, naturel, tiré du fond de l'intrigue; et, ce qui vaut bien autant, il est extrêmement comique[1]. Le style de Térence est pur, sentencieux, mais un peu froid, comme César, qui excellait en tout, le lui a reproché. Celui de Molière, dans cette pièce, est plus châtié que dans les autres. L'auteur français égale presque la pureté de la diction de Térence, et le passe de bien loin dans l'intrigue, dans le caractère, dans le dénoûment, dans la plaisanterie.

[1]. Tel n'est pas le sentiment d'Auger. « Dans *l'École des maris*, dit-il (tome II, p. 364 des *OEuvres de Molière*), le dénoûment du sujet est bon, puisque chaque tuteur éprouve de la part de sa pupille le traitement qu'il mérite, d'après le système d'éducation et de conduite qu'il a suivi à son égard; mais le dénoûment de l'action ne vaut rien, puisque, amené par des scènes nocturnes d'une invraisemblance choquante, il n'aboutit qu'à un mariage par surprise, dont la nullité est par trop manifeste. »

A MONSEIGNEUR

LE DUC D'ORLÉANS,

FRÈRE UNIQUE DU ROI [1].

MONSEIGNEUR,

Je fais voir ici à la France des choses bien peu proportionnées. Il n'est rien de si grand et de si superbe que le nom que je mets à la tête de ce livre, et rien de plus bas que ce qu'il contient. Tout le monde trouvera cet assemblage étrange; et quelques-uns pourront bien dire, pour en exprimer l'inégalité, que c'est poser une couronne de perles et de diamants sur une statue de terre, et faire entrer par des portiques magnifiques et des arcs triomphaux superbes dans une méchante cabane. Mais, MONSEIGNEUR, ce qui doit me servir d'excuse, c'est qu'en cette aventure je n'ai eu aucun choix à faire, et que l'honneur que j'ai d'être à VOTRE ALTESSE ROYALE m'a imposé une nécessité absolue de lui dédier le premier ouvrage que je mets de moi-même au jour [2].

1. Le protecteur de la troupe de Molière, tout récemment marié (le 31 mars précédent), n'avait pas encore accompli sa vingt et unième année. — Cette épître dédicatoire a été omise dans les impressions étrangères de 1675 A, 84 A et 94 B, et aussi dans une édition, ou plutôt une contrefaçon, datée de 1662, que nous avons trouvée à la bibliothèque de l'Institut, et qui, si l'on en croyait le titre, aurait été imprimée à Paris et vendue par Barbin. La bibliothèque Cousin a un exemplaire de 1663, coté 11055, sur lequel le dernier chiffre de la date, MDCLXIII, a été assez adroitement gratté, ce qui en fait en apparence un exemplaire de 1662. La même bibliothèque a un exemplaire non falsifié de la même édition de 1663, dans le recueil coté 11016.

2. En effet, des pièces qui précèdent celle-ci en date, les deux

ÉPÎTRE.   355

Ce n'est pas un présent que je lui fais, c'est un devoir dont je m'acquitte ; et les hommages ne sont jamais regardés par les choses qu'ils portent. J'ai donc osé, MONSEIGNEUR, dédier une bagatelle à VOTRE ALTESSE ROYALE, parce que je n'ai pu m'en dispenser ; et si je me dispense ici de m'étendre sur les belles et glorieuses vérités qu'on pourroit dire d'Elle, c'est par la juste appréhension que ces grandes idées ne fissent éclater encore davantage la bassesse de mon offrande. Je me suis imposé silence pour trouver un endroit plus propre à placer de si belles choses ; et tout ce que j'ai prétendu dans cette Épître, c'est de justifier mon action à toute la France, et d'avoir cette gloire de vous dire à vous-même, MONSEIGNEUR, avec toute la soumission possible, que je suis,

De VOTRE ALTESSE ROYALE,

Le très-humble, très-obéissant,
et très-fidèle serviteur,

I. B. P. MOLIÈRE [1].

premières, *l'Étourdi* et le *Dépit amoureux*, furent données aux libraires en novembre de l'année suivante 1662 (voyez tome I, p. 98 et 399) ; pour *les Précieuses ridicules*, Molière avait expressément déclaré que ce n'était pas de lui-même, mais malgré lui, qu'il les mettait au jour (voyez sa Préface, ci-dessus, p. 47) ; *Sganarelle* avait été publié à son insu, « à son préjudice et dommage », comme il est dit dans le privilége même joint à la première édition de cette comédie de *l'École des maris* (voyez ci-dessus, p. 147 et suivantes, et p. 350) ; *Dom Garcie* enfin ne devait être imprimé qu'en 1682, parmi les œuvres posthumes (voyez ci-dessus, p. 234).

1. La signature, dans les éditions de 1666, 73, 74, 82, 1734, est MOLIÈRE tout court, sans les trois initiales I. B. P.

LES PERSONNAGES.

SGANARELLE, \
ARISTE[1],   } frères.

ISABELLE, \
LÉONOR,   } sœurs[2].

LISETTE, suivante de Léonor[3].
VALÈRE, amant d'Isabelle.
ERGASTE, valet de Valère.
LE COMMISSAIRE.
LE NOTAIRE.

La scène est à Paris[4].

---

1. ARISTIDE, pour ARISTE, dans l'édition de 1664.
2. SGANARELLE, frère d'Ariste.
   ARISTE, frère de Sganarelle.
   ISABELLE, sœur de Léonor.
   LÉONOR, sœur d'Isabelle. (1734.)
3. Dans l'édition de 1734, VALÈRE précède LISETTE.
4. UN COMMISSAIRE.
   UN NOTAIRE.
   DEUX LAQUAIS.
   La scène est à Paris, dans une place publique.
   (1734.)

L'ÉCOLE DES MARIS.

L'ÉCOLE DES MARIS.
COMÉDIE.

ACTE I.

SCÈNE PREMIÈRE.

SGANARELLE, ARISTE.

SGANARELLE.

Mon frère, s'il vous plaît, ne discourons point tant,
Et que chacun de nous vive comme il l'entend.
Bien que sur moi des ans vous ayez l'avantage
Et soyez assez vieux pour devoir être sage,
Je vous dirai pourtant que mes intentions   5
Sont de ne prendre point de vos corrections,
Que j'ai pour tout conseil ma fantaisie à suivre,
Et me trouve fort bien de ma façon de vivre.

ARISTE.

Mais chacun la condamne.

SGANARELLE.

Oui, des fous comme vous,
Mon frère.

ARISTE.

Grand merci : le compliment est doux.   10

358   L'ÉCOLE DES MARIS.

SGANARELLE.

Je voudrois bien savoir, puisqu'il faut tout entendre,
Ce que ces beaux censeurs en moi peuvent reprendre.

ARISTE.

Cette farouche humeur, dont la sévérité
Fuit toutes les douceurs de la société,
A tous vos procédés inspire un air bizarre,   15
Et, jusques à l'habit, vous rend chez vous barbare[1].

SGANARELLE.

Il est vrai qu'à la mode il faut m'assujettir,
Et ce n'est pas pour moi que je me dois vêtir !
Ne voudriez-vous point, par vos belles sornettes,
Monsieur mon frère aîné (car, Dieu merci, vous l'êtes   20
D'une vingtaine d'ans, à ne vous rien celer,
Et cela ne vaut point la peine d'en parler),
Ne voudriez-vous point, dis-je, sur ces matières,
De vos jeunes muguets[2] m'inspirer les manières[3] ?

---

1. Et, jusques à l'habit, rend tout chez vous barbare. (1734.)
2. *Muguet*, qui revient au vers 123, et adjectivement au vers 228, se trouve en ce sens même dans Rabelais : « un tas de muguets » (*Gargantua*, chapitre VIII). Ce mot, souvent employé au seizième siècle et depuis, était devenu « un peu vieux » au temps de Richelet (voyez son *Dictionnaire*, 1680, à l'article *Muguet*), et, comme tel, n'en convient que mieux à Sganarelle, hostile aux modes nouvelles, dans le langage sans doute comme pour les habits. On le trouve dans *les Tragiques* d'Agrippa d'Aubigné [a], et Malherbe (tome IV, p. 369) l'a relevé, comme un « mot de satire ou de comédie », dans une élégie de des Portes. Il paraît venir d'un parfum longtemps à la mode, l'essence de muguet ; comme *marjolet*, employé dans le même sens par Régnier (satire III, vers 115), semble venir de *marjolaine*, et *muscadin*, plus tard, d'une coutume fort ancienne (car on la trouve déjà dans A. d'Aubigné), celle de mâcher des pastilles de musc :

Garnir et bas et haut de roses et de nœuds,
Les dents de muscadins, de poudre les cheveux.
(*Les Tragiques*, édition de M. Ludovic Lalanne, p. 118.)

3. On retrouve ici, selon la remarque de M. Moland, le costume du marquis

[a] Ils donnent passe-temps aux muguets parfumés.
(Livre second, *Princes*, p. 95 de l'édition de M. L. Lalanne.)

M'obliger à porter de ces petits chapeaux[1] 25
Qui laissent éventer leurs débiles cerveaux,
Et de ces blonds cheveux[2], de qui la vaste enflure

de Mascarille, tel que le décrivait Mlle des Jardins, dans son *Récit de la farce des* Précieuses : « Sa perruque étoit si grande, qu'elle balayoit la place à chaque fois qu'il faisoit la révérence, et son chapeau si petit, qu'il étoit aisé de juger que le marquis le portoit bien plus souvent dans la main que sur la tête; son rabat se pouvoit appeler un honnête peignoir, et ses canons sembloient n'être faits que pour servir de caches aux enfants qui jouent à cline-musette.... Ses souliers étoient si couverts de rubans, qu'il ne m'est pas possible de vous dire s'ils étoient de roussi, de vache d'Angleterre ou de maroquin, etc. » Voyez ci-dessus l'*Appendice* des *Précieuses ridicules*, p. 129, et la citation de la note 1 de cette page.

1. La mode des petits chapeaux avait succédé à celle des grands chapeaux : c'est ce que, dans *le Roman bourgeois*, Furetière appelle *le flux et reflux de la mode des chapeaux*. Aussi demande-t-il l'institution de « correcteurs de modes, qui seroient de bons prud'hommes qui mettroient des bornes à leur extravagance, et qui empêcheroient par exemple que les formes des chapeaux ne devinssent hautes comme des pots à beurre, ou plates comme des cales, chose qui est fort à craindre lorsque chacun les veut hausser ou aplatir à l'envi de son compagnon, durant le flux et reflux de la mode des chapeaux. » (*Le Roman bourgeois*, édition de M. P. Jannet, 1868, tome I, p. 54; la première édition du *Roman bourgeois* est de 1666.)

2. Ceci ne doit pas s'entendre des perruques, dont l'usage ne devint général que plus tard; on portait encore ses cheveux naturels, quand on le pouvait, en les augmentant au besoin avec un tour de cheveux. Ce ne fut qu'en 1673 que Louis XIV lui-même commença à porter perruque; Pellisson, dans ses *Lettres historiques*, nous raconte cet événement à la date du 13 août 1673 : « Le Roi a commencé ces jours passés à mettre une perruque entière, au lieu de tours de cheveux; mais elle est d'une manière toute nouvelle : elle s'accommode avec ses cheveux, qu'il ne veut point couper, et qui s'y joignent fort bien sans qu'on les puisse distinguer. » (Édition de 1729, tome I, p. 395.) Cependant, si l'on en croit J. B. Thiers[a], ce fut vers 1659 que l'usage des perruques commença à se répandre, et il en trouve la preuve dans la multiplication du nombre des perruquiers à cette date : « En l'année 1659, au mois de novembre, on.... publia un édit pour la création de deux cents barbiers, étuvistes et perruquiers. » (Édition de 1690, p. 30.) Ce n'est pas que l'historien des perruques ne déplore cet usage comme un scandale et presque comme une impiété : « Comme nous ne naissons pas avec des perruques, ce n'est pas Dieu qui nous les donne. Dieu ne nous les donnant pas, il faut de nécessité que nous les tenions du démon, qui est le corrupteur de la nature. » (Page 208.)

[a] « *Histoire des perruques*, où l'on fait voir leur origine,... l'abus et l'irrégularité de celles des ecclésiastiques (*cette dernière démonstration est le véritable objet du livre*), par M. Jean-Baptiste Thiers, docteur en théologie, curé de Champrond.... », Paris, aux dépens de l'auteur, 1690.

Des visages humains offusque la figure[1] ?
De ces petits pourpoints[2] sous les bras se perdants,
Et de ces grands collets jusqu'au nombril pendants[3] ? 30
De ces manches qu'à table on voit tâter les sauces[4],
Et de ces cotillons appelés hauts-de-chausses[5] ?
De ces souliers mignons, de rubans revêtus,
Qui vous font ressembler à des pigeons pattus[6] ?

1. *L'apparence*, *la forme*, comme dans ce vers de la Fontaine :

> Il a des oreilles
> En figure aux nôtres pareilles.
> (Fable v du livre VI.)

2. Le pourpoint était un vêtement serré, à manches justes, qui couvrait le corps depuis le cou jusqu'à la ceinture, et par-dessus lequel on portait un manteau. Après avoir beaucoup raccourci le pourpoint, comme s'en plaint ici Sganarelle, on l'a remplacé par la veste (*le gilet*) et par le justaucorps, nommé *habit* maintenant. (*Note d'Auger*.)

3. Pour cet accord du participe présent, dont nous trouverons dans cette pièce deux autres exemples (aux vers 201 et 329), voyez le *Lexique*, Introduction grammaticale.

4. La manche du pourpoint n'allait pas jusqu'au poignet. Elle laissait passer des manches de linge, très-bouffantes et serrées au poignet ; c'est de celles-ci que parle Sganarelle.

5. La mode des hauts-de-chausses ou hauts-de-chausse, larges ou étroits, avait été, comme celle des chapeaux, exposée à *un flux et à un reflux*, et les *grands cotillons* dont parle Sganarelle étaient non point une invention nouvelle, mais une restauration. En 1559, pendant les guerres de religion, on avait dû les défendre comme propres à recéler des armes : « et de fait aussi étoient-ils par trop excessifs,... d'une aune et demie de large, ou cinq quartiers. » (Regnier de la Planche, *Histoire de l'Estat de France.... sous le règne de François II*, 1576, p. 29.) C'est ce que constate Rabelais en décrivant le costume de Gargantua, qui, toutes proportions gardées d'ailleurs entre un géant et un homme ordinaire, devait avoir des chausses fort larges : on sait qu'elles ne descendaient pas alors jusqu'au genou, et cependant, tandis qu'on ne lève pour son pourpoint que « huit cents treize aulnes de satin blanc,... pour ses chausses furent levées unze cents cinq aulnes et un tiers d'estamet blanc, et furent déchiquetées en forme de colonnes striées et crénelées par le derrière, afin de n'échauffer les reins. » (*Gargantua*, chapitre VIII.) Même mode au commencement du règne de Louis XIII, en 1617. Pour être bien vêtu, dit le baron de Fæneste, « Il faut.... des chausses comme celles que vous voyez, dans lesquelles, tant frise qu'écarlate, je vous puis assurer de huit aunes d'étoffe pour le moins. » (A. d'Aubigné, *les Aventures du baron de Fæneste*, livre I, chapitre II.)

6. *Pattu* « ne se dit guère que des pigeons qui ont de la plume jusque sur

ACTE I, SCÈNE I.

Et de ces grands canons¹ où, comme en des entraves²,
On met tous les matins ses deux jambes esclaves,
Et par qui nous voyons ces Messieurs les galants³
Marcher écarquillés ainsi que des volants⁴?
Je vous plairois, sans doute, équipé de la sorte ;
Et je vous vois porter les sottises qu'on porte.   40

les pieds. » C'est ce que dit l'Académie jusqu'à la fin du dix-huitième siècle ; la dernière édition du *Dictionnaire* (1835) donne de plus les exemples : « coqs pattus, poules pattues. »

1. Voyez ci-dessus aux *Précieuses ridicules*, p. 77, note 2.
2. Où, comme des entraves. (1666, 73.)
3. *Galans* est ici l'orthographe des anciens textes. Aux vers 320 et 508, l'édition originale donne au singulier *galand*, et aux vers 322, 683, 896 et 962, *galant*.
4. En effet, les deux canons noués aux genoux et évasés par le bas ressemblaient assez à deux volants de jeu renversés. L'auteur des *Lois de la galanterie* parle « de ce rond de bottes fait comme le chapiteau d'une torche, dont l'on a tant de peine à conserver la circonférence, qu'il faut marcher en écarquillant les jambes » (§ x, p. 21 de l'édition de 1644). Le rond de bottes doit s'entendre du haut de ces bottes évasées à la mode du temps de la Fronde ; mais, pour la démarche, l'inconvénient était le même que celui des canons. Un peu plus loin, dans ce petit livre, les canons eux-mêmes sont comparés à des lanternes de papier (voyez ci-dessus, p. 78, fin de la note 2 de la page précédente). Nous devons dire que presque tous les commentateurs, Aimé-Martin entre autres, entendent ici par *volants* des ailes de moulin, et M. Littré dans son *Dictionnaire* a adopté cette explication. Les canons ne ressemblaient pas pourtant à des ailes de moulin ; et il semble beaucoup plus naturel de les comparer à des volants d'enfant. Dans la traduction italienne de Molière publiée pour la première fois à Leipsick en 1697, Castelli remplace les *volants* par une image analogue : *spalancati com' i carciofft*, « écarquillés comme les artichauts. » — La Martinière, auteur d'une *Vie de Molière*, publiée à Amsterdam en 1725, fait remarquer qu'à cette date tous ces vers, relatifs aux modes de 1661, étaient retranchés à la représentation, parce que les comédiens avaient pris l'habitude de ne s'habiller qu'à la mode du jour (voyez ci-dessus la *Notice*, p. 346). On peut voir, en effet, par les gravures faites sur les dessins de Coypel et de Boucher pour les pièces de Molière, et l'on sait d'ailleurs que, sauf les rôles très-caractérisés et un peu conventionnels comme celui de Scapin et de Sganarelle, les autres se jouaient avec les costumes que les acteurs portaient à la ville. En tête de *l'École des maris* dans l'édition de 1734, il y a une gravure d'après F. Boucher ; elle représente la scène où Isabelle, derrière le dos de Sganarelle, donne sa main à baiser à Valère (acte II, scène IX); Sganarelle porte le costume de fantaisie admis pour ce rôle : toque, fraise, manteau ; Isabelle et Valère ont le costume de 1734. Ce singulier anachronisme a duré jusqu'à l'époque très-récente où l'on s'est enfin avisé de jouer les pièces de Molière avec les costumes du temps de Molière.

ARISTE.

Toujours au¹ plus grand nombre on doit s'accommoder,
Et jamais il ne faut se faire regarder.
L'un et l'autre excès choque, et tout homme bien sage
Doit faire des habits ainsi que du langage,
N'y rien trop affecter, et sans empressement 45
Suivre ce que l'usage y fait de changement.
Mon sentiment n'est pas qu'on prenne la méthode
De ceux qu'on voit toujours renchérir sur la mode,
Et qui dans ses excès², dont ils sont amoureux,
Seroient fâchés qu'un autre eût³ été plus loin qu'eux; 50
Mais je tiens qu'il est mal, sur quoi que l'on se fonde,
De fuir obstinément ce que suit tout le monde,
Et qu'il vaut mieux souffrir d'être au nombre des fous,
Que du sage parti se voir seul contre tous.

SGANARELLE.

Cela sent son vieillard, qui, pour en faire accroire, 55
Cache ses cheveux blancs d'une perruque noire.

ARISTE.

C'est un étrange fait du soin que vous prenez
A me venir toujours jeter mon âge au nez,
Et qu'il faille qu'en moi sans cesse je vous voie
Blâmer l'ajustement aussi bien que la joie, 60
Comme si, condamnée à ne plus rien chérir,
La vieillesse devoit ne songer qu'à mourir,
Et d'assez de laideur n'est pas accompagnée,
Sans se tenir encor malpropre et rechignée.

SGANARELLE.

Quoi qu'il en soit, je suis attaché fortement 65
A ne démordre point de mon habillement.

---

1. Une faute d'impression a substitué *ou* à *au* dans l'édition originale.
2. Et qui dans ces excès. (1673, 74, 82.) — Et qui dans cet excès. (1734.)
3. L'auxiliaire *eût* est omis dans l'édition originale.

Je veux une coiffure¹, en dépit de la mode,
Sous qui toute ma tête ait un abri commode;
Un beau pourpoint bien long et fermé comme il faut,
Qui, pour bien digérer, tienne l'estomac chaud ; 70
Un haut-de-chausses fait justement pour ma cuisse;
Des souliers où mes pieds ne soient point au supplice,
Ainsi qu'en ont usé sagement nos aïeux :
Et qui me trouve mal, n'a qu'à fermer les yeux.

SCÈNE II.

LÉONOR, ISABELLE, LISETTE, ARISTE, SGANARELLE².

LÉONOR, à Isabelle.

Je me charge de tout, en cas que l'on vous gronde. 75

LISETTE, à Isabelle.

Toujours dans une chambre à ne point voir le monde?

ISABELLE.

Il est ainsi bâti.

LÉONOR.

Je vous en plains, ma sœur.

LISETTE³.

Bien vous prend que son frère ait toute une autre humeur,
Madame, et le destin vous fut bien favorable
En vous faisant tomber aux mains du raisonnable. 80

ISABELLE.

C'est un miracle encor qu'il ne m'ait aujourd'hui
Enfermée à la clef ou menée avec lui.

---

1. Le bonnet que porte Sganarelle est une espèce de béret.
2. ARISTE et SGANARELLE *parlant bas ensemble sur le devant du théâtre, sans être aperçus.* (1734.)
3. LISETTE, *à Léonor.* (1734.)

LISETTE.

Ma foi, je l'envoirois au diable avec sa fraise[1],
Et....[2]

SGANARELLE[3].

Où donc allez-vous, qu'il ne vous en déplaise?

LÉONOR.

Nous ne savons encore, et je pressois ma sœur   85
De venir du beau temps respirer la douceur;
Mais....

SGANARELLE[4].

Pour vous, vous pouvez aller où bon vous semble[5];
Vous n'avez qu'à courir, vous voilà deux ensemble.
Mais vous, je vous défends, s'il vous plaît, de sortir.

ARISTE.

Eh! laissez-les, mon frère, aller se divertir[6].   90

SGANARELLE.

Je suis votre valet, mon frère.

ARISTE.

     La jeunesse
Veut....

SGANARELLE.

  La jeunesse est sotte, et parfois la vieillesse.

ARISTE.

Croyez-vous qu'elle est mal d'être avec Léonor?

---

1. Collet de linge à deux ou trois rangs de plis, qui était à la mode vers la fin du règne de Henri IV. Le nom de cet ajustement, dit M. Littré, est tiré sans doute d'une sorte d'assimilation avec la fraise de veau. On lit dans les *Aventures du baron de Fœneste* (1617) : « Il y a, après, la diversité des rotondes, à double rang de dentelles, ou bien fraises à confusion. » (Livre I, chap. II.)

2. Et.... *Rencontrant Sganarelle.* (1682, 97, 1710.) — L'édition de 1718, peut-être à cause de l'hiatus, remplace *et* par *mais*. Nous trouverons ci-après, à une pause comme ici, un semblable hiatus dans le vers 217.

3. SGANARELLE, *heurté par Lisette.* (1734.)

4. SGANARELLE, *à Léonor.* (1734.)

5. Après le vers 87, on lit dans l'édition de 1734 : *montrant Lisette;* et après le vers 88 : *à Isabelle.*

6. Ah! laissez-les, mon frère. (1663, 64, 66, 73, 74, 82, 1734.)

SCANARELLE.

Non pas; mais avec moi je la crois mieux encor.

ARISTE.

Mais....

SCANARELLE.

    Mais ses actions de moi doivent dépendre, 95
Et je sais l'intérêt enfin que j'y dois prendre.

ARISTE.

A celles[1] de sa sœur ai-je un moindre intérêt?

SCANARELLE.

Mon Dieu, chacun raisonne et fait comme il lui plaît.
Elles sont sans parents, et notre ami leur père
Nous commit leur conduite à son heure dernière, 100
Et nous chargeant tous deux ou de les épouser,
Ou, sur notre refus, un jour d'en disposer,
Sur elles, par contrat, nous sut, dès leur enfance,
Et de père et d'époux donner pleine puissance.
D'élever celle-là vous prîtes le souci, 105
Et moi, je me chargeai du soin de celle-ci;
Selon vos volontés vous gouvernez la vôtre :
Laissez-moi, je vous prie, à mon gré régir l'autre.

ARISTE.

Il me semble....

SCANARELLE.

    Il me semble, et je le dis tout haut,
Que sur un tel sujet c'est parler comme il faut. 110
Vous souffrez que la vôtre aille leste et pimpante :
Je le veux bien; qu'elle ait et laquais et suivante :
J'y consens; qu'elle coure, aime l'oisiveté,
Et soit des damoiseaux fleurée en liberté[2] :

---

1. Il y a *celle*, au singulier, dans l'édition de 1664.
2.   Et soit des damoiseaux flairée en liberté. (1734.)
— On lit dans le *Dictionnaire de l'Académie*, édition de 1694 : « *Flairer*. On prononce ordinairement *fleurer*. » En écrivant *fleurée*, Molière n'a donc

J'en suis fort satisfait. Mais j'entends que la mienne 115
Vive à ma fantaisie, et non pas à la sienne;
Que d'une serge honnête elle ait son vêtement,
Et ne porte le noir qu'aux bons jours seulement [1];
Qu'enfermée au logis, en personne bien sage,
Elle s'applique toute aux choses du ménage, 120
A recoudre mon linge aux heures de loisir [2],
Ou bien à tricoter quelque bas [3] par plaisir;
Qu'aux discours des muguets elle ferme l'oreille,
Et ne sorte jamais sans avoir qui la veille.
Enfin la chair est foible, et j'entends tous les bruits [4]. 125

fait que rendre l'orthographe conforme à la prononciation de son temps. (*Note d'Auger.*) — Loin d'introduire une orthographe nouvelle, comme on pourrait le croire par cette note, Molière s'est conformé à l'usage le plus habituel avant lui, au seizième siècle du moins, où l'on écrivait *fleurer* plus souvent que *flairer*. On le trouve même dans Regnier (satire x, vers 220), qui l'a employé dans le sens neutre :

.... Il fleuroit bien plus fort, mais non pas mieux que roses.

Il y a mieux : on rencontre encore le mot écrit ainsi, et non par *ai* (orthographe des impressions antérieures), dans Saint-Simon, comme on peut le voir au tome XVIII, p. 292, de l'édition de ses *Mémoires* que publient en ce moment MM. Chéruel et Ad. Regnier fils, la seule jusqu'ici qui reproduise avec une entière exactitude le manuscrit autographe de l'auteur.

1. Dans son *Histoire du costume en France* (p. 504), M. J. Quicherat met le noir au premier rang des couleurs le plus portées à l'époque dont il s'agit. — Dans *le Tracas de Paris* (1666), de François Colletet (p. 255 du *Paris ridicule et burlesque au dix-septième siècle....* publié par P. L. Jacob, bibliophile), *un riche habit noir* est reproché comme un grand luxe aux petites bourgeoises qui tiennent à s'en parer le jour de leurs noces :

Car enfin il est ridicule....
Qu'une fille qu'on mariera,
Qui fille de marchand sera,
Et parfois marchand sans négoces,
Voudra que le jour de ses noces
Son pauvre père sans pouvoir
L'habille d'un riche habit noir
Ou de moire ou de ferrandine.

2. Aux heures du loisir. (1682.)
3. *Quelques bas*, au pluriel, dans les éditions de 1666 et de 1673.
4. Les mille histoires qui courent (voyez les vers 680-682).

Je ne veux point porter de cornes [1], si je puis ;
Et comme à m'épouser sa fortune l'appelle,
Je prétends corps pour corps pouvoir répondre d'elle.
ISABELLE.
Vous n'avez pas sujet, que je crois....
SGANARELLE.
         Taisez-vous.
Je vous apprendrai bien s'il faut sortir sans nous.   130
LÉONOR.
Quoi donc, Monsieur...?
SGANARELLE.
      Mon Dieu, Madame, sans langage [2],
Je ne vous parle pas, car vous êtes trop sage.
LÉONOR.
Voyez-vous Isabelle avec nous à regret?
SGANARELLE.
Oui, vous me la gâtez, puisqu'il faut parler net.
Vos visites ici ne font que me déplaire,   135
Et vous m'obligerez de ne nous en plus faire.
LÉONOR.
Voulez-vous que mon cœur vous parle net aussi?
J'ignore de quel œil elle voit tout ceci ;

---

1. *Des cornes*, dans les éditions de 1673, 74, 82, 84 A, 1734. — « Au Théâtre-Français, dit Aimé-Martin, l'acteur qui joue le rôle de Sganarelle prononce ce vers à l'oreille d'Ariste ; j'ignore si cette tradition remonte jusqu'à Molière. » On en peut fort douter. Les deux vers suivants permettraient sans doute à Isabelle de donner la réplique ; mais, plus loin, dans la même scène, le vers 234 doit nécessairement être entendu de Léonor, et, comme le remarque M. Moland, la brutalité du langage, ici et là, est bien d'accord avec la bassesse de cœur du personnage.

2. C'est-à-dire, *sans vouloir m'expliquer davantage*. Corneille, comme le rappelle Auger, avait dit plus clairement dans *la Suivante* (vers 645) :

      Et sans plus de langage,
Arise...;

et dans *la Suite du Menteur* (vers 1613) :

     Donc, sans plus de langage,
Tu veux bien....

Mais je sais ce qu'en moi feroit la défiance;
Et quoiqu'un même sang nous ait donné naissance, 140
Nous sommes bien peu sœurs s'il faut que chaque jour
Vos manières d'agir lui donnent de l'amour.

LISETTE.

En effet, tous ces soins sont des choses infâmes.
Sommes-nous chez les Turcs pour renfermer les femmes?
Car on dit qu'on les tient esclaves en ce lieu, 145
Et que c'est pour cela qu'ils sont maudits de Dieu[1].
Notre honneur est, Monsieur, bien sujet à foiblesse,
S'il faut qu'il ait besoin qu'on le garde sans cesse.
Pensez-vous, après tout, que ces précautions
Servent de quelque obstacle à nos intentions, 150
Et quand nous nous mettons quelque chose à la tête,
Que l'homme le plus fin ne soit pas une bête?
Toutes ces gardes-là sont visions de fous :
Le plus sûr est, ma foi, de se fier en nous.
Qui nous gêne se met en un péril extrême, 155
Et toujours notre honneur veut se garder lui-même.
C'est nous inspirer presque un desir de pécher,
Que montrer tant de soins de nous en empêcher;
Et si par un mari je me voyois contrainte,
J'aurois fort grande pente à confirmer sa crainte. 160

---

[1]. « Quand Lisette dit si gaîment :

En effet,...

Lisette fait rire; mais tout en riant elle dit une chose très-sensée, et ne fait que confirmer en style de soubrette ce qu'Ariste a dit[a] en homme sage. En effet, du moment où les femmes sont libres parmi nous, sur la foi de leur éducation et de leur honnêteté, il est sûr que les précautions tyranniques sont une marque de mépris pour elles; et sans parler de l'injustice et de l'offense, quelle contradiction plus choquante que de commencer par les avilir pour leur donner des sentiments de vertu? Point de milieu : il faut ou les enfermer comme font les Turcs, ou s'y fier comme font les Français. C'est ce que signifie cette saillie de Lisette; et il faut être Molière pour donner tant de raison à une soubrette. » (Laharpe, *Lycée* ou *Cours de littérature*, 2de partie, livre I, chapitre VI, section II.)

[a] *Va dire* serait plus juste.

ACTE I, SCÈNE II.

SCANARELLE[1].

Voilà, beau précepteur, votre éducation,
Et vous souffrez cela sans nulle émotion[2].

ARISTE.

Mon frère, son discours ne doit que faire rire.
Elle a quelque raison en ce qu'elle veut dire :
Leur sexe aime à jouir d'un peu de liberté ;   165
On le retient fort mal par tant d'austérité ;
Et les soins défiants, les verrous et les grilles
Ne font pas la vertu des femmes ni des filles.
C'est l'honneur qui les doit tenir dans le devoir,
Non la sévérité que nous leur faisons voir.   170
C'est une étrange chose, à vous parler sans feinte,
Qu'une femme qui n'est sage que par contrainte.
En vain sur tous ses pas nous prétendons régner :
Je trouve que le cœur est ce qu'il faut gagner;
Et je ne tiendrois, moi, quelque soin qu'on se donne, 175
Mon honneur guère sûr aux mains d'une personne
A qui, dans les desirs qui pourroient l'assaillir,
Il ne manqueroit rien qu'un moyen de faillir.

SCANARELLE.

Chansons que tout cela.

ARISTE.

                    Soit ; mais je tiens sans cesse
Qu'il nous faut en riant instruire la jeunesse,   180
Reprendre ses défauts avec grande douceur,
Et du nom de vertu ne lui point faire peur.
Mes soins pour Léonor ont suivi ces maximes :
Des moindres libertés je n'ai point fait des crimes[3];
A ses jeunes desirs j'ai toujours consenti,   185
Et je ne m'en suis point, grâce au Ciel, repenti.

1. SCANARELLE, à Ariste. (1734.)
2. L'édition de 1734 termine ce vers par un point d'interrogation.
3.   Je n'ai point fait de crimes. (1664.)

J'ai souffert qu'elle ait vu les belles compagnies,
Les divertissements, les bals, les comédies;
Ce sont choses, pour moi, que je tiens de tout temps
Fort propres à former l'esprit des jeunes gens;   190
Et l'école du monde, en l'air dont il faut vivre
Instruit mieux[1], à mon gré, que ne fait aucun livre.
Elle aime à dépenser en habits, linge et nœuds :
Que voulez-vous? Je tâche à contenter ses vœux;
Et ce sont des plaisirs qu'on peut, dans nos familles,   195
Lorsque l'on a du bien, permettre aux jeunes filles[2].
Un ordre paternel l'oblige à m'épouser;
Mais mon dessein n'est pas de la tyranniser.
Je sais bien que nos ans ne se rapportent guère,
Et je laisse à son choix liberté tout entière[3].   200
Si quatre mille écus de rente bien venants[4],
Une grande tendresse et des soins complaisants
Peuvent, à son avis, pour un tel mariage,
Réparer entre nous l'inégalité d'âge,
Elle peut m'épouser; sinon, choisir ailleurs.   205
Je consens que sans moi ses destins soient meilleurs;
Et j'aime mieux la voir sous un autre hyménée[5],
Que si contre son gré sa main m'étoit donnée.

1. Instruit mieux de la manière dont il faut vivre.
2. C'est à peu près ce que, dans *les Adelphes*, Micion dit, au sujet des jeunes gens, sans qu'on puisse indiquer ici autre chose qu'une ressemblance générale entre les deux systèmes d'éducation appliqués dans Térence aux jeunes garçons, dans Molière aux jeunes filles. Nous ne pouvons guère compter ici pour une imitation directe ces mots : *Lorsque l'on a du bien*, que Molière eût rencontrés sans doute, même s'il n'eût pas trouvé dans Térence (vers 122 et 123) :

Est, Dis gratia,
Et unde hæc fiant, et adhuc non molesta sunt.

« J'ai, grâce aux Dieux, de quoi fournir à ces dépenses, et jusqu'à présent sans m'incommoder. »
3.   Toute entière. (1663, 66, 73, 74, 82, 1734.)
4. *Bien venants*, d'une rentrée facile et sûre.
5.   Sous une autre hyménée. (1673, 74, 82, 1710, 18.)

ACTE I, SCÈNE II.

SGANARELLE.

Hé! qu'il est doucereux! c'est tout sucre et tout miel.

ARISTE.

Enfin, c'est mon humeur, et j'en rends grâce au Ciel.
Je ne suivrois jamais ces maximes sévères,
Qui font que les enfants comptent les jours des pères.

SGANARELLE.

Mais ce qu'en la jeunesse on prend de liberté
Ne se retranche pas avec facilité ;
Et tous ses sentiments suivront mal votre envie, 215
Quand il faudra changer sa manière de vie.

ARISTE.

Et pourquoi la changer?

SGANARELLE.

Pourquoi?

ARISTE.

Oui.

SGANARELLE.

Je ne sai.

ARISTE.

Y voit-on quelque chose où l'honneur soit blessé?

SGANARELLE.

Quoi? si vous l'épousez, elle pourra prétendre
Les mêmes libertés que fille on lui voit prendre? 220

ARISTE.

Pourquoi non?

SGANARELLE.

Vos desirs lui seront complaisans,
Jusques à[1] lui laisser et mouches[2] et rubans?

---

1. Les éditions de 1661, 63, 64 ont *jusqu'à*, pour *jusques à*.
2. Non-seulement l'usage autorisait les femmes à porter des mouches, mais assez récemment encore les hommes mêmes avaient suivi cette mode. « Il sera encore permis à nos galands de la meilleure mine de porter des mouches rondes et longues, ou bien l'emplâtre noire assez grande sur la temple, ce que l'on appelle l'enseigne du mal de dents; mais pource que les cheveux la peuvent cacher, plusieurs ayant commencé depuis peu de la porter au-dessous de l'os

ARISTE.

Sans doute.

SGANARELLE.
A lui souffrir, en cervelle troublée,
De courir tous les bals et les lieux d'assemblée ?

ARISTE.

Oui vraiment.

SGANARELLE.
Et chez vous iront les damoiseaux ? 225

ARISTE.

Et quoi donc ?

SGANARELLE.
Qui joueront et donneront cadeaux[1] ?

de la joue, nous y avons trouvé beaucoup de bienséance et d'agrément. Que si les critiques nous pensent reprocher que c'est imiter les femmes, nous les étonnerons bien lorsque nous leur répondrons que nous ne saurions faire autrement que de suivre l'exemple de celles que nous admirons et nous adorons. » (*Les Lois de la galanterie*, fin du paragraphe XI, p. 27 et 28 de l'édition de 1644.)

1. Le mot *et*, devant *donneront*, a été omis par les éditions de 1673, 74, 82 et 97; celles de 1710 et de 1718 compensent la syllabe supprimée en ajoutant *des* devant *cadeaux*. — Voyez pour le sens du mot *cadeau*, plus haut, page 104, note 5. — La coupe, plutôt que le sens, de ce dialogue se retrouve dans une scène entre les deux frères de Térence. Déméa dit à Micion, qui a laissé son fils adoptif amener chez lui une chanteuse :

DEMEA.
*Ita me Di ament, ut video ego tuam ineptiam,
Facturum credo ut habeas quicum cantites.*

MICIO.

Cur non ?

DEMEA.
Et nova nupta eadem hæc discet ?

MICIO.

Scilicet.

DEMEA.
Tu inter eas restim ductans saltabis ?

MICIO.

Probe.

DEMEA.

Probe ?

MICIO.
Et tu nobiscum una, si opus sit.

DEMEA.

Hei mihi !

Non te hæc pudent ?

(*Les Adelphes*, vers 753-758.)

« Les Dieux me pardonnent, à voir ta folie, je croirais que c'est pour avoir au

ACTE I, SCÈNE II.

ARISTE.

D'accord.

SGANARELLE.

Et votre femme entendra les fleurettes?

ARISTE.

Fort bien.

SGANARELLE.

Et vous verrez ces visites muguettes
D'un œil à témoigner de n'en être point soû¹?

ARISTE.

Cela s'entend.

SGANARELLE.

Allez, vous êtes un vieux fou.   230

(A Isabelle.)

Rentrez, pour n'ouïr point cette pratique² infâme.

logis quelqu'un pour chanter avec toi. MICION. Pourquoi pas? DÉMÉA. Et la nouvelle mariée apprendra toutes ces belles choses? MICION. Cela va sans dire. DÉMÉA. Et tu sauteras avec elle, et tu mèneras la danse? MICION. Parfaitement. DÉMÉA. Parfaitement? MICION. Et toi aussi au besoin. DÉMÉA. Hélas! n'as-tu pas de honte? » Le contraste entre le sang-froid de Micion et l'indignation de Déméa est le même que dans la scène de Molière. Il faut ajouter que Micion, au fond de son cœur, est loin d'être ravi (comme il le dit ailleurs) des sottises de son fils adoptif; s'il affiche une morale si relâchée quand il se trouve avec son frère, c'est pour le narguer et s'amuser à ses dépens. Ariste est plus sérieux.

1. Telle est l'orthographe de l'édition originale et de la plupart des éditions anciennes; les textes de 1673 et de 1734 donnent *sou;* celui de 1773 *saoul.* Voyez au vers 80 du *Dépit amoureux;* ci-après, au vers 955, l'édition de 1734 porte *saoul* et toutes les anciennes *soû*.

2. *Pratique* se prenait quelquefois dans un sens un peu différent du sens actuel : il signifiait un ensemble de règles, de principes pour se conduire. Le sens de « méthode, manière de faire les choses », est le premier qu'indique Furetière dans son *Dictionnaire*. Il est évident, par exemple, que ces mots : *la Pratique du théâtre*, titre de l'ouvrage célèbre de l'abbé d'Aubignac, présenteraient aujourd'hui une signification un peu différente de celle qu'y attachait l'auteur. Bien qu'il les oppose au mot *théorie*, il a pour but d'enseigner la méthode d'appliquer les principales règles du théâtre, tandis qu'on n'entendrait guère maintenant par les mêmes mots que l'expérience personnelle qu'un auteur dramatique a pu acquérir par leur application. La *pratique* pour lui est donc encore bien voisine de la *théorie*. Ni Richelet en 1679, ni l'Académie en 1694, ne donnent le sens de *méthode*; l'Académie l'a ajouté dans son édition de 1835.

ARISTE[1].

Je veux m'abandonner à la foi de ma femme,
Et prétends toujours vivre ainsi que j'ai vécu.

SGANARELLE.

Que j'aurai de plaisir si l'on le fait cocu[2] !

ARISTE.

J'ignore pour quel sort mon astre m'a fait naître[3] ; 235
Mais je sais que pour vous, si vous manquez de l'être,
On ne vous en doit point imputer le défaut,
Car vos soins pour cela font bien tout ce qu'il faut.

SGANARELLE.

Riez[4] donc, beau rieur. Oh ! que cela doit plaire
De voir un goguenard presque sexagénaire ! 240

LÉONOR.

Du sort dont vous parlez, je le garantis, moi,
S'il faut que par l'hymen il reçoive ma foi[5] :
Il s'y peut assurer[6] ; mais sachez que mon âme
Ne répondroit de rien, si j'étois votre femme.

LISETTE.

C'est conscience à ceux[7] qui s'assurent en nous ; 245
Mais c'est pain bénit, certe, à des gens comme vous.

SGANARELLE.

Allez, langue maudite, et des plus mal apprises.

---

1. L'édition de 1734 fait de ce qui suit une scène à part, la IIIe, ayant pour personnages : ARISTE, SGANARELLE, LÉONOR, LISETTE.
2.   Que j'aurai du plaisir si l'on le fait cocu ! (1664.)
    Que j'aurai de plaisir quand il sera cocu ! (1682, 1734.)
— Les éditions de 1663, 66, 73, 74 commettent cet hiatus : « *si on le fait cocu.* »
3. Voyez p. 434, note 2.
4. Au lieu de *Riez*, il y a dans l'édition originale la faute évidente *Rien*, dont celles de 1663, 66, 73, 74 ont fait *Bien*.
5.   Il reçoive sa foi. (1682, 97.)
    Je reçoive sa foi. (1710, 18.)
6.   Il s'en peut assurer. (1682, 1734.)
7. Envers ceux.

ACTE I, SCÈNE II.

ARISTE.

Vous vous êtes, mon frère, attiré ces sottises.
Adieu. Changez d'humeur, et soyez averti
Que renfermer sa femme est le mauvais parti[1].   250
Je suis votre valet.

SGANARELLE.

Je ne suis pas le vôtre[2].
Oh! que les voilà bien tous formés l'un pour l'autre!
Quelle belle famille! Un vieillard insensé
Qui fait le dameret dans un corps tout cassé;
Une fille maîtresse et coquette suprême;   255
Des valets impudents : non, la Sagesse même
N'en viendroit pas à bout, perdroit sens et raison
A vouloir corriger une telle maison[3].
Isabelle pourroit perdre dans ces hantises
Les semences d'honneur qu'avec nous elle a prises;   260
Et pour l'en empêcher dans peu nous prétendons
Lui faire aller revoir nos choux et nos dindons[4].

---

1.   Est un mauvais parti. (1682, 1734.)
2. La scène, ici encore, est coupée dans l'édition de 1734, de cette façon :

SCÈNE IV.

SGANARELLE, *seul.*

Oh! que les voilà bien....

3.   DEMEA.
                     O Jupiter,
Hanccine vitam! hoscine mores! hanc dementiam!
Uxor sine dote veniet; intus psaltria est;
Domus sumptuosa; adolescens luxu perditus;
Senex delirans; ipsa, si cupiat, Salus
Servare prorsus non potest hanc familiam.
                (*Les Adelphes*, vers 761-766.)

« Quelle vie, bon Dieu! quelles mœurs! quelle folie! Une femme sans dot! une chanteuse au logis! un ménage dispendieux! un jeune homme perdu de débauche! un vieux radoteur! Non, la déesse Salut s'en voudrait mêler, qu'elle ne réussirait pas à tirer d'affaire une pareille famille! »

4. « De tout temps, dit Auger, les jaloux ont regardé le séjour de Paris comme funeste à la vertu des femmes, et ils ont cru les mettre à l'abri de la séduction en les ensevelissant au fond de quelque campagne. » Et il cite

SCÈNE III.

ERGASTE, VALÈRE, SGANARELLE[1].

VALÈRE[2].

Ergaste, le voilà cet Argus que j'abhorre,
Le sévère tuteur de celle que j'adore.

SGANARELLE[3].

N'est-ce pas quelque chose enfin de surprenant   265
Que la corruption des mœurs de maintenant !

VALÈRE.

Je voudrois l'accoster, s'il est en ma puissance,
Et tâcher de lier avec lui connoissance.

SGANARELLE.

Au lieu de voir régner cette sévérité

quelques vers empruntés au *Campagnard*, de Gillet de la Tessonnerie, imprimé en 1657[a] :

> Et vous, beaux campagnards, accordés ou maris,
> Gardez-vous d'amener vos femmes à Paris,
> Pour y voir le Pont-Neuf et la Samaritaine :
> Plus de mille cocus s'y font chaque semaine,
> Et les godelureaux y sont si fréquemment,
> Qu'une femme de bien s'y trouve rarement.
> Prenez-y donc exemple, et devenants plus sages,
> Faites-leur voir Paris au fond de vos villages ;
> Parmi vos paysans faites les Cupidons,
> Et demeurez toujours les rois de vos dindons.
>
> (Acte V, scène dernière.)

1. VALÈRE, ERGASTE, SGANARELLE. (1666, 73, 82.) — VALÈRE, SGANARELLE, ERGASTE. (1734.)

2. VALÈRE, *dans le fond du théâtre*. (1734.)

3. SGANARELLE, *se croyant seul*. (1734.) Les mots *se croyant seul* ont été ajoutés de même au nom de Sganarelle, par l'édition de 1734, avant le vers 269, et au milieu du vers 274, et deux autres fois plus loin, comme on peut le voir dans la note 1 de la page 378.

[a] *Le Campagnard*, comédie, par M. Gillet. Imprimé à Rouen pour Guillaume de Luyne,... 1657. L'achevé d'imprimer est du 1er août.

ACTE I, SCÈNE III.

Qui composoit si bien l'ancienne honnêteté, 270
La jeunesse en ces lieux, libertine, absolue¹,
Ne prend²....

VALÈRE.

Il ne voit pas que c'est lui qu'on salue.

ERGASTE.

Son mauvais œil peut-être est de ce côté-ci³ :
Passons du côté droit.

SGANARELLE.

Il faut sortir d'ici.
Le séjour de la ville en moi ne peut produire 275
Que des....

1. *Libertine*, se donnant toute licence ; *absolue*, indépendante.
2. L'édition de 1734 ajoute ici ce jeu de scène : *Valère salue Sganarelle de loin.*
3. Auger dit ici : « Cette circonstance du *mauvais œil*, qui pourrait d'abord sembler indifférente et même oiseuse, est une préparation dont le but est de rendre plus vraisemblable la situation du second acte, où l'on voit Isabelle donner sa main à baiser à Valère, tandis qu'elle feint d'embrasser Sganarelle. C'est aussi une raison de plus pour justifier la répugnance que lui inspire ce vieillard ridicule et chagrin. » D'abord c'est Ariste qui est un vieillard, et non Sganarelle, lequel a tout au plus quarante ans, puisqu'au vers 240 nous voyons qu'Ariste, son aîné de vingt ans (d'après le vers 21), est « presque sexagénaire ». En outre c'est chercher trop de finesse dans une simple plaisanterie, dans un mot presque proverbial, et qui n'est pas plus une allusion à une infirmité physique de Sganarelle que si plus tard le valet disait : il n'entend pas de cette oreille-là. Ergaste, qui ne connaît pas Sganarelle, ne sait pas s'il a un œil plus mauvais que l'autre, et l'auditeur n'attache pas d'ailleurs assez d'importance à cette facétie, pour qu'elle ait l'avantage de *préparer* le jeu de scène du second acte. De plus, si ledit jeu de scène est bien exécuté, Isabelle passant sa main derrière Sganarelle, peu importe qu'il ait, ou non, deux bons yeux ; et enfin qui ne sait qu'au théâtre, quand un jeu de scène est plaisant et qu'il fait rire aux dépens, d'abord d'un tuteur en général, et en particulier d'un personnage comme Sganarelle, infatué de lui-même et convaincu qu'Isabelle l'adore, on n'est pas si difficile sur la rigoureuse vraisemblance ? Quand Beaumarchais s'avisa, dans *le Barbier de Séville*, d'introduire un tuteur plus clairvoyant que ses prédécesseurs au théâtre, on fut frappé de cette innovation. Laharpe en fait la remarque : Bartholo, dit-il, « a un mérite particulier : il est dupe sans être maladroit. » (*Lycée* ou *Cours de littérature*, 3ᵉ partie, xviiiᵉ siècle, livre I, chapitre v, section ix.) Il est donc inutile de prêter ici gratuitement à Molière l'intention de *préparer* une scène qui pouvait se passer de toute préparation de ce genre. Voyez ci-après, au vers 282.

378   L'ÉCOLE DES MARIS.

VALÈRE.

Il faut chez lui tâcher de m'introduire[1].

SGANARELLE.   [Cieux,

Heu!... J'ai cru qu'on parloit. Aux champs, grâces aux
Les sottises du temps ne blessent point mes yeux.

ERGASTE.

Abordez-le.

SGANARELLE.

Plaît-il? Les oreilles me cornent.
Là, tous les passe-temps de nos filles se bornent....[2] 280
Est-ce à nous?

ERGASTE.

Approchez.

SGANARELLE.

Là, nul godelureau
Ne vient.... Que diable!... Encor? Que de coups de cha-
                                                    [peau[3]!

---

1.   VALÈRE, *en s'approchant peu à peu.*
    Il faut chez lui tâcher de m'introduire.
       SGANARELLE, *entendant quelque bruit.*
    Hé? j'ai cru qu'on parloit. (*Se croyant seul.*) Aux champs, grâces aux
    Les sottises du temps ne blessent point mes yeux.   [Cieux,
       ERGASTE, *à Valère.*
    Abordez-le.
       SGANARELLE, *entendant encore du bruit.*
    Plaît-il? (*N'entendant plus rien.*) Les oreilles me cornent.
    (*Se croyant seul.*)
    Là, tous les passe-temps de nos filles se bornent....
      (*Il aperçoit Valère qui le salue.*)
    Est-ce à nous?
       ERGASTE, *à Valère.*
    Approchez.
       SGANARELLE, *sans prendre garde à Valère.*
        Là nul godelureau
    Ne vient.... (*Valère le salue encore.*) Que diable!...
    (*Il se retourne et voit Ergaste qui le salue de l'autre côté.*)
         Encor? que de coups de chapeau!
           (1734.)

2. Après ce vers, on lit dans l'édition de 1682 : *Valère salue.*
3. Ne vient....
      (*Valère resalue.*)
    Que diable!...
      (*Ergaste salue de l'autre côté.*)
        Encor? Que de coups de chapeau! (1682.)
— Ceci suffirait pour prouver que le *mauvais œil* ne doit pas s'entendre comme

ACTE I, SCÈNE III.

VALÈRE.

Monsieur, un tel abord vous interrompt peut-être?

SGANARELLE.

Cela se peut.

VALÈRE.

Mais quoi? l'honneur de vous connoître
Est un si grand bonheur, est un si doux plaisir[1], 285
Que de vous saluer j'avois un grand desir.

SGANARELLE.

Soit.

VALÈRE.

Et de vous venir, mais sans nul artifice,
Assurer que je suis tout à votre service.

SGANARELLE.

Je le crois.

VALÈRE.

J'ai le bien d'être de vos voisins,
Et j'en dois rendre grâce à mes heureux destins. 290

SGANARELLE.

C'est bien fait.

VALÈRE.

Mais, Monsieur, savez-vous les nouvelles
Que l'on dit à la cour, et qu'on tient pour fidèles?

SGANARELLE.

Que m'importe?

VALÈRE.

Il est vrai; mais pour les nouveautés
On peut avoir parfois des curiosités.
Vous irez voir, Monsieur, cette magnificence 295
Que de notre Dauphin prépare la naissance[2]?

---

le prétend Auger, puisque Sganarelle voit aussi bien Ergaste qui le salue à gauche, que Valère qui le salue à droite.

1. M'est un si grand bonheur, m'est un si doux plaisir. (1682, 1734.)
2. Le Dauphin (MONSEIGNEUR) n'étant né que cinq mois après la première représentation de *l'École des maris*, Auger a supposé que ces vers avaient été

SCANARELLE.

Si je veux.

VALÈRE.

Avouons que Paris nous fait part
De cent plaisirs charmants qu'on n'a point autre part;
Les provinces auprès sont des lieux solitaires.
A quoi donc passez-vous le temps?

SCANARELLE.

A mes affaires. 300

VALÈRE.

L'esprit veut du relâche, et succombe parfois
Par trop d'attachement aux sérieux emplois.
Que faites-vous les soirs avant qu'on se retire?

SCANARELLE.

Ce qui me plaît.

VALÈRE.

Sans doute, on ne peut pas mieux dire :
Cette réponse est juste, et le bon sens paroît 305
A ne vouloir jamais faire que ce qui plaît.
Si je ne vous croyois l'âme trop occupée,
J'irois parfois chez vous passer l'après-soupée.

SCANARELLE.

Serviteur.

ajoutés après coup par Molière; c'est une erreur : ils se trouvent dans la première édition, dont l'achevé d'imprimer est du 20 août 1661, et le Dauphin ne naquit que le 1er novembre suivant. On ne s'est jamais fait grand scrupule des prophéties de ce genre. La Fontaine, dans sa *Lettre à Foucquet*, en lui envoyant son ode sur le mariage de Monsieur (qui eut lieu le 31 mars 1661), dit : « La grossesse de la Reine est l'attente de tout le monde. On a déjà consulté les astres sur ce sujet.

  Quant à moi, sans être devin,
  J'ose gager que d'un Dauphin
  Nous verrons dans peu la naissance. »

D'ordinaire on était plus affirmatif, au risque d'être démenti par l'événement, comme on suppose que cela arriva à Virgile, annonçant à Auguste les hautes destinées du héros qui allait naître de lui, et qui se serait trouvé être une fille, la trop célèbre Julie (voyez la IVe églogue.)

SCÈNE IV.

VALÈRE, ERGASTE.

VALÈRE.

Que dis-tu de ce bizarre fou?

ERGASTE.

Il a le repart[1] brusque, et l'accueil loup-garou. 310

VALÈRE.

Ah! j'enrage!

ERGASTE.

Et de quoi?

VALÈRE.

De quoi? C'est que j'enrage
De voir celle que j'aime au pouvoir d'un sauvage,
D'un dragon surveillant, dont la sévérité
Ne lui laisse jouir d'aucune liberté.

ERGASTE.

C'est ce qui fait pour vous[2], et sur ces conséquences 315
Votre amour doit fonder de grandes espérances :
Apprenez, pour avoir votre esprit raffermi[3],
Qu'une femme qu'on garde est gagnée à demi,
Et que les noirs chagrins des maris ou des pères
Ont toujours du galand avancé les affaires. 320
Je coquette fort peu, c'est mon moindre talent,
Et de profession je ne suis point galant[4];

---

1. La repartie. Cette forme paraît avoir été rare : M. Littré n'en cite qu'un autre exemple, de Pasquier.

2. C'est un avantage pour vous. Henri Estienne, à propos d'une discussion grammaticale, dit : « Le changement de *v* en *gu*.... fait aussi pour moi, » c'est-à-dire : vient à l'appui de mon opinion. (*De la Précellence du langage françois*, édition Feugère, p. 322 et 323.)

3. Votre esprit affermi. (1663, 66, 73, 74, 82, 1734.)

4. Nous avons eu occasion de faire remarquer plus haut (p. 361, note 3) la

Mais j'en ai servi vingt de ces chercheurs de proie,
Qui disoient fort souvent que leur plus grande joie
Étoit de rencontrer de ces maris fâcheux, 325
Qui jamais sans gronder ne reviennent chez eux,
De ces brutaux fieffés, qui sans raison ni suite
De leurs femmes en tout contrôlent la conduite,
Et du nom de mari fièrement se parants
Leur rompent en visière aux yeux des soupirants. 330
« On en sait, disent-ils, prendre ses avantages;
Et l'aigreur de la dame à ces sortes d'outrages[1],
Dont la plaint doucement le complaisant témoin,
Est un champ[2] à pousser les choses assez loin. »
En un mot, ce vous est une attente assez belle, 335
Que la sévérité du tuteur d'Isabelle.

VALÈRE.

Mais depuis quatre mois que je l'aime ardemment,
Je n'ai pour lui parler pu trouver un moment.

ERGASTE.

L'amour rend inventif; mais vous ne l'êtes guère,
Et si j'avois été....

VALÈRE.

Mais qu'aurois-tu pu faire, 340
Puisque sans ce brutal on ne la voit jamais,
Et qu'il n'est là dedans servantes ni valets
Dont, par l'appas[3] flatteur de quelque récompense,
Je puisse pour mes feux[4] ménager l'assistance?

---

double orthographe de ce mot, écrit ici par un *t* et deux vers plus haut par un *d*.

1. *Ouvrages*, pour *outrages*, dans l'édition de 1664.
2. Il y a *camp*, au lieu de *champ*, dans l'édition originale et dans celles de 1662 et de 1664.
3. Pour cette orthographe, voyez, outre le *Lexique de Molière*, ceux de Corneille et *de Racine*.
4.   Je puisse par mes feux. (1663, 66, 73.)
    Je puisse de mes feux. (1674.)

ACTE I, SCÈNE IV.

ERGASTE.

Elle ne sait donc pas encor que vous l'aimez ? 345

VALÈRE.

C'est un point dont mes vœux ne sont point informés[1].
Partout où ce farouche a conduit cette belle,
Elle m'a toujours vu comme une ombre après elle,
Et mes regards aux siens ont tâché chaque jour
De pouvoir expliquer l'excès de mon amour. 350
Mes yeux ont fort parlé ; mais qui me peut apprendre
Si leur langage enfin a pu se faire entendre ?

ERGASTE.

Ce langage, il est vrai, peut être obscur parfois,
S'il n'a pour truchement l'écriture ou la voix.

VALÈRE.

Que faire pour sortir de cette peine extrême, 355
Et savoir si la belle a connu que je l'aime ?
Dis-m'en quelque moyen.

ERGASTE.

      C'est ce qu'il faut trouver.
Entrons un peu chez vous, afin d'y mieux rêver.

---

1. Ne sont pas informés. (1682, 1734.)

FIN DU PREMIER ACTE.

ACTE II.

SCÈNE PREMIÈRE.
ISABELLE, SGANARELLE.

SGANARELLE.
Va, je sais la maison, et connois la personne
Aux marques seulement que ta bouche me donne.   360
ISABELLE, à part.
O Ciel! sois-moi propice, et seconde en ce jour
Le stratagème adroit d'une innocente amour[1].
SGANARELLE.
Dis-tu pas qu'on t'a dit qu'il s'appelle Valère?
ISABELLE.
Oui.
SGANARELLE.
Va, sois en repos, rentre et me laisse faire;
Je vais parler sur l'heure à ce jeune étourdi.   365
ISABELLE[2].
Je fais, pour une fille, un projet bien hardi;
Mais l'injuste rigueur dont envers moi l'on use,
Dans tout esprit bien fait me servira d'excuse.

---

1.   D'un innocent amour. (1734.)
2. ISABELLE, *en s'en allant.* (1734.)

SCÈNE II.

SGANARELLE, ERGASTE, VALÈRE [1].

SGANARELLE.

Ne perdons point de temps. C'est ici : qui va là [2] ?
Bon, je rêve : holà ! dis-je, holà, quelqu'un ! holà ! 370
Je ne m'étonne pas, après cette lumière,
S'il y venoit tantôt de si douce manière ;
Mais je veux me hâter, et de son fol espoir....
Peste soit du gros bœuf, qui pour me faire choir
Se vient devant mes pas planter comme une perche ! 375

VALÈRE.

Monsieur, j'ai du regret....

---

1.   SCÈNE II.
   SGANARELLE, seul.
(Il frappe à sa porte, croyant que c'est celle de Valère [a].)
Ne perdons point de temps....
. . . .
Mais je veux me hâter, et de son fol espoir....

   SCÈNE III.
   VALÈRE, SGANARELLE, ERGASTE.
SGANARELLE, à Ergaste, qui est sorti brusquement.
Peste soit du gros bœuf.... (1734.)

L'édition de 1682, sans couper la scène, ajoute, après le vers 373, cette indication : *Ergaste sort brusquement.*

2. *Qui va là ?* Sganarelle, toujours inquiet, après avoir frappé à la porte de Valère, prononce par distraction et par habitude ces mots, comme s'il entendait frapper à sa propre porte. — Dans la pièce de Dorimond, *la Femme industrieuse*[b], où l'on a voulu trouver quelque ressemblance avec *l'École des maris*, il y a un vers (scène IX) qui pourra donner une idée suffisante du genre de comique recherché par Dorimond :

Qui va là, qui va là, qui va là ? qui, qui, qui ?

[a] On peut voir à la note suivante que nous comprenons autrement que l'édition de 1734 la distraction de Sganarelle.
[b] Voyez ci-dessus la *Notice*, p. 343.

SGANARELLE.

Ah! c'est vous que je cherche.

VALÈRE.

Moi, Monsieur?

SGANARELLE.

Vous. Valère est-il pas votre nom?

VALÈRE.

Oui.

SGANARELLE.

Je viens vous parler [1], si vous le trouvez bon.

VALÈRE.

Puis-je être assez heureux pour vous rendre service?

SGANARELLE.

Non. Mais je prétends, moi, vous rendre un bon office,
Et c'est ce qui chez vous prend droit de m'amener.

VALÈRE.

Chez moi, Monsieur?

SGANARELLE.

Chez vous : faut-il tant s'étonner?

VALÈRE.

J'en ai bien du sujet, et mon âme ravie
De l'honneur....

SGANARELLE.

Laissons là cet honneur, je vous prie.

VALÈRE.

Voulez-vous pas entrer ?

SGANARELLE.

Il n'en est pas besoin. 385

VALÈRE.

Monsieur, de grâce.

SGANARELLE.

Non, je n'irai pas plus loin.

---

1. Je viens pour parler. (1674, 82, 97.)

ACTE II, SCÈNE II.

VALÈRE.
Tant que vous serez là, je ne puis vous entendre.
SGANARELLE.
Moi, je n'en veux bouger.
VALÈRE.
Eh bien! il se faut rendre[1].
Vite, puisque Monsieur à cela se résout,
Donnez un siége ici.
SGANARELLE.
Je veux parler debout. 390
VALÈRE.
Vous souffrir de la sorte ?...
SGANARELLE.
Ah! contrainte effroyable!
VALÈRE.
Cette incivilité seroit trop condamnable.
SGANARELLE.
C'en est une que rien ne sauroit égaler,
De n'ouïr pas les gens qui veulent nous parler.
VALÈRE.
Je vous obéis donc.
SGANARELLE.
Vous ne sauriez mieux faire[2]. 395
Tant de cérémonie est fort peu nécessaire.
Voulez-vous m'écouter?
VALÈRE.
Sans doute, et de grand cœur.
SGANARELLE.
Savez-vous, dites-moi, que je suis le tuteur
D'une fille assez jeune et passablement belle,
Qui loge en ce quartier, et qu'on nomme Isabelle? 400

1. Il faut se rendre. (1674, 75 A, 82, 84 A, 94 B, 1734.)
2. Les éditions de 1682 et de 1734 ajoutent ici ce jeu de scène : *Ils font de grandes cérémonies pour se couvrir.*

VALÈRE.

Oui.

SGANARELLE.

Si vous le savez, je ne vous l'apprends pas.
Mais, savez-vous aussi, lui trouvant des appas[1],
Qu'autrement qu'en tuteur sa personne me touche,
Et qu'elle est destinée à l'honneur de ma couche?

VALÈRE.

Non.

SGANARELLE.

Je vous l'apprends donc, et qu'il est à propos 405
Que vos feux, s'il vous plaît, la laissent en repos.

VALÈRE.

Qui? moi, Monsieur?

SGANARELLE.

Oui, vous. Mettons bas toute feinte.

VALÈRE.

Qui vous a dit que j'ai pour elle l'âme atteinte?

SGANARELLE.

Des gens à qui l'on peut donner quelque crédit.

VALÈRE.

Mais encore?

SGANARELLE.

Elle-même.

VALÈRE.

Elle?

SGANARELLE.

Elle. Est-ce assez dit? 410
Comme une fille honnête, et qui m'aime d'enfance,
Elle vient de m'en faire entière confidence;
Et de plus m'a chargé de vous donner avis
Que depuis que par vous tous ses pas sont suivis,

---

1. Vous qui lui trouvez des appas, qui la jugez digne de votre attention

Son cœur, qu'avec excès votre poursuite outrage, 415
N'a que trop de vos yeux entendu le langage,
Que vos secrets desirs lui sont assez connus,
Et que c'est vous donner des soucis superflus
De vouloir davantage expliquer une flamme
Qui choque l'amitié que me garde son âme. 420

VALÈRE.

C'est elle, dites-vous, qui de sa part vous fait...?

SGANARELLE.

Oui, vous venir donner cet avis franc et net,
Et qu'ayant vu l'ardeur dont votre âme est blessée,
Elle vous eût plus tôt fait savoir sa pensée,
Si son cœur avoit eu, dans son émotion, 425
A qui pouvoir donner cette commission;
Mais qu'enfin les douleurs d'une contrainte extrême
L'ont réduite à vouloir se servir de moi-même[1],
Pour vous rendre averti, comme je vous ai dit,
Qu'à tout autre que moi son cœur est interdit, 430
Que vous avez assez joué de la prunelle,
Et que, si vous avez tant soit peu de cervelle,
Vous prendrez d'autres soins. Adieu jusqu'au revoir.
Voilà ce que j'avois à vous faire savoir.

VALÈRE[2].

Ergaste, que dis-tu d'une telle aventure[3]? 435

SGANARELLE[4].

Le voilà bien surpris!

---

1.   Mais qu'enfin la douleur d'une contrainte extrême
        L'a réduite à vouloir se servir de moi-même. (1673, 74, 82, 1734.)

Les éditions de 1663 et de 1666 ont bien, au vers 427, *la douleur*, mais, au vers 428, elles ont laissé : *L'ont réduite*.

2. VALÈRE, *bas*. (1734.)

3. Les éditions de 1661 et de 1662 mettent par erreur ce vers dans la bouche d'Ergaste.

4. SGANARELLE, *bas à part*. (1734.)

ERGASTE, à part[1].

Selon ma conjecture,
Je tiens qu'elle n'a rien de déplaisant pour vous,
Qu'un mystère assez fin est caché là-dessous,
Et qu'enfin cet avis n'est pas d'une personne
Qui veuille voir cesser l'amour qu'elle vous donne. 440

SGANARELLE, à part.

Il en tient comme il faut.

VALÈRE[2].

Tu crois mystérieux....

ERGASTE[3].

Oui.... Mais il nous observe, ôtons-nous de ses yeux[4].

SGANARELLE[5].

Que sa confusion paroît sur son visage!
Il ne s'attendoit pas sans doute à ce message.
Appelons Isabelle. Elle montre le fruit 445
Que l'éducation dans une âme produit :
La vertu fait ses soins, et son cœur s'y consomme[6]
Jusques à s'offenser des seuls regards d'un homme.

1. ERGASTE, *bas à Valère*. (1734.)
2. VALÈRE, *bas à Ergaste*. (1734.)
3. ERGASTE, *bas*. (1734.)
4. Cailhava parle d'un jeu de scène assez ridicule que les acteurs exécutaient ici de son temps. « Il est.... plaisant, si l'on veut, que le valet, lorsqu'il donne ce conseil à Valère, se presse contre lui, et qu'en se retirant ils fassent ensemble une demi-pirouette, toujours sûre d'être applaudie par le parterre.... Mais est-il vraisemblable que Valère, encore sous les yeux.... de l'Argus qui l'observe,... permette à son valet de se clouer pour ainsi dire à lui, et que, la tête immobile, le corps droit, le jarret tendu, ils aillent côte à côte et comme deux soldats alignés depuis le milieu d'une rue jusque dans leur maison? qu'ils ne se dérangent pas même pour y entrer? » (*Études sur Molière*, 1802, p. 59.)
5. L'édition de 1734 ajoute à SGANARELLE le mot *seul*, et fait des six derniers vers la scène IV.
6. Y fait de tels progrès, y acquiert une perfection telle, qu'il arrive à s'offenser.... Richelet, dans son *Dictionnaire* (1679), ne donne pas à *consommer* d'autre sens que les suivants : accomplir, achever, mettre dans sa dernière perfection.

SCÈNE III.

ISABELLE, SGANARELLE.

ISABELLE[1].

J'ai peur que cet amant[2], plein de sa passion,
N'ait pas de mon avis compris l'intention ; 450
Et j'en veux[3], dans les fers où je suis prisonnière,
Hasarder un qui parle avec plus de lumière.

SGANARELLE.

Me voilà de retour.

ISABELLE.

Hé bien ?

SGANARELLE.

Un plein effet
A suivi tes discours, et ton homme a son fait.
Il me vouloit nier que son cœur fût malade ; 455
Mais lorsque de ta part j'ai marqué l'ambassade,
Il est resté d'abord et muet et confus,
Et je ne pense pas qu'il y revienne plus.

ISABELLE.

Ha ! que me dites-vous ? J'ai bien peur du contraire,
Et qu'il ne[4] nous prépare encor plus d'une affaire. 460

SGANARELLE.

Et sur quoi fondes-tu cette peur que tu dis ?

ISABELLE.

Vous n'avez pas été plus tôt hors du logis,
Qu'ayant, pour prendre l'air, la tête à ma fenêtre,

---

1. ISABELLE, *à part.* (1682, 97.) — ISABELLE, *bas en entrant.* (1734.)
2. J'ai peur que mon amant. (1673, 74, 82, 1734.)
3. Et je veux. (1682.)
4. La particule *ne* a été omise par l'édition originale, et la faute a passé dans celles de 1662, 63, 64, 75 A, 84 A, 94 B.

J'ai vu dans ce détour¹ un jeune homme paroître,
Qui d'abord, de la part de cet impertinent, 465
Est venu me donner un bonjour surprenant,
Et m'a droit dans ma chambre une boîte jetée²
Qui renferme une lettre en poulet cachetée³.
J'ai voulu sans tarder lui rejeter le tout;
Mais ses pas de la rue avoient gagné le bout, 470
Et je m'en sens le cœur tout gros de fâcherie.

SGANARELLE.

Voyez un peu la ruse et la friponnerie !

ISABELLE.

Il est de mon devoir de faire promptement
Reporter boîte et lettre à ce maudit amant;
Et j'aurois pour cela besoin d'une personne, 475
Car d'oser à vous-même....

SGANARELLE.

Au contraire, mignonne,
C'est me faire mieux voir ton amour et ta foi,
Et mon cœur avec joie accepte cet emploi :
Tu m'obliges par là plus que je ne puis dire.

ISABELLE.

Tenez donc.

SGANARELLE.

Bon. Voyons ce qu'il a pu t'écrire. 480

---

1. A ce détour de la rue.

2. Sur cette manière de construire le participe, voyez le *Lexique, Introduction grammaticale*, et les *Lexiques de Malherbe et de Corneille*.

3. « *Poulet* signifie aussi un petit billet amoureux qu'on envoie aux dames galantes, ainsi nommé, parce qu'en le pliant on y faisoit deux pointes qui représentoient les ailes d'un poulet. » (*Dictionnaire de Furetière*, 1690.) On ne voit pas pourquoi Génin, tout en reconnaissant que « l'étymologie de Furetière est gentille, » la repousse (*Récréations philologiques*, 1856, tome II, p. 135), et ajoute : « Où Furetière a-t-il appris qu'on fît deux pointes en pliant ces billets? Il le devine, et cela suffit pour qu'il l'affirme. » Les termes dont se sert Molière, *une lettre en poulet cachetée*, semble bien indiquer une façon particulière de plier les billets galants, et Furetière, de deux ans plus âgé que Molière, devait savoir la forme que l'on donnait d'ordinaire alors aux poulets.

ACTE II, SCÈNE III.

ISABELLE.

Ah! Ciel! gardez-vous bien de l'ouvrir.

SGANARELLE.

Et pourquoi?

ISABELLE.

Lui voulez-vous donner à croire que c'est moi?
Une fille d'honneur doit toujours se défendre
De lire les billets qu'un homme lui fait rendre :
La curiosité qu'on fait lors éclater 485
Marque un secret plaisir de s'en ouïr conter;
Et je treuve[1] à propos que toute cachetée
Cette lettre lui soit promptement reportée,
Afin que d'autant mieux il connoisse aujourd'hui
Le mépris éclatant que mon cœur fait de lui, 490
Que ses feux désormais perdent toute espérance,
Et n'entreprennent plus pareille extravagance.

SGANARELLE.

Certes elle a raison lorsqu'elle parle ainsi.
Va, ta vertu me charme, et ta prudence aussi :
Je vois que mes leçons ont germé dans ton âme, 495
Et tu te montres digne enfin d'être ma femme.

ISABELLE.

Je ne veux pas pourtant gêner votre desir :
La lettre est en vos mains[2], et vous pouvez l'ouvrir.

SGANARELLE.

Non, je n'ai garde : hélas! tes raisons sont trop bonnes;
Et je vais m'acquitter du soin que tu me donnes, 500
A quatre pas de là dire ensuite deux mots,
Et revenir ici te remettre en repos.

1. *Treuve* dans l'édition originale et dans celle de 1662; toutes les autres ont *trouve*.
2. La lettre est dans vos mains. (1674, 82, 1734.)

SCÈNE IV.

SGANARELLE, ERGASTE[1].

SGANARELLE.

Dans quel ravissement est-ce que mon cœur nage,
Lorsque je vois en elle une fille si sage[2] !
C'est un trésor d'honneur que j'ai dans ma maison. 505
Prendre un regard d'amour pour une trahison !
Recevoir un poulet comme une injure extrême,
Et le faire au galand reporter par moi-même !
Je voudrois bien savoir, en voyant tout ceci,
Si celle de mon frère en useroit ainsi. 510
Ma foi ! les filles sont ce que l'on les fait être[3].
Holà[4] !

ERGASTE.

  Qu'est-ce ?

SGANARELLE.

    Tenez, dites à votre maître
Qu'il ne s'ingère pas d'oser écrire encor
Des lettres qu'il envoie avec des boîtes d'or,
Et qu'Isabelle en est puissamment irritée. 515
Voyez, on ne l'a pas au moins décachetée :
Il connoîtra l'état que l'on fait de ses feux,
Et quel heureux succès il doit espérer d'eux.

---

1. L'édition de 1734 coupe cette scène en deux ; une première, la vi[e], précédée des mots : SGANARELLE *seul ;* une seconde, la viie, commençant à « Qu'est-ce ? » au vers 512, et ayant pour personnages SGANARELLE, ERGASTE.
2. L'édition de 1664 a omis ce vers.
3.   *Ut quisque suum volt esse, ita est.*
« Un enfant est toujours ce qu'on veut qu'il soit. » Ces mots, dans Térence (*les Adelphes,* vers 400), ne sont pas, comme l'affirme Auger, dans la bouche de Déméa (le père rigoureux), mais dans celle du valet Syrus, qui cherche à le flatter.
4. Holà ! (*Il frappe à la porte de Valère.*) (1734.) — Dans l'édition originale, *Ho là !* en deux mots.

SCÈNE V.

VALÈRE, ERGASTE.

VALÈRE.

Que vient de te donner cette farouche bête?

ERGASTE.

Cette lettre, Monsieur, qu'avecque cette boëte [1] 520
On prétend qu'ait reçue Isabelle de vous,
Et dont elle est, dit-il, en un fort grand courroux;
C'est sans vouloir l'ouvrir qu'elle vous la fait rendre [2] :
Lisez vite, et voyons si je me puis méprendre [3].

---

1. Comme le remarque M. Littré, *boîte* ou *boëte* se prononçait alors *bouète*, en faisant entendre un *è* là où maintenant on fait sentir un *a*. Cette prononciation se retrouve encore dans quelques provinces. La Fontaine, dans le conte (*la Confidente sans le savoir*) où il imite la nouvelle de Boccace dont nous avons parlé [a], dit :

> Une heure après, Cléon vint; et d'abord
> On lui jeta les joyaux et la boëte;
> On l'auroit pris à la gorge au besoin :
> « Hé bien! cela vous semble-t-il honnête? » etc.

2.   Qu'elle vous l'a fait rendre. (1662.)
3.   Si je puis me méprendre. (1664.)

— Après le vers 524, l'édition de 1734 porte cette indication : VALÈRE *lit*; et elle supprime le mot *LETTRE*. — « Valère reçoit le billet dans une boîte d'or qu'il livre avec précipitation à Ergaste, pour s'occuper du trésor qu'elle renferme. Ce mouvement subit de générosité, fût-il involontaire, peint mieux qu'un long discours un amant tout entier aux intérêts de son cœur, et je félicite le comédien qui l'imagina. Je félicite aussi le valet qui le premier a pesé la boîte d'or dans sa main et s'est dépêché d'en enrichir sa poche. Mais que dire des valets qui l'ouvrent, cette boîte, feignent d'y prendre du tabac et d'en offrir aux personnes dont ils se supposent entourés? Ce lazzi, de si mauvais goût, si dénué de vraisemblance, n'est-il pas d'autant plus condamnable qu'il usurpe l'attention du spectateur, et dans quel moment encore, lorsqu'on la doit toute à la lettre d'Isabelle, à cette lettre l'âme de la pièce? Il est bien surprenant qu'aucun homme de goût ne se soit.... élevé contre la bande de papier qui

[a] Voyez ci-dessus la *Notice*, p. 340.

LETTRE.

« Cette lettre vous surprendra sans doute, et l'on peut trouver bien hardi pour moi et le dessein de vous l'écrire et la manière de vous la faire tenir; mais je me vois dans un état à ne plus garder de mesures[1]. La juste horreur d'un mariage dont je suis menacée dans six jours me fait hasarder toutes choses; et dans la résolution de m'en affranchir par quelque voie que ce soit, j'ai cru que je devois plutôt vous choisir que le désespoir. Ne croyez pas pourtant que vous soyez redevable de tout à ma mauvaise destinée : ce n'est pas la contrainte où je me treuve[2] qui a fait naître les sentiments que j'ai pour vous; mais c'est elle qui en précipite le témoignage, et qui me fait passer sur des formalités où la bienséance du sexe oblige. Il ne tiendra qu'à vous que je sois à vous bientôt, et j'attends seulement que vous m'ayez marqué les intentions de votre amour pour vous faire savoir la résolution que j'ai prise; mais surtout songez que le temps presse, et que deux cœurs qui s'aiment doivent s'entendre à demi-mot. »

ERGASTE.

Hé bien ! Monsieur, le tour est-il d'original[3] ?   525

cachète la boîte d'or dans laquelle cette lettre est renfermée. Molière en faisant dire à Isabelle : *une boîte*

Qui renferme une lettre en poulet cachetée,

n'a certainement pas voulu que ce fût la boîte (*que ce fût la boîte même qui fût cachetée*); car comment Isabelle aurait-elle pu voir à travers jusqu'à la forme du billet ? comment Sganarelle aurait-il pu ne pas s'apercevoir qu'on lui faisait le mensonge le plus gauche ? » (Caillhava, *Études sur Molière*, 1802, p. 60 et 61.)

1. De mesure. (1773.)

2. *Treuve* est l'orthographe de l'édition originale seule, qui elle-même, neuf lignes plus haut, porte bien *trouver*.

3. Auger semble soupçonner ici une faute d'impression : « C'est une erreur de l'écrivain, si ce n'est une faute typographique, répétée d'édition en édition.... Molière a voulu dire, et peut-être a-t-il dit : *le tour est-il original ?* » Auger oublie ou ignore que le mot était plus employé comme substantif que comme

ACTE II, SCÈNE V.

Pour une jeune fille, elle n'en sait pas mal !
De ces ruses d'amour la croiroit-on capable[1] ?

VALÈRE.

Ah! je la trouve là tout à fait adorable.
Ce trait de son esprit et de son amitié
Accroît pour elle encor mon amour de moitié ; 530
Et joint aux sentiments que sa beauté m'inspire....

ERGASTE.

La dupe vient ; songez à ce qu'il vous faut dire.

SCÈNE VI.

SGANARELLE, VALÈRE, ERGASTE.

SGANARELLE[2].

Oh! trois et quatre fois béni soit cet édit[3]

adjectif (Furetière, 1690, en fait la remarque [a]), et que l'on disait *d'original* là où nous dirions aujourd'hui *original*. Ainsi Malebranche écrit, en parlant de Montaigne : « On voit dans tout son livre un caractère d'original qui plaît infiniment ;... son imagination forte et hardie donne toujours le tour d'original aux choses qu'il copie. » (*Recherche de la vérité*, livre II, 3ᵉ partie, chapitre v.)

1. La croiroit-on coupable ? (1662.)
2. SGANARELLE, *se croyant seul.* (1734.)
3. La déclaration ou l'édit le plus récent sur cette matière était celui du 27 novembre 1660, *portant règlement pour le retranchement du luxe des habits et des équipages.* Il avait été publié et affiché pour la seconde fois, dit Delamare, le 20 avril 1661. La *Gazette* du 18 décembre 1660 le résume ainsi[b] : « Sa Majesté.... a fait publier sa déclaration contre les dépenses superflues, avec des défenses expresses à toutes personnes de porter, depuis le 1ᵉʳ janvier prochain, aucunes étoffes d'or ou d'argent, fin ou faux, broderies et autres choses semblables, ni de faire porter aux pages, laquais et autres valets, aucuns habits de soie, et se servir de carrosses, litières, ou de quoi que ce soit, où il y ait aucune dorure, broderie d'or ni de soie : étant pareillement défendu à tous marchands de vendre aucuns passements, dentelles, points de Gênes, ni autres ou-

[a] « *Original*, dit-il, substantif masculin et quelquefois adjectif. »
[b] On trouvera le texte même des nombreux édits, déclarations ou ordonnances rendus sous Louis XIV à cet égard (jusqu'en 1704), dans le tome I (1705), p. 399 et suivantes, du *Traité de la police* de Delamare.

Par qui des vêtements le luxe est interdit !
Les peines des maris ne seront plus si grandes[1],   535
Et les femmes auront un frein à leurs demandes.
Oh ! que je sais au Roi bon gré de ces décris[2] !
Et que, pour le repos de ces mêmes maris,
Je voudrois bien qu'on fît de la coquetterie
Comme de la guipure[3] et de la broderie !   540
J'ai voulu l'acheter, l'édit, expressément,
Afin que d'Isabelle il soit lu hautement[4] ;
Et ce sera tantôt, n'étant plus occupée,

---

vrages de fil faits aux pays étrangers, ni même des dentelles de France, que de la hauteur d'un pouce ; comme vous verrez plus particulièrement dans ladite déclaration, qui fut vérifiée au Parlement le 13 de ce mois. » Cette déclaration était la quatrième du règne, et fut suivie de beaucoup d'autres sur le même sujet et tout aussi peu obéies. Elles ne laissaient pas quelquefois d'attirer des désagréments à ceux qui y contrevenaient, et Mme de Grignan eut en 1678 à se repentir de les avoir publiquement bravées (voyez les *Lettres de Mme de Sévigné*, tome V, p. 435, note 14). La précédente, du 13 novembre 1656, avait fort effrayé deux voyageurs hollandais (MM. de Villiers) qui nous en parlent, et qui, portant des habits à la vieille mode, ornés d'or et d'argent, n'osaient se montrer à cause de ces défenses (*Journal d'un voyage à Paris en* 1656, 1657, 1658, publié par M. Faugère, 1862, p. 29).

1. Ne seront pas si grandes. (1664.)
2. « *Décri*. Défense par un cri public et par autorité du juge d'exposer certaine monnoie, de porter des dentelles d'or ou d'argent ou de certaines manufactures. » (*Dictionnaire de Furetière*, 1690.)
3. L'édition de 1662 a imprimé *guinpure*. — « *Guipure*. Dentelle faite avec de la soie tortillée, qu'on met autour d'un autre cordon de soie et de fil. » (*Dictionnaire de Furetière*.) — L'article 2 de la déclaration de 1660 dit expressément : « .... Nous défendons de mettre sur lesdits habits tant d'hommes que de femmes, ou autres ornements, aucune *broderie*, piqûre, chamarrure, *guipure*, passements, boutons, houpes, chaînettes, passepoils, porfilures, cannetille, paillette, nœuds et autres choses semblables, qui pourroient être cousues et appliquées et dont les habits et autres ornements pourroient être couverts et enrichis : voulant que les plus riches habillements soient de drap, de velours, de taffetas, satin, et autres étoffes de soie unies ou façonnées, non rebrodées, et sans autres garnitures que de rubans seulement de taffetas ou de satin uni. »
4. « *Expressément*, pour *exprès*, *hautement*, pour *tout haut*, ont paru impropres. » (*Note de Bret*.) — *Expressément* pourroit peut-être se défendre : *J'ai voulu en avoir les termes exprès*. Pour *hautement*, M. Littré lui reconnaît l'acception d'*à voix haute*, et cite d'autres exemples, de sens non pas absolument identique, mais analogue.

ACTE II, SCÈNE VI.

Le divertissement de notre après-soupée[1].
Envoirez-vous encor, Monsieur aux blonds cheveux, 545
Avec des boîtes d'or des billets amoureux?
Vous pensiez bien trouver quelque jeune coquette,
Friande de l'intrigue[2], et tendre à la fleurette?
Vous voyez de quel air on reçoit vos joyaux :
Croyez-moi, c'est tirer votre poudre aux moineaux. 550
Elle est sage, elle m'aime, et votre amour l'outrage :
Prenez visée ailleurs, et troussez-moi bagage.

VALÈRE.

Oui, oui, votre mérite, à qui chacun se rend,
Est à mes vœux, Monsieur, un obstacle trop grand;
Et c'est folie à moi, dans mon ardeur fidèle, 555
De prétendre avec vous à l'amour d'Isabelle[3].

SGANARELLE.

Il est vrai, c'est folie.

VALÈRE.

Aussi n'aurois-je pas
Abandonné mon cœur à suivre ses appas,
Si j'avois pu savoir[4] que ce cœur misérable
Dût trouver un rival comme vous redoutable. 560

SGANARELLE.

Je le crois.

VALÈRE.

Je n'ai garde à présent d'espérer;
Je vous cède, Monsieur, et c'est sans murmurer.

SGANARELLE.

Vous faites bien.

1. Entre ce vers et le suivant, l'édition de 1734 ajoute ces mots : *Apercevant Valère.* — L'édition de 1682 place entre guillemets les douze premiers vers de cette scène, pour indiquer qu'on ne les disait plus au théâtre. Il semblait sans doute déplacé de rappeler des interdictions presque toujours enfreintes.
2. *Friande à l'intrigue*, ce qui fausse le vers, dans l'édition de 1664.
3. De prétendre avec vous aux amours d'Isabelle. (1664.)
4. Si j'avois pu prévoir. (1682, 1734.)

VALÈRE.

Le droit de la sorte l'ordonne ;
Et de tant de vertus[1] brille votre personne,
Que j'aurois tort de voir d'un regard de courroux 565
Les tendres sentiments qu'Isabelle a pour vous.

SGANARELLE.

Cela s'entend.

VALÈRE.

Oui, oui, je vous quitte la place.
Mais je vous prie au moins (et c'est la seule grâce,
Monsieur, que vous demande un misérable amant
Dont vous seul aujourd'hui causez tout le tourment), 570
Je vous conjure donc d'assurer Isabelle
Que si depuis trois mois mon cœur brûle pour elle,
Cette amour[2] est sans tache, et n'a jamais pensé
A rien dont son honneur ait lieu d'être offensé.

SGANARELLE.

Oui.

VALÈRE.

Que, ne dépendant que du choix de mon âme[3], 575
Tous mes desseins étoient de l'obtenir pour femme,
Si les destins, en vous, qui captivez son cœur,
N'opposoient un obstacle à cette juste ardeur.

SGANARELLE.

Fort bien.

VALÈRE.

Que, quoi qu'on fasse, il ne lui faut pas croire
Que jamais ses appas sortent de ma mémoire ; 580
Que, quelque arrêt des Cieux qu'il me faille subir,
Mon sort est de l'aimer jusqu'au dernier soupir ;

---

1. *Vertu*, au singulier, dans l'édition de 1664.
2. Cet amour. (1734.)
3. Que la chose, en ce qui me touche, ne dépendant que de ma volonté,...

ACTE II, SCÈNE VI.

Et que si quelque chose étouffe mes poursuites,
C'est le juste respect que j'ai pour vos mérites.

SGANARELLE.

C'est parler sagement; et je vais de ce pas
Lui faire ce discours, qui ne la choque pas.
Mais, si vous me croyez, tâchez de faire en sorte
Que de votre cerveau cette passion sorte.
Adieu.

ERGASTE.

La dupe est bonne.

SGANARELLE.

Il me fait grand pitié [1],
Ce pauvre malheureux trop rempli d'amitié [2] ;
Mais c'est un mal pour lui de s'être mis en tête
De vouloir prendre un fort qui se voit ma conquête [3].

SCÈNE VII.

SGANARELLE, ISABELLE.

SGANARELLE.

Jamais amant n'a fait tant de trouble éclater,
Au poulet renvoyé sans se décacheter [4] :

---

1. Adieu.
    ERGASTE *à Valère.*
    La dupe est bonne.
    SCÈNE X.
    SGANARELLE, *seul.*
    Il me fait grand pitié.
    (1734.)
2. Tout rempli d'amitié. (1666, 73, 74, 82, 1734.)
3. *Sganarelle heurte à sa porte.* (1682, 1734.)
4. *Sans se décacheter,* au sens passif, c'est-à-dire sans être décacheté. Les éditions de 1673, 74, 82, 1734 ont remplacé *se* par *le*. Les deux premières portent en outre, au même vers, *envoyé,* pour *renvoyé.*

Il perd toute espérance enfin, et se retire.   595
Mais il m'a tendrement conjuré de te dire
Que du moins en t'aimant il n'a jamais pensé¹
A rien dont ton honneur ait lieu d'être offensé,
Et que, ne dépendant que du choix de son âme,
Tous ses desirs étoient de t'obtenir pour femme,   600
Si les destins, en moi, qui captive ton cœur,
N'opposoient un obstacle à cette juste ardeur;
Que, quoi qu'on puisse faire, il ne te faut pas croire
Que jamais tes appas sortent de sa mémoire;
Que, quelque arrêt des Cieux qu'il lui faille subir,   605
Son sort est de t'aimer jusqu'au dernier soupir;
Et que si quelque chose étouffe sa poursuite,
C'est le juste respect qu'il a pour mon mérite².
Ce sont ses propres mots; et loin de le blâmer,
Je le trouve honnête homme, et le plains de t'aimer.   610

ISABELLE, *bas.*

Ses feux ne trompent point ma secrète croyance,
Et toujours ses regards m'en ont dit l'innocence.

SGANARELLE.

Que dis-tu?

ISABELLE.

Qu'il m'est dur que vous plaigniez si fort
Un homme que je hais à l'égal de la mort³;
Et que si vous m'aimiez autant que vous le dites,   615
Vous sentiriez l'affront que me font les poursuites⁴.

SGANARELLE.

Mais il ne savoit pas tes inclinations;

---

1. Dans l'édition originale, par une faute étrange d'impression : « il n'a-mais pensé. »
2.   Qu'il a pour ton mérite. (1662, 75 A, 84 A, 94 B.)
3. *A l'égard,* pour *à l'égal,* dans l'édition de 1664.
4.   Que me font ses poursuites. (1664, 74, 82, 84 A, 1734.)
Il est bien possible que le premier imprimeur ait lu ici *les* au lieu de *ses* ou de *ces*, l'*l*, l'*s* et le *c* étant faciles à confondre dans beaucoup d'écritures du temps.

Et par l'honnêteté de ses intentions
Son amour ne mérite....

ISABELLE.

Est-ce les avoir bonnes,
Dites-moi, de vouloir enlever les personnes ?   620
Est-ce être homme d'honneur de former des desseins
Pour m'épouser de force en m'ôtant de vos mains ?
Comme si j'étois fille à supporter la vie
Après qu'on m'auroit fait une telle infamie.

SGANARELLE.

Comment ?

ISABELLE.

Oui, oui : j'ai su que ce traître d'amant[1] 625
Parle de m'obtenir par un enlèvement ;
Et j'ignore pour moi les pratiques secrètes
Qui l'ont instruit sitôt du dessein que vous faites
De me donner la main dans huit jours au plus tard,
Puisque ce n'est que d'hier que vous m'en fîtes part ; 630
Mais il veut prévenir, dit-on, cette journée
Qui doit à votre sort unir ma destinée.

SGANARELLE.

Voilà qui ne vaut rien.

ISABELLE.

Oh ! que pardonnez-moi !
C'est un fort honnête homme, et qui ne sent pour moi....

SGANARELLE.

Il a tort, et ceci passe la raillerie.   635

ISABELLE.

Allez, votre douceur entretient sa folie.
S'il vous eût vu tantôt lui parler vertement,
Il craindroit vos transports et mon ressentiment ;

---

1. *Que ce traître amant*, ce qui fait un vers de onze syllabes, dans les éditions de 1662, 75 A, 84 A et 94 B.

Car c'est encor depuis sa lettre méprisée
Qu'il a dit ce dessein qui m'a scandalisée ; 640
Et son amour conserve, ainsi que je l'ai su,
La croyance qu'il est dans mon cœur bien reçu,
Que je fuis votre hymen, quoi que le monde en croie,
Et me verrois tirer de vos mains avec joie.

SGANARELLE.

Il est fou.

ISABELLE.

Devant vous il sait se déguiser, 645
Et son intention est de vous amuser.
Croyez par ces beaux mots que le traître vous joue.
Je suis bien malheureuse, il faut que je l'avoue,
Qu'avecque tous mes soins pour vivre dans l'honneur
Et rebuter les vœux d'un lâche suborneur, 650
Il faille être exposée aux fâcheuses surprises
De voir faire sur moi d'infâmes entreprises !

SGANARELLE.

Va, ne redoute rien.

ISABELLE.

Pour moi, je vous le di [1],
Si vous n'éclatez fort contre un trait si hardi,
Et ne trouvez bientôt moyen de me défaire 655
Des persécutions d'un pareil téméraire,
J'abandonnerai tout, et renonce à l'ennui
De souffrir les affronts que je reçois de lui.

SGANARELLE.

Ne t'afflige point tant ; va, ma petite femme,
Je m'en vais le trouver et lui chanter sa gamme. 660

---

1. Au sujet de cette orthographe, que nous gardons à la rime, voyez l'*Introduction grammaticale* des *Lexiques* tant de Molière que des divers poëtes qui font partie de la collection des *Grands écrivains*, et aussi du *Lexique de Mme de Sévigné*, p. LXXIII. C'est un renvoi auquel eussent déjà pu donner lieu les vers 182 et 190 de *l'Étourdi*.

ACTE II, SCÈNE VII.

ISABELLE.

Dites-lui bien au moins qu'il le nieroit en vain,
Que c'est de bonne part qu'on m'a dit son dessein,
Et qu'après cet avis, quoi qu'il puisse entreprendre,
J'ose le défier de me pouvoir surprendre,
Enfin que sans plus perdre et soupirs et moments, 665
Il doit savoir pour vous quels sont mes sentiments,
Et que si d'un malheur il ne veut être cause,
Il ne se fasse pas deux fois dire une chose.

SGANARELLE.

Je dirai ce qu'il faut.

ISABELLE.

Mais tout cela d'un ton
Qui marque que mon cœur lui parle tout de bon. 670

SGANARELLE.

Va, je n'oublierai rien, je t'en donne assurance.

ISABELLE.

J'attends votre retour avec impatience.
Hâtez-le, s'il vous plaît, de tout votre pouvoir :
Je languis quand je suis un moment sans vous voir.

SGANARELLE.

Va, poupone, mon cœur, je reviens tout à l'heure[1]. 675
Est-il une personne et plus sage et meilleure?
Ah! que je suis heureux! et que j'ai de plaisir
De trouver une femme au gré de mon desir!
Oui, voilà comme il faut que les femmes soient faites,
Et non comme j'en sais, de ces franches coquettes, 680
Qui s'en laissent conter, et font dans tout Paris

---

1. L'édition de 1734 coupe la scène après ce vers :

SCÈNE XII.
SGANARELLE, seul.

Est-il une personne ..?

Montrer au bout du doigt leurs honnêtes maris[1].
Holà! notre galant aux belles entreprises!

SCÈNE VIII.

VALÈRE, SGANARELLE, ERGASTE.

VALÈRE.

Monsieur, qui vous ramène en ce lieu?

SGANARELLE.

Vos sottises.

VALÈRE.

Comment?

SGANARELLE.

Vous savez bien de quoi je veux parler. 685
Je vous croyois plus sage, à ne vous rien celer.
Vous venez m'amuser de vos belles paroles,
Et conservez sous main des espérances folles.
Voyez-vous, j'ai voulu doucement vous traiter,
Mais vous m'obligerez à la fin d'éclater. 690
N'avez-vous point de honte, étant ce que vous êtes,
De faire en votre esprit les projets que vous faites,
De prétendre enlever[2] une fille d'honneur,
Et troubler un hymen qui fait tout son bonheur?

VALÈRE.

Qui vous a dit, Monsieur, cette étrange nouvelle? 695

SGANARELLE.

Ne dissimulons point: je la tiens d'Isabelle,
Qui vous mande par moi, pour la dernière fois,
Qu'elle vous a fait voir assez quel[3] est son choix,

---

1. L'édition de 1734 ajoute ici: *Il frappe à la porte de Valère.*
2. Et prétendre enlever. (1673, 74, 82, 97, 1710.)
3. *Qu'elle*, par erreur, pour *quel*, dans l'édition originale.

ACTE II, SCÈNE VIII.

Que son cœur, tout à moi, d'un tel projet s'offense,
Qu'elle mourroit¹ plutôt qu'en souffrir l'insolence, 700
Et que vous causerez de terribles éclats
Si vous ne mettez fin à tout cet embarras.

VALÈRE.

S'il est vrai qu'elle ait dit ce que je viens d'entendre,
J'avouerai que mes feux n'ont plus rien à prétendre :
Par ces mots assez clairs je vois tout terminé, 705
Et je dois révérer l'arrêt qu'elle a donné².

SGANARELLE.

Si ? Vous en doutez donc³, et prenez pour des feintes
Tout ce que de sa part je vous ai fait de plaintes ?
Voulez-vous qu'elle-même elle explique son cœur ?
J'y consens volontiers pour vous tirer d'erreur. 710
Suivez-moi, vous verrez s'il est rien⁴ que j'avance⁵,
Et si son jeune cœur entre nous deux balance⁶.

SCÈNE IX.

ISABELLE, SGANARELLE, VALÈRE⁷.

ISABELLE.

Quoi ? vous me l'amenez ! Quel est⁸ votre dessein ?
Prenez-vous contre moi ses intérêts en main ?
Et voulez-vous, charmé de ses rares mérites, 715

1. Les éditions de 1673, 74, 82, 97 ont *mouroit*, à l'imparfait.
2. Ce vers manque dans l'édition de 1664.
3.   S'il ? Vous en doutez donc. (1663, 66, 73, 74.)
      Si vous en doutez donc. (1664, 75 A, 84 A, 94 B.)
4.   S'il n'est rien. (1666, 73.)
5. S'il est rien que j'avance de moi-même, si je dépasse ses instructions, si je vous dis plus qu'elle ne m'a chargé de vous dire.
6. *Il va frapper à sa porte.* (1734.)
7. L'édition de 1734 ajoute ERGASTE aux personnages de cette scène.
8. *En*, pour *est*, dans l'édition originale.

M'obliger à l'aimer, et souffrir ses visites?
SGANARELLE.
Non, mamie¹, et ton cœur pour cela m'est trop cher.
Mais il prend mes avis pour des contes en l'air,
Croit que c'est moi qui parle et te fais² par adresse
Pleine pour lui de haine, et pour moi de tendresse; 720
Et par toi-même enfin³ j'ai voulu, sans retour,
Le tirer d'une erreur qui nourrit son amour.
ISABELLE.
Quoi? mon âme à vos yeux ne se montre pas toute,
Et de mes vœux encor vous pouvez être en doute?
VALÈRE.
Oui, tout ce que Monsieur de votre part m'a dit, 725
Madame, a bien pouvoir de surprendre un esprit :
J'ai douté, je l'avoue; et cet arrêt suprême,
Qui décide du sort de mon amour extrême,
Doit m'être assez touchant, pour ne pas s'offenser
Que mon cœur par deux fois le fasse prononcer. 730
ISABELLE⁴.
Non, non, un tel arrêt ne doit pas vous surprendre :
Ce sont mes sentiments qu'il vous a fait entendre;
Et je les tiens fondés sur assez d'équité,
Pour en faire éclater toute la vérité.
Oui, je veux bien qu'on sache, et j'en dois être crue, 735
Que le sort offre ici deux objets à ma vue
Qui, m'inspirant pour eux différents sentiments,
De mon cœur agité font tous les mouvements.
L'un, par un juste choix où l'honneur m'intéresse,
A toute mon estime et toute ma tendresse; 740

---

1. Telle est l'orthographe de l'édition originale : voyez M. Littré, à l'article *M'amie*.
2. *Fait*, à la troisième personne, dans les éditions de 1662, 75 A, 84 A, 94 B.
3. Et par moi-même enfin. (1662, 75 A, 84 A, 94 B.)
4. ISABELLE, *à Valère*. (1734.)

Et l'autre, pour le prix de son affection,
A toute ma colère et mon aversion.
La présence de l'un m'est agréable et chère,
J'en reçois dans mon âme une allégresse entière ;
Et l'autre par sa vue inspire dans mon cœur 745
De secrets mouvements et de haine et d'horreur.
Me voir femme de l'un est toute mon envie ;
Et plutôt qu'être à l'autre on m'ôteroit la vie.
Mais c'est assez montrer mes justes sentiments,
Et trop longtemps languir dans ces rudes tourments : 750
Il faut que ce que j'aime, usant de diligence,
Fasse à ce que je hais[1] perdre toute espérance,
Et qu'un heureux hymen affranchisse mon sort
D'un supplice pour moi plus affreux que la mort.

SGANARELLE.

Oui, mignonne, je songe à remplir ton attente. 755

ISABELLE.

C'est l'unique moyen de me rendre contente.

SGANARELLE.

Tu la seras dans peu[2].

ISABELLE.

Je sais qu'il est honteux
Aux filles d'exprimer si librement leurs vœux.

SGANARELLE.

Point, point.

ISABELLE.

Mais en l'état où sont mes destinées,
De telles libertés doivent m'être données ; 760
Et je puis sans rougir faire un aveu si doux
A celui que déjà je regarde en époux.

---

1. Le vers est faux dans les éditions de 1673, 74 :
   Fasse à tout ce que je hais.
2. Tu le seras dans peu. (1664, 66, 1710, 18, 34.)
   Tu le sauras dans peu. (1673, 74.)

SGANARELLE.

Oui, ma pauvre fanfan, pouponne de mon âme.

ISABELLE.

Qu'il songe donc, de grâce, à me prouver sa flamme.

SGANARELLE.

Oui, tiens, baise ma main[1].

ISABELLE.

Que sans plus de soupirs 765
Il conclue un hymen qui fait tous mes desirs,
Et reçoive en ce lieu la foi que je lui donne
De n'écouter jamais les vœux d'autre personne[2].

SGANARELLE.

Hai! hai! mon petit nez, pauvre petit bouchon[3],
Tu ne languiras pas longtemps, je t'en répond : 770
Va, chut! Vous le voyez, je ne lui fais pas dire[4] :

---

1. Ce trait peut étonner d'abord, choquer même; mais il paraît tout naturel à qui se dit que Sganarelle doit être tout aussi convaincu qu'Arnolphe de la supériorité de l'époux,

Et de l'obéissance, et de l'humilité,
Et du profond respect où la femme doit être
Pour son mari, son chef, son seigneur et son maître.
(*L'École des femmes*, acte III, scène II, vers 710-712.)

2. *Elle fait semblant d'embrasser Sganarelle, et donne sa main à Valère.* (1682.) — *Elle fait semblant d'embrasser Sganarelle, et donne sa main à baiser à Valère.* (1734.) Ce jeu de scène est pour la première fois mentionné par l'édition de 1682; mais il était déjà indiqué par la gravure jointe à l'édition originale : voyez à la fin de la *Notice*, p. 350 et 351. Cailhava (p. 62 de ses *Études sur Molière*) se plaint de la manière dont on le prolongeait et l'exagérait de son temps; mais lui-même est bien suspect d'exagération quand c'est à Molé qu'il cherche querelle (voyez son billet au comédien, p. 64, note).

3. Nous ne connaissons pas d'autre exemple, et M. Littré ne cite non plus que celui-ci, du mot *nez* « dit familièrement, en terme d'amitié. » — « *Bouchon*, dit Furetière, est un nom de cagcollerie (sic) qu'on donne aux petits enfants, aux jeunes filles de basse condition. Mon petit cœur, mon petit *bouchon*. » — *Fanfan*, qui se lit un peu plus haut, au vers 763, n'est ni dans le *Dictionnaire de l'Académie* (1694) ni dans celui de Furetière (1690). Richelet le donne (1680) et le trouve bas et burlesque; il n'est que familier.

4. Va, chut!
(*A Valère.*)
Vous le voyez, je ne lui fais pas dire.
(1734.)

Ce n'est qu'après moi seul que son âme respire.
VALÈRE.
Eh bien! Madame, eh bien! c'est s'expliquer assez :
Je vois par ce discours de quoi vous me pressez,
Et je saurai dans peu vous ôter la présence 775
De celui qui vous fait si grande violence.
ISABELLE.
Vous ne me sauriez faire un plus charmant plaisir ;
Car enfin cette¹ vue est fâcheuse à souffrir,
Elle m'est odieuse, et l'horreur est si forte....
SGANARELLE.
Eh! eh!
ISABELLE.
    Vous offensé-je² en parlant de la sorte ? 780
Fais-je....
SGANARELLE.
    Mon Dieu, nenni, je ne dis pas cela ;
Mais je plains, sans mentir, l'état où le voilà,
Et c'est trop hautement que ta haine se montre.
ISABELLE.
Je n'en puis trop montrer en pareille rencontre.
VALÈRE.
Oui, vous serez contente; et dans trois jours vos yeux
Ne verront plus l'objet qui vous est odieux.
ISABELLE.
A la bonne heure. Adieu.
SGANARELLE³.
    Je plains votre infortune ;
Mais....

---

1. Le mot *cette* est répété dans l'édition originale.
2. Ce verbe, qui a ici *c* pour *s* dans tous les textes du dix-septième siècle, se termine en *é* dans l'édition originale et dans celles de 1662 et de 1684 A, en *e* sans accent dans l'édition de 1664; les autres anciennes, jusques et y compris 1734, lui donnent la désinence *ay* ou *ai*.
3. SGANARELLE *à Valère*. (1734.)

VALÈRE.

Non, vous n'entendrez de mon cœur plainte aucune :
Madame assurément rend justice à tous deux,
Et je vais travailler à contenter ses vœux. 790
Adieu.

SGANARELLE.

Pauvre garçon ! sa douleur est extrême.
Tenez, embrassez-moi [1] : c'est un autre elle-même [2].

SCÈNE X.

ISABELLE, SGANARELLE.

SGANARELLE.

Je le tiens fort à plaindre.

ISABELLE.

Allez, il ne l'est point.

SGANARELLE.

Au reste, ton amour me touche au dernier point,
Mignonnette, et je veux qu'il ait sa récompense : 795
C'est trop que de huit jours pour ton impatience ;
Dès demain je t'épouse, et n'y veux appeler....

---

1. Venez, embrassez-moi. (1682, 1734.)
2. C'est une autre elle-même. (1666, 73, 74, 82, 1734.)
— Après ce vers, l'édition de 1734 ajoute : *Il embrasse Valère.* — « La scène, dit Cailhava, finissait assez plaisamment, ce me semble... : un acteur (*toujours Molé ?*), plus ingénieux que Molière, a finement imaginé que Valère, après avoir reçu l'embrassade de Sganarelle, devait le jeter dans les bras d'Ergaste [a] ; que celui-ci devait à son tour embrasser Sganarelle et le retenir fort longtemps ; et pourquoi ? pour donner le loisir à son maître de dévorer une seconde fois la main de son amante, et de provoquer de nouveaux applaudissements. » (*Études sur Molière*, p. 63.)

[a] L'édition de 1734 a constaté la présence d'Ergaste sur le théâtre (voyez ci-dessus, p. 407, note 7) ; il doit sans doute se tenir tout à fait à l'écart jusque vers la fin de la scène.

ISABELLE.

Dès demain ?

SGANARELLE.

Par pudeur tu feins d'y reculer[1] ;
Mais je sais bien la joie où ce discours te jette,
Et tu voudrois déjà que la chose fût faite.   800

ISABELLE.

Mais....

SGANARELLE.

Pour ce mariage allons tout préparer.

ISABELLE[2].

O Ciel, inspire-moi[3] ce qui peut le parer !

---

1. Rotrou, cité par Auger, avait dit dans sa *Diane* (1630) :

> Faites-moi prononcer l'arrêt de mon trépas ;
> Que j'ouvre mon tombeau, je n'y recule pas ;
> Mais....
>   (Acte I, scène IV.)

2. ISABELLE, *à part.* (1734.)
3. O Ciel ! inspirez-moi. (1673, 74, 82, 1734.)

FIN DU SECOND ACTE.

ACTE III.

SCÈNE PREMIÈRE.

ISABELLE.

Oui, le trépas cent fois me semble moins à craindre
Que cet hymen fatal où l'on veut me contraindre[1];
Et tout ce que je fais pour en fuir les rigueurs   805
Doit trouver quelque grâce auprès de mes censeurs.
Le temps presse, il fait nuit : allons, sans crainte aucune,
A la foi d'un amant commettre ma fortune.

SCÈNE II.

SGANARELLE, ISABELLE.

SGANARELLE[2].

Je reviens, et l'on va pour demain de ma part....

ISABELLE.

O Ciel!

SGANARELLE.

C'est toi, mignonne? Où vas-tu donc si tard?
Tu disois qu'en ta chambre, étant un peu lassée,
Tu t'allois renfermer, lorsque je t'ai laissée;

---

1. *Où l'on me veut contraindre.* (1664, 84 A, 94 B.)
2. SGANARELLE, *parlant à ceux qui sont dans sa maison.* (1734.)

Et tu m'avois prié même que mon retour
T'y souffrit en repos jusques à demain jour[1].

ISABELLE.

Il est vrai; mais....

SGANARELLE.

Et quoi?

ISABELLE.

Vous me voyez confuse[2],
Et je ne sais comment vous en dire l'excuse.

SGANARELLE.

Quoi donc? Que pourroit-ce être?

ISABELLE.

Un secret surprenant :
C'est ma sœur qui m'oblige à sortir maintenant,
Et qui, pour un dessein dont je l'ai fort blâmée,
M'a demandé ma chambre, où je l'ai renfermée.   820

SGANARELLE.

Comment?

ISABELLE.

L'eût-on pu croire? elle aime cet amant
Que nous avons banni.

SGANARELLE.

Valère?

ISABELLE.

Éperdument :
C'est un transport si grand, qu'il n'en est point de même[3];
Et vous pouvez juger de sa puissance extrême,
Puisque seule, à cette heure, elle est venue ici   825
Me découvrir à moi son amoureux souci,

---

1. *Demain jour*, demain, quand il fera jour. Si inusitée que soit cette expression, elle n'est pas plus extraordinaire que *demain matin, demain soir*. Auger doute qu'elle ait jamais été employée; il est peu probable pourtant que Molière l'ait inventée : il lui était si facile ici de dire la même chose autrement.
2.   Vous me croyez confuse. (1662, 75 A, 84 A, 94 B.)
3. Qu'il n'en est point de pareil.

Me dire absolument qu'elle perdra la vie
Si son âme n'obtient l'effet de son envie,
Que depuis plus d'un an d'assez vives ardeurs
Dans un secret commerce entretenoient leurs cœurs, 830
Et que même ils s'étoient, leur flamme étant nouvelle,
Donné de s'épouser une foi mutuelle¹....

SGANARELLE.

La vilaine !

ISABELLE.

Qu'ayant appris le désespoir
Où j'ai précipité celui qu'elle aime à voir,
Elle vient me prier de souffrir que sa flamme 835
Puisse rompre un départ qui lui perceroit l'âme,
Entretenir ce soir cet amant sous mon nom
Par la petite rue où ma chambre répond,
Lui peindre, d'une voix qui contrefait la mienne,
Quelques doux sentiments dont l'appas le retienne, 840
Et ménager enfin pour elle adroitement
Ce que pour moi l'on sait qu'il a d'attachement.

SGANARELLE.

Et tu trouves cela...?

ISABELLE.

Moi? J'en suis courroucée.
Quoi? ma sœur, ai-je dit, êtes-vous insensée?
Ne rougissez-vous point d'avoir pris tant d'amour 845
Pour ces sortes de gens qui changent chaque jour,
D'oublier votre sexe, et tromper l'espérance
D'un homme dont le Ciel vous donnoit l'alliance?

SGANARELLE.

Il le mérite bien, et j'en suis fort ravi.

---

1. Auger a trouvé dans Rotrou un emploi tout semblable de l'expression *foi mutuelle* (que nous offre encore, plus loin, mais sans régime, le vers 1036) :

Ces vœux furent suivis d'une foi mutuelle
De garder l'un pour l'autre une ardeur éternelle.

(*Clarice* ou *l'Amour constant*, comédie de 1641, acte IV, scène VIII.)

ACTE III, SCÈNE II.

ISABELLE.

Enfin de cent raisons mon dépit s'est servi 850
Pour lui bien reprocher des bassesses si grandes
Et pouvoir cette nuit rejeter ses demandes;
Mais elle m'a fait voir de si pressants desirs,
A tant versé de pleurs, tant poussé de soupirs,
Tant dit qu'au désespoir je porterois son âme 855
Si je lui refusois ce qu'exige sa flamme,
Qu'à céder malgré moi mon cœur s'est vu réduit;
Et pour justifier cette intrigue de nuit,
Où me faisoit du sang relâcher la tendresse,
J'allois faire avec moi venir coucher Lucrèce, 860
Dont vous me vantez tant les vertus chaque jour;
Mais vous m'avez surprise[1] avec ce prompt retour.

SGANARELLE.

Non, non, je ne veux point chez moi tout ce mystère.
J'y pourrois consentir à l'égard de mon frère;
Mais on peut être vu de quelqu'un de dehors; 865
Et celle que je dois honorer de mon corps
Non-seulement doit être et pudique et bien née,
Il ne faut pas que même elle soit soupçonnée[2].
Allons chasser l'infâme, et de sa passion....

ISABELLE.

Ah! vous lui donneriez trop de confusion; 870
Et c'est avec raison qu'elle pourroit se plaindre
Du peu de retenue où j'ai su me contraindre.
Puisque de son dessein je dois me départir,
Attendez que du moins je la[3] fasse sortir.

---

1. *Surpris*, sans accord, dans l'édition de 1682 et dans celles qui la copient.
2. C'est ce mot si connu de César, quand il répudia sa femme : « Pource, dit-il, que je ne veux pas que ma femme soit seulement souspeçonnée. » (Plutarque, *Vie de César*, chapitre x, traduction d'Amyot.)
3. L'édition originale et celles de 1662 et de 1663 portent *le*, pour *la*.

SGANARELLE.

Eh bien! fais.

ISABELLE.

Mais surtout cachez-vous, je vous prie, 875
Et sans lui dire rien daignez voir sa sortie.

SGANARELLE.

Oui, pour l'amour de toi je retiens mes transports;
Mais, dès le même instant qu'elle sera dehors,
Je veux, sans différer, aller trouver mon frère :
J'aurai joie à courir lui dire cette affaire. 880

ISABELLE.

Je vous conjure donc de ne me point nommer[1].
Bonsoir : car tout d'un temps je vais me renfermer.

SGANARELLE[2].

Jusqu'à demain, mamie. En quelle impatience
Suis-je de voir mon frère, et lui conter sa chance !
Il en tient, le bonhomme, avec tout son phébus, 885
Et je n'en voudrois pas tenir vingt bons écus[3].

ISABELLE, dans la maison.

Oui, de vos déplaisirs l'atteinte m'est sensible;
Mais ce que vous voulez, ma sœur, m'est impossible :
Mon honneur, qui m'est cher, y court trop de hasard.
Adieu : retirez-vous avant qu'il soit plus tard. 890

---

1. De ne me pas nommer. (1662, 75 A, 84 A, 94 B.)
2. SGANARELLE, *seul*. (1773.) — L'édition de 1734 intercale le mot *seul* entre les deux hémistiches du vers 883.
3. Et je n'en voudrois pas tenir cent bons écus. (1682, 1734.)

— Ce passage n'est pas très-clair. Il y aurait une bien forte ellipse s'il fallait l'entendre, comme paraît le vouloir Auger, dans un sens analogue à celui de ces deux vers (959 et 960) que dit plus loin Sganarelle :

.... Je ne voudrois pas pour vingt bonnes pistoles
Que vous n'eussiez ce fruit de vos maximes folles.

Une autre explication nous paraît préférable et diminue, ce semble, l'obscurité sans la faire entièrement disparaître (*en* reste bien indéterminé) : *Je n'en tiendrais pas vingt écus,* c'est-à-dire *je ne parierais pas vingt écus* que le bonhomme se tirera de là à son honneur?

ACTE III, SCÈNE II.

SGANARELLE.

La voilà qui¹, je crois, peste de belle sorte :
De peur qu'elle revînt, fermons à clef la porte.

ISABELLE².

O Ciel, dans mes desseins ne m'abandonnez pas³ !

SGANARELLE⁴.

Où pourra-t-elle aller? Suivons un peu ses pas.

ISABELLE⁵.

Dans mon trouble, du moins la nuit me favorise.   895

SGANARELLE.

Au logis du galant⁶, quelle⁷ est son entreprise ?

SCÈNE III.

VALÈRE, SGANARELLE, ISABELLE⁸.

VALÈRE⁹.

Oui, oui, je veux tenter quelque effort cette nuit
Pour parler.... Qui va là ?

ISABELLE¹⁰.

                Ne faites point de bruit¹¹,
Valère : on vous prévient, et je suis Isabelle.

SGANARELLE¹².

Vous en avez menti, chienne, ce n'est pas elle :   900

1. *Que*, pour *qui*, dans les éditions de 1662, 63, 64, 75 A, 84 A, 94 B.
2. ISABELLE, *en entrant*. (1734.)
3.   Ne m'abandonne pas. (1664.)
4. SGANARELLE, *à part*. (1734.) — 5. ISABELLE, *à part*. (1734.)
6. *Galand*, dans les textes de 1710 et de 1718.
7. *Qu'elle*, avec une apostrophe fautive, dans l'édition originale.
8. VALÈRE, ISABELLE, SGANARELLE. (1734.)
9. VALÈRE, *sortant brusquement*. (1682, 1734.)
10. ISABELLE, *à Valère*. (1734.)
11.   Ne faites pas de bruit. (1662, 75 A, 84 A, 94 B.)
12. L'édition de 1734 oublie d'ajouter ici les mots : *à part*, qu'elle a bien soin de mettre plus loin après le vers 906. On peut s'étonner que celle de

De l'honneur que tu fuis elle suit trop les lois ;
Et tu prends faussement et son nom et sa voix.

ISABELLE[1].

Mais à moins de vous voir[2], par un saint hyménée....

VALÈRE.

Oui, c'est l'unique but où tend ma destinée ;
Et je vous donne ici ma foi que dès demain   905
Je vais où vous voudrez recevoir votre main.

SGANARELLE[3].

Pauvre sot qui s'abuse !

VALÈRE.

Entrez en assurance :
De votre Argus dupé je brave la puissance ;
Et devant qu'il vous pût ôter à mon ardeur,
Mon bras de mille coups lui perceroit le cœur[4].   910

SGANARELLE.

Ah ! je te promets bien que je n'ai pas envie
De te l'ôter, l'infâme à ses feux asservie[5],
Que du don de ta foi je ne suis point jaloux,
Et que, si j'en suis cru, tu seras son époux.
Oui, faisons-le surprendre avec cette effrontée :   915
La mémoire du père, à bon droit respectée,
Jointe[6] au grand intérêt que je prends à la sœur,
Veut que du moins on tâche[7] à lui rendre l'honneur.
Holà[8] !

1773 la suive au point d'omettre également ici cette indication, bien qu'elle l'insère aussi plus bas.

1. ISABELLE, *à Valère.* (1734.)
2. Mais à moins de nous voir. (1674.)
3. SGANARELLE, *à part.* (1734.)
4. L'édition de 1734 fait de ce qui suit une scène à part (la IVe), avec SGANARELLE *seul* pour personnage.
5. A tes feux asservie. (1734.)
6. *Joint*, sans accord, dans les éditions de 1682 et de 1734 ; celle de 1773 a *jointe*.
7. Veut que du moins l'on tâche. (1673, 74, 82, 1734.)
8. *Il frappe à la porte d'un commissaire.* (1734.)

SCÈNE IV.

SGANARELLE, le Commissaire, Notaire,
et suite [1].

LE COMMISSAIRE.

Qu'est-ce?

SGANARELLE.

Salut, Monsieur le Commissaire.
Votre présence en robe est ici nécessaire [2] :
Suivez-moi, s'il vous plaît, avec votre clarté [3].

LE COMMISSAIRE.

Nous sortions....

SGANARELLE.

Il s'agit d'un fait assez hâté.

LE COMMISSAIRE.

Quoi?

SGANARELLE.

D'aller là dedans, et d'y surprendre ensemble
Deux personnes qu'il faut qu'un bon hymen assemble :
C'est une fille à nous, que, sous un don de foi,
Un Valère a séduite et fait entrer chez soi.
Elle sort de famille et noble et vertueuse,
Mais....

---

1. LE NOTAIRE ET SUITE. (1664, 66, 73, 74, 82.) — SGANARELLE, UN COMMISSAIRE, UN NOTAIRE, UN LAQUAIS, *avec un flambeau*. (1734.)

2. Racine a dit dans *les Plaideurs*, acte II, scène v (vers 443 et 444) :

> Voici fort à propos Monsieur le Commissaire.
> Monsieur, votre présence est ici nécessaire.

3. Avec le flambeau qui sert à vous éclairer. « *Clarté*, lumière, chandelle allumée, feu allumé. *Faire apporter de la clarté, demander de la clarté.* » (*Dictionnaire de Richelet*, 1679.) L'expression, si peu usitée qu'elle puisse être aujourd'hui, du moins à Paris, n'était pas particulière à Molière.

LE COMMISSAIRE.

Si c'est pour cela, la rencontre est heureuse,
Puisque ici nous avons un notaire.

SGANARELLE.

Monsieur?

LE NOTAIRE.

Oui, notaire royal [1].

LE COMMISSAIRE.

De plus homme d'honneur. 930

SGANARELLE.

Cela s'en va sans dire. Entrez dans cette porte,
Et, sans bruit, ayez l'œil que personne n'en sorte [2].
Vous serez pleinement contenté [3] de vos soins;
Mais ne vous laissez pas graisser la patte, au moins.

LE COMMISSAIRE.

Comment? vous croyez donc qu'un homme de justice....

SGANARELLE.

Ce que j'en dis n'est pas pour taxer [4] votre office.
Je vais faire venir mon frère promptement.
Faites que le flambeau m'éclaire seulement.
Je vais le réjouir, cet homme sans colère.
Holà [5] !

---

1. « Maintenant on appelle *notaires* tous les officiers royaux qui reçoivent et qui délivrent des grosses de toutes sortes de contrats et conventions; et *tabellions* ceux qui font la même chose dans les seigneuries et justices subalternes. » (*Dictionnaire de Furetière*, 1690.)
2. Que personne ne sorte. (1664.)
3. *Contentés*, au pluriel, dans l'édition de 1734.
4. « *Taxer* signifie aussi accuser, noter. » (*Dictionnaire de Furetière*, 1690.) Mais, en 1679, Richelet avait confirmé la Remarque de Vaugelas (1647, p. 221), qui tout en regrettant « ce mot employé par tant d'excellents auteurs anciens et modernes, pour dire *blâmer, noter, reprendre*, » constatait qu'il n'était plus « reçu.... dans le beau langage. »
5. (*A part.*)
 Je vais le réjouir, cet homme sans colère.
 Holà ! (*Il frappe à la porte d'Ariste.*) (1734.)

SCÈNE V.

ARISTE, SGANARELLE.

ARISTE.

Qui frappe? Ah! ah! que voulez-vous, mon frère?

SGANARELLE.

Venez, beau directeur, suranné damoiseau :
On veut vous faire voir quelque chose de beau[1].

ARISTE.

Comment?

SGANARELLE.

Je vous apporte une bonne nouvelle.

ARISTE.

Quoi?

---

[1]. Ce début de scène est à peu près le même que celui où Déméa, dans *les Adelphes* (vers 724-727), vient en toute hâte et d'un air triomphant apprendre à son frère Micion de nouvelles fredaines d'Eschinus :

DEMEA.
Sed eccum ipsum. Te jamdudum quæro, Micio.
MICIO.
Quidnam?
DEMEA.
*Fero alia flagitia ad te ingentia
Boni illius adolescentis....*
MICIO.
Ecce autem....
DEMEA.
*Nova,
Capitalia.*
MICIO.
Ohe, jam....
DEMEA.
Ah! nescis qui vir sit....

« DÉMÉA. Mais justement le voici. Il y a longtemps que je te cherche, Micion. MICION. Eh bien, qu'y a-t-il? DÉMÉA. Je viens te dire un nouveau trait de ton bon jeune homme, un scandale énorme.... MICION. Allons, tu vas encore.... DÉMÉA. Des choses étranges, abominables! MICION. Oh! tout beau!... DÉMÉA. Ah! tu ne connais guère le personnage. »

SGANARELLE.
Votre Léonor, où, je vous prie, est-elle?
ARISTE.
Pourquoi cette demande? Elle est, comme je croi, 945
Au bal chez son amie.
SGANARELLE.
Eh! oui, oui; suivez-moi,
Vous verrez à quel bal la donzelle est allée.
ARISTE.
Que voulez-vous conter?
SGANARELLE.
Vous l'avez bien stylée :
« Il n'est pas bon de vivre en sévère censeur;
On gagne les esprits par beaucoup de douceur; 950
Et les soins défiants, les verrous et les grilles
Ne font pas la vertu des femmes ni des filles;
Nous les portons au mal par tant d'austérité,
Et leur sexe demande un peu de liberté [1]. »
Vraiment, elle en a pris tout son soùl [2], la rusée, 955
Et la vertu chez elle est fort humanisée.
ARISTE.
Où veut donc aboutir un pareil entretien?
SGANARELLE.
Allez, mon frère aîné, cela vous sied fort bien;
Et je ne voudrois pas pour vingt bonnes pistoles
Que vous n'eussiez ce fruit de vos maximes folles. 960
On voit ce qu'en deux sœurs nos leçons ont produit :
L'une fuit ce galant, et l'autre le poursuit [3].

1. Sganarelle répète ici ironiquement, à peu près dans les mêmes termes, ce qu'Ariste a dit dans la seconde scène (vers 165 et suivants).
2. Dans tous les anciens textes, *soû*; dans celui de 1734, *saoul*.
3.   L'une fuit le galant, et l'autre le poursuit. (1674.)
   L'une fuit les galans, et l'autre les poursuit. (1682, 1734.)
— Dans les éditions de 1710 et de 1718, « les galands »; dans celle de 1674, *suit* pour *fuit*.

ARISTE.

Si vous ne me rendez cette énigme plus claire....

SGANARELLE.

L'énigme est que son bal est chez Monsieur Valère ;
Que de nuit je l'ai vue y conduire ses pas, 965
Et qu'à l'heure présente elle est entre ses bras.

ARISTE.

Qui?

SGANARELLE.

Léonor.

ARISTE.

Cessons de railler, je vous prie.

SGANARELLE.

Je raille?... Il est fort bon avec sa raillerie!
Pauvre esprit, je vous dis, et vous redis encor
Que Valère chez lui tient votre Léonor, 970
Et qu'ils s'étoient promis une foi mutuelle
Avant qu'il eût songé de poursuivre Isabelle.

ARISTE.

Ce discours d'apparence est si fort dépourvu....

SGANARELLE.

Il ne le croira pas encore en l'ayant vu.
J'enrage. Par ma foi, l'âge ne sert de guère 975
Quand on n'a pas cela[1].

ARISTE.

Quoi? vous voulez, mon frère[2]...?

SGANARELLE.

Mon Dieu, je ne veux rien. Suivez-moi seulement :
Votre esprit tout à l'heure aura contentement ;
Vous verrez si j'impose, et si leur foi donnée
N'avoit pas joint leurs cœurs depuis plus d'une année. 980

---

1. *Il met le doigt sur son front.* (1734.)
2. Quoi? voulez-vous, mon frère...? (1682, 1734.)

ARISTE.

L'apparence qu'ainsi, sans m'en faire avertir,
A cet engagement elle eût pu consentir,
Moi, qui dans toute chose ai, depuis son enfance,
Montré toujours pour elle entière complaisance,
Et qui cent fois ai fait des protestations   985
De ne jamais gêner ses inclinations?

SGANARELLE.

Enfin vos propres yeux jugeront de l'affaire.
J'ai fait venir déjà commissaire et notaire :
Nous avons intérêt[1] que l'hymen prétendu[2]
Répare sur-le-champ l'honneur qu'elle a perdu[3];   990
Car je ne pense pas que vous soyez si lâche,
De vouloir l'épouser avecque cette tache[4],
Si vous n'avez encor quelques raisonnements
Pour vous mettre au-dessus de tous les bernements[5].

ARISTE.

Moi je n'aurai jamais cette foiblesse extrême   995
De vouloir posséder un cœur malgré lui-même.
Mais je ne saurois croire enfin[6]....

---

1. *Intérêts*, avec le signe du pluriel, dans l'édition originale; c'est sans doute une faute d'impression.
2. Auger semble entendre par *hymen prétendu* « l'hymen que je prétends faire. » C'est plutôt, croyons-nous, « l'hymen auquel prétendaient les deux amants, qu'Isabelle, crue Léonor, mettait en avant pour couvrir sa faute. » Voyez ci-dessus les vers 903 et suivants.
3. L'honneur qu'il a perdu. (1662, 75 A, 84 A, 94 B.)
4. Nous n'avons pas besoin de faire remarquer que la rime est défectueuse, et que *lâche* ne peut rimer qu'avec *tâche*, qui diffère de *tache* par le sens et l'orthographe et la prononciation.
5. Nous ne trouvons le substantif *bernement* dans aucun dictionnaire du dix-septième siècle. La dernière édition du *Dictionnaire de l'Académie* en donne un exemple au sens propre : « Le bernement de Sancho Pança. » M. Littré ne cite que le nôtre, dans la signification figurée d'action de railler, raillerie. Le *Dictionnaire de M. L. Dochez* en a un autre, de Dancourt, dans la même acception figurée.
6. Ce mot *enfin* manque dans l'édition de 1664.

SGANARELLE.

Que de discours!
Allons : ce procès-là continueroit toujours.

SCÈNE VI.

Le Commissaire, le Notaire[1], SGANARELLE,
ARISTE.

LE COMMISSAIRE.

Il ne faut mettre ici nulle force en usage,
Messieurs; et si vos vœux ne vont qu'au mariage, 1000
Vos transports en ce lieu se[2] peuvent apaiser.
Tous deux également tendent à s'épouser;
Et Valère déjà, sur ce qui vous regarde,
A signé que pour femme il tient celle qu'il garde.

ARISTE.

La fille....

LE COMMISSAIRE.

Est renfermée, et ne veut point sortir 1005
Que vos desirs aux leurs ne veuillent consentir.

---

1. Un Commissaire, un Notaire. (1734.)
2. *Si*, pour *se*, dans l'édition originale. Cette faute d'impression a été corrigée comme elle devait l'être (*si en se*) dans les éditions de 1664, 1682, 1733 et 1734; *si* est devenu *s'y* dans celles de 1662, 63, 66, 73, 74, 75 A, 84 A et 94 B :

Vos transports en ce lieu s'y peuvent apaiser.

SCÈNE VII.

Le Commissaire, VALÈRE, le Notaire, SGANARELLE, ARISTE[1].

VALÈRE, à la fenêtre[2].

Non, Messieurs[3]; et personne ici n'aura l'entrée
Que cette volonté ne m'ait été montrée.
Vous savez qui je suis, et j'ai fait mon devoir
En vous signant l'aveu qu'on peut vous faire voir[4]. 1010
Si c'est votre dessein d'approuver l'alliance,
Votre main peut aussi m'en signer l'assurance;
Sinon, faites état[5] de m'arracher le jour
Plutôt que de m'ôter l'objet de mon amour.

SGANARELLE.

Non, nous ne songeons pas à vous séparer d'elle[6]. 1015
Il ne s'est point encor détrompé d'Isabelle :
Profitons de l'erreur.

ARISTE[7].

Mais est-ce Léonor...?

SGANARELLE[8].

Taisez-vous.

ARISTE.

Mais....

---

1. Valère, un Commissaire, un Notaire, Sganarelle, Ariste. (1734.)
2. Valère, à la fenêtre de sa maison. (1734.)
3.   Non, Monsieur. (1664.)
4. Ce vers a été omis dans les éditions de 1673 et de 1674.
5. Soyez assurés que vous m'arracherez la vie.... « Faites état que jamais les Pères, les papes, les conciles, ni l'Écriture, ni aucun livre de piété, même dans ces derniers temps, n'ont parlé de cette sorte. » (Pascal, IVe Provinciale, p. 45, édition Lesieur, 1867.)
6. Ce vers est suivi de l'indication : bas à part, dans l'édition de 1734.
7. Ariste, à Valère. (1734.)
8. Sganarelle, à Ariste. (1734.)

ACTE III, SCÈNE VII.

SGANARELLE.

Paix donc.

ARISTE.

Je veux savoir....

SGANARELLE.

Encor?
Vous tairez-vous? vous dis-je.

VALÈRE.

Enfin, quoi qu'il avienne,
Isabelle a ma foi; j'ai de même la sienne, 1020
Et ne suis point un choix, à tout examiner,
Que vous soyez reçus à faire condamner.

ARISTE[1].

Ce qu'il dit là n'est pas....

SGANARELLE.

Taisez-vous, et pour cause.
Vous saurez[2] le secret. Oui, sans dire autre chose[3],
Nous consentons tous deux que vous soyez l'époux 1025
De celle qu'à présent on trouvera chez vous.

LE COMMISSAIRE.

C'est dans ces termes-là que la chose est conçue,
Et le nom est en blanc[4], pour ne l'avoir point vue[5].
Signez. La fille après vous mettra tous d'accord[6].

VALÈRE.

J'y consens de la sorte.

SGANARELLE.

Et moi, je le veux fort. 1030

---

1. ARISTE, *à Sganarelle.* (1734.)
2. *Vous savez (sçauez)*, dans l'édition de 1664.
3. Ce vers est suivi des mots : *à Valère*, dans l'édition de 1734.
4. Et le nom en est blanc. (1664.)
5. Attendu que je n'ai pas encore vu la personne.
6. Vous mettra tout d'accord. (1664.)

Nous rirons bien tantôt[1]. Là, signez donc, mon frère[2] :
L'honneur vous appartient.

ARISTE.

Mais quoi[3]? tout ce mystère....

SGANARELLE.

Diantre! que de façons[4]! Signez, pauvre butor.

ARISTE.

Il parle d'Isabelle, et vous de Léonor.

SGANARELLE.

N'êtes-vous pas d'accord, mon frère, si c'est elle, 1035
De les laisser tous deux à leur foi mutuelle?

ARISTE.

Sans doute.

SGANARELLE.

Signez donc : j'en fais de même aussi.

ARISTE.

Soit : je n'y comprends rien.

SGANARELLE.

Vous serez éclairci.

LE COMMISSAIRE.

Nous allons revenir.

SGANARELLE.

Or çà, je vais vous dire
La fin de cette intrigue[5].

---

1. La mention *à part* précède ce premier hémistiche dans l'édition de 1734.
2.   Là, signons donc, mon frère. (1663.)
3. *Pourquoi*, au lieu de *quoi*, dans l'édition de 1664, ce qui donne treize syllabes au vers.
4.   Diantre! que de façon! (1664.)
5.   SGANARELLE, *à Ariste.*
   Or çà, je vais vous dire
La fin de cette intrigue.
     (*Ils se retirent dans le fond du théâtre.*)
      (1734.)

SCÈNE VIII.

LÉONOR, LISETTE, SGANARELLE, ARISTE[1].

LÉONOR.

   O l'étrange martyre !   1040
Que tous ces jeunes fous me paroissent fâcheux !
Je me suis dérobée au bal pour l'amour d'eux[2].

LISETTE.

Chacun d'eux près de vous veut se rendre agréable.

LÉONOR.

Et moi, je n'ai rien vu de plus insupportable ;
Et je préférerois le plus simple entretien   1045
A tous les contes bleus de ces discours de rien[3].
Ils croyent[4] que tout cède à leur perruque blonde[5],
Et pensent avoir dit le meilleur mot du monde
Lorsqu'ils viennent, d'un ton de mauvais goguenard,
Vous railler sottement sur l'amour d'un vieillard ; 1050
Et moi d'un tel vieillard je prise plus le zèle
Que tous les beaux transports d'une jeune cervelle.
Mais n'aperçois-je pas... ?

SGANARELLE.

   Oui, l'affaire est ainsi.

---

1. LÉONOR, SGANARELLE, ARISTE, LISETTE. (1734.)

2. *Pour l'amour d'eux, à cause d'eux ;* dans un sens ironique : tant ils me déplaisent.

3.   De ces discurs de-rien. (1684 A, 1710, 18, 34.)

4. La syllabe muette compte, comme on le voit, dans ce mot. Nous avons déjà vu dans *l'Étourdi*, vers 224 :

  Anselme, mon mignon, crie-t-elle à toute heure.

5.   Vous êtes-vous rendue, avec tout le beau monde,
  Au mérite éclatant de sa perruque blonde ?
     (*Le Misanthrope*, acte II, scène 1.)

Ah! je la vois paroître[1], et la servante aussi[2].

ARISTE.

Léonor, sans courroux, j'ai sujet de me plaindre : 1055
Vous savez si jamais j'ai voulu vous contraindre,
Et si plus de cent fois je n'ai pas protesté
De laisser à vos vœux leur pleine liberté ;
Cependant votre cœur, méprisant mon suffrage,
De foi comme d'amour à mon insu s'engage. 1060
Je ne me repens pas de mon doux traitement ;
Mais votre procédé me touche assurément ;
Et c'est une action que n'a pas méritée
Cette tendre amitié que je vous ai portée.

LÉONOR.

Je ne sais pas sur quoi vous tenez ce discours ; 1065
Mais croyez que je suis de même que toujours[3],
Que rien ne peut pour vous altérer mon estime,
Que toute autre amitié me paroîtroit un crime,
Et que si vous voulez satisfaire mes vœux,
Un saint nœud[4] dès demain nous unira nous deux[5]. 1070

ARISTE.

Dessus quel fondement venez-vous donc, mon frère...?

SGANARELLE.

Quoi? vous ne sortez pas du logis de Valère?
Vous n'avez point conté vos amours[6] aujourd'hui?

---

1.   SGANARELLE, *à Ariste.*
            Oui, l'affaire est ainsi.
    (*Apercevant Léonor.*)
    Ah! je la vois paroître. (1734.)
2.   Et la suivante aussi. (1682.)
            Et sa suivante aussi. (1697, 1710, 18, 34.)
3.   Mais croyez que je suis la même que toujours. (1682, 1734.)
4. L'orthographe de l'édition originale et des impressions de 1662 et de 1664 est *nœu*.
5.   Nous unira tous deux. (1674, 82, 1734.)
6. Voyez ci-dessus les vers 825-857, qui expliquent bien cette expression *conté vos amours*.

ACTE III, SCÈNE VIII. 43

Et vous ne brûlez pas depuis un an pour lui?
LÉONOR.
Qui vous a fait de moi de si belles peintures 1075
Et prend soin de forger de telles impostures?

SCÈNE IX.

ISABELLE, VALÈRE, le Commissaire, le Notaire, ERGASTE, LISETTE, LÉONOR, SGANARELLE, ARISTE[1].

ISABELLE.
Ma sœur, je vous demande un généreux pardon,
Si de mes libertés j'ai taché votre nom.
Le pressant embarras d'une surprise extrême
M'a tantôt inspiré ce honteux stratagème : 1080
Votre exemple condamne un tel emportement;
Mais le sort nous traita nous deux diversement[2].
Pour vous, je ne veux point, Monsieur, vous faire excuse[3] :
Je vous sers beaucoup plus que je ne vous abuse.
Le Ciel pour être joints ne nous fit pas tous deux: 1085
Je me suis reconnue indigne de vos vœux[4];
Et j'ai bien mieux aimé me voir aux mains d'un autre,
Que ne pas mériter un cœur comme le vôtre.
VALÈRE[5].
Pour moi, je mets ma gloire et mon bien souverain

---

1.   SCÈNE DERNIÈRE.
ISABELLE, VALÈRE, LÉONOR, ARISTE, SGANARELLE, un Commissaire,
un Notaire, LISETTE, ERGASTE.
(1734.)
2.   Mais le sort nous traita tous deux diversement.
(1662, 63, 66, 75 A, 82, 84 A, 94 B, 1734.)
— Voyez une semblable variante au vers 1070.
3. Ce vers, dans l'édition de 1734, est précédé de la mention à Sganarelle.
4.   Indigne de vos feux. (1673, 74, 82, 94 B, 1734.)
5. VALÈRE, à Sganarelle. (1734.)

A la pouvoir, Monsieur, tenir de votre main. 1090

ARISTE.

Mon frère, doucement il faut boire la chose :
D'une telle action vos procédés sont cause;
Et je vois votre sort malheureux à ce point,
Que, vous sachant dupé, l'on ne vous plaindra point.

LISETTE.

Par ma foi, je lui sais bon gré de cette affaire, 1095
Et ce prix de ses soins est un trait exemplaire.

LÉONOR.

Je ne sais si ce trait se doit faire estimer;
Mais je sais bien qu'au moins je ne le puis blâmer.

ERGASTE.

Au sort d'être cocu son ascendant[1] l'expose,
Et ne l'être qu'en herbe est pour lui douce chose. 1100

SGANARELLE[2].

Non, je ne puis sortir de mon étonnement;
Cette déloyauté confond mon jugement[3];
Et je ne pense pas que Satan en personne
Puisse être si méchant qu'une telle friponne.
J'aurois pour elle au feu mis la main que voilà : 1105
Malheureux qui se fie à femme après cela !
La meilleure est toujours en malice féconde;
C'est un sexe engendré pour damner tout le monde.
J'y renonce à jamais[4], à ce sexe trompeur,
Et je le donne tout au diable de bon cœur. 1110

---

1. *Ascendant* se disait, comme le définit l'Académie, du « point qui se lève, considéré par rapport à la nativité des personnes. » — « A la naissance d'un enfant, dit M. Challamel, les parents faisaient tirer son horoscope, comme fit Henri IV lorsque naquit Louis XIII. Un astrologue était caché près de la chambre d'Anne d'Autriche, au moment où celle-ci mit au monde Louis XIV. » (*Mémoires du peuple français*, tome VI, p. 545.)

2. SGANARELLE, *sortant de l'accablement dans lequel il étoit plongé*. (1734.)

3. Cette ruse d'enfer confond mon jugement. (1682, 1734.)

4. Je renonce à jamais. (1682, 1734.)

ACTE III, SCÈNE IX.

ERGASTE.

Bon.

ARISTE.

Allons tous chez moi. Venez, Seigneur Valère.
Nous tâcherons demain d'apaiser sa colère.

LISETTE [1].

Vous, si vous connoissez des maris loups-garous,
Envoyez-les au moins à l'école chez nous [2].

1. LISETTE, *au parterre.* (1734.)
2. « *Le Cocu imaginaire*, dit Auger, est la première pièce où Molière ait mis un épilogue (*adressé au public*); *l'École des maris* est la seconde et la dernière. »

FIN DU TROISIÈME ET DERNIER ACTE.

ADDITION A LA *Notice* DE *Dom Garcie*.

Dom Garcie en 1871.

Quelques scènes de *Dom Garcie de Navarre* ont été représentées deux fois en 1871, par la Comédie française, le dimanche 26 février et le dimanche 5 mars. Elles formaient un acte et figuraient dans des représentations données pendant la journée (à 1 heure 1/2) et que l'on désignait sous le nom de « Matinées littéraires ». Voici quelle était la distribution :

DOM GARCIE.	MM. Laroche.
DOM LOPE.	Charpentier.
DONE ELVIRE.	Mlles Croizette.
ÉLISE	Reichenberg.

Quand nous avons écrit la *Notice* de *Dom Garcie*, nous ignorions ce fait, qui nous a été signalé par M. Guillard.

Il eût été fort concevable que *Dom Garcie* n'eût pas été joué depuis le double échec qu'il subit au temps de Molière[1]. Mais s'il devait obtenir une reprise partielle, il est singulier qu'elle ait eu lieu à cette date de 1871, dans le court intervalle qui sépara les horreurs du siége et celles de la guerre civile.

---

1. Voyez ci-dessus, p. 221-223.

ERRATA.

Tome I, page 9, ligne 15, « 17 janvier 1694 », lisez : « 17 janvier 1664 ».

Page 50, note 1, ligne 2, « p. 108-126 », lisez : « p. 103-126 ».

Page 57, modifiez ainsi la fin de la note 3 : « l'indication d'autres endroits où Molière a tiré parti à la scène de la personne et manière d'être de ses acteurs ».

Page 59, note 2, ligne 23, « et Boulanger de Chalussay », lisez : « et le Boulanger de Chalussay ».

Page 62, ligne 4, « Oui, ce grand médecin », lisez : « Ovide, ce grand médecin », et supprimez la note 1. Cette correction nous est suggérée par M. Eud. Soulié, dont la conjecture nous semble évidemment fondée.

Tome II, page 144, note 1, ligne avant-dernière, « Mabelot », lisez : « Mahelot ».

Page 294, note 1, ligne 2, « ce sont », lisez : « ce ont ».

TABLE DES MATIÈRES

CONTENUES DANS LE SECOND VOLUME.

LES PRÉCIEUSES RIDICULES, comédie..............	1
Notice...	3
Sommaire de Voltaire...........................	44
Préface..	47
Les Précieuses ridicules...........................	55
Appendice aux *Précieuses ridicules*:	
Récit en prose et en vers de la farce des *Précieuses*, par Mlle des Jardins............................	118
SGANARELLE ou LE COCU IMAGINAIRE, comédie.....	135
Notice...	137
Sommaire de Voltaire...........................	155
A Monsieur de Molier...........................	156
A un ami......................................	157
Sganarelle ou le Cocu imaginaire...................	161

DOM GARCIE DE NAVARRE ou LE PRINCE JALOUX,
comédie.. 217
    Notice... 219
    Sommaire de Voltaire.............................. 235
Dom Garcie de Navarre ou le Prince jaloux............ 237

L'ÉCOLE DES MARIS, comédie......................... 331
    Notice 333
    Sommaire de Voltaire.............................. 352
    A Monseigneur le duc d'Orléans.................. 354
L'École des maris... 357

Addition a la *Notice* de *Dom Garcie*..................... 436

Errata.. 437

FIN DE LA TABLE DES MATIÈRES.

11519 — Typographie Lahure, rue de Fleurus, 9, à Paris.

TABLE DES MATIÈRES

CONTENUES DANS LE SECOND VOLUME.

LES PRÉCIEUSES RIDICULES, comédie.............. 1
    Notice....................................... 3
    Sommaire de Voltaire......................... 44
    Préface...................................... 47
LES PRÉCIEUSES RIDICULES......................... 55
    Appendice aux *Précieuses ridicules* :
    Récit en prose et en vers de la farce des *Précieuses*, par Mlle des Jardins............................ 118

SGANARELLE ou LE COCU IMAGINAIRE, comédie...... 135
    Notice....................................... 137
    Sommaire de Voltaire......................... 155
    A Monsieur de Molier......................... 156
    A un ami.................................... 157
SGANARELLE OU LE COCU IMAGINAIRE................. 161

DOM GARCIE DE NAVARRE ou LE PRINCE JALOUX,
comédie... 217
    Notice... 219
    Sommaire de Voltaire............................ 235
  Dom Garcie de Navarre ou le Prince jaloux........... 237

L'ÉCOLE DES MARIS, comédie....................... 331
    Notice... 333
    Sommaire de Voltaire............................ 352
    A Monseigneur le duc d'Orléans.................. 354
  L'École des maris................................. 357

Addition a la *Notice* de *Dom Garcie*................... 436

Errata.. 437

FIN DE LA TABLE DES MATIÈRES.

11519 — Typographie Lahure, rue de Fleurus, 9, à Paris.

www.ingramcontent.com/pod-product-compliance
Lightning Source LLC
Chambersburg PA
CBHW051820230426
43671CB00008B/776